현명한
부모의
자녀교육

현명한 부모의 자녀교육

이진호 지음

이담 Books

아직
하늘이 흐려 비오기 전에
뽕나무 뿌리를 벗겨다가
창과 문을 엮었으니
이제
밑에 사는 사람들, 너
누가 감히 나를
업신여길 수 있겠는가

-시경(詩經)-

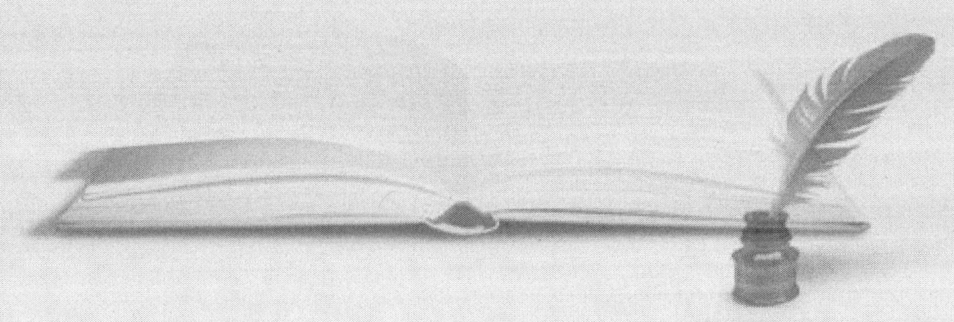

글쓴이의 말

　모두 나름대로 열심히 살지만, 세상살이는 항상 돌아보면 아쉬움과 미련이 남기 마련이다. 사람은 순간순간 항상 자신이 무엇인가 잘 안다고 생각하고 살지만, 세월이 지나 더 많은 것을 알게 되었을 때 지난날 자신의 부족함과 어리석음을 반성한다. 오늘 우리도 이같은 잘못을 범해왔다는 것을 새삼 깨닫는다.

　배움이 중요하다는 부모님의 말씀에 따라 우리도 아이들을 교육하고 가르치기 위해 책을 읽어가며 열심히 노력했다. 아이들도 그런대로 따라 주었다. 처음에는 아이들이 공부만 잘하면 될 것으로 생각했는데 살다 보니 그게 아니었다. 중요한 교육은 성적이 아니라 인성교육, 그중에서도 특히 부모와 자녀가 원만한 관계를 유지하는 노력과 교육이라는 것을 알게 되었다. 그래서 공부를 다시 시작하고, 아이들과 함께 봉사활동도 하고 책을 읽으며, 주위에 있는 다른 사람들의 자녀 교육방법을 살펴보면서 우리 아이에게 맞는 교육과 공부, 관리 방법을 찾는 노력을 하였다. 이러한 노력을 할수록 의문은 늘어갔지만, 우리가 당면하는 문제와 의문에 대해 속 시원한 답을 찾는 일은 생각만큼 쉽지 않았다. 여러 가지 시행착오를 거치며 우리 가족을 위해 교육관련 자료를 찾아 문제를 풀고 의문을 해결해나가다 보니 아이들 관리에 가장 기본이 되는 교육이 무엇인지, 공부는 왜 해야 하는지도 모르면서 아이들을 교육하는 잘못을 범해왔다는 것을 알게 되었다.

　아직도 경험과 지식이 많이 부족하지만, 이제는 교육이 무엇인지, 공부를 왜 해야 하는지, 아이들을 어떻게 관리해야 하는지, 문제가 생기면 어떻게 대처해야 하는지, 아이들 교육에서 부모가 얼마나 잘못된 행동들을 많이 하는지, 교육이라는 것이 내 아이만 잘한다고 해서 문제가 안 생기는 것이 아니라는 것을 알게 되었다. 그리고 주위에 있는 또래 아이들도 살펴보게 되고, 아이들을 대하는 자세와 태도도 예전과 조금은 달라졌다. 이제는 평상시에 아이들에게 관심을 두기 때문에 아이들 얼굴과 행동만 보아도 문제가 있는지 없는지 어느 정도 알 수 있게 되었다. 모르는 것과 궁금한 것은 대화를 통해 파악한다. 이런 시간이 쌓여 공부와 교육은 물론 일상적인 일들에 대해 이야기를 하다 보니 아이들이 학교에 다녀오면 그날 학교에서 있었던 중요한 일을 말하는 것이 일상적인 모습으로 자리 잡았다.

공부는 지구력이 요구되는 힘든 일이지만 아이에게 자신을 위한 일이라는 점을 이해할 수 있도록 설명해주었다. 그 결과 때로는 잠을 줄여가며 공부하라고 요구하더라도 아이들은 왜 강요하는지 알기 때문에 다소 감정이 격해지고 생각대로 공부가 되지 않더라도 비교적 잘 따라주었다. 될 성싶은 나무는 떡잎부터 알아본다고 하지만 우리에게 그 정도의 혜안은 없다. 성공적인 자녀관리가 어떻게 해야 하는지 아직도 정확하게 알 수는 없지만, 아이들이 언제든지 궁금한 것이 있으면 편안하게 물어보고 토론할 수 있는 단계까지는 이른 것 같다.

사람의 욕심은 끝이 없다. 하나가 해결되면 또 다른 것을 바란다. 모든 학부모는 주로 아이들이 공부 잘하기를 바라지만, 아이들은 성장하는 과정에서 여러 가지 현실적인 문제에 당면하거나 어려움을 겪기도 한다. 공부를 잘하기 위해서는 건전한 마음과 건전한 육체, 원만한 인간관계가 필수적이다. 공부할 수 있는 최적의 환경이 조성되어야 공부를 잘할 수 있는데도 상당수 부모가 그러한 환경 조성에는 많은 노력을 기울이지 않으면서 아이들이 원하는 것을 사주거나 해주면서 성적에만 너무 집착하는 경향이 있는 것 같아 안타까운 생각이 든다. 아이들이 사춘기를 거치면서 나타날 수 있는 심리적 변화와 교우관계 등에 대해 미리 학습과 대비가 되어 있지 않은 상태에서 아이들에게 문제가 발생하면 누구 할 것 없이 한동안은 마음고생을 해야 한다. 공부 잘하기를 바라는 부모의 마음이 실현되기 위해서는 기대의 크기보다 더 많은 인내와 노력이 필요하다. 그리고 성적은 가족의 노력과 아이의 모든 현실적 요소가 작용해 나타난 결과라는 점을 반드시 기억해 두어야 할 필요가 있다.

아이와의 관계에서 언제나 봉사는 부모의 몫이지만 타고난 능력까지 근본적으로 바꿀 수는 없다. 모든 아이가 기대하는 만큼 공부를 잘하면 좋겠지만, 아이들에게는 각자 한계와 고유의 자질이 있다. 부모가 해야 할 것은 지금 당장 최고의 성적을 얻는 것보다 원만한 인간관계를 갖는 방법을 가르쳐 주고 아이의 자질이 무엇인지 확인하여 그것을 육성해주는 일이다. 이 책은 우리 아이의 교육지표로 삼기 위해 생각을 정리하고 만들어진 것이다. 그리고 내 가족, 친구, 동료 나아가서는 이 땅의 모든 학부모와 청소년들이 교육과 공부에 대한 이해의 폭을 넓혀 시행착오를 줄이고 혼란, 고민, 갈등을 덜어주는 데 작은 도움이 되었으면 하는 바람이다. 우리가 겪은 시행착오와 갈등, 혼란을 다른 분들은 겪지 않았으면 한다. 아직 아이들이 학교에 다니고 우리 스스로 부족한 점이 많으므로 우리가 교육을 잘하고 있는 것인지 현재로서는 정확하게 파악하기는 어렵다. 좋은 결과를 만들어 내기 위한 우리 가족의 교육과 공부에 대한 치열한 노력은 여전히 진행 중이다.

2011년 7월 10일

저자 이 진 호

차례

제2장 교육자로서 부모의 자세와 역할

제3장 관리방법과 실제

표 목차

교육의 목표와 지도방향

1. 교육에서 부모가 범하는 일반적 오류

아이들은 실험용이 아니다. 그리고 부모의 실험용이 되어서도 안 된다. 그런데 교육에서 부모가 범하는 가장 일반적인 오류 중 한 가지가 아이를 실험용으로 만드는 것이다. 자신이 아이를 실험용으로 만들고 있으면서 실험용으로 만들고 있다는 사실을 대부분 인식하지 못한다. 자신이 그렇게 만들고 있다는 사실 자체를 모르기 때문이다. 그러므로 부모인 자신이 아이를 실험용으로 만들고 있다고 하면 어리둥절하게 생각한다. 하지만 자신이 원했든 원하지 않았든 대부분의 학부모가 아이를 실험용으로 만들고 있다.

아이가 부모에 의해 실험용이 되는 이유는 부모의 무소신과 부족한 개념 및 지식이 원인이다. 소신(所信)은 믿는 바 또는 자기가 확실하다고 굳게 생각하는 바이고, 개념(槪念)은 어떤 사물 현상에 대한 일반적인 지식 또는 여러 관념 속에서 공통 요소를 뽑아내어 종합한 하나의 관념을 말한다. 지식(知識)은 배우거나 실천하여 알게 된 명확한 인식이나 이해 또는 알고 있는 내용이다. 교육이 어떤 것이라는 개념이 정립되어 있고 교육을 위한 충분한 지식과 아이에게 적용할 효율적인 방법에 대한 소신까지 갖고 있으면 그 개념과 지식, 소신에 의존하여 교육할 수 있다. 그런데 부모 중에는 교육이 무엇인지, 왜 해야 하는지조차 제대로 알지도 못하고, 어떻게 가르쳐야 하는지도 모르는 사람이 적지 않다. 하지만 이런 부모도 아이의 교육을 잘하고 싶다는 욕심을 모두 가지고 있다. 그 결과 책에 소개되어 있거나 유명강사가 주장하는 방법, 다른 사람들이 좋다는 온갖 방법에 귀를 기울이고, 그것을 들은 다음 아이에게 그렇게 할 것을 강요한다. 당장 시험성적과 진학에 대한 높은 관심 때문에 자신이 요구한 방법이 금방 아이에게서 결과가 나와 성적이 올라가야 한다고 생각하는 부모들에게 교육이 적어도 20년 이상 해야 한다는 말은 귀에 들어올 리 없다.

기대하는 정도의 효과가 안 나오니까 계속해서 다른 새로운 방법을 찾아 나선다. 또 누가 효과를 보았다고 하면 어떻게든 그 방법을 아이에게 강요한다. 이러한 행동은 자연스럽게 학원을 자주 옮기고 과외교사를 바꾸고 종국(終局)에는 소위 말하는 족집게 강사를 찾게 한다. 그 사이에 아이들은 좋은 방법을 많이 가르쳐 주었는데 결과를 내지 못한다며 실험을 당하면서 매번 꾸지람만 듣는다. 학부모 자신은 무엇이 문제인지도 모르고 뜻대로 안 되는 것에 속상해한다. 사실은 학부모 자신이 개념도 없고 지식과 소신이 부족한 상태에서 귀가 얇아 다른 사람들이 말하는 것에 따라 이리저리 헤매고 다니면서 아이들도 그것에 동참시켜 끌고 다니는 잘못을 범했다. 그런데 그것을 모르고 인정하려고도 하지 않는다. 심지어는 '누구를 닮아 저런지 모르겠다'며 책임을 아이들에게 돌리는 사람까지 있다.

교육은 잘하기 위한 특별한 방법이 있는 것도 아니지만, 그것이 있다고 하더라도 소용이 없는 경우가 많다. 우리 아이에게 그 방법이 맞아야 하는데 모든 사람은 각기 자신이 처한 환경요소가 달라 다른 사람이 좋다고 말하는 방법이 우리 아이에게 잘 맞지 않는 것이 현실이다. 실제 적용해 보면 '안 맞다'는 것을 금방 알 수 있다. 대개는 책에 소개된 정도의 효과가 안 나온다. 그러므로 특별한 방법을 찾으려고 일부러 노력할 필요가 없다. 그보다는 먼저 여러 가지 지식을 늘리고 개념을 정리하는 것이 바람직하다. 다른 아이의 사례와 좋은 방법으로 소개된 것을 참고하여 관리방법을 연구하고, 우리 아이에게 가장 적합한 한두 가지 방안을 찾아 그것을 적용하는 것이 훨씬 효과적이다. 여기에는 아이의 재능에 대한 관찰, 대화, 인내, 노력이 필요하다. 자신이 확신하지 못하는 것을 귀가 얇아 누가 그것이 좋다고 하는 것에 현혹되어 아이들에게 적용하면 아이들은 실험용으로 전락하게 된다.

부모의 강요에 의해 아이들이 시도는 하지만 대부분 금방 싫증을 느낀다. 도서관에 가면 많은 책이 있고 거기에는 수많은 좋은 방법들이 소개되어 있다. 하지만 그것은 어디까지나 참고용일 뿐이다. 우리 아이가 처한 현실적 상황이나 지능, 진학 목표, 국가 정책 등 환경 변화에 따라 대응 전략이 바뀌어야 한다. 교육과정에서 부모가 할 일은 경제적인 뒷받침을 통해 아이가 가진 잠재적인 능력을 키우고 당면한 문제의 해결책을 제시하는 일이다. 이를 위해 스스로 지식을 쌓아 교육에 대한 개념을 정립하고 소신껏 자녀교육에 접근해야 한다. 처음부터 다 잘할 수는 없지만, 최소한 그러한 마음과 자세를 갖고 노력하는 것이 중요하다. 더는 어디서 들은 것으로 아이들을 실험용으로 만들어서는 안 된다. 공부는 힘든 일이다. 아이들은 공부하는 것 자체만으로도 아주 힘겹다.

아이들이 실험용이 되는 것은 부모가 공부 잘하는 기술과 방법을 추구한 결과가 만들어 낸 대표적인 폐해 중 한 가지다. 부모가 아이를 교육할 때 좋은 인간관계 형성과 관리를 잘하도록 하는 데 관심과 노력을 집중하면 아이들이 공부도 잘하고 부모와 원만한 관계가 유지되어 평생 서로에게 도움이 된다. 하지만 공부하는 기술과 우선 좋은 결과를 내는 일에 치중하면 아이는 스트레스를 받고 부모와 자녀의 관계는 불편해질 수밖에 없다. 나의 노력으로 말미암아 아이가 이루는 성취는 사회에 잘 적응하고 부모와 자녀 사이의 관계가 원만할 때 그 가치가 더욱 빛난다.

2. 인생이란 무엇인가

인생(人生)에는 생명을 가진 사람, 사람이 이 세상에 살아 있는 동안, 사람이 이 세상을 살아가는 일, 인간의 생존·생활이라는 뜻이 있다. 그런데 이 뜻만으로는 인생이 무엇인지 이해하기는 쉽지 않다. 각자 자신이 살아온 경험에 비추어 인생에 대한 정의가 정립될 수 있겠지만, 그것은 자신의 인생관이다.

우리가 공감할 수 있는 인생이란 무엇인가? 그것은 사람이 세상에 태어나서 자신이 좋아하는 것, 원하는 것, 하고 싶은 것을 이루기 위해 열심히 노력하고 도전하고 성취하는 삶을 살다 가는 것이다. 세상은 내가 좋아하고 원하고 하고 싶다고 해서 모두 할 수 있는 것은 아니다. 그것을 하기 위해 노력하는 데 의미가 있다. 인생의 의미를 안다고 하여 자신이 좋아하는 것, 원하는 것, 하고 싶은 것을 모두 할 수 있거나 그냥 찾아지는 것도 아니다. 스스로 노력하고 열심히 찾아야 한다. 자신이 좋아하는 것, 원하는 것, 하고 싶은 것을 찾는 방법은 재능이 드러나 보이면 그것을 연마하면 되니까 별로 문제가 없다. 그러나 재능이 드러나 보이지 않을 때는 문제가 된다. 이때 자신이 좋아하는 것, 원하는 것, 하고 싶은 것을 찾는 방법은 많은 체험을 해보는 것이다. 체험에는 여행이나 노동, 학원수강, 견학 등의 직접체험과 책이나 경험담 등을 통한 간접체험이 있다. 체험을 통하여 스스로 재미를 느끼는 것, 그중에서도 특히, 몰입되어 밤을 지새워 해도 피곤한 줄 모르고 반복해서 같은 것을 하더라도 재미를 느끼고 하고 싶어 하는 마음이 생기는 것이 있다. 이것이 바로 자신이 좋아하는 것, 원하는 것, 하고 싶은 것이다. 그것을 하면 된다.

그럼 자신이 좋아하는 것, 원하는 것, 하고 싶은 것은 무엇인가? 그것은 내 마음이 원하는 것이다. 내 마음이 원하는 것이라 할지라도 법규를 벗어나거나 다른 사람을 해치는 것은 제재(制裁)를 받기 때문에 반드시 사회 속에서 가치가 인정되고 허용되는 것이어야 한다. 그런데 중요한 점은 인간의 마음은 고정된 것이 아니라는 점이다. 자신에 대한 인식을 바탕으로 노력하면서 갈고 닦고 경험을 통해 형성되는 가치관이나 사상은, 나를 둘러싸고 있는 모든 환경요인의 작용에 따라 변화한다. 따라서 좋아하고 원하고 하고 싶은 것이 사람에 따라 어느 기간 동안 일정하게 유지되는 것도 있지만, 대부분은 살아가면서 달라진다. 단지 변화의 차이가 있을 뿐이다. 그리고 도전을 통하여 한 가지를 성취하고 나면 욕망에 의해 상위의 목표나 다른 목표로 전환된다. 이렇게 인간은 끊임없이 새로운 목표 설정과 노력, 준비, 도전을 통한 성취를 추구하는 삶을 자신의 기력이 있는 동안 지속적으로 진행해나간다.

그럼 노력을 통하여 좋아하고 원하고 하고 싶은 것에 도전하는 이유는 무엇인가? 그것은 성취를 통하여 자기만족을 구하고, 변화 추구를 통해 수반되는 가치를 누리려고 하는 데 있다. 변화에 수반되는 가치는, 첫째는 합격이나 수상, 매듭이 지어진 일이나 창조된 어떤 것을 통하여 성취 순간에 느끼는 쾌감인 성취감을 느끼고 자신의 능력에 대한 확인, 둘째는 스스로 '해내었다'는 데서 얻게 되는 자신감, 셋째는 다른 사람으로부터 '실력을 인정받았다'는 생각에서 느끼는 뿌듯함과 자부심, 넷째는 성취 후 수반되는 영향력과 활동 영역의 확장, 다섯째는 인간관계의 확대를 통해 더 많은 일을 할 수 있는 등 여러 가지 유·무형적인 가치를 실현할 수 있기 때문이다. 이러한 가치를 통하여 인간은 자신의 존재감을 느끼고 자아존중감과 정체성이 강화된다. 자기능력 개발에 더욱 열중하게 되고 자존심을 높여갈 수 있다는 것을 알기 때문에 온갖 어려움을 극복하고 인내하며 도전하는 삶을 살아간다.

왜 아이들이 자신이 좋아하는 것, 원하는 것, 하고 싶은 것을 하도록 해야 하는가? 첫째는 잘하는 것이 항상 좋아하는 것과 일치하는 것은 아니지만, 대부분 아이가 가진 재능은 자신이 좋아하는 것과 강한 연관이 있다. 사람은 누구나 잘하지 못하면 흥미를 잃고 좋아하지 않게 되는 경우가 많다. 흥미를 잃고 좋아하지 않으면 자신이 잠재적으로 가지고 있는 재능계발을 소홀히 하므로 하고 싶어 하지 않게 되고 발전도 없다. 좋아하는 일을 두고 좋아하지 않는 일을 하니까 짜증이 나고 싫다. 그 시간만 되면 괴롭다. 좋아하지 않는 일을 시키는 사람들이 싫고 밉다. 반대로 흥미를 느끼고 좋아하면 자주 하게 되면서 때로는 자신도 모르게 재능을 계발하고 발전시킨다. 일하는 것 자체가 즐겁고 재미있어 더 하고 싶고 그 시간이 기다려진다. 자신이 좋아하는 일을 한 후에 후회하거나 다른 사람을 원망하는 사람은 드물다. 이렇게 순리적인 발전을 이끌어내는 데 필요하다. 좋아하는 것이 잘하는 것이고 다른 사람에게 그것을 인정받을 때 자신감을 얻게 된다. 자신감은 한 사람의 인생을 크게 변화시키고 성공할 수 있는 힘이 되기도 한다. 둘째는 재능이 확연하게 드러나 부모와 아이 모두 의식할 수 있는 때는 그것을 양성하면 된다. 그러나 그렇지 못한 상태에서 교육을 통해 잠재력을 키우기 위해서는 아이가 가진 잠재력을 찾아내 키워야 하는 문제가 발생한다. 부모의 눈에 보이지도 않고 아이 자신도 모르지만, 모든 인간에게는 반드시 엄청난 잠재력이 있다. 그것을 찾고 육성하는 가장 손쉬운 방법은 아이 자신이 좋아하는 것, 원하는 것, 하고 싶어 하는 것을 하게 하는 것이기 때문이다.

인간에게는 의식세계와 무의식세계가 있다. 의식세계에서 자신이 스스로 소질을 뚜렷하게 인지하지 못하더라도 뭔가 이유는 모르겠지만 막연하게 좋아하는 것, 원하는 것, 하고 싶은 것은 반드시 누구에게나 있다. 그것은 자신의 내부에 존재하는 무의식세계가 나의 행동과 삶의 방향을 이끌고 있는 것이다. 인간의 무의식세계는 의식세계보다 훨씬 민감하게 반응한다. 의식을 잃었을 때는 무의식에 의해 통제되며 항상 자신을 건강하고 안전하게 보호하고 도움이 되는 방향으로 이끌어 간다. 평상시 잠을 통하여 인간은 의식세계와 무의식세계를 넘나든다. 수면 중 어떤 일이 생겼을 때 보호본능에 따라 행동하는 것, 수면 후에 기운을 차리고 활기차게 새로운 움직임이 가능한 점이 이를 잘 입증해준다. 따라서 무의식에서 자신을 이끄는 것이 좋아하는 것, 원하는 것, 하고 싶은 것이므로 그것을 추구하는 것은 당연하다.

일반적으로 자신이 좋아하는 것, 원하는 것, 하고 싶은 것은 상당한 위험이 따르더라도 포기하지 않는 경향을 보이는 사람이 적지 않다. 탐험가의 미지 세계 탐험, 산악인들이 목숨을 걸고 히말라야 산맥의 8,000m 고봉 등정에 도전하는 것이 대표적인 사례이다. 그리고 인간은 어떤 감정적 변화가 일어나면 그것에 매몰되는 경향을 나타내기도 한다. 콩깍지가 한번 씌워지면 '다른 말은 귀에 안 들어오고 자신이 사랑하는 사람의 모든 행동이 좋게 보이고 아름답게 느껴진다'는 말이 그래서 생긴 것이다. 그러나 콩깍지는 영원한 것이 아니라 시간이 지나면 벗겨진다. 사람에 따라 차이는 있지만, 대개 눈에 콩깍지가 끼어 있는 기간은 2년 전후라고 한다. 그런데 눈에 콩깍지가 끼는 것은 남녀관계의 일에만 나타나는 것은 아니다. 우리 주위에는 '미쳤다'는 소리를 들으면서도 자신이 하고 싶은 일을 하는 사람들이 적지 않다.

아이가 어떤 것에 심취하거나 자기감정에 매몰돼 콩깍지가 씌워진 상태에서는 부모의 반대는 대개 갈등과 대립의 원인으로 작용한다. 이때 부모가 해줄 수 있는 것은 올바른 판단을 할 수 있는 정보를 제공해주는 것과 스스로 평정을 되찾도록 기다려 주는 일이다. 그리고 교육은 의식의 세계를 확대하고 의식세계에 의한 지배를 강화하도록 돕는다. 인간은 교육, 훈련, 수양, 단련을 포함한 공부를 통하여 무의식세계에 대한 이해를 넓히고, 의식세계로 편입시키거나 의식세계에 의한 지배를 확대할 수 있다. 그러므로 아이들이 좋아하는 것, 원하는 것, 하고 싶은 것을 하도록 하면서 그것이 올바른 방향으로 나아가고 효율을 높일 수 있도록 교육을 통해 부모가 아이들을 도와주어야 한다. 잘 알지도 못하는 아이들의 무의식세계를 부모인 나의 통제를 통해 마음대로 이끌고 가려고 하는 것은 지나친 생각이다.

아이들이 어릴 때는 부모가 원하는 대로 끌려가지만, 고등학교와 대학교를 지나 성인이 되고 자신의 삶을 살게 되면 결국은 자신이 좋아하는 것, 원하는 것, 하고 싶은 것을 하게 된다. 이런 과정에서 반드시 아이들과 갈등을 빚고 실망을 하게 되지만, 결국은 '자식에게 이기는 부모 없다'며 포기한다. 그러나 그것은 아이의 잘못이 아니라 부모의 잘못된 판단과 생각이 만들어낸 것이다. 아이와 살아가면서 이러한 갈등과 대립을 겪지 않으려면 어릴 때부터 좋아하는 것, 원하는 것, 하고 싶은 것을 자주 물어보고 아이의 의사를 반영하여 그것을 육성하는 방향으로 교육해야 한다. 그렇다고 마냥 아이가 좋아하는 것, 원하는 것, 하고 싶은 것만 하도록 내버려 두라는 말이 아니다. 아이의 의사를 존중하여 아이가 좋아하는 것, 원하는 것, 하고 싶은 것을 중심으로 잠재력을 키워 특화하고 세상을 살아가는 데 기본적인 요소에 속하는 자질과 소양을 갖추는 것은 그 필요성을 이해시켜 준비하도록 해야 한다.

좋아하는 것, 원하는 것, 하고 싶은 것이 있더라도 세상에 노력해서 이루는 사람보다 이루지 못하는 사람이 훨씬 많다. 그 이유는 기본적으로 도전의 목표가 되는 것들이 현실에서 이루어지지 않는 것, 새로운 것, 쉽게 달성되지 않는 것으로 인식되는 것, 가치 있는 것, 어려운 것이기 때문이다. 이외에도 자신의 능력 밖의 목표설정, 잘못된 준비방법, 미흡한 노력, 상대적인 능력 부족으로 말미암아 항상 성공보다는 더 많은 실패가 유발된다. 하지만 오늘도 사람들은 각자의 위치에서 도전을 꿈꾸거나 새로운 도전에 나서고 있다. 누구나 실패보다는 성공을 통해 성취감을 맛볼 수 있다면 좋겠지만, 그렇지 못하더라도 실망할 필요는 없다. 어차피 인생은 자신에게 주어진 삶을 살다가 가는 것이므로 가장 중요한 것은 자신의 노력과 생각이다. 누가 뭐라고 하던 내가 추구하는 삶에 만족하면 그만이다. 다른 사람과 더불어 사회 속에서 살아가므로 법규를 준수하면서 다른 사람보다 좀

더 잘하기 위해, 좀 더 좋은 실적이나 결과를 내 자존심을 높이기 위해 열심히 노력하는
그 자체가 중요하다. 노력하고 도전해 성취를 이루건 이루지 못하건 인간은 누구나 태어
나면서부터 죽는 방향으로 삶을 진행한다. 살아가는 동안 도전해 성취하는 만큼 이룬다.
노력하고 도전을 해도 해도 안 되면 그렇게 살다가 가는 것, 그것이 인생이다.

내가 그렇게 살았고 살기를 원했듯이 아이들도 자신이 좋아하는 것, 원하는 것, 하고
싶은 것을 이루기 위해 열심히 노력하고 도전하고 성취하는 삶을 살도록 해주어야 한다.
즐거움과 즐기는 것은 사람이 세상을 살아가는 데 큰 힘이 되고, 여기서 어려움을 이기도
록 하는 힘이 나온다. 부모가 아이에게 해야 할 것을 설정해주는 것은 아이들이 자신의
생각을 제대로 갖지 못했을 때의 일이다. 아이들이 자아를 찾기 시작하는 사춘기 또는 중
학생 이후가 되면 문제 해결이나 대응방법, 공부나 일하는 방법 제공, 목표 설정이나 방향
성을 찾아가는 데 도움이 되는 지도를 하는 것은 괜찮다. 그러나 부모 자신이 좋아하는
것, 원하는 것, 하고 싶은 것을 아이들에게 강요해서는 안 된다. 그 결과는 아이들 인생행
로를 왜곡시키고, 반드시 갈등으로 부모 자신에게 되돌아온다.

3. 공부란 무엇이고 왜 교육을 하는가

1) 공부란 무엇인가

공부(工夫)의 사전적 의미는 학문이나 기술을 배우고 익히는 일을 말한다. 그러나 이것
으로 공부를 설명하기에는 부족함이 많다. 실질적이고 보다 현실적으로 정의하면 공부란
사물의 이치를 깨우치고 지혜의 폭을 넓히기 위해 인간이 필요로 하는 정보를 머리에 집
어넣고 축적된 지식의 활용을 통해 당면하는 문제들을 해결할 수 있는 능력을 키우는 훈
련과정이라고 할 수 있다. 우리가 필요로 하는 정보는 대개 타인이 경험을 통해서 합리적
이고 필요한 것으로 인정하거나 인식하여 축적해 놓은 지식이 담긴 책을 통해 공부가 이
루어지지만, 자기 수련과 그 과정에서 문제 해결 방법을 터득하는 것도 공부의 한 가지
방법에 속한다.

좀 더 구체적으로 설명하면 공부에는 두 가지 형태가 있다. 첫째는 외부의 지식이나 정
보를 받아들이는 작업인 내면화이다. 내면화(internalization)는 외부적인 표준, 생각, 가치를

완전히 자신의 것으로 받아들이는 것이나 받아들이는 과정이다. 일반적으로 타인의 인지기능, 태도, 가치관 등을 자신의 사고체계에 병합시키는 것을 일컫는다. 그런데 내면화 이론을 구축한 비고츠키(Vygotsky: 러시아 발달심리학자)에 따르면, 내면화란 역사와 더불어 창조되고 변형된 사회적 지식이 원래는 개인 밖의 사회에 외재하고 있다가 개인 간 상호작용을 통해 개인의 의식세계에 내재하게 되는 것을 의미한다. 다시 말해 외적 지식이 개인 내로 들어와 재구성되는 과정이다. 비고츠키는 모든 고등정신기능은 사람들 간에 공유되는, 특히 아동과 성인 사이에 공유되는 특징을 가진다고 말한다. 내면화 과정은 점진적으로 진행되는데, 처음에는 성인이나 보다 유능한 또래의 안내를 받아 문제 해결에 참여하다가 점차 독립적으로 문제를 해결할 수 있게 됨으로써 고등정신기능을 내면화하게 된다. 인간은 지식의 내면화를 통해 사회와 자연에 대한 이해력을 향상하고 창의력을 발달시킬 수 있다. 자기가 필요한 정보는 단편적으로 터득하게 되는 것도 많이 있지만, 이것들은 대개 우리가 살아가면서 알아야 하는 상식에 속하는 것이 많다. 단편적인 정보는 체계적으로 교육되고 공부된 것과는 근본적으로 그 활용도와 가치가 다르다. 그러므로 우리는 체계성을 갖는 학교 교육을 중요시하게 된다. 내면화 공부의 대표적인 형태는 가정교육, 공교육 또는 학교 교육이나 일을 하는 데 필요한 지식을 습득하는 직무교육 등으로 현대인들의 가장 보편적인 공부 방법에 속한다. 둘째는 수행을 통해 인간이 내적으로 타고난 능력을 갈고 닦아 사물의 이치를 스스로 깨닫고 지혜를 확장하여 미래의 변화를 예측할 수 있는 안목을 갖게 되고 통찰력 등이 발현되도록 하는 작업이다. 가장 대표적인 것이 불가(佛家)에서 하는 참선이 여기에 해당하며 다양한 방법의 수련을 통하여 깨달음을 추구하는 사람들도 적지 않다.

공부는 필요한 정보를 인위적으로 머리에 넣는 것이나 자신의 내부에서 깨달음을 얻는 것이므로 결코 만만하거나 쉬운 일이 아니다. 안 들어가려고 하는 지식이나 정보를 억지로 머릿속에 집어넣어 이치를 깨닫고 내가 살아가는 과정에서 당면하는 여러 가지 문제를 해결하거나 일을 처리해 낼 수 있는 능력을 만들어내야 하는 힘겨운 일이다. 나를 둘러싸고 있는 현실적인 여건 속에서 갖가지 장애를 극복하고 필요성을 실현하려는 머리 내부체계의 가치조정을 통해 삶의 지혜를 확장시켜가는 작업, 즉 자신과의 싸움이다. 단순히 머리에 지식이나 정보를 집어넣고 그것을 찾는 것만으로 끝나는 것이 아니라 필요할 때 끄집어내고 때로는 그것을 다른 사람들에게 말이나 글로 내보일 수 있어야 한다. 또한 기존의 정보나 지식과 조합을 통하여 이해력을 넓히고 활용을 할 수 있어야 그 가치가 발휘된다. 공부를 많이 한 사람이나 배운 것이 가치를 인정받는 이유 속에는 힘든 일을 참고 인내한 노고에 대한 칭찬과 부러움이 포함되어 있다.

2) 공부는 왜 하는가

공부하거나 교육을 하는 사람에게 '왜' 공부를 해야 하며 '무엇'을 공부해야 할 것인가 하는 것은 교육의 근원적인 화두로 과거나 현대에도 쉽게 풀리지 않는 고민거리이다. 아직 시원한 답이 나오지 않고 있다. 어쩌면 개인이 각자 자신의 관점이나 입장에서 답을 찾아야 할 과제가 아닌가 생각된다.

무엇을 공부할 것인가에 대한 답은 자신이 좋아하는 것, 잘하는 것, 하고 싶은 것, 사회가 원하는 것, 호기심이나 궁금증 해소 또는 살아가는 데 도움이 되고 필요한 것을 중심으로 공부를 진행하면 되니까 그래도 좀 나은 편이라고 할 수 있다. 그러나 왜 공부를 해야 하는가 하는 의문에 대한 답을 제시하기는 쉽지 않다. 현대교육에서 자아실현을 이야기하기도 하지만 너무 추상적이다. 사회화라고 주장하는 사람도 있으나 이해가 잘되지 않는다. 그냥 단순하게 먹고 사는 방편, 즉 직업을 가지기 위해 하는 것 같기도 하고 아닌 것 같기도 하다. 직업을 구하기 위해서라면 우리는 불필요한 것들을 힘들여 너무 많이 배운다.

과거 우리 선조가 해 왔던 유학(儒學)에서 공부론[1]의 핵심은 '나'를 찾아가는 과정이었다. 이것은 공부를 통하여 인간의 마음에 있는 본성(本然之性)을 되찾아, 참된 나를 회복하고 마침내 성인(聖人)의 세계에 다다르는 과정이다. 조선시대의 지식체계는 지식과 덕성이 결합한 매우 특이한 형식에 속한다. 성리학에서 지식이란 곧 사물에 담긴 이치(理)를 발견하는 행위, 즉 지식과 덕성의 조화를 이루는 것이라고 할 수 있다.

조선시대의 교육도 오늘날 교육이 지향하는 지육·덕육·체육이나 세계의 명문학교들이 공부, 인성, 운동을 아우르는 우수한 인재를 키우려고 하는 것과 크게 다르지 않다. 그리고 지식과 덕성의 조화를 추구했던 공부가 취업이나 생활유지의 문제와 무관했는가 하면 그것도 아니다. 선비나 양반들 역시 과거(科擧)를 통해 입신출세를 꾀하고 생활기반을 마련하고 집현전 등에 출사하여 학문을 본격적으로 연구하기도 했으므로 오늘날 우리가 공부하는 것과 맥락은 같다. 그럼에도 현대사회에서는 일반인도 그렇지만 심지어는 교육

---

1) 정순우(2007), "공부의 발견", 현암사, pp.18~36.

분야에 종사하는 상당수 사람도 참된 나를 회복하는 일이 교육의 핵심이라고 생각하지 않는다. 그러면 참된 나를 회복하고 성인의 세계에 다다르는 공부가 현대교육에 배제되고 있는가 하면 그것도 아니다. 단지 그것이 공부와 덕육 또는 인성이라는 표현으로 대체된 것일 뿐이다.

이렇게 과거와 현대의 교육이 지향하는 바를 비교해보아도 역시 공부를 왜 해야 하는지에 대한 의문의 답은 쉽게 풀리지 않는다. 그런데 인간이 공부해야 하는 이유에 대한 의문의 정답이라고 단정 지을 수는 없지만, 정답에 근접하고 어렵지 않게 이해할 수 있는 내용이 여기에 있다. 수학을 싫어하는 사람 중에는 수학이 살아가는 데 별 도움이 되지 않는 학문이라고 자기 합리화를 하는 이들이 적지 않다. 그런데 국내에서 가장 많이 팔린 교육교재로 알려진 『수학정석』의 저자이자 상산고등학교 설립자인 홍성대 씨가 '수학공부가 왜 중요하느냐'는 질문에 대해 설명한 것이 그것이다. "소수의 학문하는 분들을 제외하고 일반 사람들이 사회생활을 할 때는 우리가 사칙연산이라고 하는 덧셈, 뺄셈, 곱셈, 나눗셈만 알면 됩니다. 요즘은 계산기가 있으니까 그마저도 필요 없죠. 계산기 자판을 누를 줄만 알면 되니까요. 그 때문에 무엇을 하려고 골치 아프게 수학 공부를 하느냐는 의문을 제기하는 사람도 있습니다. 그러나 수학이 모든 학문의 기초라는 사실에는 이론(異論)이 없잖아요? 그리고 그것보다 더 중요한 것은 수학이 여러 가지 사고력을 길러 준다는 점이에요. 논리적 사고력, 연역적 사고력, 추리적 사고력 등을 길러 주는 학문이 수학입니다. 이것들은 모두 우리 생활에 필요한 사고력들이죠. 그냥 수업시간에 삼각함수를 배우고 사인(sin), 코사인(cos) 등을 익혔다고 칩시다. 한 시간 동안 배운 것을 교실 문을 나오면서 다 잊어버려도 그것은 결코 헛된 시간이 아닙니다. 그 시간이나마 골똘히 생각하고 따지는 시간을 가졌기 때문이죠. 그게 살아가는 데 도움을 주는 겁니다. 매사를 깊게 생각하고 판단하는 힘을 길러 주는 것이니까요. 수학 공식은 다 잊어버렸어도 어쨌든 따져 보고 생각해 봤다는 게 중요한 것이죠."[2]

이처럼 교육과 공부는 단순한 성적이나 성공의 개념을 훌쩍 뛰어넘어 나 자신의 실체를 확인하고, 살아가면서 당면하는 수많은 문제의 해결과 의문을 풀어내는 바탕으로 지혜를 확장하고, 삶의 의미와 목적을 찾고, 생존까지를 포함하는 자신의 안위를 유지하도록 해주기 때문에 인간에게 필수불가결한 요소이다. 그래서 아는 것이 힘이고, 아는 자에게

---

2) 조선일보 2009. 6. 24.

이길 수 없다고 하는 것이다. 우리가 공부하는 목적은 사리분별능력 제고, 욕망을 절제하는 인내, 고통이 수반되는 수련과 훈련, 능력의 한계에 대한 치열한 자신과의 싸움, 새로운 목표에 대한 도전과 성취 과정을 통하여 첫째는 삶의 지혜를 얻고, 둘째는 사물의 이치를 파악하여 인생을 살아가는 올바른 방법을 깨우치며, 셋째는 정체성 확립과 확인을 통한 자아존중감 고양, 넷째는 스스로 무엇이든지 할 수 있다는 자신감을 얻는 것이다. 이러한 목적이 달성되면 자신의 가치를 발견하고 인정하게 되며 자신 속에 있는 힘과 역량이 확인되므로 어떠한 고난과 어려움이 닥쳐도 도전정신을 발휘하며 문제를 해결하고 앞으로 나아가는 발전적인 삶을 살 수 있게 된다. 이를 위한 가장 좋은 방법이 책을 통한 공부이고, 공부할 수 있는 여건을 조성하고 바람직한 결과가 나오도록 지도하는 것이 교육이다. 공부는 목표를 정해 놓고 엉덩이와 가슴으로 해야 한다고 하는 이유도 인내와 의지, 도전과 훈련, 자기 주도 학습이 연계되기 때문이다.

지식은 인간이 축적한 가장 보편적이고 유용한 정보의 정수로 지식 전수와 활용을 통하여 인류의 역사는 발전해왔다. 이제까지 우리 인류가 만든 그 어떤 체계도 축적된 지식만큼 한 인간이 잠재력을 발휘하는 데 큰 영향을 미치는 것은 없다. 성인으로 자신의 삶을 주도적으로 개척해나가는 데 20년이라는 성장기간이 필요한 인간이 만물의 영장이 될 수 있는 이유도 시대를 초월하여 전수되는 지식이 있기 때문에 가능한 일이다. 동물과 같이 습관적이고 제한된 몇 가지 단순한 지식을 전수하거나 지식을 전수하지 않는 삶을 산다면 인간 또한 동물이 살아가는 것처럼 일차원적으로 생존에 급급하며 그때그때 채집하고 사냥하는 삶을 벗어나지 못했을 것이다.

공부를 매체(媒體)로 시대를 초월하여 축적된 지식을 습득하고 활용함으로써 현재 상태에서 더 발전적인 상황을 개척해나갈 수 있다. 이처럼 공부는 인간이 자신의 삶을 효율적으로 개척하고 지향하는 바를 성취하도록 하는 윤활작용을 한다. 자신의 앞가림은 물론 가장 짧은 시간에 주류사회에 편입되게 하는 등 자신의 인생을 윤택하게 하고 성취감을 느끼며 사회발전에 기여할 수 있는 가장 효율적인 방법이라는 것을 사람들은 경험적으로 알고 있기 때문에 공부를 하는 것이다. 그런데 교육의 목적이 좋은 성적, 유명학교 진학, 공인자격의 취득이나 원하는 직장의 취업으로 잘못 생각하는 사람들이 적지 않은 것 같다. 물론 이러한 것들도 중요한 요소이기는 하지만, 이것들은 자신 속에 있는 힘과 역량을 확인하고 공부의 목적을 달성하기 위한 과정이라는 점을 기억해둘 필요가 있다.

학교 다닐 때 공부를 하는 것과 사회에 진출한 후의 성취나 출세의 정도가 다른 것도 모두 자신 속에 있는 힘과 역량의 차이 때문이다. 그것은 성장단계에서 형성되는 것으로 학벌이나 학교공부와 반드시 일치하는 것이 아니다. 개인에 따라 큰 차이가 난다. 적게 배우고도 많이 성취하는 사람도 있고, 많이 배우고도 제대로 풀어쓰지 못하는 사람도 있다. 그러므로 아이들에게 더 큰 힘과 역량을 갖게 하고 싶다면 스스로 공부하고 도전하게 하는 것이 바람직하다. 부모의 역할은 환경 조성, 도움을 요청하는 것에 대한 도움 제공, 경제적 지원, 관심, 동반자, 쉼터면 된다. 아이가 항상 목표를 갖도록 하는 것이 바람직하지만, 부모가 아이의 삶에 지나친 기대를 이입시키고 집착하면 아이와 부모 모두 괴롭다. 그러므로 부모는 한 걸음만 떨어져 자신의 인생을 살아가는 동반자 역할이 가장 좋다. 그러면 아이는 필요할 때 도움을 요청하고 힘들고 괴로울 때는 언제든지 다가와 기대고 쉴 수 있다. 그런데 너무 많은 사람이 자신의 생각대로 아이를 끌고 다니려고 하는 것 같아 안타깝다.

3) 교육의 개념

교육의 개념은 다양하다. 교육의 역사를 통해 보아도 시대나 사상에 따라 교육에 대한 개념적 정의가 다르며, 변천을 계속해왔다. 오늘날 여전히 종교나 문화, 사회체제, 개인의 이해정도에 따라 상이한 교육이론이 존재하고 있으며, 각각의 이론은 나름대로 교육의 개념을 정의하게 마련이다.

사전에서는 교육(敎育)은 지식과 기술 따위를 가르치며 인격을 길러 줌, 사람이 살아가는 데 필요한 모든 행위를 교수·학습하는 일과 그 과정 등으로 기술하고 있다. 교육은 인간이 잠재적으로 가진 여러 가지 능력을 끌어내거나 사람이 그대로는 가지지 않는 지식, 기능, 태도 등을 몸에 익히게 하기 위한 수단으로, 개인을 보다 나은 방향으로 발달시키고 그에 따라 사회가 유지, 발전하는 것을 목표로 하는 활동이다. 하지만 현대교육은 이것만으로는 부족하고 아이들이 당면한 문제의 해결 방법과 삶의 지혜를 갖추도록 하는 것까지 포함되어야 한다. 교육 내용이 가치 있는 것을 전달한다는 말은 이를 함축적으로 잘 표현하고 있다.

인간은 교육을 받지 않고도 무엇을 배운다. 교육적 의도에서 가르쳐주지 않아도 모방이나 자발적인 시도 또는 우연을 통해 무엇을 배우는 것이다. 이렇게 교육적 지원 없이 문화적 생활방식을 배우는 것을 문화화라고 한다. 문화의 전승에 초점을 맞춘 입장에서 이해하는 교육이란 문화를 주입하기 위해 의도적으로 주어지는 도움이다. 이때 문화주입은 인간의 사회적 적응과 개별적 인성 형성을 포함하는 포괄적 의미를 지닌다. 이 경우 우리는 교육을 문화적 생활방식을 학습하는 데 제공되는 사회적 행위라고 부를 수 있다.

물론 이때 학습은 개개인이 스스로 성취해야 한다. 그러나 일반적으로 말해 교육은 스스로 판단하고 결정하는 능력을 지니도록 개별적 인간을 이끌어주고, 그가 갖춘 모든 능력과 가능성을 활성화하며, 스스로 자신의 사람됨을 발견하도록 도와주는 조처와 과정을 의미한다. 이러한 과정에서 교육은 인간을 자연적 존재로서의 개별적 차원, 사회집단에 속하는 존재로서의 사회차원, 도덕성을 지닌 정신적 존재로서의 문화적 차원 그리고 은총을 받은 존재로서의 형이상학적 차원에서 다룬다. 이에 따라 교육은 단순한 성장 과정과 발달을 넘어서는 차원을 나타낸다. 교육은 한편으로는 아동을 사회적인 삶으로 이끌지만, 또 다른 한편으로는 개인적인 각성과 만남으로 나타난다.3)

교육은 관점에 따라 다양한 양상으로 이해되는데, 크게 인간 행동의 계획적 변화, 가치 있는 활동들 또는 사고와 행동의 양식, 어린 세대를 대상으로 하는 체계적 사회화 등 3가지로 정리해볼 수 있다. ① 교육학자인 정범모4)(鄭範謨) 교수의 『교육과 교육학』에서는 공학적 개념으로, 교육을 '인간행동의 계획적 변화'라고 정의했다. 이 정의에 따르면 하나의 활동이 교육인가 아닌가 하는 것은 그 활동이 의도하는 인간 행동의 변화가 실제로 관찰되는가 아닌가에 달려 있다는 것이다. 교육에는 공학과 공통된 요소가 있다. 공학의 가장 중요한 특징 또는 임무가 우리가 바라는 변화를 일으키는 데 있으므로 공학의 핵심개념은 '의도적 변화'라고 말할 수 있다. 교육도 이와 마찬가지로 교육이 행해지는 곳에는 반드시 어떤 종류의 것이든 결과를 이루기 위한 일이 일어난다는 것이다. ② 영국 교육철학자인 피터즈(R. S. Peters)의 『윤리학과 교육』(Ethics and Education)에서는 성년식개념(成年式槪念)으로, 교육은 가치 있는 활동들 또는 사고와 행동의 양식으로 사람을 움직이되 교육의 개념에 논리적으로 포함되어 있는 3가지 기준을 충족시켜야 한다고 했다. 여기서 제시된 3가지 기준은 첫째는 교육은 가치 있는 것을 전달함으로써 그것에 헌신하는 사람을 만든다는 규범적 기준, 둘째는 교육은 지식과 이해, 지적 안목을 길러주는 일이며 이런 것들이 무기력한 것이어서는 안 된다는 인지적 기준, 셋째는 교육은 교육받는 사람의 의식과

---

3) 정영근(2000), "삶과 인격형성을 위한 인간이해와 교육학", 문음사, p.91.

4) 정범모(鄭範謨): 교육학자이다. 1949년 서울대학교 교육학과를 거쳐 1952년 미국 시카고대학교 대학원을 졸업했으며, 1964년 시카고대학교에서 철학박사학위를 받았다. 1954~1978년 서울대학교 교수, 1965년 한국교육학회 회장, 1973년 서울대학교 사범대학장, 1978~82년 충북대학교 총장 등을 지냈다. 1991년 현재 행동과학연구회장, 한림대학교 대학원장, 학술원 회원(교육학 분야)으로 있으면서 한국 교육계의 발전에 크게 이바지했다. 대한민국 국민훈장 동백장을 수상했으며, 저서로는 『가치관과 교육』, 『교육심리 통계적 방법』, 『교육과정』, 『교육평가』, 『미래의 선택』 등이 있다.

자발성을 전제로 한다는 점에서 몇 가지 전달과정은 교육 과정으로 용납될 수 없다는 과정적 기준이다. 오늘날 우리가 사용하는 '교육'이라는 용어에는 인간이 오랫동안 끊임없이 해오던 활동의 의미 또는 그 활동을 하는 동안에 사람들이 틀림없이 했을 것으로 보이는 그런 생각이 들어 있다. 그러므로 교육이라는 용어의 역사는, 곧 교육을 하면서 살아온 인간 삶의 역사라 하겠다. 지적 유산을 물려받았거나 문명 된 삶을 살고 있는 우리의 삶은 지식이라는 형식을 사용하고 전수하는 것이다. 교육은 이러한 지식의 형식 또는 문명 된 삶의 형식에 사람들을 입문시킴으로써 그들로 하여금 문명사회의 성숙한 구성원으로서 살아갈 수 있게 해준다. ③ 프랑스 사회학자이자 교육자인 에밀 뒤르껭(Emile Durkheim)의 『교육과 사회학』(Education and Sociology)에서는 사회화개념으로, 교육을 어린 세대를 대상으로 하는 체계적 사회화라고 정의했다. 여기에서 사회화란 이기적ㆍ반사회적 존재로서의 개인이 집단적 의식을 내면화함으로써 사회적 존재로 변화되는 과정을 말한다. 이 과정은 사회의 입장에서 보면 존속을 위한 필요불가결한 조건을 마련하는 수단이며, 개인의 입장에서 보면 출생할 때 가지고 나온 것이 아닌 전혀 다른 존재로 변형 또는 창조되는 길이다. 뒤르껭에 의하면 교육은 하나인 동시에 여러 개라는 이중성을 가지고 있다. 한 사회가 존속하려면 그 성원들 사이에 어느 정도의 동질성이 유지되어야 하지만, 그와 동시에 사회에는 각각 다른 행동양식과 정신적 자질을 요구하는 수많은 이질적인 집단들이 있다. 사회가 정상적으로 기능을 발휘하려면 이러한 이질성과 동질성을 동시에 보장하지 않으면 안 된다. 그러나 교육은 별개의 과정을 통해 이루어지는 것이 아니라, 동일한 과정에 서로 다른 측면을 가지는 것이다. 따라서 그 중 어느 하나에 작용하는 것은 다른 하나에도 마찬가지로 작용한다.

공부와 교육의 차이를 간단하게 정리해보면 공부는 교육과정에 요구되는 교재 내용을 비롯한 지식을 습득하고 훈련하며 수행을 통해 깨달음을 얻는 과정이다. 따라서 공부는 가정이나 학교 등에서 혼자서 할 수 있지만, 교육은 일정한 장소에서 공통된 내용으로 주어진 과정을 체계적으로 가르치고 지혜를 갖추도록 단체생활에 필요한 것을 경험하고 익히는 사회화까지 포함된다.

4) 교육의 필요성과 교육을 통하여 얻을 수 있는 것

인간에게 교육이 반드시 필요하다는 설명은 생물학적인 관점에서부터 시작하는 것이 가장 쉬울 것이다. 인간은 무한한 잠재적 가능성을 지니고 있는 존재이지만, 다른 동물에 비해 자립하여 살 수 있는 능력이 가장 결여된 상태로 태어난다. 또 인간은 모든 동물 가운데 자신의 성장과 발달의 한계에 가장 늦게 도달하게 된다. 이는 인간과 동물 사이의 근본적인 차이점을 보여주는 것으로서, 동물은 많은 현실 적응능력과 극히 적은 잠재 가능성을 지니고 태어나며, 인간은 이와 상반된 상태로 태어난다. 그러므로 인간의 무한한 가능성이 제대로 실현되기 위해서는 교육의 도움이 필요하다.[5] 프랑스에서 발견된 야생아와 캄보디아에서 발견된 야성녀[6]는 인간이 교육을 받지 않고 사회와 동떨어져 자연 속에서 혼자 삶을 영위할 때 어떤 상태가 되는지를 잘 보여준다.

사람들은 누구나 교육의 필요성을 느끼지만, 어느 정도까지 교육하느냐 또는 교육을 받을 것인가 하는 점은 대개 부모와 아이의 선택과 의지에 따라 달라진다. 교육에는 국가나 가정의 경제적인 지원이 수반되어야 하고 개인의 인생관이나 목표, 의지 등 여러 가지 요인이 작용하므로 교육에 대한 목적도 각자 다르다. 하지만 거시적인 측면에서 교육의 목적은 국가교육과 가정교육, 개인교육으로 나눌 수 있다. 오늘날 국가교육의 목적은 국가 발전에 필요한 건전한 민주시민 양성이고, 가정교육의 목적은 교육과 공부를 통하여 인간이 얻을 수 있는 것을 누리는 기회 제공에 있으며, 개인교육의 목적은 자신의 목표달성이나 자아실현에 있다. 많은 사람이 개인교육의 목적을 입신출세로 잘못 생각한다. 그러나 입신출세는 개인교육의 목적이 아닌 각 가정이나 개인이 설정하는 교육목표로 보아야 한다. 목적(目的)은 일을 이루려고 하는 목표나 나아가는 방향이고, 목표(目標)는 어떤 목적을 이루려고 하거나 어떤 지점까지 도달하려고 함 또는 그 대상이기 때문이다.

공부의 목적은 앞에서 언급되었으므로 가정교육의 목적인 교육과 공부를 통하여 인간은 무엇을 얻을 수 있는가 하는 점을 살펴보면 다음과 같다. 첫 번째는 세상을 살아가는 데 필요한 기술 및 지식의 습득, 두 번째는 단체생활을 통해 법과 질서 준수, 관습 등의

---

5) 정영근(2000), "삶과 인격형성을 위한 인간이해와 교육학", 문음사, p.103.

6) 캄보디아, 정글서 19년 지낸 '야생녀' 발견

 2007년 1월 22일 AFP 통신은 19년 전 숲 속에서 물소를 돌보다 실종된 한 여성이 캄보디아의 동북쪽에 위치한 정글에서 발견되었다고 보도했다. 캄보디아의 동북쪽에 위치한 오야다오(Oyadao) 마을에서 경찰관으로 근무하고 있는 살 로우(Sal Lou) 씨는 그녀가 19년 전 실종된 자신의 딸이라고 주장했다. 캄보디아의 수도 프놈펜(Phnom Penh)에서 동북쪽으로 600km 떨어진 라타나키리(Ratanakkiri) 지방의 숲 속에서 로우 씨가 원숭이처럼 몸을 구부리고 쌀 낱알을 주워 먹고 있던 로첨 프니기양(Rochom P'ngieng)을 발견하고 단번에 자신의 실종된 딸임을 알아보았다고 말했다고 AFP통신은 전했다. 로우 씨가 그녀를 자신의 딸이라고 주장하는 근거는 그녀의 손목에 난 상처 때문이다. 그러나 그녀를 본 사람들은 하나같이 의문을 제기했다. 그 이유는 어떻게 정글에서 20년을 산 사람의 손과 발이 부드러울 수가 있으며, 손톱이 깔끔하게 정리되어 있고 머리도 헝클어지지 않았냐는 것이다. 또한 그녀의 손목에 있는 상처도 오랜 시간 동안 줄에 묶여 있어서 생긴 것 같다며 그녀가 정글에서 산 것이 맞는지 의구심을 떨치지 못했다. 살로우는 AFP와의 인터뷰에서 "프니기양이 현재 말을 할 수는 없지만, 자신들의 언어를 듣고 이해하기 시작했다"며, "조만간 말하는 법을 알게 될 것"이라고 말했다. 아무래도 프니기양의 과거에 대한 비밀은 그녀가 말을 배우고 난 다음에나 밝혀질 것 같다고 보도했다.

규범을 익히고 인간관계를 하며 여러 사람과 더불어 살아가는 방법을 배우고 익히는 사회화, 세 번째는 자신에게 내재하여 있는 힘과 역량 등 자신이 가지고 있는 고유의 가치 발견, 네 번째는 목표설정, 도전과 성취 과정을 통한 한계극복 훈련을 통해 세상을 자기 힘으로 살아가고 무엇이든 할 수 있다는 자신감 획득, 다섯 번째는 축적된 지식을 바탕으로 옳은 것과 옳지 않은 것 등 가치를 구분할 수 있는 판단기준, 즉 가치관 형성, 여섯 번째는 세상을 올바르게 살아가는 방법과 삶의 지혜 터득, 일곱 번째는 훈련과 인내를 통해 자신의 욕망을 적절하게 조절하고 통제할 수 있는 능력 확보, 여덟 번째는 이해의 부족에서 오는 불안감 해소를 통한 마음의 평화와 안정 획득, 아홉 번째는 인간관계를 통하여 혼자서 해결하기 어려운 일을 공동의 노력으로 해결하는 법과 협동심을 배우고 타인을 활용함으로써 경영역량과 지도력 학습, 열 번째는 동기 동창 등의 동료나 친구, 선후배와의 교류를 통한 활동영역의 확장, 열한 번째는 내재해 있는 능력과 창의성을 체계적으로 발휘하는 방법 터득, 열두 번째는 자연과 인간을 포함한 사물의 이치와 원리 등에 대한 이해와 사고의 확장, 열세 번째는 과거 역사와 접촉하고 현재의 수련을 통해 미래의 변화를 예측하고 움직여 나갈 수 있는 능력을 축적 자아존중감을 높이고 자신의 잠재력과 가능성을 최대한으로 실현하는 자아실현의 단계에 도달하고 가치 있는 삶을 살아갈 수 있게 된다. 이를 위해서는 일정한 과정의 체계적인 교육과 훈련이 필요한데 이것이 대학까지 포함되는 16년 이상 소요되는 공교육이다. 따라서 아이가 공부를 좀 잘한다고 하여 지식과 기능 습득에 의존하여 조기졸업을 하는 것은 반드시 좋은 것만은 아니다.

5) 인간의 본질과 교육의 역할

교육의 양태는 시대나 장소에 따라 다르게 나타나지만, 어느 경우에나 인간을 인간답게 만드는 중요한 활동이다. 인간에게 필연적으로 속하는 교육이 결핍되면 인간은 인간으로서의 가치를 구현할 수 없게 된다. 여러 가지 사례와 기록이 있지만 가장 대표적인 것이 프랑스 아베롱 산림 속에서 발견된 야생아(野生兒)에 대한 파리농아학교 의사 이따르(J. Itard)의 관찰과 실험내용이다.

1795년 프랑스 남부 아베롱(Aveyron)의 산림에서 12세 안팎으로 추정되는 야생 소년 (L'enfant sauvage: 후에 이따르에 의해 빅토르라는 이름을 갖게 됨)이 사람들에게 발견되었다. 이 소년은 모습만 인간의 형태를 갖추었을 뿐 짐승과 같은 상태였으며, 어떤 면에서는 짐승보다 더 무능한 상태였다. 숲 속에서 발견된 아이는 마치 짐승처럼 네 발로 기어 다니고 나무를 올라가는 기이한 행동을 보였다. 마을 주민은 아이를 발견한 후 마치 동물을 사냥하듯이 개를 풀어 아이를 붙잡았다. 이 소년에 관한 기사를 읽은 이따르는 연구를 위해 아이를 파리의 농아학교로 옮겼다. 그 후 이따르의 보살핌 속에 교육을 받았는데 교육을 시작할 당시 이 소년은 감각기능이 활발하지 못하고 지능은 매우 낮았다. 기억력, 판단력, 사고력도 거의 결여된 상태였다. 그러나 5년간에 걸친 헌신적인 양육과 교육 결과 감각기능이 재생되고 사회성 발달이 촉진되는 등 상당한 성과를 거두었다.

이따르는 자신의 관찰과 실험내용을 몇 차례에 걸쳐 발표했는데, 1801년의 제1차 보고서에 인간의 본질과 교육의 역할에 대한 다음과 같은 내용이 들어 있다. 첫째는 자신에게 고유한 기능인 지적 능력이나 심정의 능력을 상실하면 인간은 오히려 다른 동물에 비해 열등하다. 둘째는 인간은 본래 주어져 있는 것으로 생각하였던 도덕적 우월성이란 다름 아닌 문명사회의 산물이라 할 수 있다. 셋째는 기관의 형성, 특히 언어의 학습을 결정짓는 모방능력은 출생 초기의 몇 년 동안 활발하다. 고립된 상태에 놓이거나 신경 감각을 자극하는 요인이 없으면 이 능력은 급격히 쇠퇴한다. 넷째는 인간의 사고와 욕구 사이의 관계는 지속적으로 형성되어 왔으며, 문화인들에게서 욕구의 증가는 인간의 정신을 발달시키는 수단이 된다. 다섯째는 현재 우리가 지닌 생리학적인 지식의 수준에서 볼 때, 교육이 나아가야 할 길은 현대 의학에 따라 조명될 수 있다. 의학은 자연과학 중에서 개별적 인간이 지닌 신체기관과 정신의 변칙성을 가장 잘 판단함으로써, 교육이 개별적 인간을 위해 무엇을 할 수 있으며, 또 사회가 인간에게서 무엇을 기대해도 될 것인지를 결정한다.[7]

이렇게 야생 소년에게서 나타난 현상들은 인간에게 교육이 필요함을 증명하는 구체적인 예라고 할 수 있다. 더 나아가 교육은 인류문화의 전달과 유지 및 창조를 도모하는 수단으로 이해될 수 있으며, 국가발전의 원동력이란 측면에서도 그 필요성이 중요시되고 있다. 또한 위에 소개된 이따르의 보고서는 우리가 익히 알고 있는 맹모삼천지교[8](孟母三遷之敎)와 함께 우리로 하여금 교육의 역할과 환경의 중요성에 대해 다시 한 번 생각하게 한다.

---

7) 정영근(2000), "삶과 인격형성을 위한 인간이해와 교육학", 문음사, pp.104~106.

8) 맹모삼천지교(孟母三遷之敎)는 맹자의 어머니가 세 번 이사를 해서 맹자를 가르쳐 기른 이야기에서 유래한 성어로, 교육에는 그 환경이 중요하다는 것을 일깨워 주는 고사이다. 맹자가 어릴 때 처음 묘지 근처에 살고 있었는데 맹자가 늘 장사 지내는 놀이를 하고 있으므로 이를 본 어머니는 자식을 교육할 곳이 못 된다고 생각해 집을 시가로 옮겼다. 그러자 이번에는 매일같이 물건을 사고파는 장사 놀이를 하고 있었다. 그래서 이곳도 안 되겠다 싶어 이번에는 서당 근처로 집을 옮겼다. 그랬더니 맹자가 매일 글방 놀이를 하고 놀아 맹자의 어머니는 겨우 안심하고 그곳에서 오래 살았다고 한다.

4. 교육목표는 자기실현에 있다

아이에 대한 일반적인 부모의 가장 현실적인 교육 목표는 당장 좋은 성적을 받고, 원하는 유명학교에 합격하고, 좋은 직장에 취업하는 것이다. 그것이 사회에서 공인되는 분야일수록 그 직장이나 직업, 자격증을 선호하는 경향이 강하다. 그런데 교육학에서 교육이 추구하는 목표는 자기실현이라고 한다.

자기실현(自己實現)은 자아실현과 같은 말이다. 자아실현(self-realization)은 자신의 잠재력과 가능성을 최대한으로 실현하는 것을 가리킨다. 그러나 대부분의 학부모는 자아실현이라는 말이 너무 어려워 쉽게 이해하지 못한다. 하지만 자신의 잠재력과 가능성을 최대한으로 실현하는 것이 어떻게 나타나는가를 생각해보면 이해하기 쉽다. 자아실현은 현실 속에서는 성취를 통해 나타난다. 따라서 자아실현은 자신이 좋아하는 것, 하고 싶은 것, 원하는 것을 목표로 설정하고 도전하여 자신이 갖고 있는 잠재적인 능력과 가능성을 최대한 발휘하여 실제로 나타내 성취를 이루는 것을 말한다. 성취를 이루는 단계까지 이르지 못하면 자아실현이 된 것이 아니다.

살아가면서 목표는 상황에 따라 수시로 변화하기 때문에 자아실현 여부는 하나의 목표를 통해 실현될 수도 있지만, 일정한 기간 또는 전체 삶의 과정 등에 걸쳐 자신이 설정하는 내용과 방법, 평가기준, 생각에 따라 얼마든지 달라질 수 있다. 중요한 것은 성인이 되기까지의 교육과정 중에는 설정된 목표를 이루었다고 하더라도 자아실현을 위한 준비 기간으로 보고, 실질적인 자아실현은 사회진출 후 삶의 과정에서 이루어진다. 그러므로 실제 자아실현이 어느 정도 이루어졌는지는 사회활동을 마감하고 노년이 되었을 때 평가할 수 있다.

매슬로우(A. Maslow)는 자아실현(自我實現)을 인간의 욕구 중에서 최고 상위의 욕구로 보고 인간의 궁극적 목표로 보았다. 브라멜드(T. Brameld)는 사회 속에서 자신의 가능성과 잠재력이 실현하는 사회적 자아실현을 중시하였고, 기독교 관념주의자들은 신의 의지를 구현하는 것을 중시하였다. 자기실현을 성취한 사람들은 그렇지 못한 사람들과 현저히 다르다. 자기실현을 성취하지 못한 사람들은 주로 결핍에 의해서 동기화되지만 자기실현자들은 '존재가치'에 의해 지배된다. 존재가치란 성장 동기로서 그 목적은 개인의 체험을 확장하고 삶을 풍부하게 하는 것이다. 그러므로 결핍성 욕구들이 충족되면서 자기실현의 기회가 온다.[9]

교육학에서 말하는 자아실현과 부모들이 현실적으로 지향하는 교육목표는 얼마나 차이가 날까? 외형상 표현만을 놓고 보면 자기의 가능성을 실현하는 자아실현과 좋은 성적을 받고 유명학교에 합격하고 좋은 직장에 취업하는 것은 전혀 다른 것 같기도 하다. 하지만 실제 내용은 같은 것이다. 굳이 차이가 있다고 한다면 표현의 구체성과 추상성 또는 포괄성, 미시적이거나 거시적인 실현 내용 및 시기의 차이 정도라고 할 수 있다. 공부하는 것이 현업인 아이들에게 있어서 자기의 가능성을 실현하는 현실적인 방법은 매일 공부한 것을 시험을 통해 이전보다 조금 더 좋은 성적을 받는 것이다.

이것을 좀 더 확장하면 유명학교에 입학하고 좋은 직장에 취업해 자기 잠재력과 가능성을 실현하면 바로 자아실현이 된다. 단지 일상 속에서 철학적이고 추상적인 자기실현이라는 표현보다는 현실적 상황을 반영하여 이해가 잘되고 알아듣기 쉬운 성적, 합격, 취업 같은 각 단계에서 자아실현을 성취한 것을 구체적으로 표현해 사용한 것으로 볼 수 있다. 현재 좋은 성적을 얻는 것은 지금 당장 자기실현이기도 하지만 인생이라는 거시적인 관점에서 볼 때는 성인이 되어 자아실현을 하기 위한 준비과정에 해당한다.

그러면 성인이 되어 자아실현을 한 사람들은 어떤 특징을 갖게 될까? 매슬로우(Maslow)에 의하면 자기실현자들은 '현실을 정확하게 또는 완전하게 지각한다. 자신과 타인들 그리고 사물 일반을 더욱 많이 수용한다. 꾸밈이 없고 자연스럽다. 자기 자신보다는 문제들에 집중하는 경향이 있다. 혼자 떨어져서 자기만의 생활을 가지려 한다. 자율적이며 물리적, 사회적 환경에 구애되지 않는다. 신선한 안목을 가지고 삶의 가치를 인정한다. 신비체험, 즉 절정체험을 한다. 모든 사람과의 일치감과 연대감을 느끼고 즐긴다. 소수 사람과만 깊은 대인관계를 맺고, 일반적으로 자기 자신을 좋아한다. 민주적 이상들을 중요시하는 인격구조를 가지고 있다. 상당히 윤리적이다. 창의적이다. 적대감이 없는 철학적인 유머감각을 가지고 있다. 문화에 동화되지 않으려 들며, 사회의 유혹에 쉽사리 넘어가지 않는다'는 특징을 가진다고 한다. 그렇다고 자기실현자들이 언제나 완전한 것은 아니다. 보통 사람들처럼 결핍성 욕구를 지니고 있지만, 이들은 성장 동기에 의해 더 동기화된다. 교육은 자기실현자가 되도록 돕는 것이다.

---

9) 박병량(2003), "학급경영", 학지사, pp.161~162.

5. 감성지능과 인성교육의 중요성과 핵심은 무엇인가

현대사회가 요구하는 인재는 지식과 인성이 균형적인 발전을 이룬 사람이다. 그런데 오늘날 우리나라 공교육의 현실은 지식 주입과 기능 숙련에 너무 치우친 경향이 있다. 그러므로 부모가 가정에서 아이들을 교육할 때 감성지능과 인성교육이 왜 중요하고 그 핵심은 무엇인가에 대해 미리 한 번쯤 생각해볼 필요가 있다. 인성(人性)은 '선천적으로 주어진 인간의 기본적 인식체계 또는 마음 바탕으로서 보편적으로는 자기실현의 경향성을 띤 생명력이다. 개별적으로는 개인이 환경과 상호작용하면서 나타내는 독특하고 일관성 있는 사고, 정서, 행동의 표현양식 또는 고유한 적응방식으로서 적응적, 부적응적 형태로 나타난다.' 이러한 인성은 선천적으로 타고난 기질과 후천적으로 주어진 환경의 영향에 의해 그리고 개인의 가치관과 의지적 결단에 의해 특징적으로 결정된다고 할 수 있다.[10]

'인성교육(=인성지도)'은 인간의 기본적 마음 바탕으로서 자기실현의 경향성을 띤 생명력이며, 개인이 환경과 상호작용하면서 나타내는 고유한 적응방식인 인성의 성격 또는 인격의 발달을 돕는 교육적 활동이라 할 수 있다.[11] 이것은 주로 비형식적인 교과 과정이나 인간관계를 통하여 이루어진다. 청소년기는 인생의 모든 발달과정 중에서 가장 많은 변화와 혼란을 겪는 시기이다. 신경증, 정신병과 같은 정신장애, 우울증, 자살경향성, 비행과 범죄 등이 가장 많이 발현되는 시기이기도 하다. 그것은 청소년들이 자기의 정체성을 발견하고 세상으로 나와 적응하는 과정에서 필연적으로 겪게 되는 시행착오적 혼미와 역할에서 비롯된다. 청소년들이 심리적으로 건강하고 신체적으로도 건강하고 지적으로 우수하며 더불어 살기 좋은 성품의 소유자가 되도록 양육해 성숙한 인간으로 성장하도록 돕기 위해 기성세대는 방향과 목표를 가지고 인성교육에 임해야 한다.

우리는 지육·덕육·체육의 조화로운 발달이 이루어진 전인적 인간의 육성을 교육의 이상으로 삼고 있다. 지·덕·체는 교육의 삼대 요소로 지육(智育)은 지능의 계발과 지식의 함양을 목적으로 하는 교육, 덕육(德育)은 어질고 너그러운 품성인 덕성(德性)을 기르고 인격을 높이는 교육, 체육(體育)은 건강한 몸과 운동능력을 기르는 일을 목적으로 하는 교육을 말한다. 인성교육은 전인적 인간 교육을 위한 필수적인 과정이다. 학교현장에서 이러한 전인교육이나 인성교육과 불가분의 관계에 놓여 있는 활동은 생활지도와 상담이다.

---

10) 홍경자(2004), "청소년의 인성교육 나는 누구인가", 학지사, p.21.

11) 홍경자(2004), "청소년의 인성교육 나는 누구인가", 학지사, p.35.

생활지도에서 다루는 주요한 내용을 살펴보면, 학생들의 학교생활 및 가정생활 적응, 대인관계, 마음관리, 생활습관 조절하기, 적성의 발견과 진로선택 등이다. 그런데 이런 내용은 인성교육의 차원에서도 다루어야 할 내용이다. 그러므로 인성교육의 목표는 생활지도의 목표와 일치한다고 보아도 과언이 아니다.

이것을 구체적으로 살펴보면 다음과 같다. ㉠ 자기 자신에 대한 올바른 이해: 청소년들이 자아정체감을 형성하고 고유한 개성을 발견하기 위하여 정확한 자기 이해가 이루어지도록 한다. ㉡ 잠재력 개발: 자기 안에 있는 무한한 잠재력을 개발할 수 있는 다양한 교육적 경험을 제공한다. ㉢ 자율적 문제해결능력의 신장: 인생은 끊임없이 새로운 문제가 발생하고 해결하면서 살아가는 과정이므로 청소년들에게 자신의 문제를 스스로 해결할 수 있는 능력을 길러준다. ㉣ 전인적인 발달의 도모: 청소년들이 지적, 정의적, 신체적, 도덕적, 사회적 측면에서 균형을 이룬 발달이 이루어지도록 몸과 마음의 건강을 증진할 수 있는 교육적 경험을 제공한다. ㉤ 건전한 민주시민의 육성: 현대의 민주사회에서 요구되는 인간적 자질로서 책임감이 있고 협동적인 시민으로서의 자질을 길러 주도록 한다.

그러나 학교현장을 중심으로 이루어지는 생활지도가 청소년의 인성교육에서 절대적인 영향력을 미칠 수는 없다. 개인의 성격은 개인이 자라는 가정환경 속에서 형성되고 결정되기 때문이다. 인성교육의 일차적 책임자는 부모이고 인성교육이 행해지는 장소는 가정이다. 가정에서 부모의 역할은 자녀의 인성에 절대적인 영향력을 미친다. 인성교육의 내용은 청소년이 잠재능력을 신장하고 심리적 고통을 해결할 수 있음으로써 행복하고 만족한 삶을 영위하도록 돕는 것, 타인에게 피해를 주지 않으며 여러 사람과 사이좋게 지낼 수 있는 성격의 소유자가 되도록 돕는 것이다. 이러한 특성은 지·덕·체의 전인적 교육목표 중에서 덕성의 함양, 곧 정의(情誼: 사귀어 두터워진 정)적 발달에 해당하는 부분이다. 개인의 정의적 발달이 행복하고 성공적인 삶을 결정짓는 중요한 요인이 된다.

사회에서 성공한 사람의 80%는 뛰어난 지적 능력 때문이 아니고 자신과 타인의 감정에 민감하게 대응하는 능력, 지구력, 낙천적 자세와 창의적 아이디어를 갖추고 있는 사람이었다. 이들은 이성적인 두뇌보다 감성두뇌(EQ: 대인관계의 상호작용에서 보이는 지능) 작용이 더 뛰어난 사람들이다. 감성지능을 소개한 골만(Goleman)이 말하는 감성지능에 다음과 같은 다섯 가지의 능력[12]이 포함된다. ① 감정의 인식: 이것은 자신의 감정 상태를 인

---

12) 홍경자(2004), "청소년의 인성교육 나는 누구인가", 학지사, p.41~42.

식할 수 있는 능력이다. 여타의 감성능력들은 여기에 바탕을 두고 있다. 왜 느끼고, 어떻게 느끼는지를 아는 사람만이 의식적으로 자신의 감정을 다룰 수 있고 조절할 수 있다. ② 감정의 조절과 통제: 우리가 느끼는 불안, 분노 혹은 슬픔과 같은 감정은 생존의 원리나 구조(mechanism)와 관련되어 있으며, 우리는 이러한 감정을 임의로 중단시키거나 저지시킬 수 없다. 그러나 분노와 같은 일차적인 감정 상태를 적절히 조절하고 분노에서 유발되기 쉬운 공격적 행동을 유머와 같은 교양 있는 행동 양식으로 대처할 수 있다. 우리가 느끼는 감정을 얼마나 교양 있게 다룰 수 있는지는 감성지능(EQ)의 문제이다. ③ 잠재능력의 개발: '천재는 1%의 영감과 99%의 노력'이라는 표어는 감성지능의 매력을 잘 설명해준다. 지능지수만 높다고 해서 누구나 학교에서 최우수상을 받고 노벨상 수상자가 될 수 있는 것은 아니다. 칠전팔기[13](七顚八起)의 끈기와 노력, 낙관적 신념과 자신감 등을 가지고 잠재능력을 개발할 때 성공이 뒤따른다. ④ 공감적 이해력: 의사소통에 대한 연구결과에 의하면 진실로 마음이 통하는 의사소통의 약 90%가 언어(말)와는 거의 무관하게 이루어진다는 사실이 밝혀졌다. 다른 사람에 대한 공감각적 이해는 상대에게 집중하여 경청하려는 자세와 더불어 언어로 표현되지 않은 생각과 감정까지도 파악하려는 노력을 통하여 얻어진다. 이것이 공감각적 이해이다. ⑤ 사회적 관계의 형성: 고객과의 거래, 직장에서의 단체생활, 급우들과의 교제, 짧은 대화 속의 갖가지 만남에서 하나같이 대인관계 형성의 기술이 요구된다. 다른 사람과 더불어 잘 지낼 수 있으며 갈등이 생겼을 때 잘 해결할 수 있는 능력, 즉 사회적 관계의 형성 능력은 매우 중요한 기술이다.

지금까지 한국에서 성공한 사람들은 지능지수(IQ)가 뛰어나고 공부를 아주 잘하는 사람이라고 믿었다. 그런데 이런 사람들이 성공한 것은 전체 인구 중 20%에 불과하다는 것이다. 성공인의 대다수, 곧 80%는 실력이 다소 떨어지더라도 인간성이 제대로 되어 있는 사람이라는 사실이 많은 연구에서 증명되었다. 감성적인 인간은 세속적이지 않다. 눈에 보이는 이익이나 명예의 추구에 급급하지 않고 어리석을 정도로 집요하게 자신의 인생목표를 향해서 매진하는 사람이다. 이들은 진실하고 성실하다. 고매한 가치를 가지고 불굴의 신념과 낙관적 태도로 임하며, 사람들의 마음을 어루만져주는 인격자다. 오늘날 감성지능을 개발해야 할 필요성은 더욱 절실하다. 현대사회가 필요로 하는 인간은 남을 짓밟고 나 혼자만 이기려 하는 사람이 아니고 더불어 이기는(win-win) 지혜를 가진 감성적 인간이다.

---

13) 칠전팔기(七顚八起): 일곱 번 넘어지고 여덟 번 일어난다는 뜻으로, 여러 번 실패하여도 굴하지 아니하고 꾸준히 노력함을 이르는 말.

우리는 전인적 교육에서 달성하고자 하는 목표의 내용이 감성지능의 능력과 거의 유사하다는 것을 알게 되었다. 그러므로 인성교육의 내용은 감성지능의 발달을 촉진하는 것이라고 할 수 있다. 자녀를 양육할 때는 가슴이 얼마나 넓은 인간이냐, 얼마나 멋진 인격자이냐에 관심을 두고 지도해야 한다.[14]

결국 인성교육이 중요한 이유는 우리 아이가 사회에 나가서 성공적인 삶을 살 수 있도록 하기 위함이다. 교육의 이상으로 삼고 있는 지·덕·체의 조화로운 발달을 위해서는 인성교육이 필수적이다. 지·덕·체의 조화로운 발달은 현재 세계의 명문학교들이 지향하는 공부, 인성, 운동과 크게 다르지 않다. 그동안 우리는 지육에 해당하는 공부에만 치중하여 상대적으로 덕육을 등한시해 온 측면이 있다. 그 결과 감성적으로 메마른 이기적인 모습을 가진 아이들의 수가 점차 늘어 이제 그들의 행동을 우려해야 하는 현실이 되었다. 이러한 현실적 문제를 해결하고 우리 아이를 성공적인 사람으로 키우기 위해 우리는 덕육에 해당하는 인성교육을 강화하여 지·덕·체의 조화로운 발달을 도모하지 않으면 안 된다.

인성교육은 내 아이를 위한 일이고 우리 가족을 위한 일이며 나아가서는 사회와 국가를 위한 일이기도 하다. 아이들의 인성교육에 절대적인 영향력을 미치는 사람은 부모이므로 부모가 인성교육을 주도해야 한다. 그렇다고 인성교육을 너무 복잡하고 어렵게 생각하면 못한다. 간단하게 생각하면 간단하다. 생활 속에서 바로 실천할 수 있는 인성교육은 그렇게 어려운 것이 아니다. 어질고 너그러운 품성인 덕성(德性)을 기르고 인격을 높이는 교육인 덕육(德育)에 해당하는 부분을 육성하는 방법으로 아이에게 정당성과 합리성의 추구, 수신, 배려, 타협, 근면, 자조, 협동, 나눔, 자원봉사를 실천하는 것이면 충분하다.

6. 세계가 원하는 인재상은 이미 정해져 있다

아이들을 가장 바람직하게 교육하는 방법은 무엇일까? 이것은 아마도 교육에 관심이 있는 부모들이 한 번쯤 갖는 의문일 것이다. 이 의문에 대한 답은 우리가 살고 있는 현재의 시대가 요구하는 인재상에 맞는 교육을 하는 것이다. 이것은 우리 시대가 요구하는 가

---

14) 홍경자(2004), "청소년의 인성교육 나는 누구인가", 학지사, pp.42~43.

치와 당면한 문제, 해결해나가야 할 것, 지향하는 방향 등 시대 상황에 대한 파악에 의해 구체화할 수 있다. 특정한 개인, 몇 사람의 전문가에 의한 진단이나 의견으로는 곤란하다. 그들의 진단이 당위성을 갖기 위해서는 시대 상황과 일치하는 객관성이 확보될 때만 인정될 수 있다.

이렇게 이것저것 여러 가지 요소를 고려하다 보면 우리 시대 세계가 원하는 인재상을 파악하는 일이 만만하지 않은 일로 생각될 수도 있다. 하지만 그렇다고 너무 어렵게 생각할 일도 아니다. 세상의 이치는 알고 나면 별것이 아닌데, 그 원리를 파악하기 전에는 무엇이든 다 어렵게 느껴진다. 우리가 그 답을 쉽게 찾지 못하는 것일 뿐 대개 그 원리나 해답은 그리 먼 곳에 있는 것이 아니다. 현시대가 요구하는 인재상을 파악하는 일도 곰곰이 생각해보면 우리 가까이에 있다. 간단하게 말하면 학교 교육이 양성하려는 인재상이 바로 우리 사회와 이 시대가 요구하는 가장 바람직한 인재상이다. 객관적인 측면에서 보더라도 어느 시대를 막론하고 교육은 인간사회의 발전 방향과 현실을 가장 잘 반영해왔다고 할 수 있다. 이는 교육이 항상 그 시대가 요구하는 인재를 양성하는 목적을 수행해왔기 때문이다.

그럼 여기서 교육의 핵심적인 역할을 하는 고등학교와 대학교, 그중에서도 세계 최고수준의 고등학교나 대학들이 그들의 교육 목표 실현을 위해 선발하는 신입생의 선발 기준, 재학생의 교육 내용 등을 살펴볼 필요가 있다. 어느 나라 할 것 없이 각국에는 자국이 자랑하는 명문학교가 있고 나름대로 교육체계가 운용되어왔다. 특히 이 시대를 선도하는 미국, 영국을 비롯한 구미제국들에 소재하고 있는 주요 명문학교는 공부, 인성, 운동의 전 분야를 아우르는 '우수한(elite) 3관왕'으로 키운다[15]고 한다. 여기에 봉사와 지도력, 창의성, 문제해결능력이 추가되면 우리 시대 세계가 요구하는 인재상이 될 수 있다. 이 인재상에 가장 근접하는 교육을 해 우리의 많은 관심사가 되는 학교가 미국의 명문고등학교를 지칭하는 프렙스쿨[16](preparatory school)과 명문대학을 지칭하는 아이비리그[17](Ivy League)이다.

---

15) 최효찬(2008), "세계명문학교 1% 인재들의 공부법", 예담, p.5.

16) 프렙스쿨(preparatory school): 아이비리그와 인접한 미국 동북부 뉴잉글랜드와 보스턴 지역에 주로 몰려 있는 명문 사립학교를 지칭하는 용어. 세계적인 명문 사립학교가 즐비한 미국은 한국의 학부모들이 조기 유학 희망 1순위로 꼽는 나라. 미국에서도 아이비리그 대학 진학을 목표로 하는 학생들과 학부모들은 우선 '프렙스쿨(preparatory school)'에 입학하려 애쓴다. 미국의 사립학교는 줄잡아 1,400여 개에 이르는데, 한국 조기유학생들이 주로 입학하고자 하는 학교가 바로 프렙스쿨이라 불리는 명문사립학교다. 프렙스쿨은 원래 미국 동북부 상류층 자녀들이 아이비리그 진학을 준비하는 학교로 명성을 얻기 시작했다. 각 학교당 전체 학생 수는 300~1,000명 정도로 최근에는 미국 전역과 세계 각지에서 학생들이 몰려들어 입학률이 갈수록 치열해지고 있다. 대표적인 프렙스쿨로는 매사추세츠 주에 있는 필립스 아카데미, 디어필드 아카데미, 그로턴 스쿨, 밀턴 아카데미, 코네티컷 주에 있는 초우트 로즈메리 홀, 하치키스 스쿨, 뉴햄프셔 주의 필립스 엑시터 아카데미, 세인트 폴 스쿨, 뉴저지의 로렌스빌 스쿨, 미들섹스 스쿨 등이 꼽힌다. 이들 학교는 미국에서 상위 10위 안에 드는 명문학교다.

우리는 왜 그들이 교육에서 공부, 인성, 운동, 지도력, 봉사, 창의성, 문제해결능력을 중시하며 그러한 역량을 고루 갖춘 인재를 키우려고 하는지 생각해 보아야 한다. 그들이 지향하는 바와 우리의 교육이 지향하는 것, 그리고 우리는 아이들을 제대로 교육하고 있는지 살펴볼 필요도 있다. 첫째, 공부는 이해력, 암기력, 창의력, 사회화, 건강관리, 문화예술 활동의 전반에 걸쳐 인간의 삶을 영위하는 데 기본적으로 요구되는 총괄적인 요소를 내포하는 인간이 만들어낸 가장 보편적인 지식전달 방법이고 가장 합리적인 평가 방법이라는 것은 잘 알려진 사실이다. 당연히 공부를 잘해야 한다. 둘째, 인성은 사회화와 강한 연관이 있다. 자연 앞에서 개인은 너무 나약한 존재이기 때문에 세상은 혼자 살 수 있는 것이 아니다. 더불어 살아야 한다. 그러기 위해서는 타인과 화합하고 배려하면서 자신이 추구하는 삶의 성취를 이루어내는 자세가 요구된다. 배려하는 인간관계에서는 갈등은 그만큼 줄어든다. 그러므로 인성 교육의 핵심은 법을 지키는 준법정신, 거짓이나 허식이 없이 마음이 바르고 곧게 살려는 정직성, 다른 사람에게 피해를 주지 않고 질서를 지키려는 도덕성, 사회적 약자를 도와주고 더불어 살려고 하는 배려, 치우치지 않는 공정, 내 몫을 다하는 책임, 함께 지키는 약속, 욕심을 조정하는 절제, 땀 흘려 일한 정당한 노동에 의한 수익 획득 등 돈에 대한 올바른 경제교육, 다른 사람들과 힘을 합해 어려움을 극복하고 공통된 발전 목표를 이루어 내려는 협동심 함양이 포함되어야 한다. 셋째, 운동은 건강유지, 협동심과 어떠한 장애도 극복할 수 있는 강한 체력을 기르는 데 도움이 될 수 있다. 건전한 신체에 건전한 정신이 깃든다. 현대사회는 복잡한 이해관계로 인해 누구나 정신적 스트레스(stress)를 받는다. 운동은 건강관리의 바탕이 되기도 하지만, 스트레스를 해소할 수 있는 좋은 방법이기도 하다. 일은 혼자 하는 것이 아니다. 타인과 힘을 합쳐 일해야 할 때 협동심이 얼마나 발휘되느냐에 따라 결과가 달라진다. 그리고 체력이 부족해 버티지 못하고 공부나 일을 중도에 포기하는 사례를 우리는 어렵지 않게 볼 수 있다. 체력은 국력이 된다. 스포츠에서는 확실히 그렇다. 넷째, 지도력이다. 우수한 지도자는 국민을 화합시키고 단결시켜 정의사회를 구현하지만, 이기적인 지도자는 권력의 사유화에 눈이 멀어 국민과 사회를 분열시켜 파탄에 이르게 한다. 국민과 국가를 위해 봉사할 수 있는 지도력

---

17) 아이비리그(Ivy League): 최고의 학문적·사회적 명망을 가지고 있다고 널리 인정되는 미국 북동부에 있는 일군의 대학. 하버드(1636), 예일(1701), 펜실베이니아(1740), 프린스턴(1746), 컬럼비아(1754), 브라운(1764), 다트머스(1769), 코넬(1853) 등의 대학이 이에 속한다. 이들 대학은 속칭 아이비리그로 알려진 미식축구 등 대학 간 운동경기 연맹의 구성 대학이다. 1956년에 공식적으로 조직되었지만 대학 간 미식축구경기의 역사는 1870년대까지 거슬러 올라간다. 아이비리그는 미국대표 팀으로 인정받을 만큼 1913년까지 초창기 미식축구에서 우위를 차지했지만 1920년대부터 쇠퇴했다.

을 갖춘 유능한 지도자를 육성하는 일은 대단히 중요하다. 다섯째, 봉사(奉仕)는 국가 사회 또는 남을 위해 헌신적으로 일함이라는 뜻으로, 특히 자원봉사를 하는 것이 중요하다. 인간은 불완전한 존재이므로 인간이 만든 어떤 제도나 정책도 반드시 모순이 있고 사회에는 항상 소외계층이 존재한다. 그러므로 국가, 사회 또는 남을 위한 봉사가 필요하다. 봉사에는 여러 가지가 있는데 일반적인 봉사는 대가를 받고 일을 하는 것이지만, 자원봉사는 대가를 받지 않고 무상으로 일을 해주는 것이다. 자원봉사는 인간이 만든 제도나 정책에서 필연적으로 드러나는 여러 가지 문제점을 보완하는 가장 이상적인 방법으로 능력이 부족하고 소외된 사람들도 다 함께 인간답게 잘 살도록 하는 가장 좋은 방법이다. 그리고 자원봉사는 남을 위한 것이기도 하지만, 궁극적으로는 나를 위한 일이다. 내가 가진 것을 다른 사람에게 나누어 줄 때 행복을 느끼는 것은, 받는 사람이 아니라 베푸는 나 자신에게 더 큰 기쁨과 행복으로 돌아온다. 타인이 행복해지면 나에게 돌아올 위험은 그만큼 줄어들기 때문에 모두가 행복해지는 사회를 만드는 데 자원봉사만큼 좋은 것은 없다. 여섯째, 창의성과 문제해결능력이다. 인간이 가진 불확실성과 현대사회의 각종 제도는 이해관계를 복잡하게 만들고 있다. 문제를 해결하고 생산성을 향상하는 가장 좋은 방법은 창의성이다. 창의성은 발명가나 과학자에게만 필요한 것이 아니다. 기업가, 정치인, 관리자, 학부모, 학생 등 우리 모두에게 필요하다. 창의성의 핵심은 "비상식적이고 비정상적인 사고에 있으며, 사람들로부터 공감 받는 창조로 대개 새로운 가치 형성 또는 문제해결방법이나 능력이 수반되는 것"이다. 따라서 창의성이 있는 사람이 문제해결능력이 뛰어나다. 창의성은 실제 생활에서는 사회현안이나 정치적 문제, 기업의 생산성 향상, 판매실적 개선, 매출향상, 새로운 기술개발 등 사회 제반 분야에서 당면과제를 해결할 수 있는 새로운 아이디어나 방안 등 다양하게 나타날 수 있다. 시대를 초월하여 문제해결능력이 뛰어난 사람들은 능력을 인정받아왔다. 하지만 창의성이 뛰어난 것이 반드시 문제해결능력과 일치하는 것은 아니다. 창의성이 문제 해결에 결정적인 요소로 작용하는 경우가 많지만, 사람들이 살아가는 과정에서 나타나는 문제들은 여러 사람의 이해관계가 얽혀 있는 때도 있는 등 복합적인 문제를 내포하는 것들이 많아 단순한 창의성만으로는 부족하고 경청과 설득, 강한 인내와 해결 의지, 강력한 추진력과 지도력, 협동심, 가용 자원의 활용, 지식과 지혜 등 여러 가지 요소들이 작용한다. 모든 문제는 사안에 따라 다르므로 문제해결능력은 쉽게 정형화할 수 있는 것이 아니다. 그러나 세상에는 여러 가지 문제들이 산적해 있으므로 항상 문제해결능력이 필요하다. 학교에서는 과제물 등을 통해 문제해결능력을 배양하고 평가할 수 있다. 일곱째, 앞서 설명된 제반 요소들을 갖추었을 때 지도력은 향상하고 지도자의 자질이 갖추어진다. 또한 끊임없이 사회구성원들과 소통하고 자신의 신념이나 철학, 연구결과물을 올바르게 전달하기 위해서는 표현력과 발표력도 중요한 의미가 있다.

구미의 선진제국들이 지향하는 교육은 타인에게 배려하고 봉사를 통해 행복을 추구하며 정신건강과 육체적 건강의 조화 속에 맡은 바 직무에 열정적이면서 자신의 발전과 사회발전을 동시에 추구하고 국가와 국민을 화합시키고 건전한 발전을 이끌 수 있는 다 함께 잘 사는 사회 건설을 선도해나갈 인재를 육성하는 것이다. 그들이 추구하는 것은 만능인 사람을 육성하는 것이 아니다. 건전한 정신과 육체를 소유하고 개인과 사회에 대한 공동의 이익과 발전에 대한 조화를 추구하는 균형 잡힌 역량과 문제해결능력을 구비한 인재를 양성하는 것으로 볼 수 있다. 이것은 이기적인 사람보다는 대인관계 능력이 뛰어나고 소외된 사람들을 돕고 봉사에 앞장서며 부단히 노력하는 사람들을 요구하는 우리 시대와 현대사회의 인재상과 잘 일치하고 있다. 단순한 지식을 습득하는 능력만이 '1% 인재'의 절대기준[18]이 될 수는 없는 이유이기도 하다.

7. 인생의 목적과 성공, 그 성공에 이르는 길

사람들은 누구나 성공을 꿈꾼다. 아이들을 교육하는 것도 그들로 하여금 성공하도록 하는 것과 무관하지 않다. 아니 교육은 이제까지 인간이 성공에 도달하기 위해 개발해낸 가장 빠르고 좋은 방법이고 보편적인 방법이다. 여기에서 공부는 학교를 통한 공교육뿐만 아니라 스스로 행하는 진리 탐구나 수행, 새로운 것을 개발하기 위한 연구, 문제 해결 노력 등을 내포한다. 누구나 성공한 사람들은 열심히 공부한다. 우회적으로 '열심히 노력한다. 열심히 살았다'는 말로 달리 표현하더라도 그 실질적인 내용은 다를 것이 없다. 그러나 인간의 삶은 어떤 방법을 안다고 그것이 곧 성공으로 이어지는 것은 아니다.

성공에 이르기도 쉽지 않지만 성공한 사람 중에 성공이 무엇이고, 왜 성공을 해야 하는지, 거기에 이르는 길은 무엇인지 등 자신의 성공관을 제대로 정립하고 있는 사람이 의외로 많지 않은 것 같다. 어쩌면 당연한 현상이라고 할 수도 있다. 대부분 성공이라는 것이

---

18) 최효찬(2008), "세계명문학교 1% 인재들의 공부법", 예담, p.73.

목표를 정하고 그것을 달성하기 위해 꾸준히 공부하고 순간순간 당면한 문제들을 해결하기 위해 열심히 노력하며 사는 가운데 세월이 흐르면서 자연스럽게 사회적으로 성공한 사람의 반열에 올라와 있는 경우가 많기 때문이다.

성공을 순간적으로 인식한 사람들은 '자고 나니까 유명한 인사가 되어 있었다'는 말을 하기도 한다. 그러나 성공은 상대적이고 추상적인 가치를 갖기 때문에 평가기준과 상황, 시대에 따라 항상 가변적이다. 다른 사람이 나를 성공한 사람으로 평가하더라도 정작 중요한 나 자신은 성공한 사람으로 인식하지 않을 수도 있다. 따라서 인간의 삶에서 중요한 것은 성공했느냐 하지 않았느냐 하는 것보다는 오히려 성공하기 위해 목표를 정하고 그것을 성취하기 위해 노력하는 과정이다. 이 과정을 통하여 불완전을 완전에 가깝게, 불안한 것을 안전한 것에 좀 더 가깝게 만든다. 자신의 한계 극복을 통해 능력을 제고시키며 고달픈 현실의 삶을 보다 이상향에 가깝게 개선해나가면서 좌절과 슬픔을 이기고 성취와 행복을 맛보게 하는 삶의 의미와 연결된다.

그러면 성공은 어디서부터 시작되는 것일까? 처음에는 대부분 막연한 꿈이나 목표, 내가 가지지 못한 권력, 명예, 부, 사회적 직위 등에 대한 부러움과 그것을 이루고 싶은 마음에서 출발한다. 이렇게 상당히 추상적이고 포괄적으로 시작되지만, 실행과정을 거치면서 동기가 부여되고, 가치에 대한 재해석이 이루어지면서 점차 성공의 실체가 구체화하는 과정을 거친다. 나 자신의 성공도 그렇지만 아이들이 성공하기를 바란다면 성공이 어떤 것인지 한번 생각해 보고 정리해 두는 것이 바람직하다. 그리고 성공의 형태가 어떤 것이든 아이들이 훌륭한 사람이 되고 성공을 실현하기 바란다면 반드시 달성 가능한 것이어야 한다. 달성되지도 않을 것을 설정해 놓고 달성하라고 요구하는 것은 잘못된 것이다. 그것을 구체적으로 표현하기 어려우면 현재 사회적 성공을 이룬 사람을 표본으로 삼는 것도 한 가지 방법이다. 구체적인 설명 없이 막연하고 추상적으로 '성공해야 한다. 훌륭한 사람이 되어야 한다'고 말하면 아이들은 무엇을 어떻게 해야 할지 모른다.

성공(成功)은 뜻을 이루는 것, 부나 사회적 직위를 얻는 것을 말한다. 여기서 뜻은 무엇을 이루려고 속으로 다져 먹은 마음, 의지이다. 다시 정리하면 성공이란 부나 사회적 직위를 비롯하여 자신이 이루려고 마음먹은 것을 이루는 것으로 출세도 비슷한 뜻으로 쓰인다. 교육의 목표는 자기의 가능성을 실현하는 일인 자아실현(自我實現)에 있다. 개인이 자아실현의 내용을 구체적으로 압축하여 부나 사회적 직위를 얻는 것으로 설정하고 그것을 달성하면 개인에게 있어서 성공은 자아실현을 이룬 것이 된다. 즉, 이런 때 자아실현의 현실적인 표현은 '성공하는 것'이라 할 수 있다. 하지만 세상은 우리가 원하는 대로 움직여 주지만은 않는다.

만약 세상이 우리가 원하는 대로 된다면, 살기가 좀 더 쉽고, 공정하고, 재미있을지 모른다. 고통이나 괴로움이 없고, 일할 필요도 없으며, 죽지 않아도 될 것이다. 또 늘 행복할 수 있을지도 모른다. 그러나 세상은 우리가 원하는 대로만 살 수는 없다. 그러므로 현실을 직시할 줄 알아야 하는데, 현실은 우리에게 좋은 스승이 될 수 있다. 현실은 때로는 느리고 고통스럽지만, 우리가 인생의 가치 있는 교훈들을 배우도록 도와주기 때문이다. 그 교훈 중 하나는 '세상은 우리를 행복하게 해주려 애쓰지 않는다'는 것이다.[19] 그렇다고 실망할 필요는 전혀 없다. 우리가 행복을 찾으면 된다. 그것이 내가 할 일이고 세상을 살아가는 의미이기도 하다. 지금 우리 주위에는 행복하게 사는 사람들도 얼마든지 많다.

인생이란 힘든 것이고 언제나 공정하지만은 않다. 때때로 불공정하기도 하다. 항상 정의가 승리하는 것도 아니다. 착한 사람에게도 좋지 않은 일이 생길 수 있으며, 우리 자신도 예외가 될 수 없다. 어떤 면에서 이런 좋지 않은 일들은 오히려 불행을 겪지 말아야 할 사람들에게 더 잘 일어나는 것도 같기도 하다. 그런가 하면 어떤 상도 받을 가치가 없는 사람들에게 좋은 일이 생기기도 한다. 우리는 불완전한 세상에서 불완전한 사람들과 살고 있다. 누구도 우리에게 고통이나 절망이 없는 완벽한 인생을 약속해 줄 수 없으며, 안전과 완전한 통제를 약속할 수도 없다. 그러나 우리는 혼자가 아니다. 이 세상에 살아 있는 우리는 모두 어떤 식이든 어려움에 처해 있다. 우리가 모두 부당한 일을 겪고 그것으로 말미암아 상처를 입으며, 또 상실의 고통을 경험하고 있다. 중요한 것은 우리가 이런 어려움을 겪느냐 겪지 않느냐가 아니라, 이런 고통을 어떻게 받아들이고 견뎌내는가이다. 인생에서 성공한 사람들을 보면, 그들은 부당한 일을 당했을 때 그것으로부터 도망치지 않고, 그 사실을 어떻게 받아들여야 할지를 배우고, 보다 건설적으로 처리하는 방법을 터득했다.

우리가 어떤 사람이 되는가 하는 것은 처해 있는 조건보다는 우리가 어떻게 결정하는가에 달려 있다. 어떤 사람들의 성공은 외적 환경에 의해 결정되기도 한다. 그런 사람들은 하는 일이 순조로울 때는 아주 즐겁고 행복해하지만, 뜻대로 돌아가지 않으면 그냥 주저앉아버린다. 그런가 하면 자신의 능력 밖에 있는 별, 운명, 신, 바람 혹은 그 밖의 어떤 것들에 의해 자신의 인생이 결정되도록 내버려 둔다. 그들은 자신이 역경에 처했을 때, 그에

---

19) 할 어반 저, 김문주 옮김(2006), "인생의 목적", 더난출판, pp.13~36.

맞설 기회도 함께 주어진다는 사실을 알지 못하는 것 같다. 인생을 살아가면서 어려운 현실에 맞서려면 용기가 필요하다.[20]

　미국의 여론 통계학자 갤럽(Gallup)과 프록터(Procter)가 성공이라는 주제를 연구한 결과 성공한 사람들의 한 가지 분명한 공통점은 바로 열심히, 그리고 오래 계속 노력한다는 점이었다. 성공한 사람들이 말하는 성공은 운이 좋거나 능력이 뛰어났기 때문에 저절로 생긴 것이 아니라, 꾸준히 노력하여 이룬 결실이었다고 말하고 있다. 그들은 쉽게 살려고 지름길을 찾거나 힘든 일을 피하려 하지 않았다. 성공하는 과정에서 노력은 꼭 필요한 부분으로 생각하고 있었다. 성공한 사람들의 또 다른 공통점은 그들이 자기 자신을 상당히 가치 있게 여긴다는 점이다.[21]

　사람은 자신과 자기가 가진 가치를 소중히 여길 줄 알아야 한다. 내가 나를 가치 있는 것으로 여기지 않는데 누가 나를 가치 있는 사람으로 보아주겠는가? 만약 우리 아이가 성공하고 훌륭한 사람이 되기에 다소 부족하게 느껴진다고 하더라도 그것은 별로 중요한 일이 아니다. 성공은 잘났느냐 못났느냐, 지능지수가 높은가 낮은가 하는 것이 문제가 아니라 자신의 주어진 능력 한계를 극복하고 도전을 통해 성취해내느냐 못해내느냐에 달렸다. 사회적 평가가 중요하기는 하지만, 성공은 개인적 기대 가치가 모두 다르다. 우리는 우리가 이룰 수 있는 성공을 위해 사는 것이면 충분하다. 다소 부족한 능력을 갖춘 아이가 자신의 한계를 극복하고 이루어낸 자그마한 일이 사회적 관심사가 못된다고 가치가 없어지는 것이 아니다. 당사자에게는 엄청난 자부심이고 변화의 시작이나 훗날 더 큰 일을 해낼 수 있는 바탕이 될 수 있다. 이러한 개인이 갖는 자부심이 이제까지 인류의 역사를 발전시켜왔다.

　성공은 우리 스스로 노력해서 획득해야만 한다. 때로는 성공을 위해 오랫동안 힘든 일을 하고, 희생을 감수해야 하는 때도 있다. 성공은 하고자 하는 동기와 목표, 그리고 노력 없이는 불가능하다.[22] 노력의 대가 없이 상을 받으려고 해서는 안 된다. 개인에게 있어 성공은 정치지도자 같은 유명인사, 방송이나 신문, 잡지 등 언론이 선정하는 세계적인 경영자, 차세대 지도자나 미래를 선도하는 인물, 엄청난 재산을 가진 부자, 거액의 복권당첨자, 예술가・연예인・운동선수 등 사회적으로 출세한 사람이 되는 것 등 여러 가지가 있

---

20) 할 어반 저, 김문주 옮김(2006), "인생의 목적", 더난출판, pp.37~39.

21) 할 어반 저, 김문주 옮김(2006), "인생의 목적", 더난출판, pp.224~225.

22) 할 어반 저, 김문주 옮김(2006), "인생의 목적", 더난출판, pp.226~233.

을 수 있다. 하지만 이들 중에는 도덕이지 않은 사람들도 적지 않다.

다른 사람들에게 손가락질을 받으면서 축적한 부나 사적인 자리에서 비양심적인 행동을 일삼는다면 사회적 출세나 명성이 진정한 성공이라고 해야 할까 하는 점에 대한 의문을 갖게 된다. 이에 반해 우리 주위에는 사회적인 명성이나 직위는 못 얻었지만, 묵묵히 자신의 주어진 삶을 사는 데 만족하고 행복을 느끼는 사람들도 얼마든지 많다. 그러므로 자신이 이룬 성공이 진정한 성공인가 하는 점은 스스로 양심에 의해 판단해야 할 일이다.

성공에 대한 정의에는 여러 가지가 있지만, 『인생의 목적』(Life's Greatest Lessons: 20)의 저자인 할 어반(Hal Urban: 교육학과 심리학 박사 학위를 받은 교사이자 작가, 연설가)은 우리의 인생이 어떻게 되어 가며, 무엇이 인생의 본질적인 요소인지를 알기 위해 역사와 철학, 심리학을 수년간 공부한 후에야 비로소 찾아내고 발견한 것이 인생에서 성공은 '내적인 평화와 나 자신의 가치를 아는 것'이라고 하였다. 그것을 알고 이해하기 시작하면서 전보다 훨씬 더 인생을 즐기게 되었다고 한다.[23]

삶에서 부와 사회적 직위는 자신이 그것을 이루었다고 생각하거나 현재 그 위치에 있을 때 느끼는 것이다. 말하자면 결과가 아니고 진행과정에서 이루어지는 것에 불과하다. 죽을 때 돈을 가져가는 사람도 없고, 사회적 지위도 나이가 들면 내놓기 때문에 그렇게 오래가지 않는다. 이렇게 보면 성공이란 얻는 것이 아니라 얻으려는 과정에 해당한다. 즉, 성공은 이룰 만한 가치가 있는 목표를 정하고 점진적으로 그 목표를 달성하기 위해 노력하는 과정에서 느끼는 마음의 평화와 나 자신의 가치를 아는 것이라는 결론에 도달할 수 있다.

모든 성공은 우선 '꼭 해내야겠다는 사명감으로부터 시작'된다. 이는 강한 욕구를 동반하는 특정한 목표이다. 인간의 역사를 보면 목표란 모든 발전이 시작되는 기점이다. 목표가 시작되는 과정은 항상 똑같다. 꿈이 목표가 되고, 그 목표는 노력을 통해 달성하게 되는 것이다. 철학자 토머스 칼라일(Thomas Carlyle)은 "각 개인이 부여받은 능력만큼 되도록 노력하자"라고 말했다. 인생은 우리가 갖고 있는 모든 능력을 매일 최대한 발휘하면서 살게끔 되어 있다. 우리가 능력의 최고점에 도달했을 때, 즉 우리가 최선을 다했을 때에야 비로소 성공했다고 할 수 있다. 인생은 우리에게 항상 1등만을 하라고 요구하지 않는다. 언제, 어느 경우에서든 최선을 다하라고 요구한다. 이는 대부분의 성공한 사람들이 인생

---

23) 할 어반 저, 김문주 옮김(2006), "인생의 목적", 더난출판, pp.13~36.

의 중요한 시기에 취하는 행동이기도 하다.[24]

　개인이 설정하는 성공이나 목표는 모두 다를 수 있다. 그러나 중요한 것은 지금 이 순간을 어떻게 보내고 있는가 하는 점이다. 바로 지금이 나와 아이의 발전 시작점이 될 목표를 정했는지, 우리의 능력이 최고점에 도달하도록 최선을 다하는 노력을 기울이는 성공을 거두고 있는지 생각을 가다듬어 보아야 할 시간이라는 점이다. 인간의 삶에서 가장 큰 성취감을 느끼는 승리·최고·성공의 공통점은 장시간에 걸친 체계적인 훈련, 좌절과 시련, 끝없는 인내, 긴긴 기다림의 시간, 땀과 고통, 눈물과 피가 요구된다. 대가를 치르는 준비와 도전 등 일련의 과정을 거쳐 마침내 환희와 영광이 찾아온다. 이러한 대가를 치르지 않고 찾아오는 성공과 승리는 사상누각에 불과하다. 진정한 성공과 최고, 승리는 자신의 실력을 지속적으로 유지 관리하면서 누리는 것이다.

　오늘 우리 아이에게 성공과 최고를 원한다면 먼저 그것이 요구하는 대가를 지급하고 있는지 생각해볼 필요가 있다. 그리고 성공을 하지 못하고 최고가 되지 않았다고 생각되면 아직 치러야 할 대가가 부족하다는 것을 의미한다. 이처럼 성공은 쉽게 얻어지는 것이 아니므로 그만큼 가치가 있다.

8. 나와 타인이 공감하는 성공을 이루어야 한다

　성공(成功)은 목적이나 뜻을 이루는 것, 부(富)나 명예, 사회적인 지위를 얻는 것이라는 두 가지 뜻이 있다. 목적이나 뜻을 이루는 것에 부나 명예 사회적인 지위를 얻는 것이 수반되는 경우도 많지만, 항상 그런 것은 아니다.

　자연인으로서 인간의 모든 삶은 내가 좋은 것이나 가치 있는 것으로 느끼고 평가하면 좋은 것이 되지만, 수많은 사람이 모여 사는 사회 속에서는 나뿐만 아니라 다른 사람들도 좋은 것이나 가치 있는 것으로 공감할 때 좋은 것이 된다. 이것이 사회적 객관성이다. 나의 권익이 보호되기 위해서는 동시에 나의 행동이 제약을 받을 수밖에 없다. 자연 속에서 개인은 지극히 나약한 존재이지만, 집단을 이루고 협동심을 발휘하여 단결했을 때 인간의 힘은 세상 만물에 영향을 미칠 정도로 커진다. 협동심을 발휘하기 위해서는 타인과의 조

---

24) 할 어반 저, 김문주 옮김(2006), "인생의 목적", 더난출판, pp.13~205.

화와 배려, 역할분담 등을 통한 상부상조가 필요하다. 그리고 세상은 상호 협력하여 공존할 수밖에 없는 체계가 구축되어 있다. 무엇보다도 인간의 모든 가치는 인간에 의해 설정되고 평가되고 가치 있는 것으로 인식된다. 그러므로 우리가 교육을 통하여 추구하는 입신출세 같은 성공도 나에게만 도움이 되어서는 곤란하다.

처음부터 나와 사회에 동시에 도움이 될 수 있는 내용으로 설정되어야 한다. 그런데 그동안 우리 교육에서 가장 미흡했던 부분 중 하나가 바로 나 또는 우리 가족에게만 도움이 되고 이익이 되는 성공을 지향했다는 점이다. 그러므로 우리 가족이나 친척, 친구 가까운 몇몇 사람들에게는 자부심의 대상이 된 사람들이 다른 사람의 눈에는 비도덕적이고 이기적인 사람으로 사회에 도움이 되지 않거나 손해를 끼치는 존재로 인식되는 경우가 적지 않았다. 이들이 사회 속에서 비난과 강력한 견제를 받은 것은 그들이 이룬 성공의 결과인 수혜가 개인에 국한된 것으로 국민적인 공감을 받지 못했기 때문이다.

이는 우리 교육이 각 가정에서 나와 우리 가족에게 도움이 되는 사람으로 육성하는 데는 성공하였으나 사회구성원인 일반 다른 사람에게 도움이 되는 인물로 육성되지 않은 것이 원인이다. 그동안 잘못된 교육관에 의해 양성된 사람들은 자신의 욕망에 충실하고 이기적인 행동을 일삼음으로써 많은 사회적 부작용을 낳았다. 때로는 부정부패에 연루되어 자신을 수렁으로 몰아넣기도 했다. 따라서 앞으로의 교육은 나와 우리 가족뿐만 아니라 다른 사람들도 공감할 수 있는 역량 있는 사람으로 양성해야 한다. 그래야 나의 성공이 나와 우리 가족은 물론, 국민의 기쁨과 자부심이 될 수 있고 나와 우리 아이가 이룬 성취는 더욱 빛난다.

9. 어떤 사람으로 키울 것인가

아이들을 제대로 교육하기 위해서는 적어도 우리 아이를 어떤 사람으로 키울 것인가 하는 생각은 어느 정도 정립되어 있어야 한다. 별로 대수롭지 않은 일 같지만, 이 생각이 정리되어 있지 않으면 교육을 해나가는 가운데 어려움에 부딪히면 회의하고 쉽게 실망하거나 포기하게 될 수도 있다.

우리 사회에서는 21세기 신인재상으로 골드칼라와 스마트 워커[25](smart work)를 든다. 이들 신인재는 핵심역량을 가진 사람으로, 6Q의 조건을 갖추어야 한다고 말한다.[26] 블루칼라(blue collar)는 생산직에 종사하는 육체노동자로 푸른 작업복을 입는 데서 유래했다. 그레이칼라(gray collar)는 사무직에 종사하는 화이트칼라와 생산현장에서 일하는 블루칼라의 중간적인 성격을 지닌 노동자를 통틀어 이르는 말로 자동화 시스템의 감시원이나 컴퓨터 운영요원 등이 있다. 화이트칼라(white collar)는 사무직에 종사하는 노동자로, 푸른 작업복을 입는 육체노동자와 달리 흰 와이셔츠를 입기 때문에 생긴 말이다. 골드칼라노동자[27](gold collar worker)란 정보와 지식으로 높은 생산성을 창출하는 고도의 전문직 종사자를 이르는 말인데, 금처럼 반짝이는 아이디어로 고부가가치를 창출하는 사람이라는 의미로 많이 통용된다. 이들은 연공서열에서 벗어나 창의적이고 자발적인 사고로 높은 성과를 내는 21세기 신인재이다.[28] 골드칼라보다 더 높은 역량으로 여러 분야에 걸쳐 전문적인 능력을 갖춘 사람이 있다고 하면 그는 멀티 골드칼라노동자(multi-gold collar worker)가 된다. 우리나라에서는 안철수[29] 서울대학교 교수가 대표적인 사람에 해당한다. 화이트칼라와 골드칼라의 차이는 [표 1-1]과 같다.

---

25) 스마트 워커(smart work)는 정보에 기반해서 영리하게 일하는 신세대 직장인을 의미한다.

26) 윤은기(2001), "귀인", 무한, pp.327~337.

27) 골드칼라 노동자(gold-collar worker): 정보와 지식으로 높은 생산성을 창출하는 고도의 전문직 종사자를 이르는 말이다. 1985년 카네기멜론 대학의 로버트 켈리 교수가 '골드칼라 노동자'라는 책에서 이 말을 처음 사용하였고, 학문적인 정의가 완전히 내려진 것은 아니나 능력 위주의 창의적인 일로 부가가치를 낳는 인재를 뜻하는 말로 21세기 주도계층을 상징하는 말로 자리 잡았다. 골드칼라는 주로 첨단기술, 서비스, 광고, 정보통신 등의 창조력과 정보를 이용하는 사업에서 능력을 발휘하고 있다. 단순 육체노동자를 뜻하는 블루칼라(blue-collar worker)와 정신노동자를 뜻하는 화이트칼라(white-collar worker)와 비교되는 말로, 육체적인 노동력이나 학력과 경력, 자격증과는 상관없이 아이디어가 골드칼라의 무기이다. 아이디어를 넘어서 넓게는 자신들이 좋아하는, 자신만이 할 수 있는 일을 하는 사람들이기 때문에 자발성이 있어 더욱 그 분야에서 주도자가 될 가능성이 많다. 골드칼라가 되기 위해서는 자기관리, 폭넓은 시각과 전망, 네트워크 활용, 팀워크, 설득력 등이 필요하다. 최근 들어 급부상하고 있는 정보통신, 금융, 광고, 서비스, 첨단기술 분야 등의 신직업인들이 바로 골드칼라에 해당된다고 할 수 있다. 국내에서는 컴퓨터 프로그래머, 그래픽 디자이너와 만화가, 신상품 개발의 주역 등이 골드칼라에 해당되며, 대표적 인물로는 마이크로소프트사의 빌 게이츠와 영화감독 스티븐 스필버그를 들 수 있다.

28) 윤은기(2001), "귀인", 무한, p.324.

29) 안철수(安哲秀, 1962년 2월 26일 ~)는 부산 출생의 대한민국의 벤처 사업가이자 경영학 교수이다. 컴퓨터 바이러스 백신 V3 제품군의 개발자로 유명하며, 그 활동의 연장선에서 설립된 안철수 연구소의 대표이사로 2005년 초까지 활동했다. 안철수는 대한민국 부산광역시에서 태어나 학창 시절을 보내며 부산중앙중학교, 부산고등학교를 졸업하였다. 서울대학교 의과대학 졸업 후 기초 의학을 전공하면서 서울대학교 대학원 의학과 생리학 교실에서 1988년 ≪동방 결절 내에서의 흥분 전도에 미치는 Adrenaline, Acetylcholine, Ca++ 및 K+의 영향≫이라는 논문으로 석사 학위를, 1991년 ≪토끼 단일 심방근 세포에서 Bay K 8644와 Acetylcholine에 의한 Ca2+ 전류의 조절기전≫이라는 논문으로 동대학원에서 박사 학위를 취득하였다. 그는 대학원 석사 과정 시절 우연히 플로피 디스켓을 통해 자신의 컴퓨터에 감염된 최초의 컴퓨터 바이러스인 (C)Brain을 분석하였고, "백신(Vaccine)"이란 이름의 안티바이러스 프로그램을 개발하였다. 백신을 PC 통신망에 올리고 컴퓨터 프로그래밍 전문 잡지인 월간 ≪마이크로소프트≫에 기고하였다. 그는 단국대학교 의과대학 전임 강사와 의예과 학장까지 지냈으나, 결국 의사의 길을 포기하고 컴퓨터 바이러스 백신을 만드는 "컴퓨터 전문 주치의"의 길로 들어섰다. 1995년 백신 소프트웨어 개발을 전문으로 하는 벤처 기업 안철수 연구소를 설립하였고, 벤처 열풍, 벤처 몰락에 휩쓸리지 않는 내실 있는 경영을 함으로써 한국을 대표하는 벤처 기업가로 손꼽혀 오고 있다. 2005년 안철수 연구소의 대표이사를 사임하였고, 대신 이사회 의장 자리를 맡았다. 이후 미국 펜실베이니아 대학교 와튼 스쿨(Wharton School of the University of Pennsylvania)에서 MBA 2년 과정을 마쳤고, 스탠퍼드 대학교(Stanford University) 대학원을 졸업하였다. 2008년 4월 30일 귀국하였으며, 2010년 현재 KAIST(한국과학기술원) 기술경영전문대학원 석좌 교수로 재직해 왔으며, 2011년 2학기부터는 서울대 융합과학기술대학원 원장직과 디지털정보융합학과 교수로 자리를 옮긴다. 2010년에 포스코 이사회 의장에 선임되었다. 2010년 안철수연구소의 사내벤처로 출발한 소셜네트워크게임 업체인 노리타운스튜디오의 이사회 의장을 맡고 있다.

결과도 다르게 나오기 마련이다. 동일한 목표를 두고 경쟁할 때 1등은 하나로 제한되어 있으므로 열심히 노력한다고 모두 일등을 할 수 있는 것이 아니다. 아이들 교육도 마찬가지이다. 노력해서 되는 아이와 안 되는 아이가 있다. 여기서 말하는 노력을 해도 안 되는 아이는 최고의 실적이나 결과를 낼 수 없는 경우를 사례로 든 것이지 능력이 없다는 것을 의미하는 것이 아니다. 최선이 안 될 때 추구할 수 있는 가치는 차선이다. 인간에게는 여러 가지 능력이 있고 각자 다양한 생각과 가치를 갖고 살아간다. 공부를 잘하고 시험에서 얻는 만점보다 삶을 통해서 이웃과 나누는 기쁨과 슬픔을 이해하고 우리 사회와 역사 발전에 대한 믿음을 버리지 않는 것이 더 값지고 보배로운 일이라고 생각하는 사람도 있을 수 있다. 그리고 성공적인 삶은 단순하게 학교공부 실력이나 시험 성적만으로 이루어지는 것은 아니다. 그것으로 성취되는 것은 가시적 지위이고 형식일 뿐이다. 아름다운 삶이란 오히려 우리 사회를 올바르게 이해하고 그것이 낳는 여러 가지 문제를 가슴으로 느끼고 공감하는 능력에서 비롯된다.

교육에는 여러 가지 변수가 작용하므로 아이의 현실적인 능력에 맞는 목표를 설정하고 안 되는 것에 집착하기보다는 아이가 가진 고유한 재능 발굴 등 삶의 의미와 목적을 다른 것에서 찾는 차선 전략이 필요하다. 누구라도 안 되는 것보다는 되는 것, 못하는 것보다는 잘하는 것을 하며 살도록 해야 한다. 잘하는 것을 두고 못하는 것을 하려고 하면 더 좋은 결과를 보기 어렵다. 세상에는 학교에서 배우는 것보다는 배우지 않는 것이 훨씬 더 많으며 1만 가지가 넘는 직업종류가 있다. 행복은 성적순이 아니다. 공부를 잘하면 좋겠지만, 잘 안 되고 어렵더라도 잘해보려고 열심히 노력하는 그 자체가 중요하다. 인생은 자신이 하고 싶은 것, 좋아하는 것, 원하는 것을 향해 최선을 다하여 노력하고 도전하며 성취하는 삶을 사는 것이다.

17. 자아존중감 높이는 교육을 해야 한다

자아존중감은 줄여서 말하면 자존감이다. 자아(自我)는 철학에서 나, 자기, 곧 의식자가 다른 의식자 및 대상으로부터 자신을 구별하는 자칭이다. 심리학에서는 자기 자신에 관한 각 개인의 의식 또는 관념을 말한다. 존중(尊重)은 높이고 중히 여김이다. 자존에는 한자에 따라 두 가지 뜻이 있다. 자존(自尊)은 스스로 자기를 높임 또는 긍지를 가지고 자기의 품위를 지킴이고, 자존(自存)은 자기의 존재 또는 자기 힘으로 생존함을 말한다. 자아존중감에서 사용되는 말은 자존(自尊)이다. 접미사 '—감(感)'은 느낌 또는 느끼는 마음의 뜻이다. 즉 말 그대로 풀이하면 자아존중감이란 스스로 자기를 높이고 자기가 가치 있는 존재라는 것을 느끼는 마음이다.

자아존중감은 자기 가치감과 자신감으로 구성되어 있다. 자신감(自信感)은 자신이 있다고 여겨지는 느낌이다. 자신(自信)은 자기의 능력이나 가치를 확신함, 스스로 믿음, 자기의 바름을 믿어 의심하지 않음이므로 자신감은 자기의 능력이나 가치를 확신하고 그것이 있다고 여겨지는 느낌을 스스로 갖는 것이다. 가치(價値)는 값, 값어치, 철학에서는 대상이 주관(主觀)의 요구를 충족시키는 성질 또는 정신 행위의 목표로 간주하는 진(眞)·선(善)·미(美) 따위를 말하고, 자기 가치감은 자기의 가치를 존중하고 인정하며 자신을 사랑하는 마음이다. 따라서 자아존중감을 높이기 위해서는 가장 먼저 자신을 사랑하는 마음과 자신이 가치 있는 사람이라고 믿는 것에서 출발해야 한다. 그리고 목표달성과 같은 행위를 통하여 자신의 가치를 높이고 중히 여기는 것으로 달성된다.

인간의 마음속에는 자신을 존중하는 마음과 비하하는 마음이 동시에 존재한다. 비하(卑下)는 자신을 겸손하게 낮추거나 상대방을 업신여겨 낮춤이다. 어떤 일이나 행동의 결과에 대한 반응과 해석 또는 생각은 일반적으로 존중과 비하의 두 가지 형태로 인지된다. 인간은 몸을 움직이지 않고도 자기 체면과 의식화를 통해 자신이 소중하고 가치 있는 존재라는 점을 주입하여 존중감을 높일 수는 있지만, 그것에는 한계가 있다. 실질적인 존중감을 느끼고 확인하는 것은 행동의 결과를 통해 이루어진다. 목표를 달성했을 때나 어려운 일을 해결했을 때 인간은 누구나 자신의 가치를 발견하고 자신감을 가진다.

시험에서 좋은 성적을 받고 좋은 학교에 진학하고 대기업에 취업하는 등의 방법으로도 자신의 능력과 가치를 확인하고 자아존중감을 높일 수는 있지만, 여기에 지나치게 집착해서는 안 된다. 시험에서 좋은 성적을 받고 좋은 학교에 진학하고 대기업에 취업하는 것은 행위의 결과물로 축적된 노력이 시현된 것일 뿐이다. 반드시 노력과 준비한 만큼의 결과가 나온다. 노력과 준비가 제대로 되어 있지 않은 상태에서는 좋은 결과가 나올 수 없다. 그러므로 좋은 결과가 나오도록 하기 위해서는 미리부터 최선을 다해 노력하고 열심히 준비하여 평상시에 실력을 쌓는 일이 중요하다. 그것이 자아존중감을 높이는 가장 좋은 방법이다.

아이들이 좋아하는 것, 원하는 것, 하고 싶어 하는 것, 잘하는 것을 시키고, 그것을 향해 노력하도록 하면서 아이들에게 자신이 할 수 있는 것부터 도전하고 성취하게 하여 자신감을 키우고, 자신이 가치와 능력이 있는 사람이라는 것을 인식시키며, 자신을 사랑하게 하여야 한다. 다음에는 조금 더 상위의 목표를 설정하여 도전하고 달성하게 하면 아이들은 자신의 잠재력을 깨우기 위해 더욱 열심히 노력할 것이다. 자아존중감을 높이는 것은 추상적인 일로 눈에 잘 보이지 않으므로 참으로 어려운 일이다. 하지만 어려우므로 더욱 가치가 있다. 대부분의 부모는 눈앞에 결과가 나타나는 시험에서 좋은 성적을 받고 좋은 학교에 진학하고 대기업에 취업하는 것을 교육의 목표로 설정하지만, 인생은 한 고비를 넘고 나면 또 다른 고비가 기다리고 있다.

인간은 만능이 아니므로 모두 잘할 수는 없다. 언젠가는 반드시 패배의 쓴잔을 들이키게 되어 있다. 인생의 기복에서 나타나는 실패와 패배가 가져다주는 좌절과 실망, 열등의식 속에서 헤쳐 나오게 하는 힘이 자아존중감에서 나온다. 또한 자아존중감은 자신의 가치를 확인하고 드러내기 위해 행동하게 하므로 큰 것을 이루게 한다. 그리고 자신을 사랑하는 사람은 다른 사람을 존중하고 사랑할 줄도 안다. 인간은 미래에 자신이 무슨 일을 하고 살지 예측하기 어렵지만, 자아존중감이 있는 아이들은 무슨 일을 하든지 어디에서나 반드시 자신의 역량을 발휘하며 산다. 그러므로 공부는 최고를 지향하고 상위에 들도록 유지할 필요는 있지만, 교육은 자아존중감을 높이는 것이어야 한다.

제 2 장
교육자로서 부모의 자세와 역할

제1절 부모의 자세

1. 교육은 아이를 대상으로 하는 나를 위한 일이다

선각자들은 인생은 남을 위해 사는 것이고, 나를 위해 사는 것이 남을 위해 사는 것보다 더 어렵다고 한다. 이 말은 어떻게 보면 우리의 일상적인 삶과는 반대되는 것 같지만, 해석과 이해의 차이일 뿐 일상적인 삶의 모습과 다르지 않다.

사람의 삶은 나를 위해서 사는 것이다. 아무리 남을 위해서 살려고 한다고 해서 살아지는 것이 아니다. 만일 남을 위해서 산다고 하면 대부분 그만한 반대급부를 기대하고 행동한다. 그런데도 인생이 남을 위해 사는 것이라고 하는 것은 나의 삶과 존재가 모두 타인과의 관계 속에서 의미가 있고 가치가 형성되는 동전의 양면과 같은 것으로 실제로도 타인을 위해 살고 있기 때문이다. 다시 말하면 이런 것이다. 내가 누구를 사랑한다고 할 때 그 사랑은 나의 욕구나 만족, 행복을 추구하기 위한 것이지만 상대방인 타인과의 교류나 교감을 통하여 형성된다. 나의 사랑하는 마음을 상대방에게 줄 때 상대방도 그것에 응하여 자기의 사랑하는 마음을 나에게 돌려준다. 결국 쌍방이 사랑하는 것이다.

여기서 사랑은 두 가지 해석이 가능하다. 즉, 나를 기준으로 생각할 때 내가 다른 사람에게 사랑하는 마음을 준 것은 크게 의식하지 않고 내가 기대했던 것을 더 크게 의식할 때는 사랑을 받는 것이 되고, 반대의 경우에는 사랑을 주는 것이 된다. 어느 쪽의 해석이든 나의 사랑은 내 욕구를 실현하기 위한 행동의 결과이다. 상대방이 먼저 사랑을 주어도 내가 그것을 받지 않으면 사랑은 이루어지지 않는다. 결국 내가 상대방에게 사랑을 주는 남을 위한 행동의 결과가 다시 내게 돌아올 때 나도 사랑을 만끽한다. 이렇게 교감 속에서 이루어지므로 나의 사랑의 행위는 남을 위한 것이 되기도 하지만 궁극적으로는 나를 위한 것이 된다.

 나를 위해 사는 것은 타인에게 사랑을 줄 필요가 없다. 그저 내가 필요한 것을 취하기만 하면 된다. 이것은 자연 속에서 필요한 음식물을 채집하는 일방적인 행동에 해당한다. 가만히 생각하면 자연도 그렇게 넉넉한 것만은 아니다. 먹이사슬을 통한 생태계의 흐름과 물질의 순환이 이루어지고 있어 채집한 것을 그 자리에서 다시 채집하기 위해서는 무엇인가 그것을 다시 만들어 낼만한 물질 또는 에너지원이 제공되어야 한다. 그러므로 일방적인 이익은 그 이익을 베풀 객체가 많고 이익을 취할 주체의 수가 적을 때는 어느 정도 가능하다. 그러나 오늘날과 같이 인구가 늘어나면 자연적인 것으로는 감당이 되지 않는다. 우리가 농사를 짓고 가축을 기르며 필요한 제품을 만들어내는 것도 자연적으로 해결이 안 되는 데 그 이유가 있다.

 자연이 인간의 생존에 절대적인 필수요소지만 우리의 삶은 자연과 사는 것이 아니라 자연 속에서 인간과 사는 것이다. 인간관계에서 항상 일방적으로 받기만 할 수 있는 것은 아무것도 없다. 누군가의 행위와 노력, 희생의 결과로 지금의 내가 살아가고 있으며, 나는 누군가와의 관계를 통해 행복을 느끼고, 기대와 실망도 하고, 때로는 사랑을 획득하기도 한다. 오르지 나 혼자 받기만 하려고 하면 세상은 나를 거부하고 싫어하며 제약하려 든다. 모든 사람이 나를 위해 사는 이기적인 세상은 질서와 공존은 없고 탐욕만 판치는 약육강식의 세상이 될 것이 뻔하다. 결국 나를 위해서 사는 것은 나의 삶을 위협하는 결과로 되돌아오지만 남을 위해서 사는 것은 나의 삶을 풍요롭게 하고 성취로 돌아온다. 인간은 누구나 안정과 풍요로운 삶을 원하므로 나를 위해 사는 것은 남을 위해서 사는 것보다 어려운 일이 되는 것이다.

 아이들의 교육도 마찬가지 원리이다. 교육의 행위를 통하여 얻는 행복과 만족은 부모 자신을 위해서 사는 것에서 얻는 것이 아니라, 부모가 아이를 위해 사는 것으로부터 얻는 부모의 것이다. 즉, 아이를 위해 사는 것에서 부모가 만족과 기쁨, 행복을 얻는다. 단지 우리 삶에서 그 대상이 교육이고 아이라는 점이 다를 뿐이다. 부모는 교육적 행위를 통하여 아이가 자아실현을 하도록 해주면 된다. 그것이 전부이다. 그러면 아이는 교육을 통하여 자아실현을 준비하고 실현하는 과정에서 부모는 아이의 성장을 통하여 기쁨을 느끼게 된다. 좋은 성적이나 실적을 내어 기대를 실현해주기도 한다. 나의 교육의 결과가 아이에게서 만족이나 즐거움으로 돌아오는 것이다. 궁극적으로 나의 아이에 대한 교육은 아이를 대상으로 한 나를 위해 사는 것이 실현된다. 이렇게 순방향으로 진행되면 아이에게 교육을 하는 것은 아이를 위한 것으로 끝나고 나는 아이의 성장 과정이나 실적을 통해 기쁨과 행복, 만족을 구하는 것이면 충분하다.

만약 아이에게서 돌아오는 만족의 정도가 적다면 나의 교육적 행위의 투입량을 증가시키거나 더 효율적인 방법으로 개선하면 된다. 아이가 실적을 제대로 못 낸다고 하더라도 자기 인생을 열심히 살고 한계를 극복하며 좋은 실적을 올리기 위해 노력하는 것으로 만족해야 한다. 혹시 실적 부족으로 만족이 이루어지지 않더라도 원천적으로 만족의 여부는 나의 영역에 속한 것이고 부족으로 느끼는 기준도 나에게 있다. 아이들은 그것을 잘 모른다. 그러므로 기대했던 좋은 실적을 내지 못했다고 아이에게 화를 내거나 꾸중을 해야 할 이유가 없다. 만일 화를 내야 한다면 나의 부족함과 너무 큰 기대를 설정하도록 자기관리를 게을리하고 아이에게 더 많은 것을 해주지 못한 나 자신에게 화를 내야 마땅하다. 그런데도 우리 주위에 있는 많은 부모는 아이가 좋은 공부 실적을 올리지 못한다고 화를 내거나 속상해하며 언짢아한다. 무엇이 문제이고 잘못인지도 모르면서 속상해하고 그것을 표출하니까 교육을 하는 나도 힘들고 아이도 힘들다.

근본적으로 잘못된 것이다. 문제의 근원은 나다. 아이를 위해 사는 것이 아니라 나를 위해 살았기 때문이다. 만약 아이를 위해 살았다고 생각하는 데도 이러한 일이 생겼다면 그것은 상대에게 내 마음을 주고 열심히 사랑했는데 상대는 나에게 사랑을 주지 않는 짝사랑과 같다. 상대방에게서 사랑이 돌아오지 않으면 기분이 안 좋아지게 된다. 짝사랑의 끝은 대부분 상대를 야속하게 생각하거나 원망하고 미련이나 마음의 상처를 남긴다. 상대와 대등한 관계에서는 이렇게 끝나지만 대등하지 않은 관계에서는 좋지 않은 행동으로 이어지기도 한다.

교육에서 부모가 아이에게 쏟은 열정과 경제력이 만족할 만한 좋은 결과로 돌아오지 않으면 대등한 관계가 아니므로 부모는 아이에게 무의식적으로 때로는 의식적이고 습관적으로 우월적 지위나 권력을 이용하여 화를 내거나 실망감을 표현하기도 한다. 심하면 꾸중하거나 체벌까지 한다. 그러나 이러한 행동은 자기 자신의 기대에 대한 잘못된 설정이나 관리에서 오는 실망감을 자신이 아닌 아이들에게 표출하는 것이다. 아이들은 큰 기대를 해달라고 말하지 않았다. 많은 아이는 부모에게 실망을 주지 않기 위해 별로 재미가 없고 하고 싶지 않은 일이나 공부도 잘해보려고 나름대로 노력한다. 단지 그것이 생각대로 되지 않았을 뿐이다. 그런 아이에 대해 기대를 한 것도 그리고 실망을 느낀 것도, 부모의 마음이고 감정이고 일방적인 행동이었을 뿐이다.

　결국 교육에서 아이들에게 실망을 적게 하고 만족을 좀 더 크게 구하는 방법은 교육이 아이를 대상으로 한 나를 위한 것이라는 점을 재인식하는 일이다. 아이에게서 얻어지는 결과가 만족스럽지 않다고 화를 내고 기분 나빠할 것이 아니라 진정으로 아이를 위한 삶을 살고 그래도 나의 만족이 채워지지 않는다면 아이에게 더 많은 열정과 한계 극복방법을 제공하고 기운을 북돋워주는 방법이 최선이다. 주는 것은 적게 주면서 큰 기대로 많이 바라고, 돌아오는 것이 적다고 징징대며, 순간순간의 결과에 대해 감정을 직접적으로 표현하며, 아이의 사기를 저하하면서 의기소침해 있는 아이에게서 나의 만족을 구하려고 하는 것은 부모의 이기심을 아이에게 내보이는 일에 지나지 않는다.

　교육은 단순히 아이들에게 공부를 잘하도록 하여 순간적인 만족이나 기쁨을 구하고 훌륭한 사람이 되도록 하는 일만은 아니다. 우리는 교육을 매개로 고민하고 노력하는 과정을 통하여 문제 해결 능력을 키우고 삶의 지혜를 얻는다.

2. 부모도 공부해야 하는 이유

　공부는 평생 필요한 것이다. 특히, 현대사회를 지식경제시대라고 말한다. 지식경제시대(知識經濟時代)는 산업경제를 상징하는 육체노동에서 정신노동으로 바뀌는, 즉 두뇌 산업, 지식 산업을 일컫는 것으로 변화된 시대를 말한다. 창의성, 창의적 지식이나 지적재산권, 국제적인 표준 등이 경제력을 유지하고 성장 발전시키는 데 큰 역할을 한다. 지식경제시대에 학습은 자신의 삶을 윤택하게 하는 필수적인 요소이다. 학부모들이 겪는 기본적인 오류 중 하나가 나는 적게 노력하고 아이에게는 많이 노력하라고 요구하고, 나는 적게 변화하거나 그대로이면서 아이에게는 많은 변화를 요구한다는 점이다. 한편에서는 이러한 자세로 아이의 실력 향상을 추구한다. 이것이 아이들 관리에 실패하는 대표적인 요인 중 한 가지에 속한다.

　자신은 변화하지 않으면서 일을 주관하고, 판단의 주체가 되고자 하는 것은 판단의 평가기준이 자신이 되는 자기중심적 사고에 있다. 자기중심적 사고는 기준이 되는 나는 내 마음대로 하면 되므로 편리하고 좋지만, 독선에 빠지기 쉬운 단점을 경계해야 한다. 나의 판단과 평가 기준은 객관적으로 입증된 것이 아니다. 그러므로 아이들을 제대로 관리하기 위해서는 아이뿐만 아니라 나의 틀린 부분이나 잘못된 부분도 언제든지 고치거나 수정해

나가겠다는 유연한 자세가 필요하다.

　나는 고치지 않고 아이들만 고쳐 앞으로 나아가게 하는 것은 수학적으로 볼 때 절반의 효과밖에 기대할 수 없다. 하지만 사람이 하는 일에서 종합적 성과는 단순한 개별 성과의 집계만이 아니다. 여기에는 시너지효과(synergy effect)도 있다.[37] 시너지 효과는 1+2=3이 아니고 4 또는 5가 될 수 있다는 효과이다. 만약 그 효과가 3보다 적다면 부(負)의 시너지가 되고, 3보다 크면 정(正)의 시너지가 된다. 그러므로 일을 하는 것도 중요하지만, 마음을 합쳐 정의 효과가 나도록 하는 것이 더 중요하다. 두 사람이 공동의 노력으로 정의 시너지효과가 나면 효율은 당연히 그만큼 높아진다.

　문제나 오류가 있을 때는 그 원인을 찾아 고치면 된다. 어려운 것은 원인을 찾는 일이다. 입으로는 아이들과 함께 공부하는 것이 마땅하고 잘못된 것은 고쳐야 한다면서도 왜 그렇게 해야 하는지 이해하지 못하는 사람들이 적지 않은 것 같다. 즉, 이해가 부족하고 원인을 찾지 못한 사람들이 많다는 말이다. 원인을 찾지 못하니까 고치기도 쉽지 않다. 우리가 잘못된 습관을 고치는 것, 행동 수정, 가치관이나 의식의 변화 등을 생각할 때 가장 쉽게 떠올리는 말이 개혁과 혁신이다. 개혁은 좋다고 생각하는 방향으로 고치는 것인데 반해, 혁신은 ① 고치고, ② 버리고, ③ 새롭게 하는 포괄적 의미로 좀 더 혁명적 의미에 가깝다고 할 수 있다.[38] 혁신의 범위 속에 개혁이 포함되기 때문에 혁신의 범위가 더 넓다. 그렇지만 일상 속에서는 개혁과 혁신을 구분 없이 비슷한 의미로 사용하므로 어느 쪽을 사용하든 상관없다. 중요한 것은 잘못된 것이 있거나 고쳐야 할 것이 있을 때는 개혁을 해야 한다는 점이다.

　아이들 관리와 교육에서 개혁하도록 하는 요인은 무엇일까? 그것은 관리의 부실 또는 실패가 원인이다. 그럼 관리 부실과 실패는 어디서 오는 것인가? 여기에는 내적 개혁요소와 외적 개혁요소가 있다. 내적 개혁요소에는 여러 가지가 있지만 가장 대표적인 것이 아이의 나약한 의지, 부모의 무관심과 일방적인 강요를 포함한 잘못된 교육방식이다. 그러나 내적 개혁요소만으로는 타인과 경쟁을 하고 더불어 살아가야 하는 부분에 대해서는 설명하기 어렵다. 외적 개혁요소는 공부와 과학 등 제반 분야의 기술발전, 세계화, 위기, 새로운 정책, 지도자의 비전[39] 등을 들 수 있다. 이러한 요소들은 우리의 의사와는 상관없

---

37) 이재규(1988), "최신 경영학원론", 박영사, p.16.

38) 박재목(2004), "정부혁신 컨버전스의 12가지 Fact", 뿌리출판사, p.26.

39) 이종수(2006), "정부혁신과 인사행정", 다산출판사, pp.11~19.

이 우리로 하여금 변화하고 계속 시대에 뒤떨어진 것을 고쳐나가게 한다.

좀 더 구체적으로 설명하면, 기술이 발전하면 그 기술을 습득해야 하고 세계화로 활동과 교류의 폭이 넓어지면 우리나라에 대한 것뿐만 아니라 세계가 요구하는 것을 수용하며 적응해나가야 한다. 모두가 컴퓨터를 사용하는 시대가 되었는데 나는 컴퓨터를 배우지 않았다고 그대로 앉아 있으면 삶의 질을 높이고 생활을 편리하게 해주는 첨단 정보 통신 기기들을 활용하기 어려워져 시대에 뒤떨어진 사람이 될 수밖에 없다. 현재의 상태에 대해 위기가 느껴지면 어떤 형태로든 변화를 통한 대응이 필요하다. 아이의 실력이 원하는 학교에 합격하기에는 턱없이 부족하다는 위기의식이 느껴질 때도 구태의연하게 기존에 해오던 방식이나 습관대로 공부를 계속해나가도록 방치하면 성적을 향상하기 어렵게 된다. 그리고 대통령이 새로 당선되거나 교육과학기술부 장관이 선임되면 새로운 비전이 제시되고 교육정책에 변화가 오는 경우가 많다. 정부에서 입시정책을 바꾸었는데 과거의 입시정책에 매달려 있으면 좋은 결과를 기대하기 어렵다. 이렇게 시대의 변화가 개인으로 하여금 새로운 것을 받아들이게 하고 때로는 개인이 시대의 변화를 일으키기도 한다. 또한 국가 사회적인 위기는 그 속에서 삶을 영위하는 개인으로 하여금 강력한 변화를 요구하게 된다. 인간은 항상 변화를 수용하고 새로운 환경에 적응하며 살아간다. 학부모들이 이러한 외적 개혁요소까지 자세하게 알아야 할 필요는 없다. 하지만 세상은 끊임없이 변화하므로 시대에 뒤떨어진 사람이 되지 않기 위해서는 낡은 것이나 시대에 적합하지 않은 것들은 좋다고 생각하는 방향으로 개선해나가기 위해 공부하고 노력해야 한다.

일반적인 부모들은 청소년 폭력, 성 문제, 집단따돌림, 약물남용, 사이버 중독, 정신장애와 이상심리, 가출, 퇴학생문제 같은 것들이 화제(話題)로 거론되면 우리 아이와 상관이 없는 일이거나 너무 어려운 것으로 생각하여 회피하려는 경향을 보인다. 심지어는 그렇게 어렵고 복잡한 것까지 알아야 하느냐는 반문을 하기도 한다. 그러나 안 좋은 일을 경험한 부모들은 다르다. 자신이 몰라서 말귀도 못 알아듣고 일을 어떻게 처리해야 할지 허둥거리기만 한 경험을 통해 배웠던 것을 기억하기 때문이다.

모범학생으로 보였던 아이가 초·중·고등학교까지 같은 학교에 다닌 또래에게 따돌림의 괴롭힘을 당해 괴로워하며 어느 날 갑자기 학교에 가기 싫다고 하는 경우, 학교에서 자기도 모르는 사이에 문제아로 낙인이 찍혀 있는 경우, 영재 아이로 여겨졌던 아이가 장애를 가진 것으로 판명되면 황당해질 수밖에 없다. 그런데 이런 일들이 다른 사람들이나 다른 나라 교육현장의 이야기가 아닌 우리의 현실 속에서 일어나고 있는 일이라는 점을 분명히 인식해둘 필요가 있다. 아이의 관리는 단순하게 성적 문제에 국한된 일이 아니다.

부모는 누구나 우리 아이가 영재이기를 바란다. 그런데 몇 해 전 서울에서 영재 아이로 생각했던 자기 아이가 장애를 가지고 있었던 것이 밝혀진 사례가 있다. 창준이는 초등학교 1학년 때 학교에서 다독상을 탔을 정도로 책을 좋아했다. 지능지수가 130이 넘었으며 어릴 때부터 영어와 수학에도 뛰어난 능력을 보였다. 스스로 영재라고 생각한 그 아이와 부모의 꿈은 과학고등학교에 가는 것이었다고 한다. 하지만 중학교 1학년이 되어 아스퍼거 장애가 있는 것으로 밝혀졌다.[40] 아스퍼거 장애(asperger's disorder=아스퍼거 증후군)는 전반적 발달장애(pervasive developmental disorder)의 특별한 유형 중 하나로 사회적 기술의 발달과 행동 문제를 특징적으로 나타낸다.

일반적으로 아스퍼거 장애 아동은 전형적인 자폐 아동과 비교하면 높은 지능 수준을 나타낸다. 예를 들어, 많은 아스퍼거 장애 아동은 정상적인 지능(intelligence)을 가지지만 대부분 또래 친구와 사귀는 데 어려움을 느낀다. 그들은 혼자 지내는 경향이 있어 뭔가에 몰두하면 빠져나오지 못할 정도로 몰입하는 등 독특한 행동을 보일 수 있다. 또한 아스퍼거 장애 아동은 날마다 몇 시간 동안 길을 지나가는 차의 숫자를 세거나, 오직 텔레비전의 기상 채널만 보는 것에 집착하며 시간을 보내기도 한다. 말도 구어체가 아닌 문어체로 아주 어른스럽게 하는 아이도 있지만, 이 아동들은 특수교육을 해야 하는 경우가 많은 것으로 알려졌다. 장애의 원인이 아직 완전히 규명되지는 않았지만, 이들은 우울증, 주의력 결핍 과잉행동장애, 정신분열증과 강박장애 등을 포함한 다른 정신적 질병에 대한 위험성이 있다.

소아·청소년 정신과 의사들에 의하면 가장 효과적인 치료방법은 정신치료, 특수교육, 행동수정 및 가족 지지를 동시에 하는 것이다. 아스퍼거 장애를 가진 일부 아동은 약물치료로 도움을 받을 수 있고, 높은 지적인 기능 덕분에, 성공적으로 고등학교를 졸업하고 대학에 진학하고 있다고 한다. 비록 사회적 상호작용과 인지(awareness)의 어려움은 지속한다 할지라도, 적절한 관리와 치료를 하면 그들은 가족 및 친구들과 지속적인 대인관계를 맺어 나갈 수 있고, 살아가는 데도 크게 문제될 것이 없다.

아이들의 사회성과 대인관계는 운동장을 마음껏 가로지르며 즐겁게 뛰노는 데서 가장 많이 발달한다. 유치원도 아직 안 간 아이가 한글을 줄줄 외우고, 우리 아이가 수학이나

---

40) 동아일보 2004. 4. 8.

과학에 뛰어난 능력을 보이며, 뭔가 한 가지에 몰두하면 혹시 에디슨 같은 천재가 아닐까 하고 생각할 수도 있다. 하지만 머리는 좋은데 대인관계나 사회성이 떨어지는, 즉 지능지수는 높지만 그 또래가 대부분 잘하는 행동을 잘못하거나 친구 간의 관계에 대한 적응력이 너무 떨어지는 아이들은 원인이 무엇인지, 혹시 문제가 있는 것은 아닌지 관심을 두고 지켜보는 자세가 필요하다[41]고 한다.

중학교 1학년이 되도록 장애를 가진 아이를 영재 아이로 알았다는 것은 부모의 자녀관리에 분명히 허점이나 문제가 있었다고 볼 수밖에 없다. 아이들의 관리를 위해 부모가 전문가가 되어야 하는 것은 아니지만, 주의 깊게 아이들을 관찰하고 문제현상이 나타날 때 그 문제를 감지할 수 있는 정도의 공부는 되어 있어야 한다. 아이에게 병이 있을 때 병의 원인을 알고 그것에 맞게 잘 관리를 해나가면 아이가 마음고생을 훨씬 덜 하고 사회에 적응하며 자신의 삶을 영위해나갈 수 있다. 이것은 단순히 아이의 문제만이 아니라 자신을 위해서도 마찬가지다. 아프고 문제가 있는데도 그것을 감지하지 못한다면 심각한 일이다. 병의 내용이나 증상이 가벼울 때는 괜찮지만, 중병일 때는 치명적인 결과를 초래할 수도 있다.

급속하게 변화하는 세상 속에서 공부하지 않고는 변화를 제대로 수용하고 적응하기 어렵다. 과거에 배웠던 것에 의존해 살아가거나 별다른 노력을 하지 않으면 시대에 뒤떨어진 사람이 되는 것은 당연하다. 25년이나 30년 전에 배운 것으로 현재를 살아가는 아이들을 교육하고 관리하려 하면 안 맞는 부분이 많이 나타날 수밖에 없다. 이때 안 맞고 틀리는 것이 있으면 그것을 인정하고 받아들여 개선하겠다는 생각을 하고 아이들에게 물어보면 된다. 아이들 교육과 관리의 핵심적인 방법은 대화이다.

대화가 되려면 부모는 적어도 아이들이 말하는 것을 알아듣고 이해할 수 있는 정도는 되어야 한다. 이것을 묻는데 엉뚱하게 저것을 답하는 동문서답(東問西答)이 되어서는 제대로 관리가 되기 어렵다. 결국 아이들을 제대로 관리하고 공부시키기 위해서는 부모도 끊임없이 불합리한 것을 고치기 위해 노력하고 공부하지 않으면 안 된다.

---

41) 최영 정신과/학습증진센터.

3. 존재가치와 차이를 인정하면 여러 문제가 해결된다

인간에게 있어 가장 참기 어려운 것은 배고픔이나 추위 같은 고통이 아니다. 육체적인 고통은 비교적 잘 참아낸다. 그러나 정신적인 고통, 그중에서도 무시는 가장 잘 참지 못한다. 무시(無視)는 사물의 존재 의의나 가치를 알아주지 아니함, 사람을 깔보거나 업신여김이다. 그러므로 교육에서 가장 중요한 요소 중 하나가 아이의 존재가치를 인정하는 데서 시작되어야 한다. 그래야 자율적인 공부의 유도도 가능하고 올바른 교육이 이루어질 수 있다.

생물학적 측면에서 볼 때, 아이는 나의 유전자가 복제된 것으로 부모와 아이의 관계는 하나의 독립된 유기체로서 갖는 객관성과 부모로서 갖는 주관성이 어우러져 있다. 사람들은 누구 할 것 없이 타인에 대해서는 객관성에 의존한 행동을 주로 하므로 서로 생각에 차이가 발생하면 누가 중재하지 않더라도 공동의 이익을 위해 이해관계를 조정하거나 충돌을 회피하기 위한 노력을 기울인다. 하지만 아이들에게는 주관성과 객관성이 어우러진 행동으로 자신의 생각을 강요하며 본의 아니게 아이들을 괴롭히는 일이 많다. 이처럼 주관적인 자세와 객관적인 자세를 가질 때의 행동에는 많은 차이가 난다. 자기 자신이 행동 결과의 영향을 모두 받을 때는 주관적인 행동은 전혀 문제가 안 된다. 본능에 따른 자기중심적 사고에 의해 스스로 최선이라는 판단을 내린 행동을 한 것이므로 상관이 없다. 그러나 그 행동에 영향을 받는 상대방의 입장에서는 행위자가 객관성을 갖고 행동을 하는 경우와 주관성과 객관성이 혼재된 상태에서 행동하는 것은 크게 다르다.

인간은 누구나 자신이 무슨 행동을 할 때 스스로는 정당한 것, 합당한 것, 적절한 것, 도덕적인 것, 윤리적인 것, 옳은 것, 좋은 것, 도움이 되는 것, 필요한 것이라는 가치를 좇아 행동한다. 이것은 자신이 가지고 있는 정보나 지식, 가치관을 기준으로 할 때 그렇다는 것이다. 하지만 타인이나 사회관점의 기준에서 볼 때는 항상 그런 것은 아니다. 자신은 합리적이고 도덕적이라고 생각하여서 한 행동이 다른 사람이나 사회의 입장에서 볼 때 불합리하거나 비도덕적인 것이 되어 얼마든지 비난의 대상이 되기도 한다. 그러므로 사회를 이루고 살아가는 현실의 삶에서 나의 행동의 합리성과 도덕성 등에 대한 가치 판단은 나의 거울 역할을 하는 타인을 통하여 인지가 강화된다. 즉, 나의 행동에 대해 나 스스로는 기본적으로 합리적이고 도덕적이라고 생각하고 행동한 것이 타인이나 사회에서도 합리적이고 도덕적인 것으로 인정하거나 수용이 되면 계속 그러한 행동을 하게 된다. 이와 반대로 타인이나 사회에서 불합리한 것이나 비도덕적인 것으로 받아들여질 때, 다른 사람들과 공존을 위해 나의 행동 양식을 수정하지 않으면 안 된다. 이 수정의 필요성에 대해 자신도 공감하면 쉽게 수용이 될 수 있으므로 문제될 것이 없다. 그러나 공감이 되지 않는 내용일 때는 나의 기존 가치관과 사회의 평가가 충돌을 일으켜 가치갈등을 일으키고 새로운 가치관을 재정립하는 과정을 거친다.

내가 하는 주관성에 의한 행동은 타인과의 관계에서 때로는 당연하거나 긍정적인 것으로 받아들여지기도 하지만, 또 다른 때는 반발을 불러일으키고 부정적인 요소로 받아들여질 수 있다. 심지어는 같은 행동이라도 상대나 집단, 사회에 따라 다른 반응이 나타나기도 한다. 대부분의 부모는 자신의 생각과 판단이 합리적이고 정당하다고 생각하고 행동한다. 그러나 그것이 검정 된 것은 아니다. 상당수의 행동은 아이를 무의식적으로 소유물로 인식하거나 자신의 분신 또는 일부로 생각하여 감정을 개입시켜, 자신이 의도하는 바대로 움직이게 하거나 자기에게 맞추게 하려는 경향을 보인다. 아이의 성공적인 관리를 위한 객관성 확보문제의 중요성이 여기에 있다.

부모는 자기 아이에 대해 아주 잘 알고 있다고 생각하지만, 실제로는 잘 모르고 있는 경우가 훨씬 더 많다. 아이들이 갖고 있는 고민이나 생각에서 그러한 차이를 금방 느낄 수 있다. 행동이나 감정 표현에서도 그러한 것이 잘 나타난다. 주관적으로 바라보면 잘 보이지 않던 문제들도 객관적으로 바라보면 보이는 것도 있다. 문제의 해결도 마찬가지다. 주관성에 의존한 자기중심적인 사고를 갖고 행동할 때는 자기가 알고 있는 방법이 전부가 되고 평가기준은 자신이 아는 것이 되므로 자신의 생각과 행동만 옳다고 생각하는 독선에 빠질 수 있게 된다. 이러한 사고가 심화하면 상대방이 행동과 사고를 수정하여 자신에게 맞추어야 한다고 생각하게 한다. 하지만 객관성에 의존하면 타인의 존재가치와 행동양식에 대해 인정하고 수용하기 때문에 내가 안고 있는 문제점과 타인이 안고 있는 문제점을 동시에 볼 수 있고, 각기 문제점을 수정하여 서로 맞추는 노력을 할 수 있다. 즉, 아이가 갖고 있는 생각과 내가 가지고 있는 생각이 각자 자기중심적인 사고에 의해 바라볼 때는 상대방의 생각 중 틀린 부분을 비교적 선명하게 볼 수 있다.

객관성을 좀 더 진화시켜 아이를 타인으로 간주하고 존재가치를 인정하면 더욱 뚜렷한 관계 정립과 행동 방향이 나타난다. 아이를 타인으로 인정할 때 학부모인 내 생각이 옳을 수도 있고 틀릴 수도 있으므로 동시에 타인인 아이의 생각이 맞을 수도 있고 틀릴 수도 있게 되는 것이다. 이러한 생각을 할 수 있다는 것은 타인의 존재를 인정함으로써 자기중심적인 사고에서 벗어나고 경우에 따라서는 자신의 행동을 수정하기 위해 타인의 옳은 것을 받아들이도록 하는 바탕으로 개인을 위해서 대단한 발전의 근원이 될 수 있다.

아이의 인생은 아이의 것이고, 나의 인생은 나의 것이다. 이것은 아이와 내가 인생의 동반자나 동행자라는 점을 부정하고자 하는 것이 아니다. 동반자의 가치 위에 아이 인생의 독립성을 인정함으로써 더욱 합리적인 동반자와 동행자가 되도록 관계를 재설정 해 원만하고 좋은 관계가 평생 지속될 수 있도록 하기 위해 구분이 필요함을 강조하기 위한 것이다. 다르다는 것, 즉 차이를 인정하면 인간관계는 재설정된다. 다르다는 것은 다양성을 추구할 수 있는 아주 중요한 요소이지만, 한편으로는 처리나 대응 방식에 따라 발전요소와 갈등요소로 작용할 수도 있다. 서로의 생각을 모아 합리적인 공동의 목표를 설정하고 그 가치를 향해 나아가게 될 때는 발전적인 요소로 작용하지만, 자기중심적인 사고를 유지하거나 고집하면서 상대에게 접근할 때는 부모의 기대와 아이의 지향하는 바가 일치하지 못하고 마찰을 일으키는 갈등의 원인이 될 수도 있다. 이처럼 생각의 차이나 고정관념에서 오는 갈등을 해결하고 부모와 아이 모두 승리하는 양자 승이 되기 위해서는 상호존중이 필수적이다.

아이와의 관계에서 발생하는 여러 가지 갈등이나 문제의 해결을 위해서는 자기중심적인 사고에서 벗어나 아이의 존재가치를 인정하고 협력과 상호존중의 단계로 발전시켜나가는 전향적인 자세가 필요하다. 아이의 존재가치와 부모인 나와 아이의 행동양식의 차이를 인정한다는 것은 최소한 나의 일방적인 사고와 판단에 의해 빚어지는 잘못된 행동을 줄일 수 있으므로 나로 인해 발생하는 여러 가지 문제들이 해결된다. 존재가치를 인정하면 타협도 가능하고, 양보도 할 수 있으며, 공동의 발전을 위해 함께 힘을 합쳐 일할 수도 있다. 상호 의견을 존중하게 되므로 아이들의 말에 귀를 기울이는 경청을 하게 되며 대화를 통해 문제를 해결하는 길도 열린다.

사람은 자기의사가 포함된 결정이나 행동에 대해 자부심을 느끼며, 만약 그것이 기대하는 바의 결과를 도출하지 못하더라도 스스로 주체가 되는 합리적인 의사결정에 대해서는 타인에게 불만을 돌리지 않는다. 자연스럽게 아이와의 갈등도 줄어들고 웬만한 문제는 거의 해결되며 좋은 관계도 형성된다.

4. 누구나 범할 수 있는 인지적 오류

　사람은 완전하지 않기 때문에 누구나 실수를 하고 오류를 범하기도 한다. 실수를 통한 시행착오는 발전의 원동력이다. 인류 역사상 그 어떠한 위대한 발명이나 발견도 진행 과정에서 시행착오 없이 한 번에 바로 이루어진 것은 없다. 실수할 수 있고 오류를 범할 수 있다는 것을 인정하는 일은 원인 제거를 통한 발전으로 이어질 수 있으므로 아주 중요하다. 그런데 사람들은 자신이 잘못하고도 무엇을 잘못했는지 모르는 경우가 너무 많다. 냉철하게 그 원인을 분석해보면 나의 내부 아니면 외부에 문제의 근원이 있다. 이렇게 어떤 행동의 원인을 규명하는 데 있어 내적인가 혹은 외적인가 하는 문제를 다루는 것이 귀인이론(attribution theory)이다.[42] 힘들고 어려운 것은 원인을 밝혀내기까지의 과정인 경우가 많다. 그 원인을 밝혀내면 내부적이든 외부적이든 그에 따른 처방을 하여 원인을 제거하거나 보완하면 해결된다.

　원인이 밝혀지지 않은 많은 일 가운데, 상대가 있는 타인과의 관계에서 문제와 갈등이 발생하고 있다면 기본적으로 그 원인은 나에게 있을 가능성이 크다. 교육에서 수신제가치국평천하[43](修身齊家治國平天下)를 강조하는 이유도 대인관계에서 자기 자신이 원인이 되는 것을 최소화하여 원만한 인간관계를 유지하는 데 절대적으로 필요하기 때문이다. 수신이 잘된 사람들은 어떤 문제가 발생했을 때 '내 탓'이라고 생각하고 자신이 안고 있는 문제부터 점검한 후에 상대 쪽으로 확장시켜 문제를 해결해나간다. 그러나 수신이 잘못된 사람들은 문제의 발생 원인을 먼저 타인의 탓으로 돌리고 타인에게서 해결책을 찾으려 든다. 상대는 수시로 바뀔 수 있지만 나는 항상 나다. 그러므로 타인에게서 발생한 문제는 일회성의 문제로 끝나는 경우가 많지만 내가 원인을 안고 있는 문제는 내가 그것을 인식하고 바꾸기 전에는 계속해서 되풀이된다. 아이들과의 관계에서도 마찬가지이다. 나는 지금 혹시 나에게 원인이 있는 잘못된 생각이나 행동을 계속 되풀이하면서 아이들만 탓하고 있는 것은 아닐까?

　여기에 사람이 살아가면서 누구나 한 번쯤 범해보았을 만한 대표적인 인지적 오류 몇 가지를 소개한다. 이제까지 살아오면서 내가 범한 실수나 오류의 원인이 나에게 있었는가

---

42) 홍성렬(2004), "사회심리학", 시그마프레스, p.134.

43) 수신제가치국평천하(修身齊家治國平天下): 심신(心身)을 닦고 집안을 정제(整齊)한 다음 나라를 다스리고 천하(天下)를 평정(平定)함.

아니면 타인에게 있었는가, 또 그 이유는 무엇이었고, 왜 실수를 범하게 되었는지 한번 회상해보는 것도 괜찮을 것 같다. 우리가 문제의 원인을 찾고 가끔 과거를 되돌아보는 것은 현재와 미래에 같은 실수를 되풀이하지 않고 더욱 알찬 삶을 살기 위해서이다. 잘못은 그것을 아는 순간 고치는 것이 가장 좋다. 안다고 해서 모든 것을 고칠 수 있는 것은 아니지만 그래도 고치기 위해 노력은 해볼 수 있다.

1) 감정적 추리 또는 임의적 추리

감정적 추리 또는 임의적 추리(arbitrary inference)는 충분한 근거 없이 막연히 느껴지는 감정에 근거하여 결론을 내리는 경우이다. '내가 그렇게 느껴지는 걸 보니까 사실임이 틀림없다'는 식으로 생각하는 오류이다. '그 녀석을 만나면 마음이 편치 않은 걸 보니 그 녀석이 뭔가 나를 싫어하는 것 같다'라고 생각하는 경우가 그 예이다. 또는 '죄책감이 드는 걸 보니까, 내가 뭔가 잘못했음이 틀림없다'라고 생각하는 것도 감정적 추리(emotional reasoning)의 오류를 범하고 있는 것이다.

2) 개인화

자기 자신과 무관한 사건을 자신과 관련된 것으로 잘못 해석하는 오류이다. 예를 들어, 영식이가 도서관 앞을 지나가는데 마침 도서관 앞 벤치에 앉아서 이야기 중이던 학생들이 크게 웃었다. 사실 이들은 자신의 이야기 때문에 웃은 것이다. 그러나 영식이는 그들이 자신을 보고 웃었다고 생각한다면 이는 개인화(personalization)의 오류를 범한 것이다. 또 다른 예로, 미혜는 저 멀리서 걸어오는 친구를 보고 가까이 오면 반갑게 인사를 건네려고 하였다. 그런데 그 친구는 오던 방향을 바꾸어 옆 골목으로 들어가 버렸다. 실은 옆 골목에 있는 가게에 가는 중이었다. 미혜는 이를 보고 '그 친구가 나에게 나쁜 감정이 있어서 날 피하는 것이다'라고 해석하는 예도 마찬가지다.

3) 결정 후 부조화

자신 스스로 결정한 것을 믿는 경향이 있다. 사람들은 일단 결정한 사항에 대해서는 물러서지 않고 지지의 발을 넓혀 나가려고 한다. '한번 엎질러진 물은 주워 담을 수 없다'라는 말이 있다. 이 말의 의미는 한번 밖으로 표현한 말은 취소할 수 없기에 끝까지 고집을 부려서라도 정당성을 지켜야 한다는 것이다. 회의를 진행하는 동안에 사람들이 서로 티격 태격하는 이유는 바로 결정 후 부조화(dissonance after decision) 때문이다. 자신의 뜻과 일치하지 않는 상대방의 의견을 따르게 되면 자신의 주장을 버리는 셈이므로 마음이 편치 않다. 그러므로 마음의 평정을 얻기 위해서 자신의 의견을 더욱 강화하려고 한다.[44]

4) 독심술적 사고(mind reading)

충분한 근거 없이 다른 사람의 마음을 마음대로 추측하고 단정하는 것을 의미한다. 마치 다른 사람의 마음을 들여다볼 수 있는 독심술사처럼 매우 모호하고 사소한 단서에 의해서 다른 사람의 마음을 함부로 단정하는 오류이다. 이런 오류를 범하는 사람들은 자신이 타인의 마음을 정확하게 꿰뚫어볼 수 있는 능력을 지녔다고 믿는 경우도 많다. 이런 때 상대방의 마음을 확인할 방법이 없으므로 자신의 판단이 옳았다고 생각하게 된다. 그뿐만 아니라 그러한 판단으로 상대방에게 행동하므로 상대방의 반응이 자신의 예측과 비슷하게 나타나게 되어 자신의 판단이 옳았다고 확신하게 된다.

5) 상관착각(illusory correlation)

실제로 두 변인 사이에 아무 관계가 없지만, 관계성이 있는 것으로 착각하는 것을 말한다.[45]

6) 의미확대 또는 의미축소

의미확대 또는 의미축소(magnification or minimization)는 대인사건의 중요성이나 크기를 평가할 때 지나치게 확대하거나 축소하는 오류이다. 흔히 부정적인 사람은 부정적인 일의 의미는 크게 확대하고 긍정적인 일의 의미는 축소하는 오류를 범하는 경향이 있다. 예를 들면, 친구가 자신에게 한 칭찬에 대해서는 듣기 좋아하라고 생각 없이 한 얘기로 그 중

---

44) 홍성렬(2004), "사회심리학", 시그마프레스, p.105.
45) 홍성렬(2004), "사회심리학", 시그마프레스, p.189.

요성을 축소하는 반면, 친구의 비판에 대해서는 평소 친구의 속마음을 드러낸 것으로 중요성을 확대하여 받아들이는 경우이다. 자신의 단점이나 약점은 매우 중요한 것으로 걱정하면서 자신의 장점이나 강점을 별것 아닌 것으로 과소평가하는 경우가 이에 해당한다.

7) 정신적 여과(mental filter)

대인상황이나 사건의 주된 내용은 무시하고 특정한 일부의 정보에만 주의를 기울여 전체의 의미를 해석하는 오류이다. 친구와의 대화에서 주된 대화내용이 긍정적이었음에도 친구의 몇 마디 부정적인 내용에 근거하여 '그 녀석은 나를 비판했다', '그 녀석은 나를 좋아하지 않는다'라고 해석하는 경우가 일례이다.

8) 흑백 논리적 사고 또는 이분법적 사고

흑백 논리적 사고(all or nothing thinking) 또는 이분법적 사고(dichotomous thinking)는 사건의 의미를 이분법적인 범주의 둘 중 한 가지로 해석하는 오류이다. 예를 들어 타인의 반응을 '나를 좋아하고 있는가 아니면 싫어하는가 또는 내 편인가 아니면 상대편인가' 등 둘 중의 하나로 해석하며 그 중간의 의미를 인정하지 않는 경우이다.[46]

흑백 논리적 사고가 실생활에서 우리 편과 상대편을 구분하는 논거로 사용될 때 중간자적인 위치에 있는 사람들을 회색분자[47]라고 몰아붙이기도 한다. 인지적 오류를 범하게 되면 대인관계 상황이나 사건을 사실과 다르게 왜곡하거나 과장하게 되어 오해가 발생한다. 이러한 오해는 상대방의 의도를 잘못 파악한 것으로서 대인관계의 갈등을 초래하게 된다. 인간관계를 할 때 충분한 근거 없이 다른 사람의 의도를 함부로 단정하거나 과장하는 일이 없도록 주의하는 것이 필요하다. 개인의 인지적 오류는 타인은 물론 때로는 가족 간의 불화 원인으로 작용할 수도 있다.

일반적으로 사람들은 전혀 모르는 사람에 대해서는 모르기 때문에 경계하고 행동을 조심하지만, 가족이나 친구 등 가까운 사람일수록 잘 안다고 생각하고 독심술적 사고에 쉽게 빠지는 경향이 있다. 그리고 편하고 친근감을 느낀다는 이유로 때로는 무례해 보일 정

---

46) 권석만(2003), "젊은이를 위한 인간관계 심리학", 학지사, pp.162~167.
47) 회색분자(灰色分子)는 소속, 정치적 노선, 사상적 경향 따위가 뚜렷하지 아니한 사람.

도로 쌍스러운 언사나 아무렇게 행동하기도 한다. 결코 바람직한 행동이 아니다. 현명한 사람들이 가까운 사이일수록 예의를 반듯하게 지킬 것을 경계시키는 이유도 자신의 무례를 방지하고 좋은 관계를 지속적으로 유지하기 위함이다. 누구나 오류를 범할 수 있지만, 그 오류를 인정하는 사람은 많지 않다. 그러나 역설적이게도 오류를 인정하는 사람만이 발전할 수 있다. 오류의 인정은 수정이나 교정으로 이어지지만, 오류에 대한 부정은 문제를 더욱 악화시키는 속성이 있다. 아이들을 교육하는 부모가 언제든지 자신에게 부족한 점이 많고 오류가 발생할 수 있다는 사실을 인정하면 부모와 아이의 관계는 편안해지고 아이의 공부효율도 반드시 높아진다.

5. 사고의 차이와 긍정의 힘

어떤 상황이 구체적으로 그 일이 가시화된 데에는 원인이 있다. 인과의 법칙은 경험적으로 보아 사실이다. 엄격한 의미의 평지돌출은 없다고 해두어도 무리한 단정은 아닐 것이다. 사람은 연륜이 높아지면 차츰 이런 것들을 직관적으로 파악하고 이해할 수 있게 된다.[48]

좋은 일이 생기고 모든 일이 잘 풀리길 바란다면 그러한 결과가 나타날 수 있도록 노력해야 한다. 세상에 노력 없는 대가는 없다. 우리는 살아오면서 모든 일은 마음먹기에 따라 얼마든지 달라질 수 있다는 말을 많이 들었다. 긍정적으로 생각하면 긍정적인 일이 일어나고 부정적으로 생각하면 부정적인 일이 일어난다. 이러한 현상을 가장 잘 설명해주는 것이 머피의 법칙과 샐리의 법칙이다. 소드의 법칙(Sod's law)은 어떤 일이 안 좋아질 가능성이 있으면, 실제로 그렇게 된다는 법칙을 말하는데 머피의 법칙(Murphy's Law)이 소드의 법칙의 아일랜드판이라고 할 수 있다.[49]

머피의 법칙(Murphy's law)은 어떤 일이 잘못되어 가는 상황에 대해 이야기할 때 서양에서 흔히 사용되는 말이다. 머피의 법칙에 따르면 '어떤 일을 하는데 둘 이상의 방법이 있고 그것 중 하나가 나쁜 결과(disaster)를 불러온다면 누군가가 꼭 그 방법을 사용한다'는 것이다. 1949년 미국 공군에서, 인간이 중력에 얼마나 견딜 수 있는지에 대한 실험을 할 때 참여한 기술자(engineer) 에드워드 머피(Edward A. Murphy)의 이름을 따서 지어진 명칭이다.

---

48) 안은수(2008), "행복한 인생", 도서출판 문사철, p.75.

49) 데이비드 스탯(David A. Statt) 저, 정태연 옮김(1999), "심리학 용어 사전", 끌리오.

‘우산을 깜박하고 가져오지 않은 날에는 비가 온다. 그러나 우산을 가져온 날에는 비가 오지 않는다. 차가 막혀 옆 차선의 차가 빨리 빠지는 것 같아 옮겼는데 아까 있던 차선의 차가 더 빨리 빠진다. 시험을 보는데 자신이 공부하지 않은 곳에서만 문제가 나온다. 어떤 물건이 없어져서 찾는데 찾을 때는 못 찾다가 나중에 어딘가에서 나온다. 또는 같은 물건을 사고 나면 찾게 된다. 과일을 챙겨야 하는 날에 과일이 떨어졌다. 소풍 가는 날 비가 온다. 일이 꼬여서 사장에게 구박을 받았고, 화장실에서 사장 욕을 원 없이 했다. 그런데 뒤에서 볼일을 보던 사장이랑 눈이 마주쳤다. 버스를 한참 기다려도 오지 않다가 가게에 잠시 들어간 사이 타려던 버스가 지나간다’는 것 등이 그 예이다. 머피의 법칙은 원하는 대로 되지 않는 것, 자신이 원하는 것이 뜻대로 전혀 이루어지지 않고 반대되는 것이다. 한마디로 불운을 몰고 오는 것이고 실패의 연속으로 일이 좀처럼 풀리지 않을 때 쓰는 말이다. 인생살이에서 나쁜 일은 겹쳐서 일어난다는 설상가상의 법칙으로 곧잘 인용된다. 그러나 세상은 항상 좋은 일이나 안 좋은 일만 일어나는 것은 아니다. 안 좋은 일이 있으면 다음에는 좋은 일도 있기 마련이다. 머피의 법칙에 반대되는 것이 샐리의 법칙이다.

샐리의 법칙(Shally's Law)은 자신이 원하는 대로 이루어지는 것이다. 매사 뜻대로 이루어지니 행운을 몰고 오는 것이고 성공의 연속이라고 볼 수 있다. 예를 들면, ‘시험 당일 아침에 우연히 펼쳐 봤던 책에서 문제가 나온다. 지각해 잔뜩 기가 죽어 교실 문을 여는데 선생님께서 아직 안 들어오셨다. 공부하다 졸리는데 갑자기 정전이 된다’는 것 등이다. 매사에 긍정적이고 성실과 극기 그리고 능동적이고 진취적인 삶의 자세, 자신과의 싸움에서 승리하는 것으로 인용된다. 하지만 인생은 머피의 법칙과 샐리의 법칙이 공존하고 있다. 머피의 법칙은 자신만이 불운을 당하는 것 같아 의기소침하게 하고 좌절, 낙담, 상심, 절망감을 안겨줄 수 있다. 이에 반해 샐리의 법칙은 희망, 행운, 성공, 행복을 약속한다. 그러나 머피의 법칙은 되돌려 생각한다면 근면, 성실, 검소, 겸허, 겸손함을 기르도록 가르치는 스승과도 같고, 샐리의 법칙은 거칠고 사나운 힘을 지닌 교만함, 오만함, 거만함이라는 이름의 세 부하를 거느린 자만심을 키우고 살찌우는 큰 마장[50](魔障)이다.

머피의 법칙이나 샐리의 법칙은 사람의 생각이나 마음이 때로는 자신의 행동을 변화시킬 수 있다는 것을 의미한다. 우리가 일상 속에서 안 좋은 일이 생길 것 같다는 생각을 하면 실제 안 좋은 일이 생기고, 뭔가 좋은 일이 생길 것 같다고 생각하면 실제 좋은 일이

---

50) 마장(魔障)은 일에 뜻밖의 방해나 탈이 생기는 일.

생기는 일이 일어난다. 이러한 사실은 내과나 정신과 등 병원에서 현재 상당 부분 활용되고 있는데 위약효과와 낙인이론이 그것이다. 위약효과(placebo effect)는 실제로 전혀 효과가 없는 실험 처치를 피험자에게 마치 효과가 있는 것처럼 허위로 인식시켰을 때 나타나는 투약 효과이다. 플라세보 효과51)라고도 하며, 아무 효과가 없는 약을 마치 두통에 뛰어난 효과가 있는 것처럼 환자에게 속여 투약했을 때 실제로 환자의 두통이 나은 경우를 예로 들 수 있다.

낙인이론(labeling theory)은 정신분열증에 대한 전통적인 개념을 탈피하여 그 자체를 습득한 사회적 역할이라고 보는 입장을 말한다. 이 이론은 장애의 원인에 대해서는 관심을 두지 않고 특정한 개인의 진단을 위해 명명된 사실에 큰 비중을 둔다. 어떤 사람에게 정신병 환자라는 명칭이 붙으면 타인들은 그를 달리 대하게 된다. 마침내는 명칭 붙은 사람이 자신의 자기지각을 변화시키게 되고 그와 타인들 모두 더욱 그 명칭에 부합되도록 행동하게 된다. 이와 반대로 환자가 의사의 진단을 받아들여 자신이 병들었음을 인정한다면 자신의 치료에 더욱 협조적이 되고 이로 인해 그의 치료는 더욱 효과적일 수 있다. 그래서 만병의 근원은 마음에 있다고 했는지도 모르겠지만, 위약효과와 낙인이론은 긍정적(肯定的)인 자세를 갖는 것이 중요한 이유를 잘 설명해준다.

세상에는 '좋은 것도 좋지 않은 것도 없다. 다만 생각이 그것을 만들어낼 뿐이다'라는 말은 사고(思考)의 차이가 인생에서 얼마나 중요한 것인가를 잘 말해준다. 우리의 삶 속에서 나타나는 모든 일은 긍정과 부정이라는 생각의 방향에 따라 오늘 자신의 현실을 만들어 낸 것이다. 곧 성공과 실패 심지어는 건강조차도 이 두 생각에서 나온 결과물들이다. 전체 인생을 놓고 보면 특정 시점의 잘잘못 또는 긍정이나 부정이 항상 옳거나 그른 것으로 판단하기 어렵게 만드는 일들이 많이 일어난다. 즉, 일정한 시간이 지나고 난 후 살펴보면 과거에 안 좋았던 일이 훗날 좋은 일을 만드는 계기가 되거나 과거에 기분 좋은 일이 훗날 안 좋은 일을 불러오는 원인으로 작용하는 등 반전되는 상황은 얼마든지 일어난다. 그리고 기분 좋은 일로 느꼈든 좋지 않은 일로 느꼈든 그것은 어디까지나 그 순간의

---

51) 플라세보효과(placebo effect)는 약리 작용(藥理作用)에 의하지 않은 약물의 투입에 따른 심리효과(암시작용). 약리학적으로 전혀 비활성인 물질(플라세보)을 약이라고 하면서 환자에게 투약, 유효한 작용이 나타나는 경우 플라세보효과가 있다고 한다. 플라세보란 「마음에 들게 합시다」라는 뜻의 라틴어인데, 거짓 약을 말한다. 내복약은 젖당(乳糖)·녹말 등으로 모양·색·맛을 진짜와 똑같이 만들고, 주사약으로는 식염용액 등을 사용한다. 만성 질환과 정신 상태에 영향 받기 쉬운 질환에서는, 플라세보를 투여해도 상당한 효과가 나타난다. 수면약과 진통약에서도 흔히 효과를 볼 수 있다. 의약품 창제(創製) 시 임상효과를 확인하기 위해 플라세보를 사용한 이중맹검법(二重盲檢法)이 의무적으로 행해지고 있는데, 동일약효를 가진 기존의 대표적인 약물을 사용하는 액티브 플라세보를 한다. 플라세보 효과는 약제의 효과판정에 큰 영향을 주며, 유효성뿐만 아니라 부작용에 대해서도 그 효과를 볼 수 있다.

감정 상태이었을 뿐 좋은 것과 좋지 않은 것, 긍정과 부정도 내 인생에 모두 포함된 어떻게 보면 분리된 것이 아니라 하나라고 할 수도 있다.

긍정과 부정을 분리해서 구분해 살펴보면 부정은 고통, 괴로움, 아픔, 악 등으로 이것을 확장해나가면 궁극적으로는 죽음과 연결되고, 긍정은 기쁨, 즐거움, 행복, 선 등으로 계속적인 삶을 영위해나가는 원동력이 되는 삶의 의미나 존재의 사유 등과 연결된다. 사람은 누구나 세월이 지나면 죽는다는 것을 알면서도 자신의 삶 속에 뒤섞여 있는 좋은 일과 좋지 않은 일, 긍정적인 것과 부정적인 것을 구분하는 행동을 하는 것은 긍정의 강화와 증폭을 통하여 살아 있는 동안 기쁨과 즐거움, 행복을 좀 더 많이 향유하려는 데 있다.

원래 인간이 태어날 때 마음속에 존재하는 긍정과 부정은 동일한 크기이다. 이 두 가지의 크기가 동일할 때 사람의 감정은 안정상태가 되어 행복도 불행도 느끼지 않지만, 외부의 환경변화나 자극, 사물의 인식에 의해 끊임없이 이 두 가지가 영향을 받아 크기가 수시로 변화한다. 부정의 크기가 커졌을 때는 우울하거나, 무능력, 불행하다고 느끼고, 긍정의 크기가 커지면 유쾌해지거나 자신감이 생기고 행복하다고 느끼게 된다. 그런데 중요한 점은 인간 내면의 정신세계는 긍정도 부정도 행동의 반복이나 마음가짐을 통해 그것을 강화하고 확대할 수 있도록 인식체계가 만들어져 있다는 점이다.

이러한 현상 때문에 실제로 매사에 긍정적(肯定的)인 사람은 면역성이 강하여 육체뿐만 아니라 정신건강도 정상이고, 대인관계도 좋을 수밖에 없어 샐리의 법칙이 더 적용(適用)되기 쉽고 더불어 운(運)도 따를 수밖에 없다. 반대로 부정적인 사람은 매사에 되는 일이 없다고 생각하므로 의기소침하고 무료한 삶을 영위하는 일이 적지 않다고 한다. 그러나 긍정과 부정은 모두 내 삶 속에 공존하는 것이기 때문에 자신의 인생에 대한 인식과 이해, 노력에 따라 결과는 크게 달라질 수밖에 없다. 즉, 긍정적인 사람은 좋은 일이든 좋지 않은 일이든 어떤 일이 발생했을 때 그것을 긍정적으로 인식하고 해석해 이해하며 더욱 긍정적인 방향으로 강화시키는 노력을 하므로 당연히 좋은 일이 더 많아진다. 그러나 부정적인 사람은 긍정적인 사람이 좋은 일이라고 인식하는 것과 같은 일이라도 부정적인 일로 받아들인다.

잔에 반만 담긴 물에 대한 해석이 그것이다. 긍정적인 사람은 아직 반 잔의 물이 남았다고 생각하지만, 부정적인 사람은 물이 이제 반밖에 안 남았다고 생각한다. 부정적으로 받아들이는 것이 굳어지거나 상태가 더욱 나빠지면 좋은 일이 일어나도 그것을 좋은 일로 받아들이지 않는 경향까지 생긴다. 이럴 때 우리는 좋은 일을 좋은 일로 받아들이지 못하는 부정적인 생각을 하는 사람들을 보고 '사람이 왜 그렇게 꼬였느냐?'는 말을 하게 된다. 이것을 정리하면 부정적인 사람은 어떤 현상이나 일을 부정적으로 인식하고 해석하는 데다 이를 긍정적인 것으로 강화 증폭시키려는 노력을 제대로 하지 않기 때문에 항상 안 좋은 일만 일어나는 것으로 느끼며 살게 된다고 할 수 있다.

인생은 자신의 것이고 가치와 감정은 자신에게 소속된 것이다. 세상의 모든 것에 대한 감정적 느낌은 자신만이 갖는 고유의 영역이다. 긍정적인 삶을 살 것인가 부정적으로 살 것인가는 자신에게 달렸다. 결국은 긍정도 부정도 나에게 달렸으므로 인생에서 진정으로 중요한 것은 자신의 마음가짐에 있다. 한탕주의가 아니라 긍정적 사고(思考)를 하고 성실하게 한 걸음 한 걸음 나아갈 때, 누구라도 좋은 일이 우리를 기다리고 있을 것이다. 반복해서 만나면 기분 좋은 사람, 무엇에 홀린 것과 같이 함께 있다는 자체가 행복이라고 느끼게 하는 사람에게 어찌 좋은 일이 기다리고 있지 않겠는가?

부모가 아이들이 잘될 것이라고 믿으면 아이들은 잘될 것이고, 쓸모없는 인간이라고 비하하면 아이는 그렇게 될지도 모른다. 긍정적인 생각을 하고 매사에 잘될 것이라고 말하고, 좋은 일이 생길 것이라고 믿으면 반드시 가정에 좋은 일이 생길 것이다. 그리고 부모의 긍정적인 사고는 아이들에게 그대로 전이되고 영향을 미쳐 아이들이 하는 공부도 잘되고 좋은 일이 생길 것이 틀림없다. 긍정은 인간의 한계를 극복하게 하는 가장 좋은 묘약이다. 긍정의 힘을 한번 믿어 보자. 반드시 좋은 일이 생길 것이다.

6. 갈등 해소와 문제 해결을 위한 시작은 경청이다

인간관계에서 사람들 사이에서 발생하는 갈등이나 문제 중 이해부족이 원인인 경우는 거의 대화로 풀 수 있다. 대화의 본질은 의사와 감정의 교환에 있으며, 그 시작은 경청이다. 경청을 통해 문제를 파악하면 대책을 세울 수 있고 해결도 가능해진다. 타인이 무슨 생각을 하는지, 어떤 어려움이나 문제를 안고 있는지 알 수 있는 가장 손쉬운 방법은 그가 스스로 말을 하게 하는 것이다. 대화가 되지 않는 상태에서는 이것을 파악하기 어려우므로 갈등이나 문제 해결도 어렵다.

아이들을 잘 관리하는 첫 번째 방법의 하나가 아이의 말을 들어주고 대화의 시간을 늘리는 방법이다. 대화에도 기법이 있다. 대화란 상호 상대방을 수용하고 공감하며 자신의 감정을 솔직하게 전달하는 것이어야 한다. 대놓고 화를 내는 것, 자기 혼자만의 생각을 피력하는 것, 명령하거나 지시하고 일방적으로 요구하는 강요는 대화가 아니다. 어쩔 수 없이 강요해야 할 일이 있으면 강요하기 전에 반드시 설명해 이해를 구하는 것이 바람직하다. 아이들이 하고 싶지 않은 것을 할 수밖에 없을 때 반발심을 갖지 않도록 하는 좋은 방법은 문제의 본질이나 상황을 인식하도록 하는 것이다. 아이는 부모가 생각하는 것보다 훨씬 성숙하다. 자신이 어쩔 수 없이 해야 하는 일이라도 그 이유를 알면 힘들고 어려운 일을 거부하거나 반발하지 않고 인내하며 묵묵히 받아들인다.

인간관계는 개인 한 사람만의 문제가 아니고 항상 상대가 있는 문제이다.[52] 아이는 늘 부모가 경청하고 이해해 주길 원한다. 그의 감정, 사고, 동기, 행동, 결정에 대한 부모의 이해와 확인을 갈망한다.[53] 아이가 하소연하고 좋지 않은 기분을 풀고 아픈 마음을 달랠 곳은 자신이 가장 편하게 느끼는 가정이고 부모, 특히 엄마이다. 경청은 아이에게 못지않게 부모를 위한 것이기도 하다. 따라다니지 않더라도 노련한 경청자가 될 때 부모는 아이와 아이 주변에서 일어나는 많은 것을 파악하고 배울 수 있다. 언어는 추상적이고 나의 판단은 항상 옳은 것이 아니다. 더러는 눈앞에 보이는 것이 전부가 아닐 때도 있다. 그냥 보기에 명백해 보이는 상황들과 즉각적인 교정을 요하는 잘못된 것으로 인식되는 것들도 주의 깊은 경청을 요하는 경우가 적지 않다.

아이들의 말 속에는 여러 가지 정보가 담겨 있다. 그 속에서 문제를 파악할 수 있다면 경청은 근심을 덜어 주는 좋은 해결책이 된다. 부모는 아이가 가지고 있는 것보다 더 많은 인내심을 가져야 한다. 많이 들으면 아이에 대해 그만큼 더 많이 알 수 있다. 같이 아는 것이 많으면 공감대는 그만큼 더 넓어진다. 공감대가 넓어지면 소통은 잘되기 마련이다. 이것이 아주 잘되면 눈빛만 보아도 무엇을 원하는지 어디가 아픈지 알 수 있게 된다. 소통이 잘되면 갈등은 부수적으로 해결되며, 아이들 문제에 대해 일부러 알려고 노력하지 않아도 자연스럽게 파악된다. 아이들의 일상이나 생각을 부모가 대부분 파악하고 있으면 문제에 대한 예방이 가능하고 문제도 거의 발생하지 않는다. 발생하더라도 초기 대응과 개입이 가능해 후유증을 최소화할 수 있다.

아이들이 말을 하려는 목표는, 첫째는 다른 사람과 자신을 공유하고 상대방으로 하여금 그들의 존재를 확인하게 함으로써 좀 더 활기차고 진지한 감정을 느끼고 싶어 한다.

---

52) 신중식 외(2003), "교육지도성 및 인간관계론", 한국교육행정학회, p.380.
53) 랜디 롤프 저, 조한중 옮김(1999), "성공적인 부모의 7가지 비결", 하서, pp.110~111.

둘째는 상대방으로 하여금 그들의 삶을 더 좋게 만들어 줄 것을 기약하는 무엇인가를 하기 위해 상대방을 변화시키고 싶어 한다. 두 가지는 다 같이 생존하고 번창하고 생기를 느끼려는 기본적인 의지를 반영하고 있다.[54]

사람은 자신의 말을 들어주고 있다는 확신이 들면 모든 사소한 것들과 자신의 마음을 털어놓게 된다. 조언이나 충고는 이 단계를 지나야 효과가 발휘될 수 있다. 들기와 경청의 중요성에 대해 레이첼 나오미 레멘[55](Rachel Naomi Remen)은 "다른 사람과 관계를 맺기 위한 가장 기본적이며 강력한 방법이 듣는 것이다. 그냥 듣기만 해라. 어쩌면 서로에게 줄 수 있는 가장 중요한 것이 관심일 수 있다. 애정을 가진 침묵이 가장 좋은 의도를 가지고 하는 말보다 훨씬 더 많은 치유와 애정을 보이는 힘을 가지고 있다"고 지적한다.[56]

인간의 관계는 상황의 영향을 받으므로 항상 유동적으로 변화한다. 학부모와 아이의 관계는 부모는 훈육하고 아이는 교육을 받는 입장이다. 관리하는 부모가 실행을 위해 아이의 능률과 현재의 실력 상태를 파악하는 방법에는 여러 가지가 있다. 직접 보고 관찰하는 방법, 면담, 일정한 형태의 실력 평가, 각종 결과물 등이다. 수준을 파악한 후 부모에게 주어지는 책무는 어떻게 하면 아이가 현재보다 향상된 결과를 가져오게 할 것인가 하는 점이다. 대부분 실력은 그 자신의 노력 결과이기도 하지만 능력의 한계를 나타내는 경우가 많다. 한계를 극복하고 능력을 향상하는 것은 결코 만만한 일이 아니다. 거기다가 공부 등 실제 노력은 아이가 진행하는 것이므로 아무리 좋은 방법을 도입하더라도 아이가 받아들이지 않으면 소용이 없다.

결국 아이로 하여금 공부 방법 개선, 투입시간 증가, 집중력 강화를 가져오도록 하기 위해서는 부모가 추구하고자 하는 것들을 아이가 받아들이도록 하는 일에서부터 시작하지 않으면 안 된다. 이때 부모의 의욕도 중요하지만, 아이의 수준에 적합하고 받아들이기 쉬운 단계부터 시작하여 점차 어려운 단계로 나아가는 점진적인 강화 방법이 사용되어야 한다. 그리고 수시로 아이와 대화를 통하여 애로를 느끼는 사항이나 문제를 수렴하여 목표나 방향을 수정하거나 재조정하고 함께 고민하며 더 발전적인 방향을 모색해가는 공동의 노력과 작업이 필요하다. 이렇게 함께 노력하지 않고 일방적으로 지시하고 요구만 하

---

54) 랜디 롤프 저, 조한중 옮김(1999), "성공적인 부모의 7가지 비결", 하서, p.143.

55) 레이첼 나오미 레멘(Rachel Naomi Remen): 캘리포니아 샌프란시스코 의과대학의 임상 교수, 마음과 몸의 조화를 이루는 건강법 분야에서 선구자 역할을 하고 있음.

56) 마이클 J. 마쿼트·피터 론 지음, 원은주 옮김(2006), "멘토, 지식경영시대의 새로운 리더", 이른 아침, p.205.

면 아이는 겉으로는 따르는 것 같이 보이지만 실제로는 자의적인 행동을 할 가능성이 크다. 이러한 행동이 쌓여 곪아 터질 때 상당수 부모는 우리 아이는 그런 아이가 아니고 그럴 리가 없다고 말하지만, 모두가 자업자득일 뿐이다. 현실을 부정한다고 달라지는 것은 없다. 존경을 받으려 할 때 가장 좋은 방법은 먼저 상대를 존경하는 일이다.

아이들이 만들어 내는 결실은 부모가 지원하는 것보다는 자신의 힘으로 이루어지는 것이 훨씬 바람직하다. 아이들에게 내재하여 있는 에너지에서 좋은 결실을 보도록 하기 위해서는 열심히 경청하고 올바른 길을 제시하며 좋은 결실이 될 만한 것들을 끄집어내도록 유도해야 한다.

7. 아이를 움직이는 가장 좋은 방법, 존중과 설득

공부는 아이 스스로 해야 한다는 것은 모두가 아는 사실이다. 교육은 여러모로 부족한 아이들이 하나의 독립된 인간으로 역할을 할 수 있도록 하는 데 필요한 것들을 준비하는 과정으로 미성숙단계에서 공부가 이루어진다. 그러므로 스스로 하는 경우는 생각보다 많지 않다. 여기에 교육과 부모의 도움이 필요하고 아이들을 공부하도록 설득을 해야 하는 이유가 있다.

많은 사람이 입으로는 인성이나 감성교육이 중요하다고 말한다. 그러나 현실에서 교육의 가장 큰 관심사는 누가 뭐라고 하더라도 공부다. 어떻게 하면 우리 아이가 공부를 잘하게 할까 하는 해법을 찾는 것이 핵심문제이고 고민거리다. 다들 마음 같아서는 우리 아이가 공부를 가장 잘하고 최고가 되었으면 하고 바란다. 이 바람은 아이를 움직이지 않고는 달성될 수 없는 일이다. 내가 아닌 타인을 움직이도록 하는 일은 결코 쉬운 일이 아니다. 현실적으로 아이들은 기대와 같이 공부를 잘해주지도 마음처럼 움직여주지도 않는다. 답답하다. 화가 난다. 종종 아이의 성적이나 행동이 마음에 안 들면 소리도 지르고 화도 내보지만 별로 달라지는 것은 없다. 그러나 아이들의 마음은 부모의 마음과 같지 않다. 아니 부모의 마음을 잘 모른다고 하는 편이 옳다.

현재 부모인 내가 아버지와 어머니의 마음을 알게 된 것은 다름 아닌 어른이 되고 지금과 같이 내 아이를 키우게 되면서부터였다. 그런데 어떻게 현재 내 아이가 내 마음을 잘 알아줄 수 있겠는가? 깨달음에는 시간이 필요하다. 무엇이든 잘하는 것만 있으면 어떤 일을 해서든 훌륭하게 키우고 성공하게 하고 싶은 것은 세상 모든 부모의 마음이다. 하지만 아이의 입장에서는 성공이나 훌륭한 사람이 되는 것과 같은 추상적이고 어려운 말이 피부에 잘 와 닿지 않는다. 오히려 그들이 잘 알고 친근감을 많이 느끼는 탤런트나, 가수, 영화배우, 유명 운동선수가 못 되어서 안달이다. 재미있는 전자오락이나 게임은 아무리 하지 말라고 해도 관심이 조금만 다른 곳에 가 있으면 어느 사이 게임을 하고 앉아 있는 것을 부모들은 경험한다. 여기에 아이 관리문제의 핵심이 숨어 있다.

일차적으로 우리의 교육 현실에서 부모의 기대와 아이의 꿈, 목표가 일치하지 않는 가족이 많다. 동기유발은 제대로 이루어지지 않고, 아이들이 좋아하는 것을 육성하는 방향으로 교육도 잘 진행되지 않는다. 공부, 예체능, 게임 등 특정한 한 분야로 일치하더라도 장기간의 인내와 노력, 투자를 진행하는 과정에 부모도 의욕을 상실하고 아이도 지친다. 어느 정도 가다 보면 힘들어서 자꾸만 편한 길로 가려 한다. 더러는 다른 길로 가려 하는 등 어려운 것을 회피하려는 경향이 나타난다. 동기가 습관화로 이어지지 못해 목표를 성취하겠다는 의지가 약해지고 고비와 한계를 넘지 못했기 때문이다.

공부의 결과는 학교에서 보는 중간고사와 기말고사, 교육청 평가 등 최소한 일 년에 4회, 개인적으로 학원에 다니거나 경시대회에 응시하는 아이들은 일 년에 적게는 10회 이상에서 20여 회 전후의 시험을 통해 평가가 이루어진다. 시험에서 매번 좋은 성적을 내야 하고 초등학교에서 대학교까지 16년, 대학원과 박사과정까지를 포함하면 아무래도 20년 이상 그때그때 좋은 성적을 내야 한다. 이것이 끝이 아니다. 또 입사시험에서 좋은 성적을 내야 취업이 가능한 어려운 일이다. 어느 구간만 잘한다고 해서 잘하는 것이 아니다. 어쩌다가 성적이 뚝 떨어지면 심한 심리적 압박을 받거나 좌절감을 맛본다. 그래서 공부를 종종 마라톤에 비유하기도 한다.

처음에 잘 달리다가도 포기하면 그 순간 그것으로 끝이다. 중도에 힘들다고 걷기 시작하면 앞서 가는 것도 안 된다. 앞서 가려면 아무리 힘들어도 포기하지 않고 적정한 수준과 속도 조절은 물론 인내하며 꾸준하게 열심히 달려야 한다. 아이가 스스로 잘 달리든 아니면 부모가 잘 달리도록 뒷바라지를 해주든 마찬가지다. 공부는 내가 하는 것이 아니라 아이가 하는 것이므로 어떻게든 힘들어 포기하고 주저앉고 싶은 마음이 생겨도 아이를 계속 달리게 하여야 하고 거기다가 좋은 성적을 올리도록 끊임없이 독려해야 한다. 그래야 노력한 보람도 있고 좋은 결과도 볼 수 있다.

아이가 이렇게 힘들고 어려운 공부를 계속해 좋은 성적을 올리도록 하기 위해서는 어떻게 해야 할까? 그 첫 출발은 공부는 힘든 것, 장기간 인내하며 치열하게 노력해야 한다는 것을 정확하게 인식시키는 것에서 출발해야 한다. 그리고 좋은 결과를 얻기 위해서는 목표가 있어야 한다. 목표를 달성하기 위해서는 계획이 있어야 하고, 그 계획에 따라 일정한 속도와 나의 능력에 대한 완급을 조정해나가지 않으면 안 된다. 같이 경주하는 경쟁상대와 구간에 대한 정보도 필요하다. 힘이 덜 들도록 때로는 옆에서 응원해주고 어려움을 극복해나갈 수 있도록 지원도 해야 한다. 그리고 중간에 나타나는 성적의 기복에 따라 일희일비할 것이 아니라 적절한 수준관리를 하며 최종적인 결과가 기대하는 것이 되도록 공동의 노력을 하면서 인내하고 기다려 주는 자세도 중요하다.

결과가 원하는 기대에 못 미치더라도 끝까지 아이가 힘겨움을 참고 견디며 최선을 다해 노력한 점에 대해서는 격려를 해주어야 마땅하다. 실제 마라톤 경주에서는 모두 그렇게 한다. 일등에게는 찬사를 보내지만, 누구나 원하는 대로 되지 않는다는 것을 알기 때문에 기대하는 수준의 성적을 못 거두더라도 완주한 선수들에게 격려의 박수를 아끼지 않는다. 그런데 아이를 교육하는 우리의 현실은 어떤가? 한창 공부하고 있는 아이에게 한순간 전력 질주하여 높은 성적을 낼 것을 강요하고, 실망하고, 화를 내고 있지는 않은지 스스로 생각해 보아야 한다.

힘들고 어려운 고비에서 아이들이 인내하고 숨은 저력을 발휘할 수 있도록 하는 것은 처음 출발할 때의 마음가짐과 목표에 대한 주의 환기, 현재 아이가 처한 구체적 상황에 대한 설명, 방향성과 노력을 통한 해결방안 제시, 시기적·위치적 중요성을 인식시키는 일, 당면한 어려움을 극복하고 앞으로 나아가야 할 당위성, 긍정적 자세와 할 수 있다는 자신감 부여, 적극적인 신뢰의 표현 등이다. 아이들은 이러한 부모의 행동을 통하여 자신의 현재 위치를 재인식하거나 잘못에 대한 자기반성 또는 자각으로 자신을 재정비하고 동기를 찾고 스스로 더욱 열심히 공부에 매진하게 된다.

존중과 설득은 아이들로 하여금 힘들고 어려운 공부를 강요하는 부모의 일방적인 요구에서 발생하는 부정적 감정을 긍정적으로 순화시키고 스스로 노력의 정당성을 찾아가는 데 결정적인 역할을 한다. 많은 부모가 아이를 위해 피나는 노력을 하는 데도 아이와 갈등을 빚거나 반발과 반항에 직면하는 이유는 직접적인 감정의 표출을 많이 하지만 정확하고 올바른 정보의 제공, 상황에 대한 설명 등 아이들이 이해하도록 하는 설득에 실패하고 있는데다 아이들을 존중하지 않기 때문이다. 즉, 공부에 관한 부모의 요구에 대해 아이가 이해하고 납득하도록 설득된 상태에서는 정당한 것으로 승화되어 받아들여진다. 그러나 납득하지 못하는 상태에서는 강요와 강제, 불만과 갈등의 원인으로 작용한다.

설득(persuasion)은 어떤 정보의 전달을 통하여 태도를 의식적으로 변화시키려는 과정이다.[57) 신뢰와 진실이 그 바탕이 되어야 한다. 상호존중을 통한 원만한 대화 속에 신뢰와 진실이 심금을 울릴 때 상대를 움직이게 할 수 있다. 모든 인간관계 문제의 열쇠가 되는 것은 '상호존중'이다. 상호 존중하는 체제에서 일은 그것을 행할 필요가 있기 때문에 행해지고 설득과 만족은 일을 함께하는 둘 또는 그 이상 사람들의 조화로부터 나온다.[58)

일을 하고 있을 때 사람들은 아침부터 저녁까지 설득과 납득이라는 관계 속에 있다. 정부 정책의 성공과 실패, 신뢰와 불신의 문제도 설득과 납득에 의해 결정된다. 국민을 잘 설득하고 국민이 그것을 충분히 납득한다면 강요되는 정책이라도 수용한다. 그러나 그렇지 못하면 반발할 수밖에 없다. 의사결정자와 의지(意志)소통을 꾀하는 사람들은 그 인물의 견식과 한결같은 노력에 감명을 받고, 납득하는 경우에는 적극적인 협력을 하게 된다. 설득하려는 사람은 첫째, 이상(理想)·명확한 미래상·삶의 보람을 갖고 있어야 한다. 높은 이상이나 명확한 미래상(vision)이 없는 사람은 아무리 그럴듯한 말을 한다고 해도 상대를 설득할 수 없다. 둘째, 성실해야 한다. 사람들은 불성실한 인간에 의해 설득되지 않는다. 사회생활에서 어떤 사람이 성실한가, 그렇지 않은가, 열심히 노력하고 있는가, 아닌가 하는 것을 사람들은 곧장 알아차린다. 셋째, 우리가 상대편을 소중히 여기고 있다는 것을 알아야 한다. 설득 과정에서 상대가 소중히 여기고 있는 것을 이해하는 것은 중요하다.[59)

세상에 누가 자신을 존중하고 소중하게 여기지 않는데 설득당하려고 하겠는가? 공부는 아이를 위한 것인데 그 주인공이 되어야 할 아이가 존중받지 못하는 공부가 무슨 의미가 있겠는가? 설득은 나의 설명이나 주장, 요구에 대해 아이들이 관심을 보이고, 이해해 수용하고, 이것이 태도변화를 거쳐 의도했던 바의 행동으로 이어졌을 때 실현되는 것이다. 공부하도록 움직이고 싶으면 아이를 존중하고 신뢰와 진실을 가지고 인내하며 충분히 이해하도록 설득할 줄 알아야 한다. 이것이 부모가 아이를 훌륭하게 키우고 성공하는 사람으로 만드는 최고의 지름길이다.

---

57) 홍성렬(2004), "사회심리학", 시그마프레스, p.343.

58) Rudolf Dreikurs·Pearl Cassel·Eva Dreikurs Ferguson 저, 최창섭 역(2007), "눈물 없는 훈육", 원미사, pp.155~175.

59) 마스지마 도시유키·고바야시 히데노리 저, 이종수 옮김(2002), "일본의 행정개혁", 한울아카데미, p.207.

8. 결과, 평가시점에 누적된 노력의 시현일 뿐이다

세상에 노력 없이 정상에 오르는 사람은 없다. 사람들은 노력의 중요성을 잘 안다. 그러나 실제에서는 대개 노력보다는 결과에 치중한다. 누구나 결과에 관심을 두지만, 어떤 사람들은 병적으로 집착하는 행태를 보인다. 결과가 가져다주는 영향력이 클수록 집착의 경향은 더욱 커진다.

결과가 큰 영향을 미치는 것에는 개인의 계획수행에 의한 목표 달성, 타인과 경쟁하는 시험, 집단이나 국가 간에 벌어지는 경기나 전쟁 등이 대표적이다. 평상시에도 시험이나 경기 같은 경쟁을 많이 한다. 하지만 경쟁의 가장 극적인 형태는 전쟁이다. 손자(孫子)는 중국의 병법가(兵法家)로 보통 손무(孫武) 또는 손무의 후예 손빈(孫臏)에 대한 경칭이다. 그는 손자병법60)(孫子兵法)에서 전쟁은 하지 않는 것이 좋지만, 전쟁을 하면 반드시 이겨야 한다는 점을 강조하고 있다. 전쟁의 결과는 백성과 국가의 명운이 달라지게 할 수 있는 대단한 영향을 미치기 때문이다.

현대인은 누구나 원하든 원하지 않든 치열한 경쟁 속에서 살고 있다. 죽고 사는 전쟁만큼은 아니더라도 경쟁의 결과는 한 개인의 인생행로와 가족의 삶에 엄청난 영향을 미친다. 선거를 통한 경쟁에서 승자는 대통령이 되고 국회의원으로 정치지도자가 되는 등 계속 승진과 일을 할 기회를 준다. 그러나 패자에게는 발전과 일할 기회가 제한되거나 박탈된다. 사업에서 실패한 사람은 하루아침에 노숙자로 전락할 수도 있는 것이 현실이다. 따라서 경쟁을 하지 않아도 괜찮은 상황이라면 경쟁을 하지 않는 것이 좋다. 하지만 경쟁을 할 수밖에 없는 상황이라면 반드시 이길 필요가 있다. 경쟁에서의 승리는 자신이 선택하고 원하는 방향의 인생행로를 나가게 하고 성취감을 통해 자신을 더욱 발전시킬 수 있는 활력소로 작용할 수 있기 때문에 최선을 다해야 한다. 우리는 결과에 따라 일희일비61)(一喜一悲)한다. 그러나 인과의 측면에서 볼 때 결과는 평가시점에서 누적된 노력이 가시적으로 드러난 형태에 불과하다.

나비의 단순한 날갯짓이 날씨를 변화시킨다는 나비효과62)(Butterfly Effect)는 일반적으로

---

60) 손자병법(孫子兵法): 중국 고대 군사학 명저이며 현존하는 중국 최고(最古)의 병서(兵書) 중 하나로 중국 춘추시대에 살았던 전략가 손무(孫武)가 오(吳)나라 임금 합려(闔閭)를 위해 위하여 지은 책.

61) 일희일비(一喜一悲)는 한편으로는 기뻐하고 한편으로는 슬퍼함.

62) 나비효과(Butterfly Effect): 나비의 단순한 날갯짓이 날씨를 변화시킨다는 이론. 미국의 기상학자 에드워드 N. 로렌츠가 처음으로 발표한 이론이지만 나중에 혼돈이론(chaos theory: 특정 비선형 동역학계가 특정 조건에서 혼돈이라는 현상

는 작고 사소한 사건 하나가 나중에 커다란 효과를 가져온다는 의미로 쓰이지만, 실제에서는 로렌츠가 기상의 변화과정을 제대로 규명하지 못했다는 것을 인정하는 말이다. 중간과정을 밝히지 못했으므로 두루 뭉실하게 원인과 결과만을 놓고 변화의 가능성을 말한 것이다. 역학적으로 볼 때 원인과 결과 사이에는 에너지의 투입이나 힘의 추가 없이 더 큰 힘이 만들어지는 데는 한계가 있다. 로렌츠는 컴퓨터를 사용하여 기상현상을 수학적으로 분석하는 과정에서 초기 조건의 미세한 차이가 시간의 흐름에 따라 점점 커져서 결국 그 결과에 엄청나게 큰 차이가 난다는 것을 발견했다. 브라질에 있는 나비의 날갯짓이 미국 텍사스에 토네이도[63]를 발생시킬 수도 있다고 했다. 이렇게 초기 조건의 미세한 차이가 결과에 큰 차이를 유발할 수는 있다. 하지만 그것은 중간과정의 함수에 따라 달라진다. 실제로는 브라질에 있는 나비가 날갯짓해도 미국 텍사스에 토네이도가 일어나지 않는다. 단지 작은 움직임이 훗날 큰 변화의 징후가 될 수 있다는 것을 강조하는 말이다.

중국의 고대 철학자인 노자[64](老子)가 지은 도덕경(道德經)에는 징후에 대해 다음과 같이 언급하고 있다. 일엽낙지천하추(一葉落知天下秋: 떨어지는 잎사귀 하나로 가을이 올 것을 짐작한다) 그리고 위지어말유, 치지어미란(爲之於未有, 治地於未亂: 아직 드러나지 않았을 때 행하고, 아직 어지러워지지 않았을 때 다스린다)이라는 말이 있다. 앞서 가는 사람은 남의 길을 따라가지도 변화를 피하지도 않는다. 세상은 쉼 없이 변화를 거듭한다. 변화에 능동적으로 대처하는 것은 말처럼 쉬운 일이 아니지만, 그렇게 하는 사람은 앞서 갈 수밖에 없다.

앞서 가는 사람들은 한발 앞서서 행동한다는 특징이 있다. 미리 파악하고 그에 대처하

을 보이는 경우를 연구한다. 이 혼돈은 초기 조건이 조금만 달라져도 결과가 상당히 다르게 나오는 것을 의미한다. 이러한 혼돈 현상은 나비효과로 잘 알려져 있으며, 지구의 대기, 판 구조론, 경제/인구 현상, 다중성계의 궤도 변화 등을 이 이론으로 설명할 수 있다)으로 발전하는 계기가 되었다. 일반적으로는 작고 사소한 사건 하나가 나중에 커다란 효과를 가져 온다는 의미로 쓰인다. 이 이론은 로렌츠가 〈결정론적인 비주기적 유동, Deterministic Nonperiodic Flow〉이라는 논문을 발표하면서 결정론적 카오스(Deterministic Chaos)의 개념을 일깨운 새로운 유형의 과학 이론이었다. 로렌츠는 컴퓨터를 사용하여 기상현상을 수학적으로 분석하는 과정에서 초기 조건의 미세한 차이가 시간의 흐름에 따라 점점 커져서 결국 그 결과에 엄청나게 큰 차이가 난다는 것을 발견했다. 브라질에 있는 나비의 날갯짓이 미국 텍사스에 토네이도를 발생시킬 수도 있다는 것이다. 미세한 차이가 엄청난 결과를 가져온다는 나비효과는 이렇듯 처음에는 과학이론에서 발전했으나 점차 경제학과 일반 사회학 등에서도 광범위하게 쓰이게 되었다. 가령 1930년대의 대공황이 미국의 어느 시골 은행의 부도로부터 시작되었다고 본다면, 이것은 나비효과의 한 예가 되는 것이다. 또한 1달 후나 1년 후의 정확한 기상예보가 불가능하듯이 주식이나 경기의 장기적인 예측이 불가능한 것도 이러한 나비효과가 영향을 미치기 때문이다.

63) 토네이도(tornado)는 미국 중남부 지역에서 일어나는 맹렬한 회오리바람으로 봄·여름에 많으며, 집·나무 들을 쓰러뜨리기도 함.

64) 노자(老子): 기원전 6세기경에 활동한 중국 제자백가 가운데 하나인 도가(道家)의 창시자로 도(道)와 덕(德)의 뜻을 말한 도교경전인 도덕경(道德經)의 저자로 알려져 있음.

기 때문이다. 이미 벌어지고 난 다음에는 다만 그 일을 수습할 뿐이지 주도적으로 그 상황의 중심에 서기 어려운 법이다. 그리고 새로운 상황에 대해 적절한 방식을 취한다는 것은 남의 길을 따라가지 않는 것이기도 하다. 징후는 그냥 오는 것이 아니다. 인과의 측면에서 보면 가을은 그저 와 버리는 것이 아니라 한 잎 두 잎 낙엽이 날리는 과정을 거친 다음에 도래하는 사건인 것처럼 어떤 일이 일어날 징후는 반드시 그 전개과정이 있기 마련이다. 이 전개과정을 파악하고 미리 준비하지 않으면 실효를 거두기 어렵다.[65]

현명한 부모는 결과에 연연하기보다는 준비과정에 더 치중한다. 결과는 준비 과정에서 이미 결정되기 때문이다. 아이가 열심히 공부하기를 바란다면 어려서부터 책을 가지고 노는 환경을 만들고 공부 잘하기를 바란다면 공부하는 습관을 길러주어야 한다. 평상시에 아이와 함께 공부하며 머리를 맞대고 효율적인 학습방법을 찾기 위해 고민하면서 아이가 자신의 한계에 끊임없이 도전하고 성취하며 공부를 즐기게 할 일이다. 평상시 노력은 게을리하면서 좋은 결과를 기대한다고 쉽사리 좋은 결과가 나오지 않는다. 그러므로 결국 운명의 좋고 나쁨을 의미하는 운수(運數)도 주어진 환경이 아니라 본인의 노력에 따라온다는 것을 기억해둘 필요가 있다.

손자(孫子)는 전쟁을 하기 전에 전쟁의 승리를 미리 알 수 있는 것이 다섯 가지가 있다[66]고 하였다. 우리는 손자와 같은 대단한 전략가는 아니다. 하지만 아이들에게 현재와 같이 극한적인 노력을 강요하려면 적어도 합격이나 승리할 방법을 알기 위해 노력하고 연구하는 자세, 관리방법 정도는 알고 아이들을 험한 경쟁현장으로 내몰아야 한다. 자신은 관리방법도 모르고 미리 충분할 정도로 훈련하고 대비를 하지 않았으면서 좋은 시험의 결과만 바란다는 것은 욕심에 불과하다. 좋은 결과를 바라는 마음이 간절하다면 더욱 열심히, 더욱 치열하게 준비하고 훈련해야 한다. 전쟁이나 시험도 마찬가지다. 결과는 하루아침에 만들어지는 것이 아니라 진행과정에서의 누적된 노력이 평가시점에 시현(示現: 나타내 보임)된 것이다. 그래서 손자(孫子)는 우리와 상대의 준비상태를 보면, 이길 수 있는 전쟁인지 질 수밖에 없는 전쟁인지 안다고 했다.

언제든지 우리는 이기는 경쟁에 아이를 내보내야 마땅하다. 질 수밖에 없는 경쟁에 내보내 좌절감을 맛보게 하는 것은 아이에게 너무 가혹한 일이다. 그런데도 많은 사람이 이길 수 있는 상태인지 질 수밖에 없는 상태인지 알지도 못하고, 준비도 제대로 안 시켰으

---

65) 안은수(2008), "행복한 인생", 도서출판 문사철, pp.267~268.
66) 손무 저, 남만성 역(1982), "손자병법", 현암사, pp.3~118.

면서, 아이들을 오늘도 경쟁으로 내몰고 거기다 좋지 않은 결과에 대해 화를 내고 실망까지 쉽게 내보인다.

9. 창의적 사고와 아이들 교육의 해법

　세상의 모든 현상은 마음에서 비롯되고 성공은 심칠뇌삼[67](心七腦三)이라고 한다.[68] 오늘도 수많은 사람이 성공을 지향하며 누군가를 모방한다. 하지만 각자 살아가는 인생길은 다르다. 다른 사람의 것이 아무리 좋고 화려해 보여도 그들의 것은 그들의 것이고, 내 것이 아니다. 내 인생은 누가 대신 살아 줄 수 있는 것이 아니다. 모방은 할 수 있지만, 그것은 다른 사람과 같이 살거나 되기 위함이 아니라 진정한 내 것을 찾고 내가 살아갈 목표와 방향을 설정해 나를 더욱 풍요롭게 하기 위한 것이다. 따라서 내 인생이나 아이의 인생을 다른 사람의 인생에 맞추려 해서는 안 된다. 음식은 내가 맛있게 잘 먹고 소화를 잘 시켜야 좋은 음식이지 내가 먹어서 맛이 없고 소화를 잘 시키지 못하면 산해진미[69](山海珍味)도 화중지병[70](畵中之餠)에 불과하다. 교육도 내 아이에게 맞는 것을 개발하고 발견하고 창조해내는 것이 가장 좋은 것이다. 그러므로 창의적 사고가 필요하다.

　일반적인 범주에서 보면, 창의적인 사고도 주어진 문제를 해결해야 하는 문제 해결적인 사고에 속한다. 하지만 기존의 사고방식에서 벗어나야 문제 해결이 가능한 패러독스[71](paradox)를 지니고 있다. 문제 해결적인 사고란 문제를 규정하고 주어진 단서를 가지고 가능성을 배제하는 수렴적인 사고과정이다. 하지만 창의적 사고는 문제를 새롭게 정의하고 주어진 단서를 극복해야 원하는 결과를 얻을 수 있는 사고를 말한다. 창의적 사고가 어려운 이유는 바로 이 문제, 즉 주어진 단서를 극복하고 문제를 새롭게 정의해야 하는 것 자체가 우리의 사고법칙을 벗어나기 때문이다. 지식의 새로운 지평을 여는 것에는 모두 창의적 사고와 관련이 있으므로 창의적 사고는 인간의 가장 고상한 능력으로 간주한다.[72]

---

67) 심칠뇌삼(心七腦三)은 인간의 성공을 좌우하는 것은 마음이 70%, 두뇌가 30%이다.

68) 윤은기(2001), "귀인", 무한, pp.239~240.

69) 산해진미(山海珍味): 산과 바다에서 나는 온갖 진귀한 물건으로 차린 맛이 좋은 음식.

70) 화중지병(畵中之餠): 그림의 떡.

71) 패러독스(paradox): 어떤 주의나 주장에 반대되는 이론이나 말.

72) 박천식(1999), "재미있는 심리학", 원출판사, p.179.

창의적이란 말을 사용할 때, 첫 번째 기준은 새로움이다. 기존의 것과 다른 그 무엇을 담고 있어야 창의적이라고 말한다. 이런 새로움을 생각해 냈을 때 우리는 흔히 '기발하다'고 여긴다. 모든 창의적 사고가 '최초'를 포괄하는 것은 아니다. 그러나 최초의 것이어야 역사적 의미를 띠는 것임에는 틀림이 없다. 세계 최초로 새로운 기발한 아이디어를 냈다고 해서 모두 창의적인 것은 아니다. 왜냐하면 정신분열증 환자의 사고는 기발하고 새롭기는 하지만, 그것을 창의적이라고 하지 않는다. 두 번째 기준은 적합함이어야 한다. 적합함은 현재 과학기술이나 현재의 지식수준에서 수용 가능하여야 한다. 그렇지 않을 때 기발한 아이디어는 창의적인 것이 아니라 황당한 것이 된다. 그렇지만 정말 창의적인 사고는 적합함의 기준에 부합되기 위해서는 오랫동안 시기를 기다려야 할 때가 있다. 대개 천재적 과업들은 당대에는 무시되다가 후대에 와서야 그 진정한 가치를 인정받기 때문이다. 창의적 사고와 창의적 과제수행이란 결코 쉬운 것이 아니다. 왜냐하면 그것은 새로움과 적합함의 중간영역에 자리 잡고 있기 때문이다. 새로운 것을 추구하면 적합함의 기준을 벗어나기 쉽고, 적합함을 맞추면 새롭지 않기가 쉽기 때문이다.[73]

대부분 부모는 어떻게 하면 우리 아이가 공부를 잘해 좋은 성적을 내고 명문학교를 나와 입신출세할 수 있을까 하는 생각을 한다. 이 의문에 대한 해결방법을 찾아 많은 노력을 하지만 마치 하늘에 떠 있는 무지개를 좇는 것과 다를 것이 없다. 뭔가 화려하고 멋있고 특별한 좋은 방법인 것 같아 다가서면 실체가 없다. 또 하늘을 쳐다보면 무지개는 저 만치 멀리에 걸려 있는 것처럼 보여 달려간다. 혼 힘을 다해 다가서면 가까이 온 것 같기는 한데, 그 형태가 뚜렷하게 느껴지지 않는다. 그 중 일부는 자신이 무엇인가를 찾았으며 그것이 무지개라고 생각한다. 하지만 다른 사람들에게는 무지개가 아닌 별다른 의미가 없는 것일 수도 있다. 우리 아이의 교육에 대한 해법을 찾는 것이 이처럼 무지개를 좇는 것과 비슷하다.

열심히 무지개를 좇아가는데 그 무지개를 잡지 못한다. 그것은 뚜렷한 형태를 보이고 고정된 것이 아니라 상황이나 환경조건이 변화되면 자연적으로 그 형체를 변화시키기 때문이다. 즉, 가장 중요한 점은 무지개가 만들어지는 것은 일정한 환경 조건이 맞을 때 생긴다는 점이다. 무지개를 잡았다고 생각하는 사람들은 무지개가 생기는 환경조건과 같은 환경에서 추구한 목표물을 순간적으로 달성하는 방법을 아는 것과 같다. 그렇지만 무지개

---

73) 박천식(1999), "재미있는 심리학", 원출판사, pp.191~192.

는 항상 같은 곳에서 생기는 것이 아니다. 좀 더 쉽게 말하면, 오늘 우리가 좋은 해법으로 찾았다고 생각하는 것들도 세상이 끊임없이 변화하므로 변화되는 가운데 일정한 시점에서 찾은 하나의 해법에 불과하다. 아이들의 특수성과 세월의 변화를 모두 반영한 영원히 통용될 수 있는 것은 아니다. 결국 국가 정책, 기업이나 사회의 요구조건, 공부의 내용, 입시제도 등 환경은 쉼 없이 변화하고 아이들도 제각기 다른 지능과 역량을 타고나므로 아이 교육에서 하나로 확정된 교육의 해법은 없다.

그럼 우리 아이의 교육에 대한 해법은 정말 아무것도 없는가? 그것은 단정적으로 말할 수 없다. 보편성을 갖춘 확정된 해법은 없지만, 특정에 대한 해법은 있을 가능성이 크다. 자신이 찾은 것이 무지개라고 생각하는 것처럼 스스로 무엇인가를 찾은 사람들에게는 그것이 해법이다. 다른 사람들이 보기에 대수롭지 않은 것으로 느껴지거나 기가 막힐 정도로 좋은 방법이라고 공감을 얻을 수 있는 것과 없는 것의 차이는 해법을 얻은 사람과 비슷한 가치와 판단 기준을 갖고 있느냐 아니냐에 따라 달라진다. 누가 해법을 얻었다고 하더라도 그 해법은 어디까지나 그들만의 주관적인 해법일 가능성이 크기 때문이다. 주관적인 해법은 비슷한 여건에 있는 사람들에게는 좋은 방법을 제공해준다. 하지만 다른 여건을 갖고 있는 사람들에게는 원천적으로 적용할 수 없거나 적용하더라도 별다른 효과를 발휘하기 어렵다.

누구나 공감할 수 있는 널리 알려진 객관적인 방법이 우리 아이에게서 좋은 효과를 발휘하지 못하는 것은, 우리 아이만이 가지고 있는 특수성이 객관적 방법에서 요구하는 여건과 차이가 나기 때문이지, 그 해법 자체의 좋고 나쁨의 문제가 아니다. 그러므로 모두가 좋은 방법이라고 하는 것이 우리에게는 맞지 않을 수도 있고, 다른 사람들이 보기에는 대수롭지 않은 것이 우리 아이에게는 좋은 방법이 될 수도 있다. 어떠한 것이든 우리 아이에게 잘 맞는 것이 좋은 것이고 그것이 해법이다.

생각해 보면 우리 아이에게 잘 맞는 해법을 찾아내는 방법이 그렇게 어려운 일만도 아니다. 기존의 방법을 시대와 상황에 맞게 재해석하고 좋은 생각을 추가하거나 약간 다르게 생각해 문제에 대한 새로운 정의, 표준적인 틀을 만들어 해법을 찾아내는 창의적 사고에 의해 이루어질 수 있다. 세상은 원래 내 것이란 없다. 모든 것은 처음부터 존재하던 것이다. 단지 누군가가 처음 사용한 것들도 자연과 세상 속에 있던 것을 찾아내고 인식해 사용할 때 그것을 발견이라고 할 뿐이다. 눈앞에 있어도 내가 그것을 보지 못하면 없는 것과 같다. 모든 것들은 내가 인지하고 사용하고 내 것으로 생각하는 바로 그 순간 내 것이 된다. 결국 세상의 모든 것은 모두 내 마음속에 있고 만사는 내가 마음먹기에 달렸다. 내가 원하는 것을 찾으면 나의 삶은 그만큼 풍요로워진다.

10. 교육에서 '다시 한 번'이라는 말은 의미가 없다

먹고 사느라 바빠서 교육에 신경을 많이 못 쓰고 살아온 부모들은 아이들이 성장한 후에 그때 좀 더 잘해주지 못한 것이 마음에 걸린다며 후회하는 사람이 적지 않다. 그리고 그들은 '다시 한 번 아이를 키울 기회가 주어진다면'이라는 생각을 하곤 한다. 그런데 이런 사람들은 대부분 현재도 열정적으로 최선을 다해 만족할 정도의 노력을 하지 않고 사는 사람들이다. 만일 후회할 일이 있다면, 그 후회를 곱씹기보다는 현재의 아이나 일 등 주어진 상황에 내 모든 열정을 쏟아 부어 다시는 후회할 일을 만들지 않도록 최선을 다하는 삶을 사는 것이 중요하다. 현재에 과거를 회상하면서 후회를 하는 것은 현재에 몰입하지 않았다는 증거다.

인생은 아무리 잘 살아도 돌아보면 후회와 미련이 남는다고 한다. 이것은 과거에 무조건 잘못 살았다기보다는 그 순간에는 최선을 다하려고 노력하며 열심히 살았다. 하지만 의지, 생각과 안목, 해결책이나 처리방법, 노력의 정도 등 미완성된 인간적 한계성이 가져온 결과에 대한 아쉬움의 표현이다. 이 아쉬움이 크면 클수록 '그때 조금만 더 참았더라면, 조금만 더 열심히 노력했더라면, 그 방법이 아니고 이런 방법을 사용했더라면, 그때 그 결정을 하지 않았더라면'이라는 생각을 한다. 그리고 미련은 자연스럽게 '다시 한 번 기회가 주어진다면 잘할 수 있을 텐데' 하는 마음으로 옮겨 앉는다. 그러나 세상에 한 번 간 기회는 다시 오지 않는다. 만일 기회가 다시 온다고 하더라도 그것은 같은 기회로 생각할 뿐 처음과 다음의 기회는 같은 것이 아니다.

만일 다음 해의 시험에 합격을 주목적으로 하고 올해 그야말로 시험 삼아 응시하는 것도 각각 다른 기회이다. 다음 해에 합격을 기대했더라도 올해 준비가 잘되고 실력이 충분해 시험에 합격하면 그것이 그대로 효력을 발휘한다. 그리고 생각대로 올해는 좋지 않은 성적이 나왔지만, 다음 해에 시험에서 좋은 결과가 나왔다면 그것 또한 나름대로 의미가 있다. 즉, 내가 기회의 가치에 대한 중요성을 어디에 두었느냐에 있을 뿐 각각 기회의 특성은 다르다. 그러므로 지난해에는 같은 학교에 1차 시험에 합격했는데, 올해는 1차 시험에 떨어질 수도 있다.

지난해와 올해의 평가자, 시험 난이도, 출제자, 응시자의 수준, 선발요강, 나의 준비상황과 자기관리 등 제반 상황이 달라지고 그에 따라 결과도 다르게 나온다. 이렇게 합격은 절대적인 것이 아니라 상대적이므로 지난해에 합격한 사람이 올해에 같은 시험을 치더라도 떨어질 수도 있고 합격할 수도 있다. 그 가치를 어디에 두었든 결과가 좋으면 미련을 갖지 않는다. 이에 반해 결과가 기대에 못 미치면 후회하고 다시 한 번 기회를 주면 그때는 정말 잘할 수 있을 것이라는 생각을 한다. 하지만 순간의 결심은 장시간의 노력을 담보하지 않는다. 다시 도전 기회를 준다고 하더라도 여전히 좋은 결과를 만들어 낼 것이라는 보장은 어디에도 없다.

역사는 발전하며 앞쪽으로 나아가고 인류는 변화하는 환경에 적응하며 끊임없이 발전해왔다. 출제자들은 계속 새로운 문제를 만들어 낸다. 공부기술의 발전으로 경쟁하는 사람들의 실력도 늘어나므로 아무리 내가 최선을 다해도 시험에서 기대하는 결과를 내지 못할 수도 있다. 이것이 인생이다. 그러므로 인간은 각자 앞에 주어진 시대에서 얼마나 자신이 원하는 삶을 향해 열정적으로 살 것인가 하는 것이 중요하다. 오늘날 인류의 위인으로 존경받는 분들도 열정을 갖고 각자 자신에게 주어진 시대에서 자신의 한계를 극복하려고 노력하며 최선을 다해 살았다. 무슨 원리의 발견이나 철학, 전쟁에서의 승리, 뛰어난 정책 같은 것들은 열정과 노력이 만들어낸 결과물일 뿐이다. 우리는 인간을 존경할 때 단순하게 무슨 법칙이나 원리 등 업적 한두 가지만으로 존경하는 것이 아니다.

한 사람의 생애에 대한 평가에서 업적은 그 가치를 고양해주는 역할을 하는 중요한 요소임은 분명하다. 하지만 우리는 그 법칙이나 원리를 발견하기 위해 기울인 한계극복 노력과 최선을 다하는 열정적인 삶의 자세를 인정하고 더 높이 평가한다. 정보통신과 과학기술이 발전한 현대에 태어났다면 그분들은 아마 그저 이름 모를 평범한 한 인간으로 살다 갔을 것이라는 역사적 가정은 의미가 없다. 누구나 인간은 자신이 살고 있는 시대에서 최선을 다하고 성취하여 업적을 쌓으면 그 고유한 가치는 변하지 않는다. 자신 앞에 놓인 환경이나 시대상황이 어떻든 인생의 참된 의미는 불확실성과 실행과정에 있다. 만일 미래를 안다고 하더라도 행복으로만 점철되지 않는 것이 인생이므로 그것은 인간에게 너무나 큰 고통이다. 실행과정을 통한 한계극복이 가져다주는 성취감이 없으면 희열은 맛볼 수 없게 될 것이기 때문에 인생은 무미건조해질 것이 확실하다. 우리가 불확실성에 도전하며 실행과정에서 나타나는 힘들고 어려움을 이겨내기 위해 최선을 다하는 이유도 결국은 성취를 통한 행복과 기쁨을 맛보기 위함이다.

아무리 간단한 시험이라도 성적이 떨어지고 불합격하면 기분이 좋지 않다. 성장 과정에서 수없이 보아야 하는 시험에서 매번 좋은 성적을 거둘 수는 없다. 하지만 순간순간 최선을 다하지 않으면 인생의 향방을 가르는 결정적으로 중요한 시험에서 아이들이 좌절감을 맛보게 될지도 모른다. 세월은 사람을 기다려주지 않고 오늘의 기회와 내일의 기회는 그 의미가 다르다. 그러므로 아이 교육에서 다시 한 번이라는 말은 의미가 없다. 누구에게나 지금 이 순간은 내 인생 최대의 선물이고 가장 좋은 기회이다. 인생은 연습도 대신도 추가도 없다. 그저 내 앞에 주어진 현재의 삶에 최선을 다하는 것이 최고의 묘수다. 한 번에 모든 것을 잘할 수는 없다. 그러나 최선을 다한 결과에 대해 우리는 겸손하게 수용하고 인정할 줄도 알아야 한다. 그 결과가 어떻게 나오더라도 최선을 다한 사람에게는 의미 있는 삶이다. 스스로 돌아본 인생의 한 구비에서 아이를 위해 나 자신을 위해 후회하지 않을 만큼 최선을 다 하고 있는 자신의 모습을 확인하는 일은 아주 중요하다. 그 속에 기쁨과 행복 등 진정한 삶의 의미가 담겨 있다.

지금 이 순간 '나는 성취의 기쁨과 행복을 맛볼 준비를 제대로 하고 있는가?' 아니면 '다시 한 번'이라는 미련을 가질 준비를 하고 있는가? 자신에게 자문해볼 기회를 부여해야 한다.

11. 참된 교육, 반드시 공과 정성이 들어가야 한다

사람들은 누구나 자신의 의사로 표시되는 말과 행동은 거짓이 없는 참된 마음인 진심(眞心)에서 우러나온 것이라고 말한다. 자신의 가치판단에 의해 옳은 것이라는 결론을 내리고 도덕적인 가치를 판단하여 옳고 그름, 선과 악을 깨달아 바르게 행하려는 의식에 따라 말과 행동을 하므로 그렇게 생각하는 것이다.

자신이 중심이 되는 사고의 기준에서 판단할 때, 자신이 하는 모든 행위는 진심이 우러나온 것이라 할 수 있다. 하지만 때로는 의도적으로 다른 사람에게 해가 되는 행동을 하기도 하는 등 인간은 복잡한 사고를 하는 동물이다. 가치판단의 기준과 양심이 제각기 다르고 이해력의 정도도 차이가 난다. 행동이나 말은 공간을 통하여 귀에 전달되거나 눈에 비치는 재인식과정을 거친다. 그러므로 상대가 어떤 마음이나 의도를 갖고 행동을 하든 항상 받아들이는 자신의 관점에서 판단한다. 다른 사람들의 배려와 베풂이 지속되고, 더 많은 배려와 베풂이 이루어졌을 때는 그 배려와 베풂을 당연한 것으로 받아들여 제대로 인식하지 못한다. 그러나 기존에 해오던 배려와 베풂이 줄어들거나 박탈되면 그것을 금방 인식한다. 예를 들어, 지금 우리의 모든 사회생활이 자유롭게 이루어질 수 있는 것은 누군가가 국방의 의무를 수행하고 치안과 질서유지를 위해 노력하기 때문에 가능한 것이다. 그런데 실제 생활에서는 그런 다른 사람들의 노력과 가치를 잘 느끼지 못한다. 그러나 치안이 갑자기 불안해지거나 외세의 침략 또는 독재정권이 무너지고 민주정부가 들어섰을 때 민주주의를 실감하는 것과 같은 현상이다. 부모와 자녀의 관계도 마찬가지이다.

이제까지 밥을 먹어 왔으니까 오늘 저녁에 집에서 어머니가 밥을 해주는 것을 당연한 일로 받아들인다. 아이들이 어머니의 노력에 감사하지 않는 것은 아니지만, 일상적이고 당연한 일로 받아들이면 같은 수고에 감사하는 마음이 그만큼 줄어들기 때문에 부모를 대하는 아이들의 자세와 태도는 크게 달라진다. 그러나 외지에서 극심한 배고픔을 느끼고 있을 때 누군가가 식사 한 끼를 제공하면 마치 큰 은혜를 입은 것으로 생각한다. 제대로 된 자녀교육은 반드시 공과 정성이 들어가야 하고 자녀가 그것을 인지할 수 있어야 좋은 성과를 거둘 수 있다. 자녀 교육에서 부모인 나 혼자 진심을 갖고 노력한다는 것만으로는 부족하다. 내가 아무리 마음을 다한다는 생각을 갖고 노력을 하여도 아이가 나의 진심을 제대로 느끼지 못할 수도 있다. 아이가 부모인 나의 진심과 노력을 제대로 인지하지 못할 때 교육의 효과는 많이 줄어든다.

이처럼 나의 노력에도 상대에게 쉽게 통하지 않는 진심이 통하게 할 방법이 있다. 그것은 자화자찬[74]이나 일부러 자신의 노력을 내보이려고 하는 것이 아니라 공(功)을 쌓고 정성을 들이는 것이다. 노력과 정성을 들이는 공(功)을 쌓고 참되고 성실한 마음인 정성(精誠)을 들이면 진심이 모인다. 눈에는 보이지 않지만, 부모가 공과 정성을 들여 만들어 낸 진심은 아이들이 그것을 느낄 수 있다. 그 진심의 실체는 '부모가 진정으로 나를 보살펴 주기 위해 힘들여 노력하고 있다는 것'이다. 부모가 아이들을 위해 불공이나 기도 또는 정화수[75]를 떠놓고 매일 아침 비는 일, 밤늦은 시간에 마중을 나와 주는 것, 자고 있는데 살며시 다가가 이불을 덮어주는 것, 용기를 주는 말 한마디 등 여러 가지 다양한 행동과 말에서 아이들은 부모의 진심을 느낀다.

---

74) 자화자찬(自畵自讚)은 자기가 그린 그림을 스스로 칭찬한다는 뜻으로, 자기가 한 일을 자기 스스로 자랑함.
75) 정화수(井華水)는 이른 새벽에 길은 우물물. 조왕에게 가족들의 평안을 빌면서 정성을 들이거나 약을 달이는 데 쓴다.

　보통의 아이들은 자신을 낳아주고 길러 준 은혜에 감사하다는 생각을 가진다. 그러나 자녀가 진정(眞正)으로 부모에게 감사하는 마음을 갖는 것은 부모의 공과 정성이 만들어 낸 진심을 느끼고 깨달았을 때이다. 그때 아이들은 부모의 공과 정성에 보답하기 위해 최선을 다 하고 열심히 노력한다. 부모의 진심을 본 아이들은 대체로 잘된다. 세계 최고의 기량을 자랑하는 사람들 뒤에는 항상 공을 쌓고 정성을 다하는 부모가 있다. 공을 쌓고 정성을 다하면 끊임없는 관심과 노력이 이어지므로 미리 예방 조치가 이루어져 문제가 생기거나 병에 잘 걸리지도 않는다. 설령 병이 들더라도 정성 때문에 금방 치유된다.

　간혹 능력의 한계로 기대를 저버릴 수는 있지만, 최소한 빗나가는 삶을 살지는 않는다. 세상을 살아오면서 부모가 공과 정성을 들여 아이들이 잘되었다는 말은 많이 들어도, 공과 정성을 들인 아이가 빗나가는 삶을 살았다는 말은 들어보지 못했을 것이다. 또한 어떤 일이 기대한 대로 제대로 되지 않았을 때 사람들은 정성이 부족했기 때문이라고 곧잘 말한다. 만일 아이들이 빗나가는 삶을 산다면 그것은 공과 정성이 부족해 진심이 통하지 않았거나 능력의 한계로 일시적으로 어려운 삶을 살고 있는 것일 뿐이다. 언젠가는 분발하여 반드시 자신의 위치를 찾아갈 것이 틀림없다.

　내가 노력을 해도 소용이 없고 아이들이 사고를 치고 빗나가는 것은 아이가 나의 진심을 몰라주는 것이 아니다. 인간이 가진 불완전성이 표출된 것이거나 부모인 내가 아이를 위해 쌓은 공과 정성이 부족하고 전달이 제대로 안 되었기 때문이다. 진심은 무조건 갖은 노력을 다한다고 해서 통용되는 것이 아니다. 상대가 있을 때의 의사전달은 그것이 마음이든 아니면 행동이든 혼자만의 일방적인 노력이 아닌 상대가 알아주고 이해하고 받아들일 수 있는 범위 내에서 이루어져야 바람직한 결과를 낳는다. 그러므로 나의 진심이 상대에게 통하기 위해서는 상대의 마음을 읽을 줄 알아야 한다. 마음이 통하는 좋은 인간관계는 끊임없는 관심의 표현과 절제된 행동, 상호 간의 노력이 만들어낸다.

제2절 부모의 역할

1. 관리의 요체, 창조적 지도력 발휘

1) 관리란 무엇인가

관리(管理)는 일정한 목적을 효과적으로 실현하기 위하여 인적·물적 여러 요소를 적절히 결합하여 그 운영을 지도·조정하는 기능 또는 그 작용으로 어떤 일을 맡아 담당하여 처리함, 시설이나 물건의 보존·개량 따위의 일을 맡아 함, 사람을 지휘 감독함, 사람의 몸 따위를 보살핌 등을 뜻한다. 관리는 지도와 조정을 본래의 기능으로 하고 있으나, 대상을 인간집단 중심으로 생각하면 그 기능을 지도력(leadership)에서 구할 수도 있다.

2) 자녀관리 위해 노력하고 고민해야 할 것

교육에서 관리의 대상은 아이들로 이미 정해져 있다. 관리 목표는 각 가정 또는 부모와 아이에 따라 다를 수 있다. 하지만 일반적으로 성적이나 실력 향상, 시험의 합격, 잠재력을 키우는 것 등 아이의 재능과 하고 싶어 하는 것, 원하는 것, 좋아하는 것을 반영하여 설정하면 된다. 대부분 여기까지는 잘한다. 그런데 목표에 달성하기 위해 어떻게 관리할 것인가 하는 점에 이르면 시원한 대답을 하는 사람이 많지 않다.

엄마들이 아이에게 그냥 시키는 대로 하면 된다고 말하는 것을 많이 듣는다. 말로는 납득할 수 있도록 쉽게 설명하고 풀이하지는 못하지만, 엄마는 무의식적으로 자신이 아이를 이끌고 가야 할 길을 알고 있다. 그것에 따라 자신이 행동하기 때문에 아이들에게도 따라 하면 된다는 것이다. 인간이 갖는 정신세계는 의식세계와 무의식세계가 있다. 무의식세계는 내가 의식하지 못하더라도 훨씬 민감하게 나를 보호하고 도움이 되는 방향으로 움직여 간다는 것을 부모는 경험과 직관을 통해 알고 자신을 믿는다. 그래서 엄마가 아이에게 내가 하라는 대로 하면 된다고 말하는 내용에 따라 아이가 노력하면 괜찮은 결과를 얻는 일이 실제 많이 일어난다. 하지만 아이들은 부모가 자신에게 노력과 인내를 요구할 때 이해할 수 있도록 좀 더 구체적인 설명을 해주기 바란다.

아이들 교육에서 가장 어려운 문제는 목표에 달성하기 위해 어떻게 관리할 것인가 하는 점이다. 이것은 부모인 나는 어떻게 어떤 방향으로 얼마나 노력할 것인가와 아이가 어떻게 스스로 노력하고 도전하고 성취하게 할 것인가 하는 두 가지를 고민하고 부모 스스로 답을 얻어야 할 문제이다. 여기에는 표준 답안이 없다. 관리자인 부모와 아이를 둘러싼 제반 환경이 가정마다 모두 다른 데다 두 사람이 어떻게 힘을 합치고 공동의 노력을 하느냐에 의해 결과가 달라지기 때문이다. 부모는 아이의 의견을 존중하고 현실적인 능력을 반영하여 목표를 정하고 수용 가능한 노력의 강도를 파악해 적용하며 도전하여 성취하기까지 함께 역할을 분담하고 공동의 노력을 기울여야 한다. 부모는 아이가 목표를 성취하도록 도와주고 성취를 이루는 것은 아이이다. 부모가 아무리 노력을 해도 결국은 당사자인 아이가 모든 것을 도전하고 성취해야 한다. 그러므로 교육에서 부모가 해야 할 연구는 아이가 얼마나 도전적인 삶을 살고 성취하도록 교육을 할 것인가 하는 점이 가장 핵심적인 관심사가 된다.

3) 자녀 관리의 요체는 무엇인가

요체(要諦)는 중요한 점 또는 중요한 깨달음이다. 자녀교육에서 아이의 관리를 위해 부모가 가장 중요하다고 생각해야 할 점과 깨달아야 할 것은 원만한 대화와 창조적 지도력을 발휘해야 한다는 것이다.

대화는 자녀 교육의 시작이자 끝이고 기본이다. 대화가 안 되면 아무것도 안 된다. 교육은 말로 시작하여 말로 끝난다고 하여도 과언이 아니다. 나 자신의 일은 내 느낌이나 생각, 판단에 의한 행동으로 대응하고 처리해나갈 수 있다. 그러나 아이를 기르고 가르치고 지도해야 하는 교육에서 실제 움직이고 행동하고 결과를 만들어 내는 것은 아이이다. 그러므로 올바른 교육을 통한 지도가 이루어지기 위해서는 가르치는 것, 아이가 느끼는 것, 생각, 판단, 행동, 결과까지 육안으로 관찰이 가능하기 어려운 부분은 모두 대화나 말에 의존할 수밖에 없다. 눈빛만 보아도 알 수 있다는 것은 특정한 부분에 국한된 것으로 혼자만의 착각이다. 대화가 통해야 모든 문제를 해결해나갈 수 있다.

대화는 의사소통(communication)의 핵심으로 말과 경청, 갈등 등과도 연관된다. 아이가 원하는 것, 필요로 하는 것, 하고 싶어 하는 것, 부족한 것, 문제점 등을 파악하면 대책을 세울 수 있는데, 그 핵심이 대화이다. 따라서 교육의 시작은 대화이다. 교육을 잘하는 부모는 아이가 스스로 부모와 대화하기를 원하고 대화하려고 행동하게 할 줄 안다. 일부러 아이의 현재 상태를 파악하기 위해 관찰하고 노력하지 않더라도 아이 스스로 말해주거나 요구하면 일의 진행은 그만큼 빠르고 수월해진다. 혼자서 관찰한 것이 엉뚱한 내용이라면 문제가 생긴다. 그에 따른 대책을 세우고 노력하는 것이 단순하게 낭비로 끝나는 것이 아니라 아이에게 부담을 주고 반발을 사서 갈등을 유발하는 등 오히려 교육을 더 어렵게 만들 수도 있다. 그러므로 교육을 제대로 하려고 하면 가장 먼저 아이들과 자연스럽게 대화할 수 있는 관계를 만들어야 한다.

창조적 지도력은 주어진 교육 환경 속에서 현실적인 여러 가지 어려움과 한계를 극복하고 부모와 아이가 공동의 노력을 통해 아이 스스로 목표를 향해 자발적으로 노력하게 하고 자기 속에 있는 능력을 끄집어내도록 하는 것이다. 아이가 노력을 통해 목표를 달성하고 목표달성 과정에서 획득되는 공부에 대한 자신감을 성장 엔진으로 이용하여 더욱 상위의 목표를 설정하고 다시 노력과 도전, 성취를 통해 지속적으로 발전해나가도록 하는 지도력이다. 창조적 지도력은 기본적으로 외부의 도움 없이 공감한 공동 목표 달성을 위해 스스로 노력을 통해 자신의 내부에 축적된 능력으로 새로운 결과물을 창조하는 일이다. 아이들은 목표로 하는 학교 진학과 시험의 합격, 성적 향상을 위해 학원수강 등 외부 도움이 필요하다면 받을 수도 있다. 그러나 핵심적인 방법은 학원수강 여부와 관계없이 스스로 노력을 통해 목표달성을 추구하는 자기 주도 학습과 노력이 바탕이 되어야 한다. 그래야 사회에 나가 자신이 나아갈 방향과 목표를 스스로 정하고 노력과 준비, 도전을 통하여 성취하는 삶을 살며 자신의 능력을 마음껏 발휘할 수 있다.

부모가 아이의 관리를 위해 발휘해야 할 창조적 지도력은 아이 스스로 자신의 목표를 향해 노력하고 도전하고 성취하는 삶을 살아가게 하는 일이다. 아이가 노력하더라도 우선은 성적이 기대에 못 미치고 어설퍼 보일지도 모른다. 하지만 자신의 힘으로 살아가는 방법을 터득한 아이들은 자신의 몫을 다 하며 독자적인 삶을 살아갈 수 있다. 교육을 통해 세상 어디에서든 자기 힘으로 자신의 삶을 개척해나가는 능력을 만들어주는 것이 부모가 자식에게 해줄 수 있는 최선의 것이다. 스스로 능력을 갖춘 아이들은 부모가 따라다니며 뒷바라지하지 않아도 잘 살아간다.

2. 좋은 부모가 지향해야 할 역할은 멘토

아이들을 교육하면서 누구나 한 번쯤은 '나는 좋은 부모일까? 부모의 자질이 있을까?' 하는 자문을 해보았을 것이다. 아이들에게 존경의 대상이 되는 부모도 있지만, 너무 능력이 부족한 나를 느끼고 아이들에게 미안한 마음을 갖는 사람들도 적지 않다.

가정사가 모두 다르므로 자신의 부모에게서 부모의 역할을 배운 사람도 있고 그렇지 않은 사람도 있다. 하지만 좋은 부모를 가진 사람이라고 하여 자기 아이에게 100% 좋은 부모가 된다는 법은 없다. 시대가 워낙 빠르게 변화하다 보니 내가 자랄 때 좋은 교육 방법이 아이를 교육해야 하는 지금의 시점에서는 맞지 않는 것이 많다. 좋은 부모가 된다는 것도 인생의 모든 부분이 그렇듯 관심을 두고 노력하는 과정에서 시행착오를 거듭해야 가능해진다.[76] 스스로 계속 배우고 성장하면서 아이들도 가르치고 성장시키는 것이면 충분하다. 중요한 것은 실제로 아이들을 그렇게 키우려고 노력해야 한다는 점이다. 부모의 역할이 항상 아이들이 무엇을 원할 때, 원하는 것을 해주어야 하는 것은 아니다.

아이가 당면한 애로와 문제를 해결해 줄 수 있는 이렇다 할 묘안이나 능력도 없고, 스스로 답을 낼 수 없을 때는 아무것도 해주지 않아도 괜찮다. 자식과 함께하는 마음만 있으면 된다. 물론 마음만으로 해결되는 문제는 없다. 어려울수록 대책을 세우고 실천하도록 노력해야 한다. 그 힘을 주는 것이 바로 부모의 마음이며 사랑이다. 부모가 이런 마음을 실어주면 아이들도 어렵다고 선뜻 포기하지 못한다.[77]

멘토링은 아주 오래된 개념이다. 그리스 신화에 등장하는 오디세우스가 아들 텔레마코스의 훈육을 맡길 정도로 신임했던, 그의 친구 멘트로(Mentor)의 이름에서 유래한 것이다. 그 후 멘토링은 아주 오랫동안 전 세계에서 암암리에 개인과 조직의 발전을 위해 중요한 역할을 담당해왔으며, 최근 들어 대중들의 관심이 전례 없이 증폭되고 있다.[78] 멘토링의 정의에는 여러 가지가 있다. 멘토링(mentoring)이란 경험과 지식이 풍부한 사람이 그렇지 못한 사람에게, 즉 조언자의 역할을 하는 사람인 멘토(mentor)가 조언을 받는 사람인 멘티(mentee)에게 일대일로 전담해 지도·조언·도움·환류(feedback) 등을 제공하여 실력과 잠재력을 개발시키는 것이라 할 수 있다.

---

76) 전혜성(2006), "섬기는 부모가 자녀를 큰사람으로 키운다", 랜덤하우스중앙, pp.48~49
77) 전혜성(2006), "섬기는 부모가 자녀를 큰사람으로 키운다", 랜덤하우스중앙, p.49
78) 마이클 J. 마쿼트·피터 론 지음, 원은주 옮김(2006), "멘토, 지식경영시대의 새로운 리더", 이른아침, pp.15~16.

이외에도 ① 한 사람이 다른 한 사람에게 자발적으로 시간을 내어 지원과 격려를 해주는 관계이되 비판적이지는 않는 일대일 관계, 이러한 관계는 보통 멘티의 인생에서 과도기에 형성되며 중요한 기간 동안 지속하는 특성이 있다. ② 한 사람이 다른 한 사람에게 일정 기간에 걸쳐, 한 가지 또는 여러 가지의 목표를 이룰 수 있도록 지원과 도움을 제공하고 지지·지도해주는 것, ③ 성인이 미성년자에게 인생의 지혜나 학교 및 직장 등에서의 경험담을 이야기해주면, 미성년자가 앞으로 새로운 도전을 자신감 있게 헤쳐 나갈 수 있도록 격려하는 것, ④ 나이가 더 많고 경험이 풍부한 사람이 더 어린 사람을 자신의 보호 아래 두고 자유롭게 조언을 해주며 격려해주는 과정, 이 경우 보통 나이가 많은 멘토는 나이가 어린 멘티의 역할 모델이 된다. ⑤ 한 사람이 다른 한 사람에게 지식이나 일, 사고에서 중요한 변화를 일으킬 수 있도록 돕는 것, ⑥ 일정 기간에 걸친 정기적 만남을 통해 형성된 개인적 관계 내에서 한 사람이 다른 한 사람에게 지지를 보내는 것 등이다.[79]

기업에서 멘토링은 우선 신입사원으로 하여금 조직의 문화를 배우게 하고, 경력의 성장이나 발전을 추구할 수 있도록 돕는 역할을 한다. 과거에는 부하 직원이 경력 관리상 중요한 의미가 있는 실적을 다른 경쟁자보다 더 빨리 성취할 수 있도록 은밀히 지원하던 비공식적 관계였다. 하지만 이제 차세대 지도자(leader)를 키우는 데 주력하는 공개적이고 다양한 차원의 보호와 지원이 아니라, 기업 전체 차원의 멘토링 프로그램이 자리를 잡아가고 있다. 즉 회사나 업무에 대한 풍부한 경험과 전문지식을 갖고 있는 사람이 신입사원들을 일대일로 전담하여 지도, 코치, 조언하면서 실력과 잠재력을 계발, 성장할 수 있게 한다. 기업에서 이뤄지는 멘토링은 현장 훈련을 통한 인재육성 활동으로 정의할 수 있다. 멘토(mentor)의 개념은 활동과 성과를 통해 타인이 스스로 잠재성을 개발할 수 있도록 돕는 사람, 보통은 더 어린 사람이 중요한 과도기를 헤쳐 나갈 수 있도록 돕는 사람, 긍정적 역할 모델, 조언자, 경험 많은 친구 등이다. 일대일 상황을 기본으로 한다. 지지와 격려를 바탕으로 하는 멘토링의 개념과 관련된 한 가지 일관된 핵심은 바로 '한 사람이 다른 한 사람에게 제공하는 자발적인 지지'라는 점이다.[80]

멘티는 멘토링의 가장 확실한 수혜자이지만, 멘토링은 멘티와 멘토 모두에게 긍정적인 기여를 한다. 첫째는 멘토링은 학습의 속도를 높여준다. 둘째는 통합된 지식을 전달해준다. 셋째는 생산성을 향상시킨다. 넷째는 경력을 향상시켜준다. 그러나 대다수의 연구에

---

79) 마이클 J. 마쿼트·피터 론 지음, 원은주 옮김(2006), "멘토, 지식경영시대의 새로운 리더", 이른아침, p.17.

80) 마이클 J. 마쿼트·피터 론 지음, 원은주 옮김(2006), "멘토, 지식경영시대의 새로운 리더", 이른아침, p.19.

의하면 멘토는 멘토링 관계에서 멘티보다 더 많은 만족감을 느끼는 것으로 밝혀졌다. ① 축적된 업무 비법(know-how)과 다양한 성공 경력, 지도자 소질 등으로 동료와 상사들로부터 인정을 받을 수 있게 된다. ② 시야를 넓힐 기회를 잡을 수 있다. ③ 인맥을 넓힐 기회를 잡을 수 있다. ④ 멘티로부터 배울 수 있는 기회를 얻게 된다. ⑤ 대인관계와 지도력 기술을 펼쳐볼 수 있다. ⑥ 자신이 배운 것을 검증하고 재검토해볼 수 있는 기회를 잡게 된다. ⑦ 재충전할 기회를 잡게 된다.[81]

홀륭한 멘토에게 필요한 기술은 듣기, 질문, 목표 설정, 차이점 관리, 관계 형성, 문제 해결, 변화 관리, 학습, 조력(助力), 분석적 사고, 숙고(熟考), 환류(feedback), 지지(支持)의 기술 등이다.[82] 학습은 불연속적인 시장과 경쟁 환경에 적응하고 살아남기 위한 비결이자, 변화라는 과속 방지턱에 대비할 수 있는 유일한 완충 장치이다. 멘토링에서는 멘토가 멘티에게 학습을 강요하거나 일방적으로 지식을 전달하지는 않지만, 지식의 공유와 학습이 중요한 요소를 차지한다.

우리 주위에는 자녀 교육에 대해 기대와 관심이 지나칠 정도로 높은 사람들이 너무 많다. 경우에 따라서는 대리만족을 추구하는 경향까지 나타난다. 이러한 부모의 일방적이고 주관적인 지나친 기대와 관심의 표출은 아이에게 강한 심리적 압박감으로 작용하여 갈등의 원인이 되는 등 많은 부작용을 일으킨다. 한국식 자녀 교육의 대표적인 문제점 중 하나가 대리만족과 대리성취 추구이다. 아이들이 이러한 부모의 왜곡된 행동과 공부에 대한 강박관념에서 벗어날 수 있도록 하기 위해서는, 부모의 지나친 기대와 관심 표출을 순화시키고 주관성을 완화하는 자세가 필요하다.

우리가 지혜와 신뢰로 인생을 이끌어주는 조언자(mentor)에 대해 관심을 두는 이유가 여기에 있다. 조언자는 타인을 대상으로 하므로 객관적이다. 부모는 아무리 노력해도 타인이 될 수 없다. 하지만 아이의 능력을 보다 객관적으로 보고 접근할 때 효율적인 관리 달성과 원만한 관계가 조성될 것은 확실하다. 부모가 자신과 아이에 대해 객관적으로 보기 위한 노력을 할 때, 아이가 자율적인 삶을 살게 하는 것도 가능하고 갈등도 줄일 수 있다. 조언자의 역할과 기능에 대한 이해는 아이들 교육에 대해 더욱 객관적인 접근을 하는 기회가 될 수도 있다.

좋은 부모란 진심으로 아이의 앞길을 보여주고 아이가 그 길로 바르게 나아갈 수 있도

---

81) 마이클 J. 마쿼트·피터 론 지음, 원은주 옮김(2006), "멘토, 지식경영시대의 새로운 리더", 이른아침, pp.59~61.
82) 마이클 J. 마쿼트·피터 론 지음, 원은주 옮김(2006), "멘토, 지식경영시대의 새로운 리더", 이른아침, p.204.

록 도와주는 최고의 조언자(mentor)가 되어야 한다. 이를 위해 먼저 부모 자신부터 인생의 목적과 목표를 늘 생각하며 거기에 맞는 경험을 쌓고 바람직한 모범을 보이는 자세가 중요하다. 아무리 부모라도 본받을 만한 것이 없다면 자식들이 그 가르침을 따를 리 없기 때문이다. 부모 자신이 먼저 목적의식을 갖고 일관성 있는 행동을 하면서 계속 노력해야 한다. 그것이 바로 산교육이 되는 부모의 모범이다.

3. 관심·개선 노력·곧게 키우겠다는 의지면 충분하다

아이들 교육에서 만족할 정도로 지능지수가 높고 부모에게 경제적 능력이 충분하며 아이의 목표의식이 뚜렷하면 모든 것이 대체로 순조롭게 진행된다. 여기에 아이들에 대한 신뢰와 가능성에 대한 지지가 더해지고, 부모의 삶이 아이들에게 감동으로 느껴질 수 있는 것이라면 이보다 더 좋을 수는 없다. 그러나 이러한 모든 조건을 갖춘 가정은 아주 드물다. 누구나 조금씩은 부족하고 어려움이 있는 가운데서 그 부족한 것을 헤치고 목표를 향해 앞으로 나아가면서 장애와 한계를 극복하는 노력을 치열하게 벌인다.

이렇게 부족한 상태에서 성취하기 위해서는 어떻게 해야 할까? 그것은 순리를 좇고 절제를 통해 능력에 맞는 목표를 설정해 도전과 지속적인 노력을 기울여 나가야 한다. 그런데 사람은 누구나 세상에 나서 자기가 얼마만 한 능력을 가지고 있고 무엇을 이룰 수 있는지 아무도 모른다. 따라서 교육의 목적은 아이가 현실 속에서 불합리하고 부족한 것을 개선하기 위해 노력하며 자신의 양심의 소리에 어긋나지 않고 바르고 반듯하게 살겠다는 의지를 갖추고 살도록 하는 데 있다.

대부분의 학부모는 아이가 훌륭한 사람으로 성장하기 바란다. 하지만 대통령이나 유엔 사무총장을 하고 노벨상을 타 따르는 사람이 많고 존경을 받는다고 하더라도, 진정 자신의 양심에 비추어 나는 바른 삶을 살았는가를 생각해볼 때 그것이 양심적이었다는 결론을 내릴 수 있어야 아름다운 삶이 될 수 있다. 타인이 아무리 존경하더라도 나 스스로 양심적이라는 데 동의하지 못하는 사람의 삶은 껍데기 인생에 불과하다. 또한 공로와 잘못이 동시에 많은 사람은 일시적으로 추종자가 많을지라도 결코 보편적인 존경의 대상은 될 수 없다. 인간은 누구도 실수나 잘못을 저지르지 않는 사람은 없다. 하지만 중요한 것은 그것이 드러났을 때 자신을 변명하거나 정당화시키기 위해 노력하기보다는 사과하고,

다음에 같은 잘못을 하지 않도록 예방하기 위한 노력을 하는 자세를 보여주는 것이 아주 중요하다.

옛날의 성현들께서 세상은 이치와 순리대로 살아가는 것이 좋다고 하셨다. 사람들은 이 말을 잘 알고 있다. 경험상으로 볼 때도 억지나 무리는 대부분 훗날 상당한 후유증을 불러온다는 것은 사실이다. 그때그때 적절한 마무리를 통하여 후유증을 피하고 원만한 삶을 살아가기 위해서는 이치와 순리대로 살면 된다. 그런데 그것이 말처럼 그렇게 쉽지 않다. 사람에게는 욕심이라는 오묘한 것이 있다. 이것을 잘 다스리면 동기를 만들어 내고 도움이 되지만, 잘못 다스리면 화근이 되어 자신을 곤경에 빠트린다. 아이들을 관리하는 데도 이 욕심으로 인해 부모의 마음에도 화가 차고 아이들의 가슴에도 화가 채워지고 있다. 가슴에 화가 가득 차서 마음에 병이 난 아이들의 머리에 든 지식이 그들의 인생과 우리 사회에 얼마나 도움이 될 수 있을까? 한번 생각해볼 필요가 있다.

이렇게 잘못 다스리면 화(火)나 화병83)(火病)이 되는 욕심에는 부모가 갖는 욕심과 아이가 갖는 욕심이 있다. 아이가 가지고 있는 욕심도 때로는 문제를 일으킬 수 있지만, 그것은 부모의 노력으로 어느 정도 조절과 대응을 할 수 있다. 생각처럼 쉽지 않더라도 최소한 조절을 하기 위해 노력은 해볼 수 있다. 그런데 부모가 가진 욕심은 다르다. 부모는 자신이 우월적 지위에 있다고 생각하므로 자신의 욕심에 대한 통제도 쉽지 않고 아이들이 싫어하거나 잘못되었다고 해도 잘 수용하지 않는다. 공부에서 발생하는 아이들과의 갈등과 문제는 사실상 모두 부모의 욕심에 의한 지나치게 큰 기대와 조급함이 원인이다.

아이들이 성적을 제대로 못 올리거나 요구하는 수준에 못 미치면, 그것에 억지로 맞추기 위해 무리를 거듭하는 일이 일상적으로 벌어진다. 공부 잘하는 비결을 찾아 도서관이나 강연장을 쫓아다니는 정도는 기본이다. 주위 사람들에게 아이의 교육이나 공부에 도움이 된다는 이야기를 여기저기서 들으면 금방 자기 아이에게 적용하려 든다. 때로는 공부 방법에 대한 변경을 요구하거나 다니기 싫다는 학원을 억지로 보낸다. 그것도 모자라면 개인과외나 집단과외를 시키기도 한다. 심지어는 어디서 구했는지 머리가 좋아진다거나 머리 쓰는 사람은 반드시 먹어야 한다며 약을 구해다 먹이는 일도 있다. 또한 공부도 체력이 받침이 되어야 한다면서 보신제나 보신탕, 인삼, 녹용에 녹즙까지 열심히 거둬다 먹이는 사람들도 적지 않다. 어떻든 약은 나름대로 가치가 있고 건강에 도움이 될 수도 있

---

83) 화병[火病=울화병(鬱火病)]: 억울한 마음을 삭이지 못하여 간의 생리 기능에 장애가 와서 머리와 옆구리가 아프고 가슴이 답답하면서 잠을 잘 자지 못하는 병.

으므로 그래도 괜찮다.

문제는 그다음이다. 이렇게 열심히 노력했는데도 성적이 안 나오면 그때부터는 아이들을 몰아세우며 화를 내기 시작한다. 아이의 수면주기나 흐름을 무시하기 일쑤다. 잘 시간이 되어 잠을 자야할 아이에게 다른 아이들과 비교하면서 누구는 몇 시까지 공부를 하는데 벌써 자면 되겠느냐며 일방적으로 시간을 정해 그 시간까지 공부할 것을 강요하는 행동도 서슴지 않는다. 아이는 부모의 요구에 따라 노력을 한다. 하지만 자기도 모르게 잠에 취해 졸기라도 하면 바로 천둥 같은 꾸중을 내린다. 심한 경우에는 인내심이 그렇게 부족해서 무엇을 하겠느냐면서 20분이고 30분이고 잔소리를 해댄다. 어떤 때는 기분이 풀릴 때까지 화를 내기도 한다. 아이는 잠을 조절하는 것이 생각대로 안 되는 자신이 싫고 짜증이 난다. 피곤함에 지쳐 있는데도 잠을 못 자게 하니까 이렇게까지 하면서 공부를 해야 하느냐는 회의와 함께 공부가 생각대로 되지 않는 것에 화가 난다. 이런 날은 예외 없이 가족 간에 언성이 높아지고 신경전이 벌어지는 등 한밤중에 집안 분위기가 냉랭해진다.

저녁에는 늦게 재우고 아침에는 일찍 깨워 잠이 부족하니 아이는 정신이 몽롱할 때가 많다. 부모가 없는 학교에서 부족한 잠을 보충하기 위해 수업시간에 잠을 잔다. 이런 노력도 아랑곳없이 성적이 나오는 날이 되면 또 한바탕 소동이 벌어진다. 성적이 기대 수준에 미치면 그냥 넘어가지만 그런 날은 많지 않다. 한계가 있기 때문에 성적이 일정한 수준에 도달하면 더 오르지 않는다. 그런데도 성적이 안 오르면 안 오른다고, 성적이 떨어지면 떨어진다고, 아는 것을 틀렸으면 틀렸다고 또 소리를 지르고 꾸지람을 하면서 화를 낸다. 대개는 아이의 한계를 인정하지 않는 일방적인 기대, 아이가 부족한 것이나 한계를 해결하도록 해법을 제시하지 못한 것이 원인이다. 그런데도 부모인 나는 학원에 보내고 경제적인 지원을 한 것으로 열심히 노력하고 공부를 잘 시키기 위한 준비가 충분한데 아이가 못 따라온다며 원인을 아이에게 돌린다. 같은 일이 계속 되풀이되면서 아이는 반복적으로 무시당하고 화풀이의 대상이 된다.

처음에는 작은 흠집으로 시작된 마음의 상처가 시간이 가면서 점차 응어리를 만들고 그 응어리는 울화병으로 발전해 간다. 아이의 아픈 가슴은 모르고 자신의 채워지지 않는 욕심만 생각한다. 노력을 해도 해도 아이의 실적이 성에 안 차고 달라지는 것이 보이지 않으면 '속에서 천불이 난다'라거나 '남들은 내 속 모른다'는 하소연을 해댄다. 이 단계가 지나면서 아이와 갈등이 본격화되면 '자식 이기는 부모 없다'며 결국은 화를 삭이기 위해 다른 것으로 관심을 돌리거나 무관심해진다. 현재 우리나라의 많은 학부모가 이 과정 중 어느 단계에서 아이의 교육을 독려하고 있다. 이것은 경쟁이 치열해지고 다른 사람들보다 잘하거나 앞서 가야 한다는 강박관념이 만들어낸 병폐이다.

크게 잘못된 일이다. 지식을 늘리기 위해 내 마음에 화를 키우고 아이들 가슴에 화를 채우는 일이 어떻게 제대로 된 교육이랄 수 있겠는가? 의당 바른 교육이라면 아이들 마음에 있는 병도 치료해주도록 마음을 어루만져 주어야 할 일이다. 부모에게 아이를 잘 뒷바라지해줄 수 있는 열성이 있다는 것은 대단히 중요하다. 하지만 그것이 제대로 된 효과를 발휘할 수 있는 것은 아이가 그것을 받아들일 수 있는 수용력의 범위 내에서 이루어져야 한다는 점이다. 그렇지 않으면 아이와 부모 모두의 가슴에 화를 채우고 상처만 남기는 일로 매듭지어질 가능성이 크다.

교육에 필요한 부모의 역할은 아이에 대한 관심·개선 노력·곧게 키우겠다는 의지면 충분하다. 관심이 있으면 내 아이가 어느 정도 역량을 갖고 있고, 어디가 아픈지, 고민은 무엇인지, 현재 어떠한 어려움에 부닥쳐 있는지 알아내는 일은 그렇게 어렵지 않다. 부모가 아이의 지적 능력에서 건강, 생활습관, 선호하는 것, 친구관계, 학교생활, 공부 등 전반적인 상황을 파악할 수 있다면 우발적인 사고 외에 아이들에게 크게 문제될 일이 일어날 이유가 없다. 문제가 생기기 전에 그 내용을 알 수 있으므로 예방할 수 있다. 문제가 생긴다고 하더라도 바로 해결하면 된다. 성적이나 공부를 효율적으로 하도록 방법이나 기술을 제공하는 일도 관심만 있으면 얼마든지 가능하다.

다음은 노력이다. 세상에 노력 없이 이루어지는 일은 없다. 부족한 것, 잘못된 것, 나쁜 것을 개선하려는 노력이 있어야 발전하고 성장할 수 있다. 이러한 노력은 교육에 관한 한 부모와 아이의 공동 노력이어야 한다. 그 효과가 아이에게서 주로 시현되어야 하는 문제에는 더욱 적극적인 아이의 참여가 필요하다. 좋은 공부 습관이나 방법을 찾고 실행에 옮기는 일도 이 범주에 들어간다.

부모에게 아이를 곧게 키우겠다는 의지도 있어야 한다. '곧다'는 구부러지거나 비뚤어지지 않고 똑바르다는 뜻이다. '반듯하다'는 생각이나 행동이 비뚤어지지 않고 바르다 이므로 반듯하게 키우겠다는 생각도 좋다. 이 의지 실현의 핵심은 교육이다. 부모에게 교육을 숭상하는 마음이 없으면 제대로 된 교육이 이루어지지 않는다. 훌륭한 자녀를 키워낸 부모는 모두 자녀를 곧고 반듯하게 키우겠다는 의지가 있었고, 교육을 숭상했다. 이것은 역사가 입증하는 일이다. 부모인 내가 '배워야 산다'는 교육 숭상의 정신을 갖고 교육에 힘쓰면, 자식이나 손자 대에는 반드시 빛을 본다.

이제 근본적인 문제로 다시 돌아가, 우리는 왜 교육을 하고 아이들은 공부를 하는가? 그 답은 인간은 배우고 교육을 해야 인간사회에서 제구실을 할 수 있기 때문이다. 인간사회의 법도와 윤리, 요구사항, 지식 같은 것을 제대로 모르면 인간 구실을 하기가 어렵다. 그러나 교육은 아무렇게나 마음 가는 대로, 생각나는 대로 가르친다고 그것이 모두 교육은 아니다. 목표와 방향, 방법, 내용이 중요하다. 교육의 목표는 자아실현에 있다. 우리가 공부를 하는 것은 삶에 필요한 지식을 함양하는 것이 기본적인 목적이다. 그리고 모든 사람이 갖는 근본적인 의문인 '나는 누구인가? 나는 왜 사는가? 물질은 무엇으로 만들어졌는가? 태양은 왜 하나인가?' 등 여러 가지 호기심과 나 자신을 포함한 사물의 본질을 탐구하고 그 답을 얻거나 해법을 찾아내려는 데 있다. 교육은 이렇게 공부를 통하여 아이들이 자신이 목표로 하는 것을 성취하고 바라는 것을 이루어내며 스스로 자신이 갖는 의문에 대해 노력하여 답을 찾도록 도움을 준다.

아이들이 원하는 길을 잘 가도록 도와주고 훈련시키고 준비하게 하는 부모의 역할은 아이들이 자신의 인생을 잘 헤쳐나 갈 수 있도록 인도해주는 너무나 고귀한 일이다. 이 고귀한 일에 나의 욕심과 기대를 아이의 인생에 삽입시켜 대리만족을 구하려고 하면서 아이와 나 모두 힘들게 만드는 것은 순리가 아니다. 만일 그 마음을 아무리 억누르려고 해도 기대가 생기고 만족을 구하고 싶다면 아이들이 자기 길을 잘 가도록 더욱 열심히 응원해야 한다. 더 많은 열성과 땀을 베풀어 아이가 가지고 있는 능력을 향상하게 하면 나의 바람도 충족될 수 있다.

아이에게서 많은 만족을 구하려면 그보다 훨씬 더 많은 것을 아이들에게 베풀고 주면 된다. 아이의 가슴에 응어리가 맺히는 것도 모르면서 욕심이 앞서 일방적으로 기대를 정하고 아이가 그것에 못 미친다고 화를 내고 몰아세운다고 해서 해결될 일이 아니다. 관리자는 자신의 감정을 절제할 줄 알아야 한다. 좋은 결실은 기대와 감정에 의해 만들어지는 것이 아니라 노력과 인내에 의해 만들어진다.

4. 공부의 가장 좋은 에너지원, 동기 부여

동기의 정의에는 여러 가지가 있다. 동기(動機)는 의사 결정이나 어떤 행위의 직접적인 원인이나 계기를 말하는데, 인간으로 하여금 행동을 유발하는 그 무엇이다. 행동을 시작하고, 일단 시작된 행동을 지속하게 만드는 내적인 심리상태를 말한다. 인간의 모든 행동은 이 동기 때문에 시작되고 지속된다. 쉽게 말하면, '나는 하고 싶다'라는 의욕의 불꽃이 바로 동기이다. 그러므로 동기부여는 하고 싶다는 마음이 들게 하는 것이다.

동기(motivation)는 행동의 추진력, 목표를 향해서 행동하게 하는 힘이다. 즉, 일정한 목표를 향해서 행동을 지속시켜 나가는 내적 상태의 힘이라고 할 수 있다.[84] 동기에는 내적 동기와 외적 동기가 있다. 내적 동기(intrinsic motivation)는 활동을 하면서 스스로 보람을 느끼기 때문에 어떤 일 그 자체를 위해 하는 것이고, 외적 동기(extrinsic motivation)는 행위의 외부에 존재하는 보상이나 처벌 때문에 어떤 행위를 하는 것이다. 동기화는 동기가 발생한 상태이다. 동기유발로 사용되는 동기화는 학생에게 동기를 부여하는 과정을 의미한다. 동기유발은 학생들이 수업에 흥미를 갖고 적극적으로 참여하여 열심히 학습하면 동기가 유발되었다고 한다.

인간은 자신의 행동에 대한 보상을 얻고 벌을 피하고자 하는 본능이 있다. 자신의 성취에 대한 관심과 칭찬을 원하는 것은 너무나 자명하다. 아이들의 일반적인 동기는 부모나 교사를 즐겁게 하는 것이다. 대개는 부모로부터의 사랑과 상을 바라므로 무언가를 한다. 또 다른 학습에 대한 동기는 행동의 결과 생기는 성취감이다. 자신이 노력하면 좋은 결과를 얻을 수 있다는 것을 경험하게 되면 '나는 할 수 있다'라는 자신감이 생긴다. 즉, 환경에 지배당하지 않고 자신이 세상을 통제하는 주체라는 생각이 자발적 행동을 불러일으킨다.[85]

학습 동기가 높은 학생은 학습활동에 관심을 두고 적극적으로 참여하며 주의를 집중시킨다. 그래서 학습효과가 높다. 그러나 학습 동기가 낮아 공부할 마음이나 의욕이 없는 학생은 공부를 열심히 그리고 잘하기 어렵다. 학습 동기는 또한 문제 행동과도 관련된다. 동기는 행동의 원인을 이해하는 데 사용되는 개념이다. 일반적으로 동기는 개인으로 하여금 어떤 행동을 하도록 자극하는 내적 상태를 의미한다. 학자들의 정의에 의하면, 동기는 행동을 선택하고 행동을 시동(始動)하여 일정한 방향으로 나아가려는 내적 상태이며, 이런 내적 상태는 욕구, 욕망, 필요, 목적 등을 근거로 한다. 동기는 활동 자체의 선택에 더하여 선택한 활동을 추구하는 지속성과 강도로 파악된다.[86]

우리가 동기에 대해 관심을 두는 이유는 어떤 주어진 행동을 보상함으로써 그 행동이

---

84) 박병량(2003), "학급경영", 학지사, p.242.

85) 전남대학교 의과대학 정신과학교실/전남대학교병원 정신과 소아청소년 정신건강클리닉.

86) 박병량(2003), "학급경영", 학지사, p.241.

일어날 가능성을 증가시키는 것, 이것이 모든 조건화의 기초이기 때문이다. 모든 부모는 자녀가 공부 잘하기를 원하지만, 아이의 행동에 대해 매번 보상을 해주면서 그 에너지를 지속시켜나가기는 어렵다. 행동을 보상해주는 것이 항상 그 행동을 계속하게 하는 것도 아니다. 스스로 하고 싶어서 하는 행동들은 대개 내재적으로 동기화된 것이다. 그리고 그 일이 그에게 흥분과 긴장과 같은 기쁨이나 해야 하는 당위를 가져다주는 행동이 많다. 하지만 내재적으로 동기화된 행동에 보상을 주면 동기가 외재적으로 변하고 그래서 보상이 역효과를 보이기도 한다. 선행과 도움 행동에 대한 보상행동은 행동의 원인을 외재화하기 때문에 아주 위험한 발상이다. 그러므로 상은 흔한 격려의 수단이기도 하지만, 때로는 부작용도 조심해야 한다.[87] 결국 인위적으로 조작하고 억지로 이끌고 가는 것보다는 아이들 스스로 공부를 하게 하는 것이 중요한데, 그 핵심이 동기를 유발시키는 방법이다.

1) 동기의 기능

동기는 크게 세 가지 기능을 한다. 첫째, 동기는 목표 지향적 행동을 유발한다. 즉, 목표 달성을 위해 특정한 행동을 하도록 행동의 방향을 결정한다. 목마를 때는 밥을 찾지 않고 물을 마시듯이, 다른 행동이 아닌 목마름의 해소라는 목표를 향한 일련의 행동을 하도록 인도한다. 둘째, 목표 지향적 행동을 지속하게 하는 추진력인 에너지를 제공한다. 목이 마를 때 물을 발견하지 못하면 지속적으로 물을 찾도록 하며 여러 가지 난관이 있더라도 이를 감내하면서 물을 찾는 행동을 계속하게 하는 기능을 한다. 셋째, 동기는 목표 지향적 행동을 조절하는 기능을 한다. 목마른 자가 물을 충분히 마시면 더는 물을 찾지 않듯이, 목표 지향적 행동을 시작하고 지속하며 종결하게 하는 기능을 한다.[88]

2) 대인동기의 개인차

사람마다 개성과 취향, 재능이 모두 다르다. 어떤 사람은 사람 사귀기를 좋아하지만, 어떤 사람들은 혼자 있는 것이 편하다. 어떤 사람은 강한 사람에게 의지하기를 좋아하고, 또 어떤 사람은 다른 사람 위에 군림하기를 원한다. 어떤 사람은 간절히 이성과 사귀고자 하고,

---

87) 박천식(1999), "재미있는 심리학", 원출판사, p.95.
88) 권석만(2003), "젊은이를 위한 인간관계 심리학", 학지사, p.81.

다른 어떤 사람들은 이성과 사귀는 것을 두려워한다. 이렇듯 인간은 다른 사람에게 접근하고자 하는 동기의 종류가 다르다. 어떤 사람은 많은 희생을 감수하면서 이성과의 관계를 유지하려는 강렬한 동기를 지니지만, 어떤 사람은 이성과의 관계를 쉽게 포기한다. 이렇듯 같은 동기라 하더라도 그 강도가 사람마다 다르다. 인간의 대인동기는 매우 다양하므로 개인차가 있고 사회적 행동을 유발하는 대인동기의 내용과 강도도 사람마다 매우 다르다. 한 개인이 지니는 대인동기의 특성은 그 사람의 성격을 구성하는 중요한 일부가 된다.[89]

3) 동기 부여하기

위에서 우리는 동기의 기능과 대인동기의 개인차에 대해 알아보았다. 그러나 중요한 것은 실제 생활 속에서 아이에게 어떻게 동기부여를 하느냐 하는 점이다. 그 구체적인 방법을 소개하면 다음과 같다.

① 동기를 유발하는 원칙은 아이들이 고통스러운 것을 싫어하고 즐거움을 추구한다는 것을 명심하는 것이다.

② 문제를 스스로 해결하도록 기회를 준다.

공부에 문제가 있다면 어떻게 공부하라고 지시하기보다는 "어떻게 하는 것이 좋겠니?"라고 물어보고 스스로 답을 찾아서 실천하게 격려하고 독립심을 북돋아 주면 동기가 생긴다.

③ 받아들이고 격려해준다.

'나는 할 수 있다'는 느낌을 심어주는 것이 핵심이다. 가능한 어린 나이 때부터 일단 시도를 해보고, 최선을 다하며 좌절을 견뎌내도록 북돋아 주어야 한다. "내가 보기에 너는 할 수 있다고 생각한다", "나는 네가 자랑스럽다"라고 자주 말해준다. 부모는 아이에 대한 믿음, 존중 그리고 아이의 의견을 경청하는 태도를 보여주어야 한다.

④ 빈정대거나 냉소적인 태도는 피한다.

낮은 성적에 부모가 화를 내고 얼굴이 붉어지는 것은 피해야 한다. 그러면 아이는 성적표를 부모에게 보이지 않고 문제를 아예 회피하게 된다. 최종적인 성취 정도도 중요하지만, 목표를 달성하지 못했더라도 그 실패에 대한 감정을 다스리는 능력을 키워주는 일은 매우 중요하다. 평생 지속하는 성취에 대한 동기의 원천은 어린아이 시절 아이의 노력을

---

89) 권석만(2003), "젊은이를 위한 인간관계 심리학", 학지사, p.92.

받아들이는 부모의 태도라는 것을 명심하자.

⑤ 비교하지 말아야 한다.

형제나 친구, 친척과 비교하는 것은 아이를 위축시키고 더욱 동기가 없어지게 할 뿐이다.

⑥ 현실적 목표를 설정한다.

아이의 반복적인 실패를 부모가 받아들이기는 실제로 어렵다. 같은 학년이라 하더라도 만 6세와 만 7세는 성취도가 다르기 마련이다. 학습장애 등의 문제를 가지고 있는 아동도 일반 아동과 같은 수준의 성취를 달성하는 것은 힘들다. 아이의 '준비 상태'를 충분히 고려해서 아이에게 더도, 덜도 기대하지 않는 것이 좋다. 더욱 현실적인 목표가 설정되면 아이는 행복해지고 동기와 자발성이 생긴다.

⑦ 적극적인 학습의 모델이 되어주고 문제 해결 방법을 가르친다.

아이는 당신을 보고 배운다. 당신이 가지는 호기심을 언어화해보고 세상 일이 왜, 그리고 어떻게 돌아가는가에 대해 아이와 같이 대화해보자. 자신에게 질문을 던져보고 그에 대한 답을 찾아 나가는 과정이 적극적인 학습이다. 아이와의 토론이 중요하다. 아이에게 식량을 바로 주는 것보다는 농사짓는 방법을 가르치라는 것이다. 부모 자신이 훌륭한 교사라는 것을 잊어서는 안 된다.

⑧ 학습과 학업성취에 대한 관심을 보상해준다.

자신감은 부모의 적절한 보상에서 생겨나고 이 자신감이 동기를 불러일으킨다. 책임감 있는 아이로 성장하는 바탕이 된다. 아이의 조그마한 성취와 노력에도 칭찬과 보상을 아끼지 말자. 어른들이 열심히 일하는 이유는 무엇인가? 그 결과 생기는 경제적인 이득이나 승진, 명예 등이 없다면 어느 누가 노력할 것인가를 생각해보면 보상의 중요성을 금방 느끼게 될 것이다.[90]

아이들이 자발적으로 공부하게 하려면 동기를 찾거나 부여하는 것은 지극히 중요하다. 그러나 이것이 완성은 아니다. 세상의 모든 것은 실행과정을 거쳐 결과를 산출하지 않으면 큰 의미가 없다. 실행 과정에는 반드시 장애와 상황 변화가 따른다. 원하는 결과를 얻기 위해서는 장애와 상황변화를 원만하게 극복할 공부기술이나 계획, 인내와 노력이 필요하다. 이 과정을 거쳐야 결실이 주어진다. 그러므로 동기부여는 아주 중요한 요소이다. 하지만 그것은 공부를 시작하는 마음가짐과 기본 에너지에 불과한 것으로 고정된 것이 아

---

90) 전남대학교 의과대학 정신과학교실/전남대학교병원 정신과 소아청소년 정신건강클리닉.

니다. 공부를 진행하는 과정에서 느끼는 성취감이나, 좌절감, 효율에 의해 약화하거나 강화될 수 있다. 그런데 우리 주위에는 동기부여마저 제대로 하지 못하면서 좋은 결과를 기대하는 성급함을 보이는 사람도 있다. 우물에서 숭늉을 찾는 격이다.

5. 우리 아이 교육방법, 정답은 없다?

‘자녀교육에 정답이 있을까? 없을까?’ 이것은 자녀를 둔 부모라면 누구나 한 번쯤 갖는 공통적인 의문점이자 고민 중 하나이다. 이 의문에 대해 예일대 교수를 역임하고 우리 시대 성공한 자녀 교육의 표본이 되고 있는 전혜성[91] 박사는 “자녀교육에 정답은 없다”고 말한다. “자녀 교육에 대한 책과 이론은 많다. 그러나 그런 것은 아이를 키우는 데 필요한 참고 자료와 좋은 정보일 뿐, 자신의 아이를 어떻게 키워야 한다는 정답이 될 수는 없다. 좋은 부모가 되려면 우선 현실을 정확히 파악하고 바른 판단을 하고자 최선을 다해야 한다. 자녀교육은 사칙연산처럼 답이 정확하게 떨어지는 것이 아니다. 원칙이 있는 것도 아니다. 누가 이것이 원칙이라고 주장한다고 해서 믿고 따라갈 수 있는 성질의 것도 아니다. 문제지에 문제만 잔뜩 있는 것이 자녀 교육의 현실이다. 확고한 하나의 정답, 누구에게나 적용되는 정답이 없다는 것은 그만큼 부모의 역할이 중요하다는 말이 된다. 부모는 자녀에게 관심을 기울이되 그 아이의 적성, 아이가 살고 있는 환경, 이 사회에서 요구되는 덕목 등을 먼저 찾아야 한다. 한편으로는 대화를 통해 아이들의 삶과 촘촘히 연결되어 있어야 한다. 사회는 빠르게 변화하기 때문에 내가 자랄 때는 좋은 교육방법이 지금 시점에서는 맞지 않는다. 아이들 간에 터울이 심하면 큰아이를 기를 때는 도움이 되었지만, 막내를 키울 때는 도움이 되지 않는 점이 발생하기도 한다. 자녀교육은 그때그때의 상황에 많은 영향을 받는다. 똑같은 방법이라도 환경이나 아이 성질에 따라 효과가 있을 수도 있고, 역효과가 날 수도 있다. 좋은 이야기라도 적절한 시기를 잡아서 해야 하는 것도 바로 이 때문이다. 누구에게도 정답이 없을 때 부모가 할 수 있는 것은 아이들 각자의 장단점을 찾아내어 아이들 삶이 균형을 이루도록 격려하고 지도 편달해주고자 노력하는 것이다. 다시

---

91) 전혜성: 1929년 7월 3일 서울특별시 출생, 경기여고를 졸업하고 이화여자대학교 영문과 2학년에 재학 중 미국으로 유학, 보스턴대학교대학원 사회학 및 인류학 2개의 박사학위 취득, 1990년 국무총리상 수상, 1996~ 일본 오사카 국립민족학박물관 객원교수, 1985~ 예일대학교 동암문화연구소(ERI) 설립, 이사장, 아들 고경주와 고홍주 등 6남매 모두 하버드대와 예일대를 졸업시킨 것으로 유명. 저서 ≪섬기는 부모가 자녀를 큰 사람으로 키운다≫ 등이 있음.

한 번 말하지만, 자녀교육에 정답은 없다. 상황에 따라 다르고, 아이마다 다르다는 것을 늘 생각해야 한다. 다만 어떤 선택을 할 때 '왜 이렇게 해야 하나?'라는 점에 대한 목적만큼은 명확히 해야 한다. 자녀가 어떤 사람이 되기를 바라는지가 분명하다면 자녀 교육의 방법을 찾기도 한결 쉬워진다[92]"고 하였다.

여기서 우리는 처음과는 다른 의문을 갖게 된다. 그럼 전혜성 박사와 같이 자녀를 훌륭하게 키워낸 경험을 바탕으로 자녀교육에 정답이 없다고 하면 '아이들 교육에 정답이 없는 것일까?'하는 의문이다. 전혜성 박사의 말에도 일리가 있을 것 같다. 그런데도 마음의 한구석에서는 왠지 모르게 세계에 수많은 학부모가 아이들을 교육하고 있는데 우리가 모를 뿐이지 아이들 교육에 정답이 있지 않을까 하는 생각도 든다. 답이 있는 것인지 없는 것인지 여전히 의문이다. '예습 복습하고 꾸준하게 열심히 공부하면 잘할 수 있다'는 것을 비롯해 일부 아는 것도 있지만 '이것이 정답이다'라고 구체적으로 내놓을 만한 것은 알지 못한다.

정답을 잘 모르기 때문에 오늘도 구체적인 그 무엇을 찾고 있다는 논리가 성립할 수도 있다. 그렇게 보면 잘 모르겠다는 것 자체가 정답인 것 같은 생각마저 들 수도 있다. 각자가 어떤 생각이나 결론에 도달하든 여기서 중요한 점은 자녀교육에 정답이 없다는 것은 전혜성 박사가 내린 결론이라는 점이다. 다시 말하면 우리가 내린 결론이 아니다. 내가 열심히 노력하고 많은 책이나 이론을 탐구하고 실증한 결과가 교육방법에 정답이 없다고 결론을 내릴 때는 정답이 없는 것이 된다. 그러나 정답을 찾았다면 그것이 교육방법의 정답이다. 전혜성 박사도 이미 여러 가지 교육 방법을 말한 바 있다.

전혜성 박사도 그렇지만, 우리가 아이들의 교육방법에 정답이 없다고 말하는 것은, 첫째는 시대의 변화와 과학기술의 발전 등으로 교육환경과 여건이 지속적으로 바뀌는 것을 유한하고 불완전한 인간의 삶에 모두 반영시킬 수 없다. 둘째는 아이와 학부모 각자가 당면하는 현실적 문제에 대한 문제해결능력과 의지의 차이가 성취결과에 큰 영향을 미친다. 특히 표본이 되는 사례나 사람들을 선정할 때 우리의 여건과 비교하여 선택했음에도 불구하고 실제 적용에서 그들과 같은 효과를 보지 못한다. 그 이유는 문제해결능력과 의지의 차이에 원인이 있는 것으로 볼 수 있다. 셋째는 교육은 상호 불완전한 인간인 학부모와 아이들이 서로 지혜를 짜내고 공동의 노력을 통해 만들어가는 과정이다. 이 과정에서

---

92) 전혜성(2006), "섬기는 부모가 자녀를 큰사람으로 키운다", 랜덤하우스중앙, pp.47~50

가장 바람직한 결과를 만들어 낼 수 있는 것은 자녀 스스로 알아서 잘하는 것이다. 그러므로 동기유발이나 부여가 강조된다. 자녀가 스스로 알아서 잘하지 못할 때는 부모와 공동의 노력이 필요하고, 특히 부모의 역할이 중요해진다. 따라서 자녀 교육은 기본적으로 어떤 능력이나 교육관을 가진 부모와 어떤 재능과 지능, 의지를 가진 아이가 만나느냐에 따라 각기 다른 인격체를 형성하고 사회적 역량을 발휘할 수 있느냐가 결정되는 특성이 있다. 이렇게 교육의 주체가 되는 부모와 자녀의 만남은 이 세상에서 같은 경우는 전혀 없다. 부모와 자식은 선택의 한계가 있다. 자신은 사회적으로 출세한 사람이라도 자녀의 지능이나 재능이 부족한 경우 고뇌하기는 마찬가지다. 이렇다 하고 내세울 것이 없는 평범한 부모도 자녀의 지능과 재능, 의지가 탁월한 경우 아이 스스로 모든 어려운 성장 환경을 극복하고 걸출한 인물이 되는 사례도 얼마든지 많다. 넷째는 아이를 둘러싼 환경이나 여건에 차이가 나고 변화하기 때문이다. 일란성 쌍둥이는 물론 심지어 동일인이라도 시대와 환경을 달리하면 같은 결과를 기대할 수 없다. 나는 변함이 없더라도 교육정책이 바뀌어 평가방법이 달라지고 같이 경쟁하는 아이들의 실력이 달라지면 얼마든지 합격과 불합격의 결과가 뒤바뀔 수도 있다. 이러한 일련의 이유로 인해 자녀교육은 생각처럼 되지 않고 결과에서 차이가 난다.

우리가 장기적인 측면 또는 절대적인 측면을 볼 때 교육방법에 정답이 없다는 것은 부모와 아이가 공동의 노력을 통하여 만들어가는 것이기 때문에 그렇게 말하는 것이다. 단기적이거나 특정한 경우를 말하는 것은 아니다. 역설적으로 교육 방법에 정답이 없다는 것은 진짜 없다는 것이 아니다. 아이와 내가 잘 협력하여 노력하고 우리의 교육방식이 과거 선인들의 그것보다 뛰어난 방법일 경우 당연히 더 좋은 실적이나 결과를 낼 수 있다는 말도 된다. 그러므로 교육방법에 정답이 있다. 또는 없다는 것에 대해 지나치게 관심을 두거나 그것을 알아내려고 할 필요가 없다. 그보다는 우리 아이의 능력과 현대 사회가 요구하는 가치를 잘 파악해 그것을 반영하여 적절하게 교육하고 아이가 자아를 실현하도록 하는 것이 중요하다.

많은 사람이 전혜성 박사와 같이 자녀교육에 정답은 없다고 말한다. 그러나 자녀교육에 정답은 있다. 단지 우리가 그 방법을 찾지 못하는 것일 뿐이다. 스스로 만족한 결과를 얻은 사람들은 그 정답에 거의 근접한 것으로 볼 수 있다. 그러나 인간은 불완전한 존재이며 상황이 끊임없이 변화하고 시대에 따라 인간이 추구하는 가치와 목표도 달라진다. 과거에 정답으로 생각했던 것이 현재에는 정답이 아닐 수 있으며, 과거에 가치 있는 것으로 여겨졌던 것이 현재는 별다른 의미가 없을 수도 있다. 그러므로 우리 아이의 교육에 대한 정답과 다른 아이의 교육에 대한 정답이 다를 수밖에 없다. 따라서 우리 아이의 교육에 대한 정답은 있는데 그것이 가변적이므로 지속적으로 그것을 찾으려고 노력해도 찾기가 용이하지 않다.

그럼 우리가 아이 교육에 대한 정답을 찾기 위해 할 수 있는 일은 무엇일까? 그것은 다른 아이들과 우리의 현실적 여건의 차이를 인정하고 일반적인 정답 또는 좋은 방법이라는 것을 참고하여 우리 아이에게 맞는 적합한 방법을 노력과 체험을 통해 스스로 찾아내는 일이다. 문제만 잔뜩 주어져 있고 답이나 답지 또는 답의 기준도 없는 참으로 난해한 일이라 할 수 있다. 만약 누가 공부가 잘되는 획기적인 방법을 찾아냈다거나 자녀교육을 잘해 성공한 사례를 소개하더라도 그것은 어디까지나 그들의 노력을 통해 얻은 결실이다. 우리 것이 아니다.

우리 것은 우리가 찾아낸 우리에게 적용해 효율을 발휘하는 것이 우리 것이고, 그것만이 우리가 전적으로 누릴 수 있는 고유한 결실이 될 수 있다. 누가 이것이 정답이라고 하더라도 우리에게 접목했을 때 높은 효율을 나타내는 것으로 경험을 통해 증명되고 우리게 적합한 방법으로 재인식되는 과정을 거치지 않는 것은 우리 것이 될 수 없다. 타인의 성공사례를 알고 이해하고 수긍하는 것과 실행을 통해 몸소 체험하는 일은 전혀 다르다. 그러므로 자녀 교육에서 우리가 구하고자 하는 궁극적인 정답을 구하고 못 구하는 것은 자신의 노력과 의지에 달렸고, 내가 이미 가지고 있는 것일 수도 있다. 아이와 공동의 노력을 통해 찾아내고 만족하는 것이 우리의 정답이다.

우리 모두 열심히 한번 찾아보자. 처음에는 뜬구름 잡기로 시작되지만, 시간이 지나면 반드시 무엇인가 윤곽이 잡혀 형태가 만들어지고 구체화한다. 그동안 고생하며 노력을 해 내공이 쌓이고 이해가 빠른 사람들은 '이제 감 잡았다. 어, 이미 답을 찾아 놓았네!'라고 생각할지도 모르겠다. 이미 정답을 찾았다고 생각한 것이 효율이 떨어지거나 구태의연한 것으로 느껴지면 새로운 방법을 찾아 또 다른 노력을 하면 된다. 이러한 일련의 노력을 통하여 자녀 교육에서 좋은 결실을 본 사람들은 '역시 우리 것이 좋은 것이여'라는 말에 공감할 것이 틀림없다.

6. 자신감 함양

인간의 감정 속에는 자신감과 열등감이 양립하는데 일이나 공부 등 살아가면서 자신감을 갖는 사람과 열등감을 갖는 사람의 실적에는 큰 차이가 난다. 자신감(自信感)은 어떤 일에 대하여 뜻한 대로 이루어낼 수 있다고 자신의 능력을 믿는 굳센 마음이고 열등감(劣等感)은 자기를 남보다 못하거나 무가치한 인간으로 낮추어 평가하는 감정이다. 열등감에 사로잡힌 아동과 청소년들은 무엇이든 하려고 들지 않는다. 성인이 보기에는 어려운 것이 하나도 없고, 하려고만 하면 할 수 있을 것 같은데, 자녀의 입장에서는 다를 수 있다. 어떤 일을 시도했다가 실패해서 창피를 당하는 것보다 차라리 처음부터 시작도 안 하면 실패도 없으므로, 하려고 하지 않는다. 공부를 열심히 해서 실패하든 안 하고 실패하든 결과는 마찬가지라 생각하므로 그럴 바에야 처음부터 시도도 안 하는 것이 이익이라고 생각하는 것이다.[93]

콤플렉스(complex)는 강한 정서적 반응을 일으키는 관념이나 기억 일군의 모임 또는 현실적인 행동이나 지각에 영향을 미치는 무의식의 감정적 관념을 말하는데 이것은 열등감과 강한 연관을 가진다. 2008년 온라인 취업사이트 사람인이 직장인 911명을 대상으로 설문조사를 한 결과 89.8%가 "직장 생활을 하면서 콤플렉스를 느낀 경험이 있다"라고 응답했다. 콤플렉스가 생긴 원인에 대해서는 36.3%가 '잘해야 한다는 강박관념 때문에'를 꼽았다. 뒤이어 '능력이 부족해서'(22.9%), '다양한 재능을 원해서'(8.1%), '사람들의 선입견 때문에'(7.3%) 등이 있었다. 콤플렉스를 극복한 경험은 57.5%가 '있다'라고 답했으며, 극복방법으로는(복수응답) '자격증 획득, 성형 등 본인의 노력'이 52.1%로 가장 많았다. 이 밖에 '자기암시'가 51.9%, '자신만의 장점으로 계발'은 24.7%, '동호회 등의 취미 활동' 18.9%, '주변의 격려' 16.6% 등으로 나타났다.

자신감과 열등감은 학업수행, 친구 사이의 원만한 관계, 실수나 실패를 효과적으로 처리하는 능력, 해야 할 일에 대한 동기 등 아이의 전반적인 생활에 영향을 미친다. 마음의 거울 속에 비친 자신의 모습이 긍정적일 때, 즉 사람은 부정적인 것보다 긍정적인 생각의 크기가 더 크다. 어떤 일에 대한 도전에서 실패보다는 성취한 사례와 경험이 더 많이 누적되었을 때 현실이나 장래에 닥쳐오는 각종 문제를 잘 풀어낸다. 일을 헤치고 나가는 데

---

93) 한국청소년개발원(2004), "청소년심리학", 교육과학사, p.312.

있어서도 충분히 긍정적인 결과를 만들어낼 수 있다고 자신을 믿는 마음이 자신감을 갖게 한다. 특히 성장기의 아이들은 자기 자신에 대해 긍정적으로 생각할 수 있어야 한다. 그래야 사소한 실패나 어려움에도 불구하고 호기심을 가지고 성장 과정에서 반드시 성취해야 할 학습이나 대인관계를 원만하게 유지하기 위한 노력을 할 수 있다. 자신감은 주로 가정과 학교에서 다른 사람과의 관계나 경험을 통해서 형성된다. "너는 머리가 좋아", "그림을 잘 그려", "착한 아이야", "책임감이 있어" 하는 식으로 부모나 교사, 친구들에게 비친 자신의 모습을 보면서 자존심과 자신감이 생기게 된다. 반대로, 이런 과정에 문제가 있으면 열등감이 많은 아이가 된다.

자신감은 자기 자신의 평가에서 긍정적인 사고와 능력에 대한 긍정적인 경험이 만들어낸 마음가짐이다. 열등감은 부정적인 사고와 능력에 대한 부정적인 경험이 만들어내는 마음가짐으로 구체적 실체가 있는 것은 아니다. 특정한 시기 자신이 과거 자신의 행동과 삶에 대해 느끼는 감정 또는 평가의 결과이다. 자신감과 열등감은 외부에서 들어오거나 주어지는 것이 아니라 사람에게는 누구 할 것 없이 자신의 마음속에 두 가지를 모두 가지고 있다. 일상을 살아가면서 순간순간 이루어지는 선택에서 시작하여 여러 가지 누적된 경험이 쌓여 영향을 미친다. 머리에 긍정적인 요소로 크게 자리하면 자신감을 갖게 되고 부정적인 요소로 크게 자리하면 열등감을 갖게 된다. 이것은 고정된 것이 아니다. 현재와 미래의 여러 가지 선택과 경험의 결과들이 머리에 새롭게 내재화되더라도 평범한 것들은 기존에 형성된 가치관의 균형에 변화를 일으키지 못하므로 자신감과 열등감의 크기에 영향을 주지 못한다. 즉, 자신감을 가진 사람은 자신감을, 열등감을 가진 사람은 열등감을 그대로 유지한다.

하지만 시기나 상황이 특별히 중요하다고 인지된 좌절감과 성취감, 패배감이나 만족감은 자신감과 열등감의 역학적 평형 구도를 한 번에 반대쪽으로 기울도록 크게 변화시킬 수도 있다. 이때는 그 결과에 따라 자신감을 느끼고 있던 사람이 열등감을 갖게 하기도 하고 열등감을 가졌던 사람이 자신감을 갖게 만들기도 한다. 그리고 때로는 선택의 결과나 경험과 상관없이 자기 암시나 약물치료를 통해서 이 기울기를 변화시킬 수도 있다. 긍정적인 마음을 가지라는 것은 그냥 하는 말이 아니다. 자기 표정, 행동을 긍정적인 방향으로 전환하도록 계속 노력하는 것이 중요하다. 자기암시나 최면을 통해 마음을 움직이면 우리 몸과 마음은 긍정적인 방향으로 재조정 또는 설정될 수도 있고, 살아가면서 결과가 좋은 일을 만들어 내기도 한다. 긍정적인 자세를 강조하는 사람 중에는 이러한 일을 실제 경험한 사람이 적지 않다.

그럼 이러한 자신감과 열등감은 어떻게 만들어지는 것일까 하는 의문을 갖게 된다. 간단하게 말하면, 이것은 모두 마음먹기에 달렸다. 먼저 자신감은 어떻게 하면 생기게 할 수 있을까 하는 점부터 살펴보자. 자신감의 형성은 '나는 할 수 있다'는 마음에서 출발하고 이것이 가장 중요하다. 이외에도 ① 선택과 판단에 대한 긍정적인 결과 인지, ② 목표 달성과 도전에 대한 성공, ③ 실제 일에 착수했을 때 끝까지 그 일을 수행하고 완성도를 높이는 것, ④ 반복된 실패 끝에 이룬 성공, ⑤ 어려운 문제에 대한 방안을 스스로 찾거나 해결했을 때, ⑥ 고난도의 강도 높은 훈련 이수, ⑦ 반복을 통한 기술의 숙련, ⑧ 자기 한계에 대한 도전과 극복, ⑨ 자신에 대한 타인의 긍정적인 평가의 누적, ⑩ 부모의 신뢰, ⑪ 안정되고 경제적 여유가 있는 가정환경, ⑫ 경쟁에서의 승리, ⑬ 어려운 일의 완수 경험을 통하여 어떤 일이든 해낼 수 있다고 자신의 능력을 믿는 마음에서 생긴다. 또한 의도적으로 밝은 표정이나 긍정적인 태도와 자세, 자기암시를 통해 마음을 움직여 자신감을 형성시키는 것도 가능하다. 하지만 아무래도 자연스럽게 형성되도록 하는 것이 더 바람직하다.

이에 비해 열등감의 형성은 '나는 안 된다. 나는 못한다'는 생각에서 출발한다. 이외에도 ① 선택과 판단에 대한 부정적인 결과 인지, ② 목표달성과 도전에 대한 실패, ③ 착수한 일에 대한 중도 포기, ④ 평상시 잘하다가 맞이하는 결정적이거나 큰 실패에서 오는 좌절감과 상실감, ⑤ 아무리 노력해도 어려운 문제를 해결하는 방안을 못 찾고 진전이 없을 때 느끼는 자기 한계극복의 실패, ⑥ 누구나 할 수 있을 것 같이 쉽게 느껴지는 일로 다른 사람들은 간단하게 처리하는 일을 제대로 해내지 못하는 자신을 확인할 때, ⑦ 경쟁에서의 패배, ⑧ 자신에 대한 타인의 부정적 평가의 누적, ⑨ 과잉보호, 무관심, 완벽주의, 독재와 처벌, 비난과 비판, 불신 등 잘못된 양육태도, ⑩ 신체적·정신적 장애와 체념, ⑪ '나는 할 수 없어'라는 등의 학습된 비합리적 생각, ⑫ 타인에게서 예기치 않은 피해를 당한 경험 등 여러 가지가 있다. 그러나 현재 자신감과 열등감을 갖고 있는가의 여부와는 상관없이 굳은 표정, 부정적 태도와 자세는 경직된 것으로 자신이나 타인 모두에게 부담을 준다. 대인관계에도 도움이 되지 않으므로 개선하는 것이 좋다.

자신감이 없는 경우에는 어떤 문제가 생길까? 최영정신과/학습증진센터 최영 원장은 소아 청소년기 많은 문제의 바탕에는 낮은 자존심이 깔려 있는 경우가 적지 않다고 진단한다. 기본적으로 나는 못났다고 자신을 비하하거나 자신을 존중하지 못할 때 아이들의

[표 2-1] 자신감이 없는 아이라는 신호

행동	예
중단하기	게임에서 질 것 같으면 그만둔다.
회피하기	실패할 것 같으면 아예 하지 않는다.
속이기	시험 때 남의 것을 보고 답을 쓴다.
익살부리기	좌절감을 줄이기 위해 익살을 부린다.
지배하기	남에게 해 달라고 지시한다.
남 괴롭히기	자신의 부적절감을 감추기 위해 남을 못살게 군다.
부정하기	해야 할 일의 중요성을 낮추어 말한다.
합리화하기	시험 잘못 본 것을 선생님 탓을 한다.

출처: 전남대학교 의과대학 정신과학교실/전남대학교병원 정신과 소아청소년 정신건강클리닉

동기, 태도, 행동에 부정적인 영향을 미친다. 모든 것을 부정적인 관점에서 보게 되는 것이다. 자신이 어떤 일을 혼자 스스로 해야 하거나, 또래와 경쟁해야 하는 상황, 혹은 남에 의해서 평가를 받게 되는 경우 자신감이 모자란 아이들은 자신의 노력에도 불구하고 좋은 결과가 나타나지 않을 것으로 생각하는 경향을 보인다. 시작하기도 전에 자신이 '무능력하다', '열등하다'고 생각하고 쉽게 비관적이 되고 낙담을 잘하게 된다. '나는 나쁜 아이야, 잘하는 게 없어, 노력해도 엄마가 꾸지람할 터인데 뭐' 하는 식이다. 결과적으로 자신감이 없는 아이들은 어른들의 눈치를 보거나, 학업성적이 떨어지게 되고 쉽게 사소한 실패에도 우울증에 빠지게 된다. 자포자기 상태에서 스스로 어른들이 싫어하는 훔치기, 거짓말 등의 문제 행동을 하기도 한다. 자신감이 없는 아이라는 것을 확인할 수 있는 전조는 [표 2-1]과 같다. 무슨 일이든 일단 스스로 해보도록 허용해주고 격려해주는 분위기, 실패하더라도 따뜻하게 감싸주고 다시 해보도록 위로해주는 분위기의 가정에서 자란 아이들이 자존심이 높고 자신감이 있다.

그럼 자신감이 부족한 아이들은 어떻게 도와주어야 할까? 첫째는 긍정적인 요소의 강화와 실패의 순화이다. 긍정적인 요소 강화의 가장 쉬운 방법은 사소하고 작은 일이라도 아이가 잘한 것에 대해 칭찬해주는 부모의 긍정적인 자세와 태도이다. 광고효과는 장점만을 집중적으로 부각해 좋은 상을 형성시키는 것이다. 개인의 삶에서 이 광고효과를 통해 자신의 긍정적인 상을 만들어갈 수 있는 대표적인 행동이 자기암시이다. 그리고 잘하는 일, 좋아하는 일, 달성 가능한 일을 하도록 하여 자신감을 기른 후 힘들고 어려운 일에 도전하게 한다. 부모의 긍정적인 태도와 자세는 그대로 아이에게 전이된다. 아이들은 보고 배운다. 자신감 없고 소극적인 부모 밑에서 자란 아이는 부모를 닮아간다. 인생의 주체가

자신이라는 적극적인 태도를 보여주어야 한다. 실패 순화의 좋은 방법은 용기나 의욕이 솟아나도록 북돋워주는 격려(激勵)이다. 우리가 잘 아는 바대로 '실패는 성공의 어머니'이다. 실패에 대해 부모가 침착하고 상냥하게 다독여주고 다음 기회를 기약하는 태도를 보인다면, 아이는 실패를 두려워하지 않게 된다. 실패와 좌절을 관리하고 다루는 방법을 가르쳐주는 것도 좋은 방법이다. 혹시 '실수를 하지 않을까, 그 결과 창피를 당하지 않을까?' 하는 두려움이 자존심을 해친다. 아이가 실수하더라도 "누구 머리를 닮아서 그따위냐?", "돌대가리 같은 놈"이라는 식의 자극적인 말은 절대로 피해야 한다. 오히려 부모 자신의 실패담 그리고 그 실패를 어떻게 이겨냈는지를 말해주는 것이 바람직하다. 모든 일에 항상 성공하는 사람은 아무도 없다. 일어나지 않을 일을 고민하는 것은 어리석은 일이다. 고민하고 있을 시간이 있으면 그 시간에 고민을 해결하는 방안을 찾기 위해 노력하는 것이 훨씬 현명한 행동이라는 것을 가르쳐야 한다. 둘째는 스스로 성공적인 삶을 살게 하려면 능력을 갖추도록 해주어야 한다. 단순히 칭찬해주는 것만으로는 부족하다. ① 반복 학습과 같은 훈련을 통해 숙련하도록 해야 한다. 아이들에게 있어 자신감을 결정하는 가장 중요한 요소는 공부와 개인기라고 하는 특기이다. 다른 아이들보다 공부를 잘하는 것, 예체능 분야에서 뛰어난 기량을 갖추는 것은 반복 학습과 훈련을 통한 숙련이 가장 큰 영향을 미친다. ② 좋은 습관을 기르도록 해야 한다. 높은 실적이나 인정받을 수 있는 능력은 하루아침에 만들어지지 않는다. 인내와 장기간의 노력이 필요하다. ③ 합리성과 자기통제 능력을 키워준다. 자신을 자율적으로 다스릴 수 있는 아이가 자신감이 있다. 일관된 규칙, 해서는 안 되는 한계 행동의 설정, 자신의 행동에 대한 결과를 책임지는 능력을 배양시켜주어야 한다. 지나치게 풀어 놓거나 너무 엄격한 태도 모두 아이의 합리성과 자기 통제를 해친다. 부모의 현실적인 기대, 명확한 규칙, 이성적인 결과도 중요하지만, 따뜻함, 배려 그리고 감싸 안아주는 태도도 필요하다. ④ 적성을 계발해주고, 즐거움을 가르친다. 자신이 잘할 수 있는 것이 무엇인가를 부모가 잘 파악해서 아이가 스스로 자신을 계발해나가도록 도와야 한다. 그리고 그 적성에 맞는 행동의 결과가 즐겁다는 것을 스스로 깨달을 기회를 제공하는 것이 좋다. ⑤ 책임감을 키워주고 아이가 할 수 있는 일을 시킨다. 사람은 누구나 자신이 무엇인가 할 수 있다는 능력과 존재가치를 확인할 때 삶의 의미를 찾고 책임감도 생기며 행복도 느낀다. 아이들에게 가정에서 역할을 주고 자신의 행동을 통해 가족에게 어떤 기여를 했다는 긍정적 경험을 할 기회를 제공해준다. 아이들은 가정 내에서 희로애락을 함께하는 가족의 일원이길 원한다. 무슨 일이든지 간단한 일이라도 시키면 자신의 존재가치를 재확인한다. ⑥ 자신이 할 일을 스스로 선택하고 결정할 기회를 준다. 우리는 모두 강요나 강제되는 것보다 자율적으로 일을 하고 살아가는 것이 좋다는 것을 안다. 내가 그렇게 생각하면 아이들도 그렇게 살도록 하는 것은 당연한 일이다. 그리고 세상에서 가장 중요한 일은 자기 자신에게 기회를 주는 것이다. 실패 후에 성공하는 사람들은 모두 자신에게 그 실패를 만회할 기회를 주었다. 아이에게 자주 선택의 기회를 주자. ⑦ 자신이 "특별한 아이"라는 느낌이 들게 한다. 종교지도자나 역사적으로 유명한 군인, 정치가 중에는 '나는 특별하다. 나는 뭔가 할 사람으로 사명감을 부여받았다. 나는 선택받은 사람이다. 나는 신의 부름을 받았다'고 자신의 존재에 대해 특별한 인식을 함으로써 성공하고 위대한 일을 하거나 인류의 역사에 큰 영향을 미친 사람들이 적지 않다. 특히 종교지도자들은 신의 부름을 받았다거나 그러한 일을 하도록 계시를 받았다고 생각하는 경우가 많다. 히틀러가 나치당을 만들고 2차 세계대전을 일으킨 일도 여러 차례 전장에 나가 생환한 것이 스스로 특별한 존재로 인지하도록 한 점이 결정적인 영향을 미쳤다고 한다.

개인이 갖는 열등감과 자신감은 자신의 주관적인 것으로 마음의 상태일 뿐 타인과는 상관이 없다. 특히 자신감은 언제 어디서나 통용될 수 있는 검정 된 능력이 아님에도 불구하고 자신감이 있는 사람들은 대부분 실제 삶에서 좋은 성과를 내는 경우가 많다. 사람의 마음은 본능적인 강한 필요성에 대한 의식과 의지에 의해 방향성이나 목표가 정해질 때 평상시보다 더 큰 힘이나 능력을 발휘할 수 있도록 자신의 능력을 조정하는 기능이 있다. 같은 사람이라도 자신감을 느끼고 할 수 있다는 마음으로 신바람이 나서 자기가 좋아하는 일을 할 때와 강한 열등감과 회의적인 마음을 갖고 있으면서 하고 싶지 않은 일을 억지로 할 때의 결과에는 많은 차이가 난다. 그렇지만 자신감을 갖는 것보다 더 중요한 것은 자신의 능력 범위 안에서 자신감이 있어야 정신적으로 건강한 사람이 될 수 있다는 사실이다.

7. 영재 아이라고 모두 공부 잘하는 것 아니다

최근에는 영재교육이라는 말이 주변에서 참 많이 들린다. 그리고 초등학교나 중고등학교에서 영재교육을 받고 있다는 아이들도 어렵지 않게 찾아볼 수 있다. 여기저기서 영재교육에 대한 설명회가 개최되기도 한다. 그만큼 자녀교육에 대한 관심이 높아졌다는 증거일 것이다. 세상의 모든 부모는 자신의 자녀만큼은 머리가 좋은 아이이기를 바란다. 아이가 공부를 웬만큼 잘하면 혹시 천재나 영재가 아닐까 하는 기대를 한다. 하지만 기대와는 달리 지능지수 검사 결과가 생각보다 낮게 나오면 실망감을 감추지 못하는 경우도 종종 있다. 아마 지능지수가 공부에 있어 중요한 요소라는 점을 잘 알기 때문일 것이다.

그러면 어떤 아이를 천재라 하고, 어떤 아이를 영재라고 할까? 국어사전에서는 천재(天才)는 선천적으로 타고난, 남보다 훨씬 뛰어난 재주 또는 그런 재능을 가진 사람, 수재(秀才)는 뛰어난 재주 또는 머리가 좋고 재주가 뛰어난 사람, 영재(英才)는 뛰어난 재주 또는 그런 사람, 둔재(鈍才)는 둔한 재주 또는 재주가 둔한 사람을 뜻하며, 신동(神童)은 재주와 슬기가 남달리 특출한 아이를 말한다고 되어 있다.

우리가 어떤 아동 혹은 청소년이 '천재적'이라고 말하는 것은 무엇을 의미하는가? 브리태니커백과사전에 천재[94]와 신동[95]에 대해서 자세하게 설명되어 있다. 천재적이라는 용어

---

94) 천재(genius)는 비범한 지적 능력을 가진 사람. 심리학에서 천재라는 낱말은 2가지 의미로 쓰이는데, 이 2가지 의미는 서로 밀접한 관계를 갖고 있지만 약간 다르다. 미국의 심리학자 루이스 M. 터먼이 널리 보급한 첫 번째 의미는 표준화한 지능검사 결과 지적 능력이 높게 나타난 것을 가리킨다. 천재를 나타내는 정확한 지능지수는 매우 다양하다. 터먼은 지능지수 140 이상을 '잠재적 천재'로 규정했는데, 전체 인구의 0.4%(250명 가운데 1명) 정도가 이 수준의 지능지수를 갖고 있다. 이것이 그리 엄격하지 못하다고 생각한 일부 학자들은 기준을 더 높게 설정했다. 결국 여기에서 천재는 높은 지적 능력만을 의미하며, 실제로 이룩한 업적을 가리킨다기보다는 잠재적 능력을 가리킨다. 따라서 천재라는 용어가 이와 같은 의미를 가질 때는, 어떤 성취를 통해 명성을 얻을 기회를 아직 갖지 못한 어린이의 특성을 나타낼 때 쓰일 수 있다. 오늘날에는 뛰어난 재능을 타고난 어린이를 가리킬 때 영재라는 말을 더 많이 사용하고 있다. 또한 전체 인구의 상위 0.1%에 이르는 1등급의 영재아와 나머지 인구의 10%에 이르는 2등급의 영재아를 구별하는 것도 차츰 일반적인 관례가 되어가고 있다.

좀 더 보편적으로 쓰이는 2번째 의미는 19세기 영국의 과학자 프랜시스 골턴 경의 저서에서 유래한 것으로, 천재는 실제 업적에 나타난 높은 수준의 창조적 능력을 가리킨다. 단 이런 업적은 세습 통치자의 경우처럼 우연히 부모를 잘 만난 결과이거나 일시적 가치만을 갖고 있어서는 안 된다. 천재는 양적으로나 질적으로 재능과는 구별된다. 재능은 어떤 특정한 종류의 일에 대한 타고난 소질을 가리키며, 특별한 기술을 비교적 빠르고 쉽게 익힌다는 의미를 함축하고 있다. 반면에 천재는 독창성과 창조력 및 사고력을 필수적으로 갖고 있어야 하며, 미개척 분야를 새로 개척함으로써 이 세계에 가치 있는 무엇인가를 남길 수 있어야 한다. 대개 천재들은 특별한 분야에 독특한 업적을 남겼는데 그들의 어린 시절에 대한 조사결과를 보면 그들의 일반적 지능도 유난히 높다는 것을 알 수 있다.

천재의 본질과 근원을 설명하려는 시도는 다양하게 이루어졌다. 어떤 이론에 따르면, 천재는 생물심리학적으로 별개의 종에 속하며, 천재의 정신과정과 정서적 과정은 인간이 원숭이와 다른 만큼 보통 사람과도 다르다고 주장한다. 또 다른 이론은 천재가 신경증이나 정신병과 밀접한 관계를 갖고 있다고 주장한다. 이런 견해를 주장한 사람들 가운데 가장 널리 인용되는 사람은 아마 이탈리아의 범죄학자 체사레 롬브로소일 것이다. 근대 정신분석 이론에 따르면, 천재도 신경증이나 정신병과 마찬가지로 자아와 환경 간의 기본적 갈등에 그 근원을 두고 있지만, 천재의 경우에는 이 갈등을 창조적으로 해결함으로써 그 증상과 결과가 사회적으로 유익하고 가치를 갖게 된다는 점이 다르다고 주장한다. 천재에 대한 연구결과들은 천재가 정신병에 걸리거나 몸이 쇠약해지거나 신체장애가 되는 경향이 실제로 일반 사람보다 더 낮다는 것을 보여준다. 전반적으로 지능이 높아서 영재나 잠재적 천재로 분류할 수 있는 어린이들은 평균적으로 다른 아이들보다 체격이 좋고 건강하며, 감정조절과 사회적응능력도 훨씬 뛰어나다.

천재에 대한 체계적 연구를 처음 시작한 골턴은 모든 사람이 다양한 수준으로 가지고 있는 3가지 특질(지성·열정·작업능력)을 천재는 대단히 많이 겸비하고 있다는 이론을 제시했다. 그는 〈유전하는 천재 Hereditary Genius〉(1869)라는 책에서, 뛰어난 업적을 이룸으로써 천재로 판정된 사람들의 경우 가족에게 유전되는 경향이 있음을 보여주는 뚜렷한 통계적 증거를 처음으로 제시했다. 그 후 과학자들은 교육이나 기회와는 구별되는 생물학적 유전이 개개인의 성취에 얼마나 많은 영향을 끼치는가를 놓고 논쟁을 벌였다. 그러나 천재는 유전적 요인과 환경적 요인이 함께 작용한 결과라는 점에 일치를 보이고 있다. 뛰어난 업적을 이룩할 수 있는 원래의 잠재력은 유전에서 오지만, 이 잠재력을 개발함으로써 얻는 성과는 어느 정도는 기회와 훈련에 달려 있다.

95) 신동(prodigy)은 어떤 계통에서 일찍부터 천재적·예외적 능력을 보이는 사람. 특히 어린이를 가리키는 말이다. 이런 사람들 중에는 다른 점에서는 뛰어나지 않으나 숫자에 대한 뛰어난 기억력을 지니고 있고 생생한 시각적·청각적 표상을 가진 산수의 신동, 체스의 신동, 계산의 신동들이 있다. 신동으로 가장 잘 알려진 사람으로는 12세가 되기 전에 작곡을 시작했던 모차르트·슈베르트·멘델스존, 11세에 연주회를 가졌던 요한 후멜, 쇼팽, 예후디 메뉴인, 일찍부터 음악계의 관심을 끌었던 브람스, 드보르자크, 리하르트 슈트라우스 등이 있다. 음악의 신동에 비해 연기·저술·그림 등에서 일찍부터 천재적인 능력을 보이는 사람은 훨씬 드물다. 신동은 재능보다는 고된 훈련의 결과로 우수한 업적을 이룬 사람들과는 구분해야 한다. 또 아주 제한된 영역에서만 성취를 이루고 평범하거나 낮은 지능 때문에 자신의 능력을 거의 이해하지 못하는 특수 재능을 가진 정신박약자와도 구분해야 한다.

신동은 선천적이면서 후천적이다. 신동은 좋은 기억력과 자신의 경험을 서로 관련짓고 조직할 수 있는 정신적 자질을 가지고 태어난다는

는 한때 미국 심리학 교수인 터먼(Terman, Lewis Madison)의 종단적인 연구에서 지능지수(IQ: intelligence quotient)가 140 혹은 그 이상인 사람들로 제한되었다. 그러나 그들의 높은 지능지수와 일반적으로 선호되는 인생의 성과들에도 불구하고, 터먼의 천재 아동들 가운데 실제로 저명한 사람이 된 경우는 없었다. 천재성(giftness)에 관한 최근의 정의는 높은 지능지수뿐만 아니라, 음악, 미술, 문학, 혹은 과학과 같은 특정 영역에서의 특별한 재능들도 포함하는 것으로 확대됐다. 여러 해에 걸쳐, 우리는 전통적인 지능지수 검사들을 사용하여 측정되지 않았던 특정 능력들이 일부의 사람들에게 자신이 선택한 분야에서 혁신자가 되도록 돕는다는 것을 알아왔다. 다시 말하면, 천재들은 똑똑할 뿐만 아니라 '창의적'이다.[96]

창의적이 되려면 창의성을 가져야 하는데 창의성(creativity)은 '새롭고, 독창적이고, 유용한 것을 만들어 내는 능력' 또는 '전통적인 사고방식을 벗어나서 새로운 관계를 창출하거나, 비일상적인 아이디어를 산출하는 능력' 등 창의성(創意性)의 개념은 매우 다양하다. 창의성은 의식적 사고, 노력뿐만 아니라 무의식적인 사고와 노력의 영향을 받아 일어나기도 한다.

영재(gifted child)는 전문가적인 능력이 뛰어난 탁월한 성취를 보일 가능성이 있는 자로 최근에는 지능의 단일 요인이 아닌 여러 가지 요인에 의해 정의된다. 보다 구체적으로 특정 분야에서 뛰어난 재능을 가진 아동을 지칭한다. 영재 아이는 취학 전, 초등학교, 중등학교 수준에서 지적·창의적·특정 학문 영역·지도성 등의 영역에서 혹은 수행능력이나 시각 예술 등에서 높은 능력을 보이는 외현적 능력이나 잠재적 능력을 소유하고 있는 아동을 의미한다. 어떤 아이가 영재인지에 대해서는 현재 뚜렷한 기준이 없어 논란이 많다. 과거에는 여러 능력이 뛰어난 아이들을 영재로 보았지만, 현재는 한 가지 이상의 분야에 뛰어난 아이를 영재로 생각하는 경향이 강하다. 그 범위도 또래 아이 중 과거에는 상위 1~3% 이내를 영재 아이로 보았다. 하지만 현재는 15% 정도까지 영재라고 파악하는 국가가 있는 등 영재 판정 기준이나 개념이 다양하다.

1932년부터 영재교육을 시작한 미국은 주(州)마다 다소 차이는 있어도, 대체로 상위 1~15% 학생을 대상으로 영재학교와 영재학급 등 다양한 형태의 영재교육 프로그램을 제공하고 있다. 영국은 1999년부터 상위 5~10%를 선발, 400여 중·고등학교에서 영재교육을 시행 중이다. 이스라엘은 1973년 문교부에 전담 부서를 설치, 초등학교 3학년부터 전

점에서 선천적이며, 특별한 실습·교습·훈련의 기회와 그에 따른 보상을 받는다는 의미에서 후천적으로 만들어진다. 그러나 도움 없이 심지어는 역경에도 불구하고 탁월한 수준의 업적을 이룬 신동도 있다. 예를 들면 블레즈 파스칼은 11세 때 아버지가 수학책을 다 빼앗았는데도 몰래 자신의 독특한 기하학 체계를 세웠다. 역사 속에서 볼 때 어릴 때의 기대만큼 성장한 신동은 드물지만 음악신동들은 예외이다.

96) David R. Shaffer 저, 송길연 외 역(2001), "발달심리학", 시그마프레스, p.355.

국 상위 3% 이내 학생을 선발하여 의무적으로 영재교육을 하고 있다. 현재 국가별로 다양한 영재교육이 이루어지고 있는데 각국의 영재교육 대상자 비율은 [표 2-2]에 나타나 있으며, 우리나라의 연도별 영재교육 수혜자 현황은 [표 2-3], 2007년 현재 학교급별 기관별 영재 학생 현황은 [표 2-4]와 같다.

학자들의 대체적인 의견[97]은 다음 영역 중 한 가지나 여러 가지에서 뛰어난 능력을 가졌을 때 영재라고 본다.

① 우수한 지능 수준: 지능지수(IQ) 검사에서 지능수준이 뛰어남(상위 2~3%로 정의되거나, 그 하한선을 IQ 130이라고 보기도 한다. 멘사라는 국제적인 영재 조직에서는 상위 2%에 해당하는 IQ 148 이상을 회원 가입 자격으로 제한한다.)

② 특수한 학업 적성: 특수한 교과 영역에서 특별히 성적이 우수함(표준화된 학력 검사에서 100명 중 5등 안에 드는 정도)

③ 창조적 사고: 새롭고 남이 생각해내기 어려운 아이디어를 창안해내는 탁월한 능력, 수준 높은 상상력과 창의성

④ 통솔력: 집단의 공통 목표를 달성하기 위해 다른 사람을 통솔하는 뛰어난 지도력 (leadership)

⑤ 예술성: 연주, 그림, 무용 등에서 뛰어난 능력

⑥ 높은 수준의 과제 집착력

⑦ 뛰어난 정신운동 능력: 근육운동, 기계조작 기능의 탁월한 재간, 기민성, 순발력, 민첩성 등

⑧ 뛰어난 호기심, 집중력, 기억력

현재 과학 분야에 종사하는 영재급의 뛰어난 학자들은 다음과 같은 특성이 있다고 한다. ① 자율적, 자발적이며 의지가 강하다. ② 자기 자신에 대한 믿음이 있다. ③ 정서적 안정도가 높고 복잡한 대인관계를 싫어한다. ④ 지적인 취미활동이 다양하며, 획일적으로 강요받는 것을 싫어한다. ⑤ 부지런한 노력형이며, 한 가지 일에 오랫동안 열중한다. ⑥ 새롭고 창조적인 일에 몰두하기를 좋아한다. ⑦ 자기 나름대로 학습하려는 경향이 있다. ⑧ 자기만의 진도를 가지고 싶어 한다. ⑨ 독재식으로 군림하는 교사형을 싫어하며 교사에게 비판적이고 도전적인 태도를 보이기도 한다는 것 등이다.

---

97) 최영 정신과/학습증진센터.

구분	한국	미국	영국	싱가포르	호주	이스라엘	대만	러시아
비율	0.8%	1~15%	5~10%	1%	1%	3%	1%	1%
근거	2007년 기준	야콥스 제이비츠 법(1988)	도시지역 교육의 수월성(1999~2001)	국가 영재교육안 (1983)	정부정책 문서	Szold연구소 주관검사	특수교육법	영재아 프로그램(1994)

출처: 교육인적자원부(2004), "창의적 인재 양성을 위한 「수월성 교육 종합대책」"

[표 2-3] 연도별 영재교육 수혜자 현황

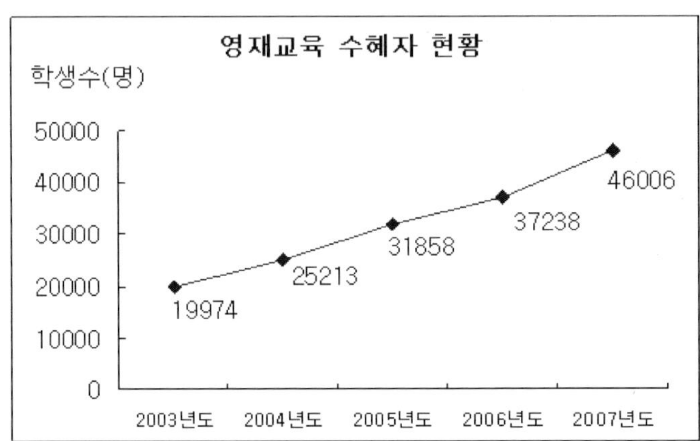

출처: 교육과학기술부(2007), "제2차 영재교육진흥종합계획"

[표 2-4] 학교 급별 기관별 영재 학생 현황(2007년)

(단위: 기관, 명, %)

기관	기관수	초등학생	중학생	고등학생	합계
영재학교	1	-	-	427	427
영재학급	408	7,980	4,013	1,242	13,255
교육청 영재교육원	216	11,873	12,783	663	25,299
대학·과학영재교육원	38	2,468	4,504	53	7,025
합계	663	22,321	21,300	2,385	46,006
전체 학생에 대한 비율	-	1.11	1.03	0.13	0.8

출처: 교육과학기술부(2007), "제2차 영재교육진흥종합계획"(2007년 학교 급별 기관별 영재 학생 현황을 살펴보면, 영재 학생이 영재 교육을 받고 있는 기관은 전체 663개 기관으로 유형별로는 영재 학급이 가장 많다. 교육청 영재교육원, 대학·과학 영재교육원, 영재학교 순이다. 2007년 초·중등학교의 영재 학생은 전체 46,006명이다. 학교 급별 비율은 초등학생이 가장 높고(1.11%), 중학교(1.03%), 고등학교(0.13%) 순이다. 2007년 분야별 영재교육 현황을 살펴보면, 전체 분야 중 수·과학 분야(82.6%)에 편중된 경향을 보이고 있다. 다양한 영역에 대한 영재 교육 기회의 제공 및 활성화 방안이 필요할 것으로 보인다.)

위에 제시된 기준에 비추어 보면 우리 주변에 영재들이 너무 많다. 우리 아이일 가능성도 충분히 있다. 지역별로 편차가 있고 영재의 정의와 범위에 따라 다르지만, 같은 학년에서 전교 5% 이내의 범위에 드는 성적을 유지한다면 일단 영재일 가능성이 크다. 그러나 영재 아이라고 무조건 좋은 것만은 아니고 만능도 아니다. 오히려 영재를 키우는 일은 많은 고통이 뒤따른다. 지능지수(IQ, intelligence quotient)는 감성지수[98](EQ, Emotional Intelligence)와 다르다. 인간은 여러 가지 다중지능을 갖고 있다.

지능과 감성의 균형을 맞추기 위해서는 규칙 지키기, 남을 배려하기, 도덕심, 책임감 등 많은 것을 가르쳐야 한다. 또한 영재 아동은 학업성취도가 고르지 못한 경우가 많다. 영재 아동들은 독서, 언어, 추리, 과학, 문학, 예술 등에서는 높은 점수를 받는다. 하지만 산수계산, 철자, 역사 및 사회생활과 관련된 지식에서 상대적으로 낮은 성취도를 보인다고 한다. 현재 초등학교와 중학교, 고등학교 과정에 영재교육과정이 별도로 개설되어 있으나 체계적인 교육과는 거리가 멀다. 우리나라의 영재교육은 아직은 모양 갖추기 수준의 성격이 강하다. 부모인 나도 영재교육 방법을 잘 모르고 있으니 아이의 재능을 살려주기가 쉽지 않다.

발달의 관점에서 본다면 영재 아동은 일종의 비정상일 수도 있다. 7살 아동이 12살 수준의 높은 지능 수준을 가지고 논리적으로 말한다. 그러나 정서와 사회성 발달의 수준이 7살이라면, 균형 있는 발달을 해나가지 못하고 소위 말하는 "비 동시적 발달"을 보일 수 있다는 것이다. 쉽게 말하면, 공부는 잘하고 머리는 좋은데 다른 아이들과 제대로 어울리지 못하는 문제가 발생할 수 있다는 말이다. 이런 점을 고려하여 주위에서 배려를 해주어야 한다. 그리고 일부 창의적인 영재 아이 중에 교과 과정이 지루해서, 자신의 지적 욕구가 충족되지 않아서, 혹은 대화가 통하는 친구가 없어서 등등의 이유로 괴짜처럼 행동하고, 순종적이지 않고, 교사에게 도전하는 일도 생긴다. 악의를 가진 것은 아니다. 그런 부정적 특성 안에서도 창의적인 면을 살펴보려는 지혜가 부모나 교사에게 필요하다.

교사들은 지능지수의 예언적 기능 때문에 학습지도나 생활지도를 위해 학생의 지능지수 (IQ)를 종종 이용한다. 학습부진아의 선별이나 능력별 반편성에서 지능지수는 중요한 기초 자료로 사용될 수 있다. 그러나 지능검사는 비록 한 개인의 지적 특성을 알아보는 하나의

---

98) 감성지수(emotional intelligence quotient, EQ): 감정을 통제·조절하고 타인과 원만한 관계를 유지할 수 있는 능력으로 지능지수(intelligence quotient/IQ)에 대비되는 개념으로, '마음의 지능지수'라고도 한다. 미국의 행동심리학자인 대니얼 골먼이 창시했는데, '인간의 총명함을 결정하는 것은 IQ가 아니라 EQ'라고 제창해 커다란 반향을 불러일으켰다. EQ란, 거짓 없는 자기의 느낌을 솔직하게 인정하고 마음으로부터 납득할 수 있는 판단을 내리는 능력, 불안이나 분노 등에 대한 충동을 조절할 수 있는 능력, 궁지에 몰렸을 때에도 자기 자신에게 힘을 북돋아 주고 낙관적인 생각을 유지할 수 있는 능력, 남을 배려하고 공감할 수 있는 능력, 집단 속에서 조화와 협조를 중시하는 사회적 능력 등을 일컫는다.

유용한 방법이지만, 결코 완전한 도구는 아니다. 학업성취도, 학습 동기, 환경변인 등 다른 요소들에 대해 고려를 하지 않은 채, 지능지수만을 유일한 기준으로 하는 것은 매우 위험할 수 있다. 따라서 지능검사를 교육현장에서 유용하게 활용하기 위해서는 무엇보다도 지능검사가 가지는 속성을 분명히 이해하고, 그 가능성과 한계를 충분히 고려해야 한다.[99]

인간은 노력하지 않으면 아무것도 성취할 수 없다. 노력하지 않고 가만히 있는 것만으로 문리가 트여 세상의 모든 이치를 꿰뚫어 보고 최고 학문의 경지에 도달할 수 있는 사람은 아무도 없다. 아주 간단하고 사소한 원리나 규칙도 수행을 포함한 공부를 하거나 경험을 하지 않으면 터득할 수 없으므로 어떤 형태로든 반드시 노력은 필요하다. 우리가 교육을 하는 이유가 여기에 있다. 교육을 통한 성취에는 적절한 자극과 도전을 꼭 필요로 한다. 아무리 자질을 타고났다고 하더라도 동기가 우러나는 환경이 제공되지 않으면 그 능력을 발휘하기 어렵다.

가족이나 학교에서 원만한 대인관계를 통해서 흥미나 적극적인 태도를 보일 수 있도록 자극되어야 한다. 본받을 수 있는 동일시의 모형이 제공된다면 더욱 좋다. 그리고 그 능력을 닦을 기회도 필요하다. 이런 점에서 부모와 학교의 역할이 매우 중요하다. 재능은 타고나는 면이 많지만, 아무리 강조해도 지나치지 않는 것은 노력이다. 에디슨은 하루에 6시간 이상 잠을 자지 않았으며, 노벨상 수상식에도 시간이 없다고 참석하지 않았다고 한다. 그 스스로 천재는 99%의 노력으로 이루어진다고 했다. 칼은 지속적으로 갈고 닦는 기회를 가져야 명검이 된다. 결론적으로 타고난 재능, 적절한 환경, 그리고 노력이 삼위일체가 되었을 때 영재, 혹은 천재가 탄생한다고 본다.

지능이란 지식을 쌓거나 사물을 바르게 판단하고 해결하는 능력을 말하며, 지능지수(IQ)는 지능검사 결과를 표시하는 수치이다. 지능과 가장 관계있는 몸 부위는 대뇌인데 여기에 있는 100억 개 이상의 신경세포들이 능력을 발휘할 수 있는 정도의 차이가 그 개인의 지능지수로 나타난다고 한다. 지능의 50% 정도는 유전에 의해 결정된다. 가정환경 30%, 성장 과정에서의 개인적인 경험은 20% 정도 영향을 미치는데, 지능지수 상위 20%는 하위 20%에 비해 학습 성취 속도가 다섯 배 정도 빠른 것으로 알려졌다. 그렇다고 아이의 타고난 지능지수가 낮다고 실망만 할 필요는 없다. 지능지수가 높을수록 학업성적이 좋을 가능성이 크지만, 지능지수는 학업성적의 25% 정도만을 설명할 수 있다고 한다. 즉

---

99) 구광현 외(2005), "학교상담의 이론과 실제", 학지사, p.89.

지능지수가 결정하는 25%를 제외한 학습의 나머지 75%를 위해 부모가 노력하면 된다.[100]

이제까지 공부를 잘하는 사람 중에 머리가 좋아서 공부를 잘했다고 말하는 사람은 보지 못했다. 그리고 이 말은 합당하다. 인간은 자동과 수동이 공존하는 기능을 갖추고 있다. 머리를 중심으로 한 내부체계에서는 분류, 조정, 통제, 복원, 합성, 재생, 분배, 방어 작용 등을 통해 자동으로 작동한다. 하지만 외부에서 유입되는 것은 사소한 것까지 모두 수동으로 노력해야 얻을 수 있는 구조로 만들어졌다. 머리가 아무리 좋아도 공부를 해 정보와 지식을 받아들이지 않으면 공부를 잘할 수 없게 되어 있다. 당연히 공부를 잘하기 위해서는 머리가 좋아도 치열하게 노력하지 않으면 안 된다. 좋은 기능을 유지하려면 쉼 없이 갈고 닦고 관리해야 한다. 두뇌나 얼굴, 몸매도 마찬가지이다. 그리고 노력은 반드시 결과를 가져다준다.

부모의 역할은 아이들이 타고난 재능과 가치를 발굴해 유지 발전시키고 부족한 것은 훈련을 통해 그 가치를 더욱 고양하도록 하는 데 도움을 주고, 그 길을 안내하는 일이다. 지능지수가 낮다고 실망하고 앉아 있을 일이 아니다. 오히려 지능지수가 낮고 부족한 점이 많다면, 부모인 나의 역할은 아이에게 그만큼 더 필요하고 소중할 수밖에 없다.

---

100) 최영 정신과/학습증진센터.

제3장
관리방법과 실제

제1절 교육 관련 의문에 대한 사고의 확장

1. 공부 잘하는 것이 반드시 좋은 것일까

많은 한국인이 '고시에 합격한 공무원은 우수하다'고 믿는다. 그리고 그렇게 생각하는 가장 큰 이유는 그들이 어려운 시험에 합격했다는 점에 있다. 그러나 이 변혁의 시대에 '시험을 잘 치는 사람'을 과대평가해서는 안 된다. 선생님을 따라 기억하는 데 열심이며 참을성 있게 학습 내용을 되풀이하는 인재는 앞으로의 시대에는 오히려 위험한 존재가 될 수도 있다.

'우수한 인재'는 오늘날 일반적으로 말하는 것과 마찬가지로 유명한 대학을 좋은 성적으로 졸업한 사람들을 말한다. 성적우수자는 '시험을 잘 치는 사람'이다. 시험을 잘 치는 사람은 첫째, 공부를 열심히 한 사람이라고 할 수 있다. 학교, 선생님, 세간에서 하는 말을 그냥 받아들이고 참을성 있게 암기한 사람이다. 따라서 근면하고 남의 가치관에 순종한 사람임이 틀림없다. 둘째, 시험에는 꼭 해답이 있는 문제만 출제된다. '정답 없음'이 정답인 문제는 나오지 않는다. 그리고 쉬운 문제부터 먼저 푼 사람이 이긴다. 10문제가 나오면 자기가 풀기 쉬운 문제부터 풀어 8개 풀면 80점, 가장 어려운 문제부터 도전해 한 문제밖에 못 풀면 10점밖에 되지 않는다. 즉 시험을 잘 치는 사람은 해답이 있고 풀기 쉬운 문제부터 푸는 요령을 갖춘 사람들이다. 이런 시험에서 성공 체험을 한 사람은 시험 외의 일이라도 꼭 해답이 있고 쉬운 문제부터 풀려고 한다. 그런 문제를 푸는 사람은 옛날부터 해 온 것, 선례가 있는 것, 예전과 크게 다르지 않은 것을 좋아할 것이다.

그러나 현실에 있는 문제는 90% 이상이 해답이 있을지 없을지 모르는 문제이다. 일반 사회에서는 가게의 매상을 두 배로 올리는 방법이 있는지 없는지, 혹은 어떤 제품을 절반의 비용으로 만드는 방법이 있는지 없는지, 영원히 없을 수도 있고 바로 가까이 해답이 있을 수도 있는 등의 문제가 태반을 차지한다. 답이 있는지 없는지 모르는 문제에 도전하는 것이 진정한 도전이다. 답이 있다고 이미 알고 있는 문제를 푸는 것은 단지 근면일 뿐이며 도전은 아니다. 콜럼버스가 위대한 것은 아메리카대륙이 있는지 알 수 없었을 때에 '있다'고 믿고 행동했던 그 사실이다.[101]

학교는 아이들을 교육하는 곳이므로 학교와 공부를 가치 기준으로 생각하면 학교 규칙을 잘 지키고, 교사의 말을 잘 듣고, 성적이 우수한 아이들이 좋은 아이들이다. 그러나 학교는 사회에 나가 각자가 자신이 하고자 하는 일을 하고 자기 삶의 길을 가기 위해 준비를 하는 곳이다. 학교에서 배우는 것은 우리 삶의 극히 일부분일 뿐이며 사회에는 학교에서 배우지 않는 것들이 훨씬 더 많다. 사회를 가치판단의 기준으로 생각할 때 공부보다는 돈이나 명예, 권력, 대인관계를 위한 처세 등이 더 중요하게 작용한다. 공부나 연구를 직업으로 해야 할 아이들은 당연히 공부를 잘해야 하다. 그렇지 않은 아이들은 오히려 자신이 가지고 있는 재능을 발휘하며 도전적이고 창의적인 삶을 살도록 하는 것이 더 바람직하다. 다른 재능이 있는 아이에게 하고 싶어 하는 것은 못하게 하고 공부만 잘할 것을 강요한다면, 그것은 아이를 제대로 관리하는 것이 아니라 스스로 망치는 것이다. 우리 아이를 '도전적인 콜럼버스로 키울 것인가? 아니면 재능이 없는 공부에 매달려 꾸지람만 듣는 무능한 아이로 키울 것인가?'는 부모의 선택과 결단에 달렸다.

2. 공부에 대한 편견

사람들은 일반적으로 공부를 잘하는 사람들은 성공하고, 성공한 사람들은 행복할 것이라는 생각을 한다. 이것은 일종의 편견 또는 잘못된 인식이다. 심리학에서는 이것을 독심술적 사고라고 한다. 사람들이 일반적으로 범하기 쉬운 인지적 오류 중 하나인 독심술적 사고(mind reading)는 충분한 근거 없이 다른 사람의 마음을 마음대로 추측하고 단정하는 것을 의미한다. 마치 다른 사람의 마음을 들여다볼 수 있는 독심술사처럼 매우 모호하고 사소한 단서에 의해서 다른 사람의 마음을 함부로 단정하는 오류이다.[102]

---

101) 사카이야 다이치 저, 김수필 옮김(1998), "다음 시대는 이렇게 열린다", 동아일보사, pp.190~194.
102) 권석만(2003), "젊은이를 위한 인간관계 심리학", 학지사, pp.162~167.

성공과 행복에 대한 가치 판단 기준이 사람에 따라 다르므로 공부와 이것을 연결해 단정적으로 예단하기는 어렵지만, 공부를 잘하는 것이 반드시 성공과 행복으로 이어지는 것은 아니다. 이것은 하버드대학교 학생 268명의 인생을 72년간 추적한 연구결과에서도 입증되었다. 평범해 보이는 사람이 성공했고, 노후 행복의 열쇠는 인간관계였다. 행복은 성적순이 아니었다.

1937년 미국 하버드대학교 남학생 268명이 인생사례 연구를 위해 선발됐다. 세계 최고의 대학에 입학한 수재 중에서도 가장 똑똑하고 야심만만하고 환경에 적응을 잘하는 이들이었다. 후에 제35대 미국 대통령이 된 존 F. 케네디(Kennedy), 워싱턴포스트 편집인으로서 닉슨의 워터게이트사건 보도를 총괄 지휘했던 벤 브래들리(Bradlee)도 끼어 있었다.

특정 개인의 역사를 장기적으로 추적한 '종적(縱的) 연구'의 최고봉을 보여주는 '하버드대 2학년생 268명 생애 연구'는 1937년 당시 하버드 의대 교수 알리 복(Bock)이 시동을 걸었다. 연구를 재정적으로 지원한 백화점 재벌 W. T. 그랜트(Grant)의 이름을 따 '그랜트 연구'라고도 불린다. 이 연구는 '잘 사는 삶에 일정한 공식이 있을까'라는 기본적인 의문에서 출발했다고 한다. 연구진에는 하버드대 생리학·약학·인류학·심리학 분야의 최고 두뇌들이 동원됐다. 이들은 정기적인 인터뷰와 설문을 통해 대상자의 신체적·정신적 건강을 확인했다.

최고 엘리트[103]답게 그들의 출발은 상쾌했다. 연방 상원의원에 도전한 사람이 4명이었고, 대통령도 나왔다. 유명한 소설가도 있었다. 그러나 연구 시작 후 10년이 지난 1948년 즈음부터 20명이 심각한 정신 질환을 호소했다. 연구결과 47세 무렵까지 형성돼 있는 인간관계가 이후 생애를 결정하는 데 가장 중요한 변수였다. 평범해 보이는 사람이 가장 안정적인 성공을 이뤘다. 연구 대상자의 약 3분의 1은 정신질환도 한때 겪었다. "하버드 엘리트라는 껍데기 아래엔 고통 받는 심장이 있었다"고 잡지는 표현했다. 행복하게 늙어가는 데 필요한 요소는 7가지로 추려졌다. 고통에 적응하는 '성숙한 자세'가 첫째였고, 교육·안정적 결혼·금연·금주·운동·적당한 체중이 필요했다. 성공적인 노후로 이끄는 열쇠는 지성이나 계급이 아니라 사회적 적성, 즉 인간관계였다. 형제·자매 관계도 중요한 것으로 나타났다.[104] 1967년부터 이 연구를 주도해온 하버드 의대 정신과의 조지 베일런트(Vaillant) 교수는 "삶에서 가장 중요한 것은 인간관계이며, 행복은 결국 사랑"이라고 결론

---

103) 엘리트(elite)는 사회 또는 사회단체에서 지도적 입장에 있는 소수의 빼어난 사람.

104) 조선일보 2009. 5. 14.

지었다. 이 연구 결과는 2009년 5월 시사월간지 '애틀랜틱 먼슬리'에 공개된 것으로 알려졌다.

세계 최고수준의 명문대학에서 배출된 세계적인 수재들이 대상이 된 이 연구결과에 대해 우리의 현실과는 너무 동떨어진 것이 아닌가 하는 생각이 들거나 다소 거리감이 느껴질 수도 있다. 하지만 이제는 하버드대학교에 다니는 우리나라의 아이들도 적지 않다. 해마다 다소 차이는 있지만, 국내에서 고등학교를 졸업하고 직접 진학하는 아이들과 미국 내 교포 자녀 등을 합쳐 한 해에 대략 50여 명 정도가 하버드대학에 진학하는 것으로 알려져 있다. 이미 우리 아이들이 세계 최고의 대학에 다니는 다른 나라 아이들과 경쟁하는 상황이 되었다. 또 현재도 상당수의 아이가 그렇게 하고 있다. 오늘날은 실시간으로 세계의 움직임을 살펴볼 수 있고 지구 반대편에서 일어난 일에 대해 동시에 영향을 받고 관심사가 되는 정보화시대이다. 그리고 인간이 근본적으로 추구하는 가치나 행복, 삶의 방식 또는 개별적인 인간이 갖는 인생 목표는 수재냐 아니냐 하는 것과는 크게 상관이 없다.

여기서 우리가 주목할 것은 하버드 출신들이 아니라 인간의 생애에 대한 연구에서 얻어진 결과이다. 베일런트(Vaillant) 교수가 "삶에서 가장 중요한 것은 인간관계이며, 행복은 결국 사랑"이라고 내린 결론이다. 이것은 행복이 성적순이 아니라는 종래의 우리 인식과도 크게 다르지 않다. 한편으로는 삶에서 가장 중요한 것은 무엇인지 행복의 본질은 무엇인지를 일깨워준다. 또한 우리의 생활 속에 일상화되어 있는 한 부분으로 너무도 평범하고 가까이 있는 인간관계와 사랑의 중요성을 재인식시켜 주고 있다. 그러나 이 연구의 내용을 들여다보면 우리에게 공부를 잘하는 것이 중요하지 않다거나 공부를 많이 한 사람들은 불행하다는 것을 말하려는 것이 아니다. 오히려 세계적인 인물이 되기 위해서는 최고의 명문대학에 가야 할 필요가 있다는 것을 역설적으로 말해주는 측면도 있다.

학문은 숭상되어야 하고 교육에 열성과 애착을 갖는 것은 중요하다. 단지 우리와 직접 연관된 아이들의 삶에서 무엇이 가장 중요하며 행복의 요건은 무엇인지를 알고, 이것을 어떻게 교육적인 측면과 연결해 아이들이 자아를 실현하고 행복한 삶을 살도록 할 것인가 하는 것이 부모들이 풀어나가야 할 과제이다.

3. 공부, 한계극복을 추구하는 자신과의 싸움이다

공부는 인간이 삶에 필요한 내용을 습득하여 정보로 축적하기 위한 지식의 습득 작업이다. 짧은 시간에 많은 것을 공부하면 좋지만, 사람의 머리는 한꺼번에 여러 가지 지식이 유입되는 것을 제어하려는 기능이 있다. 이것은 정보의 유입, 분류, 저장, 재배치, 폐기처분 하는 머리 내부체계의 균형을 유지하기 위해 작동하는 기능이다. 이러한 내부체계의 자기조절기능을 통하여, 인지된 정보를 중요한 것은 강화하고 내재화하여 활용 가능한 차별화된 정보로 저장하는가 하면, 상황과 필요에 따라 정보 유입을 통제하기도 한다. 어떤 때는 외부정보를 잘 받아들이고 동시에 유입된 정보의 검색과 조합 등 소화 작용을 통해 해법을 그때그때 찾아내도록 조정한다. 하지만 어떤 때는 외부정보의 유입을 강력하게 거부하거나 차단한다. 이로 말미암아 여러 번 공부한 것이 아무리 해도 생각이 안 나게 하기도 한다.

머리 내부체계의 자기조절기능과 공부한 것을 외부로부터 받아들이는 유입기능을 일치시키는 것을 한마디로 표현하면 자기 정신작용의 통제, 더 쉬운 말로는 집중이라고 할 수 있다. 우리는 자기 정신작용에 대한 통제, 즉 집중이 잘되면 공부한 것이 머리에 잘 들어가고 이해도 잘되며 흥미를 느낀다. 하지만 이것이 잘 안 될 때는 공부가 잘 안 된다. 한꺼번에 너무 여러 가지 지식이나 어려운 것을 습득하려 할 때는 머리가 아프고 공부가 하기 싫어진다. 이러한 머리 내부체계의 자정기능과 외부 유입기능의 존재를 사람들이 가장 쉽게 느낄 수 있는 것은 ① 공부하고 있을 때 잘된다는 느낌, ② 필요로 하는 지식이 잘 생각날 때, ③ 나의 의도와는 상관없이 나타나는 생각이나 과거의 일에 대한 회상, ④ 하품과 졸음, ⑤ 공부를 그만하고 싶다는 마음이 생기는 것, ⑥ 공부를 많이 할 때 과부하로 머리에서 열이 나는 것 등이다. 문제는 이러한 자기조절기능과 외부에서 정보가 유입되는 것을 일치시키는 것이 쉽지 않다는 데 공부의 어려움이 있다. 공부를 필요로 하는 마음과 공부한 것을 받아들이지 않으려는 나 자신 속에 있는 마음이 동시에 존재한다. 그러므로 공부가 잘되도록 필요에 따라 조정하고 집중하기 위해 치열하게 자기 자신과 싸움을 벌여야 한다.

공부가 나 자신과의 싸움인 이유는 첫째, 정신작용의 통제와의 싸움이다. 공부는 책에 있는 지식을 인위적으로 머리에 집어넣는 작업이다. 집어넣은 것은 필요할 때 활용할 수 있도록 중요도에 따라 분류하여 저장하기 위해서는 정신작용을 효율적인 공부가 되도록 통제해야 한다. 이때 나타나는 저항이나 거부감을 제거하기 위해 치열하게 싸움을 벌이지 않으면 안 된다. 공부를 잘하기 위해서는 머리 내부체계의 자기 조정기능과 외부유입 기능을 일치시키기 위한 나의 내부의 기능 조정이 필요하다. 머리 내부체계의 자기 조정기능과 외부유입 기능을 자신이 의도하고 목적하는 바대로 일치시키는 작업은 그렇게 간단하지가 않다. 방해하거나 제어하려는 요소가 작용하는 것은 균형이나 안정이 일시에 깨어져 인간이 위험에 처하는 것을 막으려는 본능적 작용에서 비롯된 것이다. 가령, 음식을 구하기 위해 폭력이 필요한 것으로 인식할 때 폭력을 제어하려는 이성 장벽 요소가 작동하지 않을 때 어느 정도의 폭력을 행사하게 될지, 언제 끝날지, 그로 인해 어떤 결과가 초래될지 알 수 없는 일이다. 균형이 깨어져 수시로 발현되는 나의 폭력은 결국 타인의 폭력을 불러와 나 자신의 생명유지라는 자기존중감 실현을 위협하는 요소로 작용할 수밖에 없다. 따라서 자신을 위험에 빠뜨리지 않으면서 받아들이도록 하는 수준까지 유지해야 하는데, 그 범위를 모를 뿐만 아니라 웬만한 노력으로는 그것이 쉽게 조정되지 않는다는 점이다. 좀 더 쉽게 설명하면, 집중해 공부가 잘되도록 하기 위해서는 잡념이 일어나지 않는 것이다. 그런데 이 잡념을 인위적으로 제어하여 공부에 집중하는 것이 어렵다. 그렇다고 자기조절기능과 외부유입 기능의 조정을 너무 어렵게 생각할 일만은 아니다. 의도대로 잘되지 않는다는 것이지 안 된다는 말이 아니다. 사람은 자고 일어나 피로가 풀려 맑은 정신이 되면 공부가 잘된다. 스스로 강한 동기나 목적의식을 가졌을 때도 마찬가지다. 즉, 건강관리와 휴식만 적절하게 해도 머리에서 공부를 잘 받아들인다. 이것은 지식을 받아들이려고 하는 마음과 방해하는 마음 또는 자기조절기능과 외부유입 기능 두 가지가 모두 나의 속에 존재하고 있으므로 지극히 통제가 어려운 자기와의 싸움인 것이다. 둘째, 생리적인 현상과의 싸움이다. 자고 싶은 잠을 다 자고 남들보다 공부를 잘할 수 있는 사람은 거의 없다. 잠은 생리적인 현상이다. 일시적 제어는 어느 정도 가능하지만, 그것은 한계가 있다. 안 자려고 애를 쓴다고 근본적으로 안 잘 수 있는 것이 아니다. 셋째, 행동 통제와의 싸움이다. 유기체는 에너지를 확보하여 섭취하고, 소화해 인체 각 부분에 운반하며, 운반된 것들이 발산되는 과정에서 지속적으로 움직이도록 생체 흐름이 체계화되어 있다. 그런데 그 움직임 중 상당 부분을 공부나 일을 하기 위해 일정한 방식으로 장시간 지속적 통제를 할 때 느끼는 고통과의 싸움이다. 머리, 어깨, 허리, 목, 손가락이 아픈 때도 있다. 온종일 책상 앞에만 앉아 있는 것은 쉬운 일이 아니다. 공부를 머리뿐만 아니라 엉덩이로 해야 한다는 이유가 여기에 있다. 넷째, 자신의 한계와 효율 향상의 싸움이다. 인간에게 있어서 일은 대부분 시간의 제약을 받는다. 이 시간 제약의 문제에 대응하기 위해서는 그냥 일을 하는 것만으로는 안 된다. 같은 일을 하더라도 시간 내에 마치기 위해서는 효율적으로 일을 하는 것이 필요하다. 그런데 사람은 저마다 능력에 한계가 있다. 일의 양이 정도를 넘으면 효율적으로 일하더라도 결국은 다할 수 없게 된다. 분량이 너무 많아 노력해도 소용이 없을 것 같고, 그렇다고 안 할 수 없는 난감한 상황에서 개인이 취할 수 있는 가장 합리적인 방법은 무엇인가? 그것은 포기보다는 도전을 선택하고, 최선을 다해 매진하면서 자신의 능력 한계를 극복하고 효율을 더 증가시켜 대응하는 것이다. 한 번에 한계를 극복할 수는 없지만, 같은 도전과 일을 반복하다 보면 요령을 터득하고 때로는 비결까지 알게 된다. 시간이 지날수록, 도전과 반복횟수가 증가할수록 숙련도가 높아지고 효율은 향상한다. 그리고 이번에 당장 목표에 도달하지는 못하더라도 다음에는 나름대로 노력한 결과를 인정받는 경우도 많다. 공부도 마찬가지이다. 한 번에 다 잘할 수는 없다. 하지만 계속하다 보면 효율이 향상되므로 공부는 자신을 한 단계 더 높이기 위한 또 다른 싸움이다.

날마다 많은 적(敵)들이 우리를 끊임없이 괴롭히지만, 가장 무서운 적은 항상 내 안에 있다. 욕망, 나약함 그리고 게으름이라는 심각한 아군 같은 적들이다. 세상에서 가장 강한 사람은 ‘자기와의 싸움에서 이기는 사람’이라는 어느 선각자의 좌우명처럼 인생의 본질(本質)은 다른 것에 있지 않고 바로 여기에 있다. 세상만사 모든 일도 알고 보면 자신과의 싸움에 관한 일이다. 열심히 일하는 것, 다이어트105) 하는 일, 용서하고 사랑하는 일뿐만 아니라 타인과의 싸움까지도 전부 자신과의 싸움에 속하는 일들이다. 남과의 싸움에서는 목숨 걸고 싸우면서도 자신과의 싸움에서는 어이없게도 전의(戰意)조차 상실한 채 처참하게 무너지는 사람들이 너무 많다. 한때 우리가 성공했다고 생각했던 사람들도 이 싸움에서 참패하여 한순간에 인생의 막창으로 내려가 신문의 사회면을 장식하는 사례도 적지 않다.

인생에서 싸우지 않고 얻을 수 있는 것은 아무것도 없다. 자신과의 싸움에서 진다면 우리가 인생에서 얻을 것이라고는 아무것도 없다. 사람들은 일이 잘되면 자신이 능력이 있어 그렇게 된 것으로 생각하고 안 되면 모든 것을 타인이나 조상, 운(運)의 탓으로 돌려버리려는 경향이 있다. 어떤 일이든 운(運)을 탓할 것이 아니라 자신과의 싸움에서 실패(失敗)한 자신을 질책(質責)해야 한다. 이것이 자신의 오만을 극복(克服)하는 자세다.

---

105) 다이어트(diet)는 미용·건강을 위해서, 살이 찌지 않도록 섭취하는 규정식(規定食), 또는 살이 너무 찌지 않도록 먹는 것을 제한하는 일.

4. 최고 수준에 도달한 아이, 발전 느껴지지 않는다

사람은 누구나 성장하고 발전하는 모습을 보면 보람과 자부심을 느낀다. 당연히 발전이 바람직한 모습이기는 하지만, 역설적이게도 발전하는 모습이나 성적이 향상되는 것을 느낀다는 것은 아직 실력이 최고수준에 도달하지 않았음을 뜻하는 것이기도 하다. 최고수준에 도달한 아이에게서는 외형상으로는 발전현상이 거의 감지되지 않는다. 이것은 시험을 앞두고 있는 아이와 학부모를 초조하게 만드는 한 원인으로 작용한다.

계속 실력을 높여 합격을 기정사실화할 수 있는 단계까지 아이의 실력을 높이고 싶다. 그런데 이런 마음과는 달리 아이는 나름대로 잠을 줄여가며 열심히 노력하는데 실력이 느는 것이 보이지 않는다. 때로는 힘들어하고 자꾸 지쳐가는 모습만 보이는 것 같다. 덩달아 부모도 지쳐 '이러다가 원하는 학교에 합격을 못 하는 것은 아닐까?' 하는 데까지 생각이 미치면 어떻게 해야 할지 안절부절못하게 된다. 그렇다고 열심히 노력하는 아이에게 잠을 자지 말고 공부만 하라고 할 수도 없고 속이 탄다. 그런데 정작 중요한 것은 바로 이때이다. 이것은 이미 마지막 고비에 도달해 있다는 증거다.

우리는 흔히 입학시험을 등용문에 비교한다. 등용문(登龍門)은 어려운 관문을 통과하여 크게 출세하게 됨, 또는 그 관문을 말하는데, 잉어가 중국 황하(黃河)강 상류의 급류를 이룬 곳인 용문을 오르면 용이 된다는 전설에서 유래했다. 이렇게 등용문은 어려운 관문을 통과하는 비유적인 말로 널리 사용되어왔다. 입학시험도 실력을 갖춘 제한된 학생들만 통과하므로 곧잘 인용된다. 오늘날 공교육에서 수험생들은 시간이 지나면 모두 등용문 입구에 도달할 수 있게 되어 있다. 문제는 그곳을 통과하느냐의 여부다. 거기에 도달하기까지 주어진 시간 동안 얼마나 효율적으로 공부를 진행하고, 어느 정도 수준에 도달해 있느냐에 따라 결정된다.

최고나 최고수준에 도달한 사람들은 시험에서 합격할 가능성이 크고, 그렇지 못한 사람들은 합격을 장담하기 어렵다. 누구나 자기 아이가 최고수준에 도달하기를 원한다. 그러나 거기에 이르는 아이들은 많지 않다. 만일 최고수준에 도달하였다고 하더라도 그 사실을 정확하게 인지하는 경우는 드물다. 현재 학문 분야에 종사하는 전문인들은 어렵지 않게 아이의 현재 실력이 최고수준인지 아닌지 평가를 할 수 있다. 하지만 대부분 학부모들은 그렇게 전문적인 식견을 갖고 있지 못하다. 따라서 일반적인 학부모들이 아이의 수준을 판단할 수 있는 기준은 대개 성적에 의존한다.

그럼 최고는 어떤 것일까? 최고는 그 분야에서 일정 기간 최고의 실력을 갖추고 그에 상응하는 실적을 나타내는 것을 말한다. 최고가 되기 위해서는 최고수준에 도달한 후 그 폭을 넓혀가는 과정, 즉 고원현상이 나타난다. 여기서 비결을 체득하거나 찾아내는 사람, 더 강한 훈련을 통하여 한계를 극복하고 실력을 향상하는 사람만이 최고의 경지에 도달할 수 있다. 고원현상은 플래토현상과 같은 말이다. 플래토현상(plateau phenomenon)은 학습곡선에서, 일시적으로 진보가 없이 평평한 모양을 보이는 현상이다. 고원현상(高原現象)은 학습곡선에서 전후의 진보 중간에 정체현상이 나타나는 것으로 여러 가지 조건에 의하여 야기된다. 학습지도에서 학습의 진보를 위한 책략을 세우는데 중요한 현상이다. 고원현상이 발생하는 경우는 학습과제에 대한 실망, 흥미의 상실, 학습문제의 곤란도 증가, 나쁜 습관의 고집 또는 형성, 주의의 이동, 과제 일부분에 신경을 집중한 경우, 적합한 학습방법 채택의 실패 등을 들 수 있다.

최고수준에 도달하였다고 절대 자만하면 안 된다. 인간의 두뇌는 창의성을 발휘하거나 문리(文理)가 트여 스스로 사물의 이치를 깨닫고 알기도 하지만, 기본적으로 공부를 통해 지식이 유입되면 아는 것이 많아지는 수동적인 구조이다. 따라서 공부를 중단하고 외부에서 지식이 유입되지 않으면 망각현상이 일어나므로 아는 것이 줄어든다. 아는 것이 유지된다는 것은 느낌일 뿐 근본적으로 현상 유지란 없다. 실적이나 실력도 지식과 마찬가지로 올라가지 못하면 내려간다. 그럼에도 실력이 유지되고 있다고 느끼는 경우도 있다. 그것은 기존에 알던 것의 일부가 잊히더라도 그만큼 다른 부분의 새로운 지식이 보충되거나, 기존의 것을 재활용하는 것이 일정한 수준에서 지속하여 균형을 이루고 있기 때문이다.

한 가지 유의할 점은 인간은 고원현상이 발생하여 실력이 올라가지 못하는 정체현상을 보이거나 약간 떨어질 때, 사람에 따라 실력에 난조를 보이거나 기복이 큰 부진(slump)을 겪을 수 있다. 그러므로 고원현상이 나타났을 때 더욱 치열하게 노력하여 최고수준에서 최고로 끌어올려야 한다. 올라가지 못하면 떨어지고, 최고의 위치에 올라가면 반드시 내려오게 되어 있다. 이것이 세상의 이치다. 내가 힘들여 기록한 최고의 경지도 언젠가는 최고수준에 있는 타인에 의해 경신된다. 이러한 기록 경신에 의해 인류는 이제까지 끊임없이 발전해왔다. 즉, 최고나 최고수준은 장기적인 측면에서 볼 때는 항상 최고기록을 달성한 사람이 존재했기 때문에 하나가 아니라 여럿을 의미한다. 자신에게 주어진 시대에 최고를 달성하고 새로운 기록을 경신할 수 있느냐 없느냐는 모두 개인의 노력에 달렸다.

그곳에 도달하기도 쉽지 않지만, 최고수준에 도달한 사람들은 또 그들 중에서 실력의 차이가 있다는 것을 안다. 좀 더 쉽게 표현하면 평균 98점을 최고수준이라고 한다면 한번 최고수준에 도달하는 사람도 있고 계속 최고수준을 유지하는 사람도 있다. 최고수준을 유지하지 못하고 내려가거나 내려갔다가 다시 올라오는 사람도 있기 마련이다. 최고를 평균 99점이라고 한다면 최고수준을 넘어 실제 최고가 되는 사람이 반드시 나온다. 이처럼 최고수준은 동일한 것이 아니라 여러 가지가 있다는 말이다. 창구에 앉아서 업무를 처리하는 은행원의 외형상 모습은 비슷해도, 실제 경력과 실력에서는 많은 차이가 나는 것과 같다.

현재 우리 아이가 최고수준인 98점에 도달해 기거서 오르락내리락하거나 98점 수준을 유지하면 부모의 눈에는 열심히 노력은 하는데 발전은 없는 상태로 보인다. 이때가 중요한 까닭은 이 수준의 유지과정, 즉 최고수준이 일회성이 아니라 지속적으로 유지하는 폭을 넓히는 과정인 고원현상 없이는 최고의 경지에 도달하기 어렵다는 점이다. 그것은 우리가 볼 수 있는 최고에 오른 사람들은 그 분야에서 대개 최고수준에 오르기 위해 느끼는 애로에 대해 공감하거나 그것을 설명해 줄 수 있다는 점에서 알 수 있다. 우리 아이가 최고수준에 도달해 발전이 느껴지지 않는 단계에 왔다는 것은 이미 최고가 될 수 있는 준비가 되었다는 것을 의미한다. 실제 최고가 되느냐 되지 못하느냐 하는 것은, 한계와 최고수준에 도달해 발전이 느껴지지 않는 상태가 되었을 때, 포기하지 않고 얼마나 더 치열하게 자신의 한계를 한 단계 더 밀어 올리는, 한계극복 노력을 기울여 실제 상승시키느냐에 달려 있다. 능력의 한계진입에서 제고단계가 인간이 세상을 살아가는 데 있어 느끼는 가장 큰 희비의 교차점이다. 그런데 평범한 사람들은 대부분 이 일차적인 한계극복 과정에서 무너지고 만다.

머물러 있는 실력은 없다. 만일 머물러 있는 것으로 보이거나 느꼈다면, 그것은 단지 일정한 수준의 노력을 지속하고 있을 때 나타난 정체현상일 뿐, 실력은 항상 유동적으로 변화한다. 미시적이고 장기적인 관점에서 보면 정체현상은 부분에 지나지 않고 항상 오르내림이 연속된다. 실력을 올리는 것은 지극히 힘들고 엄청난 시간과 땀이 요구되어도 내려오는 것은 한순간이다. 그러므로 최고수준의 유지에는 올라가는 것 못지않은 노력이 필요하다.

5. 겸손을 실천하고 가르쳐야 하는 이유

　다른 사람에게 아내와 자식 자랑을 하는 몹시 어리석은 사람을 팔불출(八不出)이라고 한다. 사람들은 누구나 자식의 장래에 대한 기대를 하고 살면서 기쁨과 행복도 찾는다. 이러한 삶의 방식은 자식이 나의 분신이기도 하지만, 자식의 인생이나 삶이 완전히 독립된 것이 아니라, 인생의 동반자로서 부모인 내가 삶을 마감할 때까지 연결되어 함께 진행하기 때문이다. 부모가 능력이 있을 때는 자식의 울이 되고, 늙고 병들어 힘이 없어져 제대로 활동을 못 할 때는 자식이 나의 울이 되어준다. 자식의 장래가 촉망되면 나의 노년도 안락할 수 있을 것이라는 기대감이 아이들에게 더욱 관심을 두고 집착하게 한다. 팔불출이 아니라도 아이가 공부를 잘한다는 말을 들으면 왠지 어깨가 으쓱해지고 기분이 좋아진다.

　인생이란 처음부터 끝까지 기대하는 바대로 하는 일이 술술 풀리고, 먹고 사는 것에 크게 신경을 쓰지 않아도 되는 사람은 그렇게 많지 않다. 누구에게나 한두 가지 애환은 있다. 단지 그것이 자신이 감내할 수 있느냐 감내하기 어려워 삶을 유지하는 데 버거운 짐으로 작용하느냐 하는 것이 문제다. 다른 사람들이 보기에는 저런 것도 걱정이라고 고민하고 있는가 싶은 일이, 당사자인 자신에게는 풀지 못하는 난제로 작용하는 일도 얼마든지 있다. 인간이란 각자 가치관과 지능, 지식 정도에 차이가 나고 기분이나 감정이 수시로 변화한다. 그러므로 특정한 문제에 대해 개인이 느끼는 어려움이나 쉬운 정도도 다를 수밖에 없다. 세상의 모든 문제는 답을 알고 나면 대수롭지 않다. 하지만 남들이 아무리 쉬운 문제라고 말을 해도 자신이 스스로 그 답을 알지 못할 때는 무엇이나 어려운 법이다.

　어떤 때는 일이 생각지도 않게 잘 풀리다가도 또 어떤 때는 아무리 노력해도 일이 꼬이기만 하고 도무지 풀리지 않는 일도 있다. 원인을 찾으려 애를 써 보아도 밝혀지지 않고 소용이 없을 때는, 내 능력의 한계가 여기까지인가 아니면 이것이 내 복인가 하고 별생각을 다 하게 된다. 그렇게 어렵고 꼬이기만 하던 일이 고비를 넘어 어느 날 우연히 풀리면, '그래 역시 산 입에 거미줄 치라는 법은 없는 거야' 하고 새로운 삶에 대한 의욕을 불태운다. 이처럼 세상을 살다 보면 기대하는 일들이 잘 풀릴 때가 있는가 하면 안 풀릴 때도 있는 등 기복이 생긴다.

　긴 인생을 살면서 그 기복 따라 울고 웃을 수만은 없는 일이다. 기쁘고 일이 잘 풀릴 때도 자만하지 말고, 일이 안 풀리는 인고(忍苦)의 세월이 찾아와도 이를 악물고 근신하며, 열심히 최선을 다해 살아야 한다. 그렇지 않고 일이 잘 풀린다고 떠벌리고 다니다가 얼마

지나지 않아 일이 안 풀린다고 앓는 소리를 하면 주위 사람들의 시선은 냉랭하게 다가온다. '언제는 기고만장해 으스대며 돌아다니더니 꼴좋다. 살다 보면 양지가 음지 되고 음지가 양지 되는 줄도 모르고 설치고 다니더니 이제 너도 한번 당해봐라. 저러고 언제까지나 잘될 줄 알았던 모양이지' 등 비아냥거리는 소리를 듣기 마련이다. 그러나 겸손한 사람의 어려움에 대해서는 '그 사람 열심히 하더니 참 안됐어, 저런 사람이 진짜 잘돼야 하는데 말이야 하느님도 불공평하시지' 등 어려운 처지를 동정하는 말을 한다. 사람들의 이러한 태도는 모두 잘되고 잘하는 것을 바라지만, 스스로 생각대로 이루지 못하는 데서 오는 부러움과 시샘이 동시에 작용한 결과다.

아이의 공부도 다를 것이 없다. 초등학교에서 대학교까지 학교 수와 학급의 수는 기본적으로 피라미드 구조를 보인다. 그러므로 초등학교에서 공부를 잘하던 아이가 중학교에 진학해서 성적이 떨어질 수도 있고, 고등학교까지 공부를 잘한다고 소문이 났던 아이도 명문대학에 진학을 못하는 예도 얼마든지 있다. 누구나 내심 아이가 초등학교, 중학교, 고등학교, 대학은 물론 사회에 진출하기 위해 보는 시험까지 모든 시험에서 좋은 결과를 얻을 수 있었으면 하고 바란다. 이러한 기대가 실제 이루어진다면 얼마나 좋겠는가마는 위로 올라갈수록 자리 수와 인원은 적다. 당연히 뽑는 인원도 적어져 경쟁은 치열해지고 기대와 같은 바람을 이루기는 쉽지 않다. 우리 아이가 최고에 포함된다면 좋겠지만, 그럴 가능성은 크지 않다.

평상시 공부를 잘해 좋은 성적을 얻더라도 심화문제가 출제되면 성적은 떨어질 수밖에 없다. 주위에서 볼 때는 아이가 성적을 얻기 위해 얼마만큼의 노력을 하고 있는지 모르기 때문에 때로는 부러움의 시선을 보내기도 한다. 공부를 잘한다는 것에 대한 평판은 학부모와 아이에게 자신감을 갖게 하는 요소가 될 수도 있지만 동시에 부담으로 작용하기도 한다. 내 아이가 계속 좋은 성적을 올리고 있을 때는 문제가 잘 드러나지 않는다. 겸손을 약간 벗어난 행동 또는 보통과 다름없는 일상적인 행동에 대해 타인이 시샘하는 마음으로 곡해하여 듣거나 과민반응을 보이더라도, 그들의 행동에는 여전히 부러움이 남아 있기 때문에 괜찮다. 하지만 추후 성적이 떨어지면 즉시 비아냥거림이 되어 돌아올 수 있다는 점을 염두에 두고 행동해야 한다.

초등학교에서는 비교적 단순한 교과내용이 학년이 올라갈수록 세분되고 심화하여 어려워진다. 아이들이 진력을 다해 노력하더라도 이러한 일련의 과정을 그때그때 모두 잘 이해하고 좋은 성적을 내기는 지극히 어려운 일이다. 우리 아이가 좋은 성적을 거둔다면 그것은 분명히 좋은 일이다. 그러나 주위에 좋지 못한 성적을 얻은 아이를 둔 부모 앞에서는 성적에 대해 가급적이면 언급하지 않는 것이 바람직하다. 화제 중에 포함되어 어쩔 수 없이 말을 하게 될 때도, 반드시 좋은 성적을 거두지 못한 다른 아이와 학부모의 우울한 기분을 고려할 줄 알아야 한다. 세상은 혼자 사는 것이 아니라 더불어 사는 곳이다. 즐거움도 괴로움도 장소와 분위기를 가려 표현하는 자기 절제가 필요하다. 그렇지 않으면 오늘 나의 즐거움이 내일 나에게 채찍이 되어 돌아오는 것을 피하기 어렵다.

누구나 인생에는 고비와 기복이 있다. 그러므로 우리는 감정적 변화의 극단에서 일이 잘 될 때는 겸손하며 타인을 배려할 줄 알고, 일이 잘 안 될 때는 인내하며 제자리를 찾을 때까지 노력해야 한다. 그러면 나와 내 아이가 어려울 때 먼저 손을 내밀어 잡아주고 동행해 주는 그 누군가가 다가선다. 우리가 겸손을 실천하고 가르쳐야 할 이유가 여기에 있다.

6. 아이가 공부에 흥미를 못 느끼고 쉽게 포기하는 이유

아이가 공부에 흥미를 못 느끼고 쉽게 포기하는 것은 자신의 행동과 결과에 대한 유관성과 강한 연관이 있다. 유관(contingency)은 반응이 발생할 때만 결과가 제시되는 반응과 결과 간의 관계를 말하고, 이러한 관계가 존재할 때 유관되어 있다고 한다.[106]

자신이 공부한 것이 학교에서 발표시간이나 시험에 나와 높은 점수를 얻는 아이들은, 유관성을 통하여 '나는 다른 아이들보다 우수하고 뛰어나 좋은 성적을 받고 공부를 잘한다'고 생각한다. 반대로 밤을 새워가며 열심히 공부했는데도 불구하고, 공부하지 않은 것이 시험문제에 나와 낮은 점수를 받게 되면, 아이들은 '나는 머리가 나빠서 공부를 못한다'는 생각을 한다. 당연히 공부를 못하는 아이들은, 공부에 대한 도전과 지속적인 진행을 포기하고 흥미를 상실한다. 이처럼 아이가 공부에 대해 흥미를 못 느끼고 쉽게 포기하는 이유는 무엇인가? 그것은 지능지수가 낮거나 의지가 부족해서라기보다는, 자신의 노력과 결과 간의 상관관계가 있는 유관성에서 성취감과 만족감을 제대로 찾지 못하기 때문이다.

강화(reinforcement)는 행동 발생 뒤에 미래의 행동 발생 가능성을 증가시킬 결과가 뒤따르는 과정을 말한다. 즉, 행동을 촉진하거나 미래에 더 많이 일어나게 한다. 강화의 효과

---

106) Raymond G. Miltenberger 저, 안병환 외 옮김(2009), "최신 행동수정", 시그마프레스(용어해설).

에 영향을 미치는 요인은 여러 가지가 있지만, 유관성도 그중 한 가지이다. 어떤 행동에 대해 즉각적인 결과가 일관적으로 뒤따르면, 그 결과는 행동을 더 잘 강화한다. 행동이 결과를 낳고, 그 결과는 행동이 나타날 때만 일어난다면, 그 행동의 결과 간에 유관성이 존재한다. 유관성이 존재할 때 결과는 더 잘 행동을 강화한다.

열심히 공부해 성적이 향상되어, 기분이 좋아지고 부모와 선생님으로부터 칭찬을 받는 것으로 강화를 받았다면, 그 아이는 공부를 더 열심히 한다. 그러나 코피가 터지도록 공부를 했는데도 성적이 저조하여 부모가 실망하는 모습을 보거나 선생님으로부터 꾸중을 들으면, 아이는 공부나 자신의 능력 한계에 대한 회의감을 갖는 등 공부를 잘하려 하지 않게 된다. 이처럼 공부를 잘하는 아이가 더 공부를 잘하게 되는 것은 인간의 특성상 일관적으로 강화되는 결과일 때 행동을 더 잘 반복[107]하게 되는 데서 이유를 찾을 수 있다.

아이들이 공부한 것을 대화 속에 포함해 말할 때 부모가 무의식적으로 아는 체한다는 말을 사용할 수가 있다. 그런데 이런 일을 몇 번 당하면 아이들은 그다음부터는 배워 이미 알고 있어도 잘 말하지 않게 된다. 학부모의 행동은 겸손을 가르쳐야 하겠다는 생각에서 한 단순한 행동이다. 그러나 아이의 입장은 다르다. 배운 것과 활용의 결과가 갖는 유관성이라는 관점에서 볼 때, 부모의 말은 아이의 공부 의욕을 저하하는 요소로 작용하는 결과를 가져온다. 배우고 공부한 것의 활용 결과가 칭찬이나 성취감에 도움이 되는 것으로 인식되면, 공부 강화로 이어져 당연히 더 열심히 무엇인가 공부하고 모르는 것을 알려고 하게 된다. 반대로 실망의 결과로 돌아올 때, 아이들은 공부에 흥미를 잃는다. 이렇게 부모의 태도와 행동이 아이의 교육적 흥미 형성에 상당한 영향을 미친다.

하지만 공부문제를 놓고 볼 때, 흥미의 여부는 역시 공부 자체에 있다. 현실적으로 아이들이 유관성 부분에서 가장 강한 영향을 받는 것은 공부의 효율과 학교에서 치는 시험 결과이다. 즉, 공식을 외우고 문제를 풀었을 때 잘 풀리는 등 집에서 공부한 것이 효력을 발휘하여 시험에서 좋은 성적을 받으면 공부강화로 이어진다. 공부할 때마다 학생들이 원하는 성과가 지금 당장 주어질 때, 그것의 매력은 증가하며 이런 유인이야말로 행동하게 하는 중요한 원동력[108]이다. 지금 주어지는 즉각적인 유혹을 거부하고 미래의 더 큰 만족을 위한 투자는 어렵고 힘든 것이다. 어떤 행동을 계속할 것인지는 그 행동의 결과에 따라 결정된다. 행동의 결과가 나쁘면, 그 행동을 계속하지 않을 테지만 결과가 좋으면 그 행동

---

107) Raymond G. Miltenberger 저, 안병환 외 옮김(2009), "최신 행동수정", 시그마프레스, p.72.
108) 박천식(1999), "재미있는 심리학", 원출판사, pp.86~87.

을 계속하게 된다. 효과 있는 행동은 차츰 그 행동을 할 가능성을 증가시키고, 효과가 없는 행동은 그 행동을 할 가능성을 감소시킨다.

강화나 유관성의 정도에 따라 공부를 능률적으로 하는 아이도 있고 비능률적으로 하는 아이도 있다. 하지만 세상에 어떤 아이도 모든 종류의 공부를 싫어하고 아무것도 배우지 못하는 경우는 없다. 특별한 장애아가 아니면 모두 말을 하고 배고프면 먹어야 한다는 것을 안다. 이것은 중요한 사실이다. 숙지의 속도는 느려도 가르치는 것이 가능하다는 것을 의미하기 때문이다. 다른 아이들과 비교하지 말고 현재 우리 아이의 수준에서 좋아하는 과목, 잘하는 과목을 파악하는 것이 중요하다. 먼저 그것을 공부하게 하고, 자주 읽는 책 속에 있는 내용을 물어봄으로써 자신이 공부를 잘할 수 있고 아는 것이 상당히 많다는 것을 인식시켜주는 일이 중요하다. 이런 작업을 통하여 아는 것을 스스로 확인하게 함으로써 공부를 잘할 수 있다는 자신감과 흥미를 유발해 공부에 대한 마음을 점차 강화시켜나가면 된다.

곶감이 달다고 이제 꽃잎 떨어진 감을 곶감으로 만들 수는 없다. 세상은 항상 어떤 결과가 나오기까지는 그만한 노력과 시간, 인내가 필요하다. 미리 짐작으로 안 될 것이라고 포기하지 말고 노력하고 인내하고 도전하게 하는 것까지는 해보아야 한다. 보석은 갈고 닦으면 고유의 빛이 난다. 아이도 열심히 갈고 닦는 등 잘 관리하면 하늘이 나에게 준 세상에서 가장 값진 보석이 될 수 있다. 그것은 반드시 잘 갈고 닦을 때만 그렇다.

7. 집에서 공부 가르치기의 어려움

어느 가정이나 아이들이 초등학교 저학년까지는 집에서 부모가 직접 공부를 가르친다. 하지만 초등학교 고학년이나 중학교 단계에 이르면 거의 포기하고, 학원에 보내거나 과외 공부를 시킨다. 용감하게 아이를 계속 가르치는 부모는 대개 전직이나 현직에서 교육 분야 업무에 종사한 분들이 많다. 아주 가끔은 전업주부 중에서 처음에는 자기 아이의 교육 지도를 위해 진학 단계에 따라 같이 공부하고 나중에는 자기 아이뿐만 아니라 다른 아이들까지 가르치는 대단한 사람도 있다.

부모가 아이에게 공부를 가르치기 원한다면, 아이들이 공부하다가 막혀 모르는 것을 질문할 때, 그것을 이해할 수 있도록 정확하게 설명해 줄 수 있는 실력이 필요하다. 그런데 실력은 하루아침에 그렇게 쉽게 늘지 않는다. 가르치는 사람은 당연히 교육을 받는 아이들보다 더 많이 알아야 하고, 가르치려고 하는 과목의 전체 과정을 미리 일정수준 이상 이해하고 있어야 한다. 매일 가르칠 것을 그날 공부해서 가르친다는 것은 어렵다. 미리 공부해야 하므로 모든 일상적인 생활을 포기하는 희생을 감수해야 가능한 일이다. 그렇게 하고도 잘 가르칠 수 있는 사람은 많지 않다. 가르치는 일을 하기 위해서는 장기간에 걸친 철저한 사전 준비가 필요하다. 충분한 준비가 없는 상태에서 공부를 가르치면 얼마 못 가서 아이들과 갈등만 남기고 포기하는 것이 대부분이다.

현재 초등학교나 중학교에 다니는 자녀를 둔 학부모를 기준으로 보면, 최소한 25년에서 30년 전에 그 과정의 공부를 끝마쳤다. 그런데도 지금 아이들에게 공부를 가르칠 수 있다는 것은, 그렇게 할 수 있을 만큼 실력을 유지하기 위해 장기간에 걸쳐 스스로 공부하고 연구를 했기 때문에 가능한 일이다. 직접 아이를 가르쳐 보겠다는 의욕은 좋지만, 공부를 가르치는 것은 기분 내키는 대로 했다가 안 했다가 해서는 안 된다. 일단 시작하면 일정한 범위와 진도로 체계적으로 가르쳐 나가야 한다. 어느 날은 공부 범위와 양을 많이 잡고 다른 날은 아주 적게 잡거나 빼먹으면, 오히려 아이의 공부 리듬만 깨는 역효과를 가져올 수밖에 없다. 따라서 한번 공부를 가르치겠다는 마음을 먹고 시작하면, 적어도 그 과목을 끝까지 가르쳐야 어느 정도 효과를 기대할 수 있다. 교육적 효과를 내기 위해서는 수업이론[109](instructional theory)까지는 아니라도 수업전략의 개념에 대해서는 어느 정도 이해하고 있어야 한다.

수업전략(instructional strategies)은 수업목표를 효과적이고 효율적으로 달성하기 위한 구체적인 방법이나 활동으로, 수업목표 달성을 위하여 교수-학습 과정의 구체적인 계열, 순서, 절차 등을 계획·설계·개발하는 것이다. 딕(Dick)과 개리(Garey)는 수업전략의 선정 및 개발을 위한 하위요소로 다음의 5가지를 들고 있다. 첫째는 수업 전 활동으로서 동기유발, 목표인지, 선행지식 상기 등을 통하여 학습자가 학습에 흥미를 갖고 인지적으로 준비할 수 있도록 한다. 둘째는 과제분석을 기초로 하여 새로운 정보를 적절한 순서로 제시한다. 셋째는 학습자의 참여이다. 다양한 문제나 모형실험(simulation) 및 게임 등을 도입하여 학습자가 직접 연습하게 하고 환류(feedback)를 통하여 의미 있는 정보를 습득한다. 넷째는 시험 및 평가로서 수업 전, 수업 중간, 수업 후 등의 진단, 형성, 총괄의 의미로서 시

---

109) 수업이론(instructional theory=교수이론)은 수업목표 달성을 위해 필요한 다양한 조건을 정리 및 통합할 수 있는 지침을 처방해주는 일련의 통합적 원리.

험 및 평가체제와 문항을 개발한다. 다섯째는 후속 활동이다. 학습의 결과를 기초로 하여 보충학습 또는 심화학습을 고안한다.

　학부모는 교사가 아니므로 반드시 수업전략을 쫓아서 아이들을 가르칠 필요는 없다. 하지만 중학교나 고등학교 과정에 다니는 아이에게 직접 가르치기를 원한다면, 그만한 준비와 노력은 수반되어야 한다. 장기적으로 아이들을 가르치는 것은 아무나 할 수 없는 힘든 일이다. 대학생들이 아르바이트로 아이들을 가르칠 수 있는 것은, 자신이 현재 일과(日課) 중 가장 많은 시간을 투입하는 공부를 주업으로 한다는 데 있다. 여기에 가르치는 내용이 자신이 고등학교나 중학교 과정에서 공부한 것과 거의 같은 내용으로 공부한 지 얼마 되지 않고, 그보다 상위 단계의 심화학습을 계속 진행하고 있으므로 가능한 일이다. 학부모인 자신이 직접 아이에게 공부시키기를 원한다면, 아르바이트를 하는 대학생들이 공부에 투입하는 시간 정도의 공부를 하고 있는지 자문해 보면 답은 쉽게 나온다. 노력 없는 찬사는 들을 수 없다. 특히, 공부는 가르치는 사람이 배우는 아이보다 많이 알지 못하면 원천적으로 수업 자체가 진행되지 않는다.

　좀 더 구체적으로 집에서 공부를 가르치는 것이 어려운 이유를 살펴보면, 첫째는 학부모의 학교 교과에 대한 지식부족 문제이다. 학교에서 아이들을 가르치는 교사는 전문적으로 가르치는 교육훈련을 받고 스스로 공부를 하는데도 방학 중에 연수를 받는 등 재교육을 게을리하지 않는다. 둘째는 지나치게 높은 기대와 성급함, 자기 감정통제의 실패에 따른 실망감의 직접적인 표출문제이다. 교사는 아이들을 객관적으로 바라보고 벌하는 방식도 기본적으로 사회통념이 인정하는 범위를 유지한다. 일부 과격한 언어적 표현을 하는 사람도 있기는 하지만, 아이들의 감정을 지나치게 자극하는 말은 잘 하지 않는다. 아무래도 주관적이고 직접적인 감정 표현에 비교적 많이 의존하는 학부모의 교육 방식과는 대비되는 부분이다. 다른 집 아이는 객관적인 입장에 서기 때문에 가르치는 일이 가능하고 보수도 따른다. 이에 비해 자기 아이는 주관적으로 접근하는 데다 대가가 현재는 무형이고 세월이 흐르면서 유형으로 나타나는 특징을 갖는다. 그렇기 때문에 흥미나 사명감이 부족하고 나도 모르게 감정이 개입되기 쉽다. 그래서 남의 아이는 잘 가르치는 사람들도 자기 아이는 잘 가르치지 못하는 경우가 많다. 교사나 교수도 자녀를 학원에 보내고, 남편이 아내에게 운전교육은 하지 않는 이유가 여기에 있다. 셋째는 수업이론이나 수업전략이 부재한 채 감각에 의존한 수업을 진행한다. 교사들의 교육은 연간 수업진행 계획과 아이들을 일정한 수준에 도달시키기 위한 목표가 분명하게 설정되어 있다. 이에 따라 속도와 수업 분량 조절, 체계적인 수업 진행, 시험이라는 평가를 통해 이해도를 확인해나간다. 때로는 새로운 교수 방법을 개발하거나 도입하기도 한다. 아이들을 잘 가르친다는 부모도 전문적인 직업으로 하는 교사들과 같이 가르치기는 어렵다. 넷째는 평가기준과 판단의 문제가 발생한다. 집에서 문제를 풀게 할 때 객관식 단답형은 그런대로 괜찮다. 문제는 서술형 주관식이다. 이것은 아이가 쓴 답을 어느 정도까지 옳은 답으로 인정해야 할 것인가 하는 문제에 부딪힌다. 아이는 자신이 공부해 이미 알고 있는 지식을 바탕으로 핵심 용어가 들어가면 맞지 않느냐며, 자신의 답이 옳다고 주장하는 일이 반드시 생긴다. 그렇지만 채점을 하고 시험 준비를 하도록 하는 부모의 입장은 다르다. 스스로 결정권이 없다. 학교에서 유사 상황이 발생했을 때, 교사가 그러한 것을 인정하지 않을 수 있는 점을 우려해 문제의 답지에 주어진 답과 일치하는 것만을 답으로 요구하게 된다. 아이는 불만이다. 그 마음은 알지만, 그렇다고 대충 그것을 인정하고 넘어가면 그것이 습관화될 수도 있다. 자기주장을 수렴하지 않는 입학시험, 경시대회에서 아이가 쓴 것과 같은 답을 인정하지 않으면, 결정적인 문제가 발생할 수도 있는 중요한 문제다. 즉, 아이는 자신이 시험을 잘 보았다고 생각하고 정답을 모두 썼다고 생각하는데, 시험 결과는 엉망인 경우가 발생할 수 있기 때문이다. 그렇다고 부모가 아이에게 문제집에서 요구하는 답이 맞고 아이가 적은 답이 틀렸다는 것을 확실하게 설명할 능력도 없다. 결국 아이가 문제를 풀고 시험 준비를 하는 기간 내내 서로 풀어놓은 문제의 답이 '맞다. 틀리다. 답지의 답에 맞추어라. 제 생각도 맞단 말이에요' 하고 옥신각신하며 언성이 높아지기 일쑤다. 학원이나 학교에서 출제되는 시험문제에 대해서는 강사나 교사가 결정하고 설명할 수 있으므로 문제가 되지 않는다. 다섯째는 규칙의 미흡, 관계 인정, 설정의 실패이다. 학교나 학원 등 교육기관에서 교육을 받을 때는 규칙에 따라 진행된다. 떠들거나 말을 안 듣는 등 통제에 따르지 않거나 다른 아이의 수업에 방해되면 벌을 준다. 그리고 교사나 강사의 능력은 물론 교육자와 배우는 피교육자의 명확한 관계를 상호 인정하고 그에 따라 예우를 한다. 이러한 예우가 인정되는 데는 당연히 '나보다 우수하고 많이 알고 내가 배울 것이 있다'고 인정하여 자청해서 찾아가기 때문에 상호 대하는 행동 자체가 집에서와 확연하게 다르다.

　우리 주위에는 자신은 잘 가르칠 수 있을 정도로 실력도 없고, 열심히 공부하는 노력도 하지 않으면서, 너무 쉽게 장시간 치열하게 노력하는 아이에게 정답을 맞히는 것은 당연하고, 문제를 풀다가 틀리기만 하면 그것도 못 푸느냐고 윽박지르는 부모가 적지 않은 것 같다. 아이의 행동이 마음에 안 들면 꾸중할 수 있다. 그리고 모르는 것을 제대로 설명해

주지 못하는 것까지는 괜찮다. 여기까지는 부모의 행동소관이다. 하지만 자신의 부족한 부분과 행동에 대해 아이들의 순종까지 기대하는 것은 자만과 독선이고 횡포다. 그래서 미국의 정신과 의사로 내담자의 현재 행동에 초점을 두고 그 행동이 내담자가 원하는 것을 얻을 수 있는지를 살피는 상담 방법인 현실요법이라는 상담이론을 창안한 윌리엄 글래서(William Glasser)는 가르치는 일은 매우 어려운 일이며, 광범위한 보상과 평생의 현장 훈련이 필요한 직업이다. 이보다 덜해서는 충분치 않다고 말했다.110)

8. 부모, 왜 아이 질문에 변변히 답을 못하는가

아이들을 교육하다 보면 아이들로부터 많은 질문을 받는다. 때로는 풀던 문제집을 들고 와서 모르겠다며 가르쳐달라고 한다. 초등학교 과정에서는 어느 정도 문제를 풀어주고 질문에 답을 해줄 수 있다. 그런데 중학교 단계를 넘어서면 풀어주는 문제보다는 풀어주지 못하는 문제가 많아진다. 질문에 대한 답도 해주는 것보다는 해주지 못하는 것이 늘어난다. 어쩌다 답을 해주어도, 그것이 옳은 답인지 아니면 그냥 내 생각을 말하는 것인지 확신이 서지 않고 헷갈리기까지 한다. 몇 번 이런 상황이 반복되면 학부모들은 아이들에게 '공부는 네가 하는 것이지 내가 하는 것이냐?'고 하면서 '다른 사람들이 어려운 것 모두 풀어주는 공부 누군들 못하겠느냐?'고 말한다. 자신의 부족한 지식을 들키지 않기 위해 화를 내거나 윽박지르는 방법으로 질문을 못 하게 막는다. 좀 더 솔직한 부모는 '학교 다닐 때 그것을 공부하기는 했는데 잊어버렸구나. 학교나 학원에 가서 선생님께 물어보아라'며 즉답을 피한다.

상황이 이쯤 되면 아이들의 태도도 달라진다. 점차 질문하지 않게 된다. 이해 안 되는 것을 모두 선생님에게 물어볼 수도 없다. 차츰 모르는 영역이 늘어나면 자신의 능력에 대한 한계와 답답한 마음을 느낀다. 생각대로 안 되고 부족한 자신에 대해 화가 난다. 이런 때 부모가 공부를 못한다고 꾸중하면, 아이들은 '엄마는 질문에 답도 못하면서……'라며 하고 싶은 말을 반쯤 꺼내다가 삼켜버린다. 아이를 꾸중하려 했던 부모의 마음이 더 무안(無顏)해진다.

---

110) William Glasser 저, 김인자 역(2005), "좋은 학교", 한국심리상담연구소, p.41.

학부모가 아이의 질문에 답을 하지 못하는 이유는 대개 4가지가 원인이다. 고착, 퇴행, 교과내용의 변화에 따른 새로운 내용의 편입, 원래 공부하는 능력이 떨어지는 경우 등에 기인한다. 첫째, 심리학에서 고착(fixation)은 발달과정에서 한 단계에서 다음 단계로 넘어갈 때, 다음 단계로의 이행에 어려움이 있는 경우를 말한다. 이러한 어려움은 해결 방법이 부적절하거나 새로운 방식으로 시도하는 것을 주저하기 때문일 수 있다. 어떤 이유이든 이럴 때, 다음 발달단계에 어려움이 있으므로 익숙해 있고 편한 그 단계에 일시적으로 머물게 되는 것을 고착이라고 한다. 고착의 요인으로 선택 가능성의 결여, 대뇌의 손상, 과잉 반복이나 학습, 스트레스(stress)의 상태, 좌절(frustration)의 상태를 들 수 있다. 이러한 고착현상은 아이들에게 많이 나타나지만, 어른도 예외는 아니다. 학창시절에 공부하던 단계를 사회에서 계속 발전시키지 못하고, 학습 능력이 고착화되는 현상이 나타나 지식의 발달이 정지해 있는 사람들을, 우리는 어렵지 않게 찾아볼 수 있다. 둘째, 퇴행(regression)은 이전의 발달 단계 수준으로 되돌아가는 것을 말한다. 졸업 이후 공부를 계속하지 않거나 공부를 해 알고 있던 것들도 활용하지 않으면 감각과 기능이 떨어진다. 아이가 중학교와 고등학교에 다닐 때쯤이면 부모는 공부를 그만둔 지 기본적으로 20년 정도의 세월이 흘렀다. 그동안 퇴행(退行)의 과정을 거쳤기 때문에 학창시절에 배웠던 것들은 아련한 기억 속에 머물기 마련이다. 책을 다시 펼쳐보면 생각나는 것들도 있지만 생각나지 않는 것이 더 많다. 망각에 의해 배운 것이 잊히니까 당연히 아는 것이 줄어들게 된다. 퇴행이 일단 발달했던 것이 이전 단계로 돌아가는 것이라면, 고착은 미발달한 것을 뜻한다. 셋째, 교과과정이 변화되어 자신이 배우지 않은 새로운 내용이 편입된 경우 당연히 모를 수밖에 없다. 컴퓨터 세대나 한문 세대가 아닌 경우 컴퓨터와 한문에 대한 질문, 실업계 고등학교를 나왔는데 인문계 고등학교 교과목에 대한 질문, 인문계 고등학교를 나왔더라도 다루어보지 못한 심화문제를 들고 와서 질문하면 대답을 못할 수밖에 없다. 넷째, 학창시절 공부를 별로 못하는 편에 속한 부모이다. 고등학교나 대학을 졸업했다고 하더라도 자신이 공부할 당시에도 이해를 제대로 하지 못했던 것이 많다. 아이들이 그 이해를 못 했던 내용에 대해 질문을 하면 모르는 것은 당연하다. 때로는 아이들로부터 질문을 받으면 '이런 문제 못 풀어도 살아가는 데 별로 지장 없는데, 머리 아프게 무엇을 하려고 이렇게 어려운 문제를 내서 사람을 곤혹스럽게 만드는가?' 하는 생각이 들면 내심 화가 치밀기도 한다.

현재 교육 분야에 종사하는 사람을 제외한 일반적인 학부모는, 이렇게 아이들이 공부하고 있는 내용을 질문하면 모르게 되어 있다. 그런데도 불구하고 어떤 부모들은 애써 자신의 지식이 부족한 것을 감추거나 창피함을 숨기기 위해, 맞는지 틀리는지도 모르는 대답을 해댄다. 또한 아이들이 무엇이든 질문을 하면 반드시 답을 해야 한다고 생각하는, 강박관념에 사로잡히는 사람도 있는 것 같다. 이런 모습은 결코 바람직한 태도가 아니다. 엉터리를 가르쳐주는 것은 교육이 아니다. 내가 자신이 없고 제대로 모르면 그냥 모른다고 하면 된다. 직접 문제를 풀고 질문에 당장 답을 주지 못하더라도, 아이의 질문이나 문제를 해결해줄 수 있는 충분한 능력을 갖추고 있다. 참고서를 사주고, 학원에 보내는 등 간접적인 방법으로 아이들이 공부를 잘하도록 관리하거나 어려워하는 문제를 풀어나가는 데 도움을 주면 된다. 전혀 창피한 일도 잘못된 일도 아니다. 오히려 합리적이고 아주 좋은 방법이다.

현실적으로 부모는 가족과 가정의 생계를 이끌어나가야 하는 고유의 역할이 주어져 있다. 아이들과 같이 공부한다는 것은 말이 안 된다. 함께 책을 보려고 노력하고 공부 문제에 대해 관심을 두고 고민하는 모습을 보여주는 정도로 충분하다. 학부모는 공부하는 기술을 가르쳐주는 코치가 아니다. 오히려 반듯한 사람으로 성장할 수 있도록 전체적으로 방향을 제시하는 일이 더 중요하다. 아이들이 좋은 성적을 내고 시험에 합격하도록 관리하는 감독의 역할이 주요한 임무다. 코치는 학원 선생님이나 과외교사 등 필요하면 얼마든지 고용하거나 활용하면 된다. 아이들이 자신의 질문에 대해 답을 못한다고 말을 하면, 당당하게 대답을 못하는 이유를 설명하라. 가족의 보호자로서 가정에서 엄마의 역할과 아버지의 역할, 감독으로서 더 중요한 역할을 하고 있음을 인식시켜 주면 된다. 그럼 아이들이 '엄마는 그것도 모른다'는 말을 쉽게 입에 올리지 못한다. 인간관계에서 이해할 때와 하지 못할 때 상대방의 행동은 크게 다르다. 부모와 아이들의 관계도 마찬가지다.

9. 비법과 진실, 아무에게나 쉽게 말해주지 않는다

공교육에서 진학은 기본적으로 동일하게 주어지는 준비기간을 통하여, 시험에서 누가 좋은 결과를 내느냐 하는 것으로 합격과 불합격이 갈라진다. 결과의 차이는 공부의 결과물인 실적, 즉 성적에 의해 결정 난다. 학교에서 보는 시험과 입시를 준비하는 아이들에게 명목상 주어진 시간과 교과 과정은 같다. 하지만 공부환경, 정보, 의지, 집중력, 동기, 경제력, 부모의 뒷바라지 등 공부환경과 조건, 처한 상황이 각기 다르므로 실질적으로는 차등 조건에서 각자의 효율과 실적 경쟁이다. 현실적으로 자신이 어떤 조건에 놓여 있건 모든 것은 결과가 대변한다. 결과에 대한 변명은 통용되지 않는다.

근본적으로 머리가 좋고, 나쁜 점에서 현저한 차이가 날 때는 어쩔 수 없다. 하지만 그 외에는 누가 얼마만큼 효율적으로 공부를 진행하느냐가 가장 중요하다. 혹자는 운이 있어야지 노력만 한다고 될 일이 아니라고 생각하기도 한다. 실제 살다 보니까 운이 있다는 느낌이 들고 중요한 것 같기도 하다. 운이라는 것이 뭐냐고 묻는다면, 아마 내가 생각하고 기대했던 일이 실제로 이루어졌을 때 사람들이 느끼는 감정이 아닐까 싶다. 좀 더 구체적으로 말하면, 운은 나에게 유리하게 작용하거나 불리하게 작용할 수 있는 환경요소의 조합된 결과이다. 이 환경요소 중에서 가장 중요한 것이 노력이다.

운(運)은 '운수(運數)'의 준말이고, 운수(運數)는 사람에게 정해진 운명의 좋고 나쁨, 곧 인간의 능력을 초월하는 천운(天運)과 기수(氣數)를 말한다. 천운(天運)은 하늘이 정한 운수이고, 기수(氣數)는 저절로 오고 가고 한다는 길흉·화복(禍福)의 운수를 말한다. 그러나 인간 삶에서 중요한 것은 자신의 힘과 의지에 의해 변화시킬 수 있는 노력이다. 결과론적으로 운이 있다고 생각하는 사람은 노력한 결과가 기대수준에 잘 맞아떨어지도록 일이 일어나 좋은 기분을 느끼게 되므로, 그 기본 바탕은 노력에 있다고 보는 것이 옳을 것이다. 아무리 애를 써 노력을 해도 불리하게 작용하는 환경요소를 극복하지 못하면, 그것은 어쩔 수 없는 일이다. 그래서 사람들이 하늘의 뜻이라는 말을 하는 것이다. 그러나 우선은 결과가 좋지 않게 나타나더라도 인간의 노력은 헛된 것이 아니다. 훗날 반드시 그 진가를 발휘한다.

사람의 삶에서 자신은 한 걸음도 움직이지 않는데 만나기를 간절히 원했던 사람이 찾아와서 실제 만남이 실현될 가능성은 거의 없다. 만일 그런 일이 있다면, 그것은 우연한 일치에 불과하다. 같은 생각을 매일 한다고 해서 매일 같은 일이 발생하지는 않는다. 어찌됐던 그 실체를 정확하게 규명할 수 없는 운에 우리 아이의 인생을 맡길 수는 없는 일이다. 결국 노력을 통해 실력이 적정수준 이상 되는 아이들이 진학을 하므로 노력 없이는 운도 기대할 수 없다. 우리가 공부를 보다 효율적으로 하는 방법을 찾기 위해 고민하고 노력하는 이유도 노력이 인생행로까지 조정하는 결정적인 역할을 하는 열쇠라는 것을 알기 때문이다. 합격에 대한 기대가 큰 사람일수록 아이들을 더욱 혹독하게 공부시킨다.

결과에 대한 기대가 지나치게 커지고 경쟁의식이 과열되면 때로는 편법인 줄 알면서 개인과외나 유명강사에게 고액을 지급하고 초빙해 집단지도를 받게 하기도 한다. 우리는 일정한 결과를 낸 상당수의 아이가 이런 방법으로 공부해왔다는 것을 공공연하게 알고 있다. 그럼에도 아이들 교육에 관한 경험담을 실은 책이나 공개 강연에서 하는 말은 거의 같다. 앵무새처럼 우리 아이는 혼자서 공부했다. 잠은 충분히 자게 했다고 말한다. 혼자서 공부하고 잠을 충분히 자면서 최고수준의 실력이나 성적을 낼 수 있도록 공부를 할 수 있다면, 그 아이는 지능지수가 대단히 높은 극히 소수의 인재에 해당한다고 보는 것이 정확하다.

그런 아이의 교육에 대한 이야기를 우리 아이에게 적용하면 맞을 수가 없다. 우리 아이도 그들과 같이 머리가 좋고 공부를 알아서 잘하면 왜 고민하겠는가? 책에 나오는 모범적인 아이, 부모의 공개 강연 대상, 자신이 공부와 관련된 대담 등에 출연할 정도의 아이 중에 머리는 좋고 가정 형편이 어려운 한두 명을 제외한 대부분은 사실에 대해 말을 하지 않는다. 실제로는 고액 개인교습이나, 유명 족집게 강사 초빙 집단 지도, 학원 운영 제한시간을 넘겨 새벽 2~3시까지 수강을 했다고 보면 틀림없다.

그들이 아무리 아니라고 해도 같은 지역에서 현재 최고 수준에 있는 아이를 교육하고 있는 학부모들은, 아름 아름으로 누구는 어떻게 공부를 하는지, 학원은 어디에 다니고, 과외를 하는지 안 하는지 대부분 안다. 유유상종이라고 공부를 잘하는 부모와 아이들은 그들끼리 교류하고 모인다. 동병상련의 입장이기 때문에 단지 서로 불편해질 수 있는 말을 하지 않으려는 것이지 모르는 것이 아니다. 우리의 현실적인 여건, 가치관이나 방침의 차이, 교육 방법의 선택, 우리 아이 공부 방법이나 수용성을 반영한 정책적 판단 때문에 우리도 같이 하지 않을 뿐이다. 정부에서 아무리 학원 운영시간을 제한하고 고액과외를 문제 삼아도, 우리 아이만은 합격시켜야 한다는 욕심 앞에서는 정부정책이 제대로 위력을 발휘하기 어렵다.

입으로는 사교육비 때문에 힘들다고 말하지만, 옆집에 있는 아이가 개인교습을 받고 학원에 다니는데, 우리 아이만 집에서 교과서로 혼자 공부하고 학교에서 교사가 가르쳐주는 것만으로 공부하게 두지는 않는다. 그렇게 두면 학교에서 전혀 배우지도 않고 교과서에 내용이 나오지 않는 심화문제가 많이 출제되는 올림피아드와 경시대회에 응시 자체도 곤란하다. 혼자서 공부한다고 응시할 수 없는 것은 아니지만, 입상했다는 말은 쉽게 믿기지 않는다. 그것은 직접 아이를 교육해 보면 무슨 말인지 금방 알 수 있다. 현재 올림피아드 시험을 보거나 유명학교에 진학하는 아이 중에는 조기 선행공부는 기본이다. 내놓으라 하는 정도의 명문대학이나 대학원을 졸업한 유명강사가 소속되어 있는 학원, 그것도 같은 과목을 2~3곳의 학원에 겹치기 수강을 하는 아이도 적지 않은 게 현실이다. 이렇게 해도 너무 많은 아이가 비슷한 방법으로 공부를 하므로 상위 입상을 하거나 합격하기는 쉽지 않다.

만일 자기 아이가 혼자서 공부해 좋은 결과를 얻었다고 말하면서, 예습복습이 중요하다고 강조하는 학부모가 있다고 하더라도, 구체적으로 설명해주지 않기는 마찬가지다. 처음부터 아이가 공부를 좋아하고 잘 따라주는 상황에서 그렇게 하도록 했는지 아니면 공부에 흥미를 느끼지 못하고 싫어하는 아이에게 습관적으로 예습복습을 실행하게 하였는지, 동기 부여는 어떻게 했는지, 그때 아이의 반응은 어떠했고 중간과정에서 겪어야 했던 어려움은 무엇인지, 그것들을 어떤 구체적인 방법으로 헤쳐 나왔는지, 아이가 생각대로 잘 따르지 않았을 때 어떻게 대응하고 다루어야 하는지, 우리의 피부에 와 닿고 금방 실생활에 적용할 수 있는 실질적인 내용에 대해서는 거의 언급이 없다. 주로 결과 자체만 놓고 미화시키는 데만 열을 올린다.

좋은 결과와 일반적인 내용은 쉽게 말한다. 하지만 비법(know-how)과 같은 진실이 담긴 내용은 제대로 공개하지 않는다. 가령 편법적인 과외나 학원 운영 제한 시간을 넘겨 공부를 시켰을 때, 자신들의 치부를 드러내면 바로 비난을 받거나 지탄의 대상이 되어 손해가 되는 데 누가 그것을 말하겠는가? 여기에 때로는 말로 표현하기 어려운 느낌이나 보여주는 것으로 해야 더 효과적인 부분도 있다. 현재 시현된 성적이나 명문학교 입학과 같은 결과는 아이를 둘러싸고 있는 제반 요소가 총체적으로 작용해 나타난 것이다. 각각의 요소 중 무엇이 얼마만큼 작용하여 그러한 결과가 나타나게 되었는지 정확한 분석이 이루어지지 않는다. 실제 좋은 성적을 거두고도 왜 그렇게 되었는지 자신도 모르는 사람이 더 많다. 굳이 말하려 한다면, 머리가 좋아 공부를 잘했다고 하면 다른 사람들로부터 조소를 당하거나 욕을 먹을 테니까, 기껏해야 열심히 공부했다고 말하는 정도일 수밖에 없다.

내가 보는 것, 듣는 것, 아는 것은 모두 미리 알고 있었던 것이 아니다. 내 머릿속에 있는 것을 끄집어내 필요한 시기에 내가 활용하거나 인지하는 그 순간만 내 것이 된다. 결국 비법은 말해주는 것이라기보다는 자신이 찾고 느끼는 것이라 할 수 있다. 설령 가르쳐준다고 해도 자신이 노력과 시행착오를 거쳐 그것을 인지할 수 있는 수준에 이르지 못하면 이해하지 못한다. 그러므로 많은 사람은 세월이 지나면 '아! 그때 그렇게 말을 하더니, 이것이 그것이었구나!' 하고 느낀다. 비법이나 진리가 가까이 있어도 내가 인식하고 인지하지 못하면 소용이 없다. 그것은 단순한 정보나 지식에 머물 수도 있고, 때로는 아무것도 아닌 그냥 흘려듣는 것에 지나지 않을 수도 있다.

10. 공부 못하는 아이와 관리 잘못하는 부모의 공통점

교육과정에서 공부를 못하는 아이와 관리를 잘못하는 부모는 공통점이 있다. 그것은 능력이 부족한 것이 아니다. 부정적인 사고를 갖고, 너무 쉽게 포기하고, 자신에게 기회를 주지 않으며, 실패의 원인을 분석하여 그것을 제거하기 위한 노력을 게을리한다는 점이다.

사람은 누구나 실패를 할 수 있고 무슨 일이든지 실패에는 반드시 원인이 있다. 중요한 것은 실패의 사실을 인정하고 그 원인을 알아내는 일이다. 원인을 알지 못하면 같은 실패를 되풀이할 수밖에 없다. 실패를 반복하지 않기 위해서는 그 실패의 원인을 찾아 제거하거나 보완해야 다음에 같은 실패를 되풀이하지 않을 수 있다. 이뿐만이 아니다. 잘못된 원인을 찾아 제거하는 일은 자기 한계를 극복하는 좋은 방법이기도 하다. 잘못이나 실수는 언제나 평균 이하의 실적, 최고의 성적을 못 올리게 하는 원인으로 작용한다. 잘못과 실수의 원인을 찾아 제거하면 실력의 기복을 줄이고 최고점수를 내도록 함으로써 결과적으로 실력을 향상하는 결과를 가져다주는 중요한 작업이다. 원인을 분석해야 한다고 하니까 너무 거창하고 어렵게 들릴지 모르지만, 그렇게 어려운 일만도 아니다. 내가 해온 일에 대한 잘못의 원인과 내용이 무엇이었는지 곰곰이 생각하고 정리해 보면 된다. 좀 더 구체적으로 하고 싶으면 글로 써서 정리해보는 것도 괜찮다.

우선 공부 잘하는 사람과 못하는 사람에 대해 분석해보자. 예를 들어 '서당 개(여기서 개는 방 밖에 있는 공부에 별로 관심도 없고 못하는 사람으로 간주함) 3년이면 풍월을 읊는다'는 옛말이 있다. 아이들 공부에서 이 말은 아주 중요한 의미가 있다. 일반적으로 교육환경의 중요성을 강조하는 것으로 이해되는 경향이 있지만, 학습에서 필수적 요소인 반복성과 지속성, 규칙성, 단계, 사회성을 모두 포함한다. 서당은 옛날의 학교이다. 서당에서 공부를 하는 것은 아이들이다. 일반적으로 개의 지능은 인간의 지능보다 낮다.

개는 서당의 교실 역할을 했던 방 밖에 있는 마루 밑이나 처마 밑에 매어 놓는다. 공부하는 교실도 아니고 교실 밖에 있는 개가 3년에 풍월을 읊을 정도(공부한 내용을 익혀 어느 정도 활용할 수 있는 단계)라면, 방 안에서 공부하는 인간은 어떻게 되어야 할까? 당연히 풍월을 읊고도 남음이 있어야 마땅하다. 그런데 실제로는 3년을 공부해도 풍월을 읊지 못하는 경우가 더 많다. 장족의 발전을 할 수 있는 사람은 생각보다 많지 않다. 직접 공부를 해보면 바로 알 수 있다. 왜 이런 일이 생기는가? 그것은 공부에서 환경이나 기간이 절대적인 요소가 아니라 인간의 의지와 노력, 목표에 따라 달라지기 때문에 빚어지는 현상이다.

대부분 사람들은 공부를 잘하는 아이들은 타고난 머리가 좋고 공부를 못하는 사람들은 머리가 나쁘다고 생각하지만, 이것은 크게 잘못된 생각이다. 공부를 잘하는 사람들은 하나같이 머리가 좋아서 공부를 잘한 것이 아니라, 인내하며 치열하게 노력했기 때문이라고 말하고 있다. 물론 머리가 좋다는 일반적인 의미는 공부를 하는 데 있어서 이해력이 뛰어나고 암기력이나 기억력이 좋다는 것을 뜻한다. 같은 조건이라면 머리가 좋은 아이가 공부를 잘하는 것은 당연하다. 그러나 머리가 좋은 것이 공부를 잘하는 중요한 요소인 것은 맞지만 그렇다고 좋은 성적을 거두는 것과 항상 일치하지는 않는다.

인간은 노력하지 않으면 지식이 늘지 않는 구조로 되어 있다. 수행을 통해 사물의 이치를 깨우치는 도(道)를 통한다는 일도 치열한 자신과의 싸움과 노력 없이는 안 된다. 매번 시험에서 좋은 성적을 거두고 공부 잘한다는 소리를 듣는 아이들은 머리가 좋을 가능성이 크지만, 현실적으로 옆에서 지켜보면 머리보다는 노력이 더 중요하다는 것을 금방 알 수 있다. 공부를 잘하는 만큼 공부에 투입하는 시간도 많다. 그러나 공부를 못하는 아이들은 그 원인을 분석해보면 머리도 좋지 않지만, 공부에 투입하는 시간도 많지 않다.

같은 지능을 가진 사람은 투입된 시간, 집중력, 활용능력, 의지나 동기 등에 의해 성적의 차이가 날 수 있다. 하지만 비슷한 능력을 갖춘 사람 중에도 자신의 능력에 한계를 느낀 사람과 그렇지 않은 사람의 행동양식은 전혀 달라진다. 인간은 한번 시험을 크게 망치고 좌절감을 느끼게 되면 이후의 공부에 대한 태도가 많이 변화한다. 좋은 실적을 올려 자부심을 느끼게 될 때도 마찬가지이다. 또한 같은 시간을 투입해 공부하더라도 공부에 대한 관심, 흥미, 스스로 하려고 하는 의지나 동기, 공부 방법에서 결과는 많은 차이를 보인다.

머리가 좋은 사람은 남들이 20년간 공부해야 할 것을 10년 정도의 기간에 다할 수 있다고 가정하자. 그리고 실제 그렇게 하는 사람이 있다고 하더라도 그것은 어디까지나 교과서 내의 공부에 해당하는 이야기이다. 인생은 교과서 밖에서 배워야 할 것이 훨씬 더 많다. 그러므로 20년 만에 해야 할 공부를 10년 만에 하더라도, 그것이 참다운 공부를 한 것인가 하는 점에 대해서는 생각해볼 여지가 있다. 또한 공부를 못해 성적이 별로 좋지 않은 아이들이 학교생활을 통해 배운 사회와 관련된 것이 참다운 공부가 아니라고 말할 수도 없다. 인간은 사회 속에서 살기 때문에 자신이 소속된 사회가 규제하는 것과 허용하는 것, 도덕적인 것과 비도덕적인 것 등을 배우는 사회화는 누구에게나 필요하다. 공부도 결국 사회 속에서 그 구성원들이 인정하는 가치 속에서 삶을 살아가도록 하기 위한 것이므로 어떤 성적을 거두었든, 각자의 인생에 나름대로 가치를 가진다.

부모가 생각하기에 아이들이 공부를 만족할 정도로 한다고 생각되면 문제될 것이 없다. 그러나 기대에 훨씬 못 미치고 공부를 못한다는 생각이 드는 아이도 반드시 공부를 잘하는 아이가 하는 정도의 시간을 투입하는 방식으로 공부를 한번 시켜볼 필요가 있다. 즉, 학습에서 필수적 요소인 같은 내용에 대한 반복 학습, 매일 방과 후 최소 6시간 이상 일정 시간을 공부하거나 중요과목을 하루도 빠지지 않고 공부하게 하는 등 습관적으로 공부하는 규칙성, 그리고 적어도 3년 정도 지속적으로 공부하도록 철저한 통제, 공부의 단계를 설정하고 초기에는 쉬운 내용에서 점차 어려운 단계로 점진적인 공부의 진행, 공부한 내용을 시험을 통해 대외적으로 평가를 받고 수준을 확인하는 공부를 진행하고 그 결과를 평가해보는 것이 중요하다. 그래도 공부에 진전이 없다면 그때는 포기해도 좋다.

그런데 대부분의 공부를 못한다고 생각하는 아이들은 이렇게 공부를 해보지도 않고, 자신의 능력이 부족하고 머리가 나쁘다는 등 변명거리만 찾는다. 지레짐작에 의존하여 임의대로 판단해 공부를 포기하거나 하지 않으면서 공부를 못한다고 생각한다. 이에 반해 공부를 잘하는 아이들은 학습에서 필수적인 요소가 요구하는 내용에 따라 땀과 눈물을 쏟는다. 자신의 한계를 극복하기 위해 치열하게 노력하며 자신과의 싸움을 계속한다. 즉, 공부를 잘하는 아이들은 열심히 하고, 새로운 것에 도전하고, 오랫동안 한다. 공부를 못하는 아이들은 공부를 안 하고, 쉽게 포기하고, 방법을 몰라 못하는 것이다. 공부가 인생 전부는 아니라고 하더라도, 사회적 평가 과정과 기준이기 때문에 중요한 요소임은 분명하다. 자신에게 노력하고 도전할 기회도 주지 않고 스스로 공부를 못한다고 낙인을 찍어 열등의식에 사로잡혀 살아가는 것은 아주 잘못된 것이다. 자신의 가치를 심각하게 훼손하는 세상에서 가장 나쁜 자해행위와 같다.

위에서 공부를 잘하고 못하는 것에 대한 분석은 어느 정도 이루어졌다. 그러면 아이들 관리를 잘하는 사람과 못하는 사람의 차이는 무엇일까? 관리를 잘하는 사람은 '하면 된다, 할 수 있다'는 긍정적인 생각을 한다. 아이의 능력을 대부분 잘 파악하고 있다. 아이의 능력에 맞추어 적절한 목표를 설정하므로 부모의 기대와 아이의 능력 간 차이가 작은 편이다. 개선하려는 의지도 있다. 합리적인 사고와 아이를 존중하는 경향이 강하다. 아이의 의견을 수렴하고 대화한다. 관심을 많이 두고 노력을 기울이므로 아이들에게 문제가 발생하지 않도록 예방에 주력한다. 문제가 발생했을 때는 즉각적으로 개입해 처리한다. 교육의 중요성을 충분히 인식하고 아이의 역량에 맞추어 실력을 향상하는 방법을 찾기 위해 치열하게 노력한다. 발에 땀이 날 정도로 뛰어다니며 발품을 파는 사람들도 적지 않다. 아이들에게 도움이 되는 일이라면 사소한 것들도 기록하고 기억한다. 아이가 한계나 난관에 봉착하면 원인을 분석하고, 그 상황을 타개해 앞으로 나갈 수 있는 방향성 제시, 해법 제공, 공동의 노력을 벌여나간다. 스스로 힘이 부치면 주위 사람들에게 자문을 구하고 도서관에 가서 책도 찾아보고 열심히 노력한다. 쉽게 포기하지 않는다. 무엇보다도 공부에 대한 자기 가치관과 신념이 잘 정리되어 있으며, 뚜렷한 목표나 철학을 가지고 있는 사람이 많다. 평상시에는 공부하는 환경 조성과 동기를 갖게 하려고 노력하지만, 아이들이 공부에 회의적인 생각을 하거나 노력을 게을리할 때에는 공부를 해야 하는 이유에 대해 잘 타일러 준다. 주위에 있는 공부 잘하는 다른 아이들 실력을 인정하더라도, 내 아이가 더 소중하다는 생각을 잊어버리지 않는다. 아이에게 노력하고 도전하는 기회를 제공한다. 재능육성에 중점을 두므로 공부가 아니라도 아이가 가진 재능을 발굴하고 육성하겠다는 열린 사고를 가지고 있다. 아이들은 부모가 자신의 어려움에 대해 해법을 찾아주지 못해도 실망하지 않는다. 같이 노력해주는 것만으로도 부모를 존경하고 감사해 한다. 관리를 잘 해주고 공부를 많이 하면 아이는 당연히 공부를 잘할 수밖에 없다.

관리를 못 하는 부모는 어떤가? '우리 아이는 머리가 나쁘다. 도무지 말을 안 듣는다. 아무리 공부를 시키려고 해도 안 된다'는 등 부정적인 사고를 갖고 있는 경우가 많다. 안되는 이유나 변명거리만 찾는다. 노력을 많이 하지 않는다. 자신은 노력을 많이 했다고 생각하지만, 그것은 관리를 잘하는 부모에 비하면 보잘것없다. 관심이 부족하고 노력을 적게 하므로 아이들에게 무슨 문제가 있는지 잘 모른다. 문제가 발생하면 원인은 뒷전이고 일단 아이에게 '또 사고를 쳤다', '속 썩이는 일만 하고 다닌다'고 화를 내고 꾸지람을 먼저 한다. 그리고 대개는 별다른 해결방안도 제시하지 못한다. 아이들 질문에 제대로 대답을 못해도 부끄럽게 생각하지도 않으므로 공부도 하지 않는다. 제대로 된 공부 환경조성이나 동기부여도 못한다. 공부에 대한 자신의 가치관 정립이나 신념이 부족하므로 아이들이 공부에 대해 회의감을 갖거나 좌절감으로 포기하려 할 때 마음을 잡아주기 어렵다. 아이의 능력을 제대로 평가하지 못하므로 기대와 아이의 능력 사이에 비교적 차이가 크다. 공부 잘하는 다른 집 아이를 부러워하고 내 아이의 가치는 잘 인정하지 않으려는 태도를 보이기도 한다. 공부가 아닌 다른 분야에 대한 아이의 도전과 잠재력 향상 노력을 가로막는 경향이 강하게 나타난다. 가치가 공부에 집중되어 닫힌 사고를 갖고 있는 경우가 적지 않다. 이외에도 여러 가지가 있을 수 있다.

인간의 만족도와 삶의 방식은 제각기 다르다. 아이가 공부 잘하는 사람은 잘하는 대로,

못하는 사람은 못하는 대로 고민거리가 있다. 공부를 못하는 자녀를 둔 사람들이 생각하기에는 공부 잘하는 자녀를 둔 사람들이 다른 때보다 시험에서 한두 개 더 틀린 것을 두고 괴로워하거나 좌절감을 느끼는 것이 이해가 잘 안 된다. 공부를 못하는 아이로서는 공부를 잘하는 아이가 좋지 않은 점수를 받았다는 것이 자신의 점수보다 훨씬 높을 때는 더욱 그러하다. 역으로 공부를 못하는 아이가 다른 때보다 점수를 10점 올려 자신의 성적에 만족해하더라도 공부를 잘하는 아이가 볼 때 그것이 자신과 경쟁상대로 느껴지지 않을 정도로 점수 차이가 나면 별다른 반응이나 관심을 보이지 않는다. 이러한 현상은 성적에 대해 자신이 느끼는 한계, 점수에 대한 인식, 가치판단의 기준이 달라서 나타나는 현상이다.

중요한 것은 나 자신이다. 잘못하고 부족하다는 것을 알면 바로 고치면 된다. 그러나 닫힌 마음으로 자신이 잘못되었다는 것, 부족하다는 것을 알지 못하면 그것은 참으로 난감하고 어려운 일이다. 아파도 아픈 것을 모르면 백약이 있어도 소용이 없다. 그래서 교육은 아이들을 대상으로 하는 나를 위한 것이 되는 것이다. 우선은 아이에 관한 문제 해결 능력의 제고가 결국은 내 인생의 문제 해결 능력 제고로 이어진다.

11. 교육의 중심인 가정, 선도자는 엄마다

교육의 양대 축이 가정과 학교라는 것은 모두가 아는 사실이다. 그러나 교육의 중심이 가정이라는 것을 아는 사람은 생각보다 많지 않은 것 같다. 아이를 선도해야 하는 사람도 교사가 아니라 엄마이다. 이 문제는 단순해 보이지만 아이들 교육에서 중요한 문제이다. 즉, 주도권과 주최에 관한 문제에 해당한다. 주인과 손님, 최고경영자와 사원의 행동은 다르다. 만약 주인과 손님이 바뀌면 우리는 그것이 정상적인 모습이 아니라고 생각한다. 역할에 대한 인식과 구분은 이렇게 중요한 의미가 있다. 가정이 교육의 중심이고 엄마인 내가 선도자라는 확실한 인식이 있는 부모들은 주도적으로 아이들 교육과 공부를 계획하고 관리한다. 그렇지 않은 부모들은 학교에 보내거나 학원에 보내면 교육이 절로 되고 자신의 할 일은 다 한 것이라는 착각에 빠질 가능성이 크다. 돈만 대주면 부모가 해야 할 역할을 다 한 것으로 생각할 수 있다는 말이다. 그런데 아이들은 자신에게 필요한 돈을 잘 대주는 부모보다는 자신의 인격을 존중해주고, 자신이 하는 말을 들어주고, 대화하며 자신의 고민에 대해 함께 해결하기 위해 힘을 합쳐 노력해주는 부모를 더 좋아하고 존경한다.

공교육체계에 의해 움직이는 학교는 아이들 교육에서 분명히 가장 중요한 기관임이 틀림없다. 현대인들은 장차 사회에 나가서 자신의 삶을 영위하는 데 필요한 기본적인 소양을 모두 학교에서 배운다. 학원도 기술적으로 공부를 가르치므로 실력이 부족한 아이들의 실력을 보충하는데 나름대로 기여한다. 하지만 학교와 학원은 한계가 있다. 특히 책임감에는 더욱 그렇다. 학교와 학원은 아이들의 잠재적인 능력, 재능, 지식을 양성하는 기관이지 책임을 지는 기관이 아니다. 그리고 이미 체계화된 일정한 틀 안에서 교육이 이루어지므로 인간이 살아가는 데 필요한 다양한 것을 모두 가르칠 수도 없다. 필요에 따라 선택도 가능하다. 우리 아이만을 위해 있는 것도 아니다. 여러 가지 성향이 있는 다른 아이들과 함께 생활해야 한다. 같이 어울리는 중에 문제가 생겨 피해를 보아도 책임을 묻기가 쉽지 않다. 무엇보다 학원과 학교는 기간이 정해져 있는 하나의 교육과정에 불과하다.

가정과 부모는 어떤가? 아무리 책임에서 벗어나려고 해도 벗어날 수 없다. 부모는 근본적으로 무한책임을 지도록 요구되고 또 그렇게 인식하고 있다. 인생의 동반자로서 평생을 아이와 함께 살아가야 한다. 공부를 잘하면 잘하는 대로 못하면 못하는 대로, 잘났으면 잘난 대로, 못났으면 못난 대로 껴안고 간다. 학교에서는 한번 공부한 것을 반복하고 숙련시킬 기회가 거의 주어지지 않기 때문에 예습과 복습을 하고 반복을 통해 숙련을 시키며, 부족한 부분을 보충하는 것은 집에서 해야 할 일이다. 학교에서 배운 것이 부족하면 학원에 보내고 진학할 학교를 선택하는 결정 등 중요한 일은 모두 가정에서 이루어진다.

갓 태어난 아이는 혼자서 살아갈 수 있는 지식, 자기 관리와 통제, 의식주의 해결, 자기 방어능력이 부족하므로 독자적인 생존을 영위할 수 없다. 반드시 보살핌이 필요하다. 교육은 이렇게 나약하고 부족한 아이가 독자적인 삶을 영위할 수 있는 능력을 갖추도록 하는 과정이다. 이때 부모의 도움이 절대적으로 필요하다. 누군가가 능력을 길러주고 의식주를 해결하는 선도적인 역할을 해야 하는데 그것이 엄마의 소임이다. 이제까지 인류 역사상 위대한 인물은 모두 엄마에 의해 교육되고 키워졌다.

부모가 자녀를 잘 교육하고 싶어도, 세상의 변화가 너무 빠르고 아는 것은 너무 적다. 현실 속에서 먹고 사는 일만 해도 너무 바쁘다. 마음이 있어도 이런 상황들은 아이들을 제대로 돌보지 못하고 방목하듯이 양육하게 한다. 그러나 한 가지 분명한 것은 방목은 아무렇게나 놓아기르는 것이 아니라는 점이다. 방목에는 일정한 방식과 틀이 있다. 필요할 때는 가축을 모으거나 풀어놓는 등 철저하게 통제를 한다. 내가 방목을 하겠다는 작정을 하고 선택해 방목할 때 방목이 되는 것이다. 내 의사와는 상관없이 알아서 아무렇게나 돌아다니고 살도록 내버려두는 것은 절로 자라는 야생이지 방목이 아니다. 주인이면서 주인 노릇을 못하면 주인의 의미가 없다.

집에서 부모에게 학습 받는 것은 누구도 대신할 수 없는 고유의 교육 영역이다. 무한한 잠재력을 가진 아이들을 주어진 틀 안에서 맴돌게 하는 교육은, 그 교육열이 아무리 뜨거워도 좋은 성과를 거두기 어렵다. 아이가 가진 특징을 여러 측면에서 스스로 발견할 수 있도록 도와주는 길은 부모나 교사가 해줄 수 있는 최상의 서비스다. 그것은 어떻게 하면 학교에서 성적을 올리고, 1등을 하고, 좋은 학교에 입학하도록 할 것인가 하는 것 못지않게 중요하다. 아이들이 행복해하면서 잘해낼 길을 찾아가도록 돕는 것이 아이들을 위한 최선이다.[111]

유대인 교육에서 부모가 우두머리(boss)라는 것을 분명하게 인식시켜야 한다고 했다. 아이에게 이것을 인식시키기 위해 강조하는 것은 역설적으로 해석하면 나 자신이 아이 교육에서 선도자라는 사실을 잊지 않고 본분을 다하기 위해 다짐하는 것과 같다.

12. 사랑이라는 이름으로 포장된 잘못된 열정

사람이 하는 모든 일의 시작은 인간관계에서 출발한다. 좋은 인간관계를 지속하기 위해서는 원만한 관계를 유지하기 위한 끊임없는 노력이 필요하다. 좋은 인간관계는 가까운 사람일수록 더욱 필요한 삶의 동력이다. 원만한 관계의 형성은 아이와 나를 편안하게 하는 교육의 바탕이다. 부모에게 교육에 대한 열정이 있다는 것은, 아이들 입장에서는 많은 지원을 받을 수 있는 원동력으로 작용할 수 있으므로, 커다란 행운이라고 할 수 있다. 그런데 우리나라의 많은 부모, 특히 엄마들의 지나친 열정이 아이들을 힘들게 하고 부모와 아이와의 관계를 불편하게 만드는 것이 현실이다.

부모의 열정이 아이에게는 행운임에도 아이를 힘들게 하고 부모와 아이의 관계를 불편하게 만드는 것은 네 가지 이유가 있다. 첫째는 부모가 아이의 입장이나 현실적인 요구를 무시하고 사랑이라는 이름 아래 일방적으로 열정을 쏟아낸다는 점이다. 둘째는 아이들의 존재가치를 인정하지 않는다는 점이다. 셋째는 학부모 자신의 자녀교육에 대한 가치관 혼

---

111) 안은수(2008), "행복한 인생", 도서출판 문사철, pp.239~240.

란의 문제이다. 자녀를 교육하고 공부를 시키는 일이, 아이가 입신출세하여 대리만족을 가져다주는 학부모 자신을 위한 일이라면, 나를 위해 어려운 공부를 해주는 아이에게 감사해야 한다. 그렇지 않고 아이를 위해 교육과 공부를 시키는 것이라면, 기대라는 부담을 주지 말아야 한다. 인간관계에서 조건이나 반대급부를 전제로 제공되는 지원은 진정성을 의심하게 한다. 지원받는 사람은 언젠가는 보은해야 한다는 강한 마음의 부담을 가질 수밖에 없다. 부모가 자식에게 보은을 전제로 양육하는 것은 합당하지 않다. 아이를 위한 교육과 공부를 시키는 것이라면, 아이에게 반대급부를 기대하지 말고 봉사하는 자세로 교육과 공부를 시키는 것이 마땅하다. 내심으로 기대를 하는 경우 또는 기대하지 않더라도 제대로 교육된 아이들은 성장하면, 반드시 사회와 타인의 모범이 되고 부모의 기대에도 어긋나지 않는다. 그런데 문제는 이것도 저것도 아닌 혼란된 상태에서 어정쩡한 자세와 입장을 취하는 사람들이 적지 않다는 점이다. 이런 부모는 교육은 나를 위해서 하는 것이기도 하고 아이를 위해서 하는 것이기도 한 일로 생각하므로, 기대의 조건이 항상 아이에게 부담을 갖게 한다. 한편으로는 열심히 봉사하지만, 아이가 힘든 공부를 하는 것에 대해 감사하지도 않는다. 아이는 힘들어도 힘들다는 말 한마디 못하고 모두 감내해야 하는 상황이 빚어진다. 부모는 자신의 기대 때문에 힘겹다는 것을 모른다. 아이 자신의 미래를 위해 당연히 공부를 해야 하는 것으로 인식하므로 아이의 힘든 공부에 대해서 잘 이해하려고 하지 않는다. 그러므로 아이와 부모 모두 힘이 들고 상호 못마땅한 상황이 만들어지기도 한다. 따라서 가급적 부모는 자신의 교육관을 확실하게 정립하는 것이 바람직하다. 아이의 장래에 대해 기대를 하고 있다는 것을 구체적으로 표현하든 하지 않든 그것은 그렇게 중요하지 않다. 공부는 힘든 것이라는 사실을 인식하고 그 힘든 일을 어떻게 하면 즐기거나 조금은 덜 힘든 것으로 느끼면서 하도록 할 것인가를 연구하고 그 방법을 찾기 위해 노력할 필요가 있다. 넷째는 관심과 대화가 부족하다는 점이다. 이것들이 복합적으로 작용해 부모가 뭔가 해주려고 열심히 노력하고도 아이들로부터 좋은 말을 못 듣게 하는 요인이다. 즉, 쌍방으로 교감하는 사랑이 아닌 일방적인 사랑을 하는 것이 원인이다. 정상적인 사랑이 되려면 아이에 대한 존재가치를 인정하고 교감이 이루어져야 한다. 그래야 아이가 부모에게서 받고 싶어 하는 것이 무엇인지 알고, 그 내용에 합당한 것을 제공할 수 있다.

아이의 현실적인 문제에 대해 관심을 두고 대화를 하면 아이가 현재 당면하고 있는 어려움이나 한계 등을 쉽게 파악할 수 있다. 관심을 갖는 것으로 파악이 안 될 때는 그냥 생각날 때마다 요즈음 어려운 점이 무엇인지 물어보면 된다. 아이들은 자신의 어려움에 대해 말해준다. 파악된 내용에 따라 아이가 원하는 것을 제공하면 아이는 자신이 원하는 것을 받았기 때문에 부모의 사랑에 감사하게 생각한다. 반대로 자신이 원하지도 않고 필요하지도 않은 것을 부모가 지레짐작해 일방적으로 제공하면, 아이들은 그것을 사랑이라고 생각하지 않는다. 받기도 거북하고 거절하기도 곤란한 부담일 뿐이다. 오히려 받으면 마음의 짐만 되고 별로 도움도 되지 않는다. 정작 필요한 사랑은 여전히 부족하다.

열성이 지나치면 극성이 된다. 교육을 하려면 적어도 열성과 극성은 구별할 수 있어야 한다. 열성(熱誠)은 열렬한, 참되고 성실한 마음이고, 극성(極盛)은 몹시 왕성함 또는 성질이나 행동이 몹시 드세거나 과격함을 말한다. 열심 속에는 열성과 극성이 모두 존재한다. 열성은 상대를 위하는 마음이 주가 된다. 하지만 극성은 나를 위한 마음이 상대를 위한 마음보다 더 많은 상태에서 행해지는 열심이라고 할 수 있다. 오늘날 많은 부모가 아이의 의사와는 상관없이 일방적으로 극성이라고 할 수 있는 자신의 열정을 쏟아 붓고 있다. 아이들은 오늘도 속으로 외친다. '엄마 제발 저를 너무 많이 사랑하지 마세요. 엄마 혼자만 일방적으로 베풀어주시는 사랑, 감사하기는 해도 제가 감당하기에는 너무 벅차고 힘들어요. 엄마는 사랑이라고 말씀하시지만, 저에게 그것은 사랑이 아니라 부담이에요. 제가 필요로 하는 사랑은 따로 있어요. 지금 저에게는 엄마의 마음이 느껴지는 제가 받아들일 수 있는 합리적인 사랑이 너무 절실하게 필요해요'라고 말이다. 이제 나와 아이 모두에게 도움이 되지 않는 일방적인 사랑은 그만두어야 할 때가 되었다.

상대가 있을 때 자신의 마음을 전달하는 가장 좋은 방법은 상호 교감이다. 아이들이 교감하지 못하는 상태에서는 아무리 내 사랑을 많이 전달하고 싶어도 그 사랑은 전달이 제대로 이루어지지 않는다. 무한량 주고 싶고, 많은 것을 주었다는 부모의 마음과는 달리, 지금 우리 아이들은 사랑에 목말라 있다는 사실을 기억해둘 필요가 있다. 상대가 있을 때 모든 것의 가치는 나 혼자만의 생각으로 결정되지 않는다. 상대가 그것을 인정할 때 실질적인 가치가 형성된다. 나 혼자 아무리 사랑을 많이 주었다고 생각해도 상대가 그것을 하나도 받지 못했다고 하면 운반 도중에 분실된 화물과 같이 아무것도 안 준 것이 된다. 아이와의 관계도 마찬가지이다. 아이가 원하는 사랑을 주어야 사랑을 주는 것이 된다. 좋은 사랑을 못 줄 것 같으면 안 주는 것이 낫다. 부담을 사랑이라고 포장한다고 해서 사랑이 되지는 않는다. 아이에게 부담만 되는 일방적인 사랑은 이제 그만 두자. 제대로 된 사랑을 주기 어려우면 아이가 자신의 인생을 스스로 살아가게 하는 것이 좋을 수도 있다.

13. 아이 키우면 3번 가슴 쓸어내리고 웃을 일 있다

　사람들은 일상 속에서 누구나 괴롭고 힘든 일보다는 즐겁고 행복한 일을 꿈꾼다. 그런데 세상은 내가 기대하는 대로 되는 일이 많지 않다. 실생활 속에서 우리와 상관없는 일로 여겼던 일들이 종종 터진다. 아이를 키우다 보면 적어도 3번은 가슴을 쓸어내리고 3번은 웃을 일이 생긴다.

　평상시에 다른 사람에게 피해를 안 주려고 자기관리를 철저히 하며 열심히 노력하는 아이가, 어느 날 특별활동 수업을 받으러 교외에 나갔다가, 이유 없이 집단으로 구타를 당하는 일이 발생해 얼굴에 멍이 들고, 피를 토하고, 뼈가 부러져 수술을 해야 하는 일이 벌어져, 그 뒤처리를 어떻게 해야 하는지 몰라 당황할 수도 있다. 또 학교에서 같은 반 아이로부터 이유 없이 집단 괴롭힘을 당해 안절부절못하는 상황에 직면하면 분하고 억울하다는 생각이 들기도 한다.

　이처럼 아이들이 사고를 친다는 개념 속에는 상식이나 정도를 벗어난 정신적·육체적·경제적으로 자신이나 타인에게 피해를 유발할 수 있는 행동, 실수 등을 말한다. 많은 사람이 모여 사는 사회는 상황이나 상대에 따라 각각 대응 방식이 다르므로 언제 무슨 일이 생길지 모른다. 살아 있는 사람에게는 원하든 원하지 않든 항상 무슨 문제가 생긴다. 특히 성장기에 있는 아이들은 호기심과 에너지가 충만해 활발한 활동을 하게 되어 있다. 호기심이 발동하고 수시로 그것을 발산한다. 하지만 자기 방어와 안전, 법규에 대한 지식이 적고 자신의 행동이 불러올 미래의 변화에 대해서는 예측하지 못한다.

　인간은 원천적으로 불완전한 존재이다. 불완전함은 부족함을 의미한다. 그러나 부족한 부분을 채워 완전에 가깝게 다가가기 위해 노력하는 인간 삶의 존재가치도 여기에 있다. 이루어야 할 꿈, 하고 싶거나 갖고 싶은 것, 해야 할 일, 생각대로 잘 안 되는 것, 문제가 생긴다는 것은 살아 있는 인간에게 나타나는 공통적인 현상이다. 불완전하므로 살아 있는 인간에게는 끊임없이 무엇인가 일이 생긴다. 당연한 일이다. 그런데도 지적 호기심이 충만하고 사회화가 부족한 아이가 실수하거나 잘못을 저지르면 '또 사고를 쳤다'고 화를 내고 꾸지람을 하는 부모가 적지 않다. 아이 입장에서는 억울한 일이다.

　일반적인 학부모는 학교에서 아이가 사고를 쳤다는 연락을 받으면 가슴이 벌렁거리고 뭔가 불길한 생각부터 앞선다. 가끔은 쉽게 해결하기 어렵거나 후유증이 수반되는 일도 있다. 그러나 대부분의 일은 아이 스스로 해결하기는 어려워도, 부모는 해결할 수 있는 일이라는 것을 알고는 안도한다. 움직이지 않고, 노력도 하지 않고, 아무 일도 하지 않으면, 경험할 것도 없고 사고를 치는 일도 생기지는 않는다. 대신에 아무것도 배울 수 없다. 따라서 성장 과정에서 아이들이 사고를 치는 것은 자연스러운 일이라는 점을 이해할 필요가 있다.

중요한 것은 사고를 '치느냐 치지 않느냐' 하는 것이 아니라 사고를 치는 행동을 통해 다음에는 어떻게 사고를 치지 않도록 하느냐 하는 것 등 무엇을 배우게 할 것인가 하는 점이다. 아이에게 옳은 것과 그른 것, 좋은 것과 좋지 않은 것, 해야 할 것과 하지 말아야 할 것, 주의해야 할 것과 주의하지 않아도 되는 것을 구분하는 분별력을 갖도록 교육이나 훈육을 하는 이유도, 그런 것들을 사전에 가르쳐줌으로써 아이가 위험한 것이나 하지 말아야 할 것들을 하지 않도록 하기 위함이다. 부모가 귀가 따갑도록 열심히 가르쳐 주어도 효과를 보기는 쉽지 않다. 아이들은 학습과 지식의 축적, 여러 가지 경험을 통하여 스스로 사물의 이치를 어느 정도 구분하고 판단할 수 있는 성년의 단계에 이르기까지는 호기심에 끌려 행동하는 일이 많다. 이 과정에서 때로는 자기 통제가 이루어지지 않아 계속 문제를 일으킨다.

사고를 치고 뭔가 문제를 일으키는 아이는 대개 두 가지 측면을 함께 가지고 있을 가능성이 크다. 도전정신, 창의력, 자존심, 주체의식, 자신만의 개성 등이 강하게 요구되는 예체능 분야의 잠재력을 갖거나 자기 통제력이 약한 경우이다. 이해력이 부족한 다른 사람들에게 피해를 주는 행동은 피하도록 교육하는 것은 당연하다. 그렇다고 재능까지 매몰시키는 것은 부모와 아이 모두를 위해 불행한 일이다. 생활 속에서 발생하는 잔잔한 사고는 사고가 아니다. 살아 있는 생명체에 일상적으로 당연히 일어날 수 있는 일들이다. 진짜 대형 사고는 냇물의 둑을 막았다가 그것이 한계에 도달해 허물어질 때와 같이, 아이의 감정을 극도로 억압하고 통제해 왜곡시킨 상태에서, 그것이 일시에 분출할 때 발생한다. 아이가 잘못했다고 해서 그 잘못이 아이가 행동을 통해 추구하고자 한 본질은 아니다.

큰 사고로 인식되는 것도 때로는 단순한 실수가 발단이 될 수도 있는 것이 인간이다. 좋은 것이나 좋지 않은 것으로 양분하여 인식하는 이분법적인 사고는 아이들 교육에 아무런 도움이 되지 않는다. 실수는 대가를 치르게 하지만, 그 실수로 말미암아 자신의 잘못을 인지하고 교정해 발전적이고 바른 삶을 사는 사람들도 많다. 그러므로 아이들이 자연스럽게 추구하는 것을 존중하면서 문제 행동에 대해서는 그것을 소거하거나 수정하는 방식으로 관리해나가야 한다. 아이가 나타내는 일정한 행동양식이 있고, 좋아하고, 하고 싶어 하는 것이 있음에도, 부모 자신도 구체적으로 무엇인지 설명하지도 못할 일방적인 기준과 기대를 마음속으로만 설정해두고 강요하는 것은, 흐르는 냇물을 막는 것과 같이 어리석은 일이다. 안 좋은 일은 그것을 구분하고 방지하는 방법을 가르쳐 주어 대비시키는 것이 현명하다.

아이를 키우다 보면 성장하는 과정에 이렇게 사고를 치는 좋지 않은 일만 생기는 것도 아니다. 안 좋은 일이 있으면 좋은 일도 있기 마련이다. 아이가 선행을 해 다른 사람들로부터 칭찬을 듣거나, 공부를 잘하고 좋은 성적을 받아와 부모인 나를 기쁘게 해주는 때도 있다. 힘겨운 하루 일을 마치고 돌아왔을 때 보내 주는 따뜻한 미소는 내 삶의 의미를 다시 생각하게 하고 행복을 느끼게 해주기도 한다. 이렇게 희비가 교차하는 것이 인생이다. 아이들이 성장하는 과정에서 잔잔한 것들을 제외하고 평생 기억할만한 일들이 아이로 말미암아 아무래도 3번은 가슴을 쓸어내리고 3번은 웃을 일이 생기는 것 같다. 무슨 일이든 좋지 않은 일이 닥쳤을 때는 수습하기 바쁘다. 지나고 나서 차분한 마음이 되었을 때 생각해보면 아찔하게 느껴지는 일도 있고, 아름다운 추억의 한 장면으로 미소를 짓게 하기도 한다.

이러한 희비 속에서 결과에 대한 감정 표현은 일의 매듭에 방해만 될 뿐 전혀 도움이 되지 않는다. 침착하고 현명한 사람은 어떤 일이 발생했을 때 더욱 냉철하게 대응하며 평상시보다 더 신속하게 움직이고 적극적인 노력을 기울인다. 어떤 결과에 직면했을 때 인간의 노력은 중요한 두 가지 의미가 있다. 예방 노력을 통해 안 좋은 일을 피해 가거나 어쩔 수 없이 발생했을 때는 신속하고 적절한 대응으로 이차적인 피해를 막아 그 충격을 줄이는 데 도움이 된다. 또한 좋은 일은 새롭게 만들거나 그 크기를 확대하여 증폭시킬 수 있다. 인간의 삶에서 좋은 일이든 좋지 않은 일이든 언제 어떤 일이 일어날지 예측할 수 없다. 중요한 것은 대비되어 있을 때 안 좋은 일은 그만큼 충격과 피해를 줄일 수 있고 좋은 일은 그만큼 확대할 수 있다는 사실이다.

14. 자녀교육이 실패하는 이유 4가지

우리 주위에는 아이를 훌륭하게 키워낸 사람과 그렇지 못한 수많은 사례가 있다. 모든 부모는 자신의 아이들을 훌륭하게 키우고 싶은 열망을 갖고 산다. 온갖 열정을 투입하고 많은 노력을 기울이는데도 뜻대로 잘 안 된다. 그런데 자녀를 성공적인 사람으로 키워낸 사람들의 공통점은 아이에게 재능이 있었고, 대체로 당면한 한계와 갈등을 원만하게 극복하고, 그때그때 설정된 목표를 향해 최선을 다 했다는 점이다. 내용은 간단하다. 문제는 이렇게 드러난 내용을 우리 아이에게 적용해 보면 영 생각대로 되지 않는다.

다른 사람들은 되는데 우리는 왜 안 될까? 그 원인은 무엇일까? 등등 여러 가지 의문이 생긴다. 생각대로 교육이 잘 안 되고 아이와 갈등까지 빚는 이유를 분석해보면 주로 네 가지가 원인이 되는 경우가 많다. 첫째는 각 가정의 주어진 환경과 조건의 차이 문제이다. 아이마다 지능과 목표의식, 공부 의지가 다르다. 사는 곳은 물론 아이를 지원하는 부모의 경제력도 차이가 난다. 둘째는 교육 주체에 대한 잘못된 인식문제이다. 일반적인 부모들은 교육의 주체가 아이라는 점은 대부분 잘 알고 있다. 그러나 행동을 보면 교육의 주체가 아이라는 것을 정말 알고 있는가 하는 의문이 들게 하는 사람들이 적지 않다. 그 원인은 부모의 자기중심적 사고와 행동, 지나친 관심의 표출과 과잉보호가 문제되는 경우가 많다. 교육 주체에 대한 인식은 간단한 것 같지만, 자녀교육에서 가장 중요한 요소 중 하나에 속한다. 이 인식에 따라 교육 진행방식에 상당한 차이가 난다. 학부모가 자기중심적 사고와 행동을 강하게 하는 사람일수록, 아이들 스스로 진행하는 자기 주도적 학습이나 의사결정 및 행동 권한은 그만큼 줄어든다. 아이의 공부진행과 진로결정에서 부모의 생각이 지나치게 많이 개입하는 결과를 초래한다. 이런 가정도 부모가 자녀의 적성과 재능, 지능지수를 정확하게 파악하고 지도하면 나름대로 효과를 볼 수 있다. 그러나 제대로 파악하지 못하면 반드시 자녀의 성장 과정에서 언젠가는 부모와 의견충돌을 유발하거나, 반항적인 행동으로 갈등을 일으키는 원인으로 작용한다. 상당수 부모는 자녀가 재미를 느끼는 일이나 행동을 하기보다는 수입이나 사회적 직위 또는 인지도를 고려한 교육을 지향한다. 이런 생각은 기본적으로 자녀가 하려는 행동을 통제하려는 경향이 강해 마찰 가능성이 내재한다. 그러나 교육의 주체가 아이라는 인식이 확고한 부모들의 교육관은 전혀 다르다. 기본적으로 자녀 스스로 공부를 해야 하는 것이라는 입장을 견지하므로 아이가 스스로 필요를 느껴 원할 때 필요로 하는 것을 지원한다. 아이가 즐거워하고, 재미있어 하거나 잘하는 분야의 공부와 일을 하도록 도와주고 때로는 권장하기도 한다. 의사결정도 부모가 일방적으로 강요하는 것이 아니라 서로 지혜를 모은다. 아이들의 의견을 존중해주면서 결정을 내린다. 설령 그 결정이 잘못되었다고 하더라도 아이들로부터 부모가 원망을 듣지 않는다. 성적이 좋지 않더라도 아이 스스로 열심히 공부하지 않았기 때문에 나타난 결과로, 다른 사람 탓으로 돌리지 않는다. 현명한 부모는 자유와 자율은 최대한 존중한다. 충고를 통해 아이들이 올바른 인격체로 성장할 수 있도록 도와준다. 셋째는 자녀의 적성과 재능 발굴 노력 미흡 문제이다. 아이들은 경험과 세상을 볼 수 있는 안목이 부족하므로 학부모가 자녀교육에서 가장 신경을 써야 할 부분이다. 자녀교육 역량이 부족한 사람들은 하나같이 타인들의 재능이나 장점을 거론하고 부러워하면서도, 자기 아이의 장점인 재능 발굴과 개발은 등한히 한다. 자신의 노력이 미흡한지 모르고 재능이 없거나 부족하다고 단정 짓는 경우도 적지 않다. 그러나 보편적인 인간은 나름대로 재능을 갖고 있다. 단지 그 재능을 발굴하고 체계적으로 육성할 기회가 제공되지 않아, 자신에게 내재해 있는 역량을 제대로 발휘하지 못하는 것일 뿐이다. 사람이 가진 재능은 어떤 형태로든 반드시 드러난다. 문제는 그것이 선명하지 않아 제대로 알아보지 못하는 것이 대부분이다. 그러므로 부모는 아이의 적성과 재능을 파악하기 위해 끊임없이 노력해야 한다. 처음에 뚜렷하지 않았던 것도 자세히 관찰하면 보인다. 재능을 파악한 후에는 체계적인 노력과 훈련, 지도를 통해 부모는 아이들이 자신의 재능 육성에 몰입할 수 있도록 지원하고 선도해나가야 한다. 재능은 이러한 과정을 통하여 강화된다. 넷째는 현실적 능력을 고려하지 않은 무리한 목표설정이다. 모두가 내 아이를 최고로 키우고 싶다. 하지만 그것은 마음일 뿐 현실적인 결과는 부모와 아이의 공동노력과 타고난 지능에 의해 결정된다. 마음이 아무리 급해도 아이가 달성할 수 있는 목표 설정에는 신중해야 한다. 애초 달성할 수 없는 무리한 목표를 설정하고 그것에 도달하도록 요구하는 것은 억지에 불과하다. 세상은 순리대로 살아가는 것이 좋다. 정도를 넘어선 무리를 하면 반드시 다음에 그만한 후유증이 따른다.

자녀교육에 실패하는 사람들은 주로 자신의 관점에서 사고하고 행동하며 적성과 재능 발굴을 등한히 한다. 현실적 능력을 고려하지 않은 무리한 목표설정이나 지나치게 큰 기대로 스스로 실망할 일을 만들어 아이와 갈등을 빚는다. 이에 반해 자녀교육에 성공하는 사람들은 자녀교육의 주체가 아이임을 인정하여 스스로 행동하고 개척해나가는 인생을 살게 한다. 아이가 일을 하면서도 인생을 재미있고 즐거워하며 살 수 있도록 길을 열어준다. 그리고 재능과 적성을 발굴 육성하여 특화시킴으로써 사회적으로 인정받는 역량을 갖추도록 지원한다. 적절한 목표 설정으로 아이들에게 성취감을 느끼게 함으로써 동기를 유발해나간다.

그럼 위에 지적된 요소를 모두 만족시키면 아이들이 모두 공부를 잘할 수 있을까? 그것도 아니다. 입시나 학교에서 기본적인 평가는 절대평가와 상대평가를 병행한다. 내가 잘해도 다른 아이들이 더 잘하면 등수가 떨어지고 진학에 실패할 수 있다. 여기에 모든 아이는 각자 타고난 재능에 한계가 있다. 일정한 수준에 이르면 더는 향상이 안 된다. 생각할수록 교육이 어렵게 느껴진다. 그렇다고 크게 실망할 필요는 없다. 원래 공부의 목적이 목표를 정하고 인내하며 노력하고 도전하고 성취하는 과정을 통하여 자신의 가치와 재능을 발견하는 과정이다. 그러므로 학교공부의 범위를 벗어난 다양한 직업이 존재하는 사회생활에서 자신이 잘하는 것을 찾아 그것에 도전하고 성취하는 삶을 살아가는 훈련이 되므로 충분한 가치가 있는 것이다.

15. 자녀와의 모든 갈등근원은 학부모 자신이다

사람이 모여 사는 세상에는 부모와 자녀 또는 가정, 집단, 넓게는 국가를 비롯하여 어느 사회할 것 없이 항상 갈등과 이해관계가 존재한다. 원만한 인간관계를 유지하는 사람은 갈등과 이해관계를 적절하게 조정하면서 자신이 추구하는 이익 실현과 목표를 이루어낸다. 하지만 그렇지 못한 사람은 마찰을 빚거나 충돌을 일으켜 목표달성에 차질을 빚고 불편한 관계를 만들어 내는 일이 적지 않다.

내용이나 관계가 어떤 것이든 갈등이 존재한다고 느끼거나 존재 사실을 알고 있는 사람, 갈등의 근원도 자신이다. 내가 갈등이 존재한다고 생각하면 갈등이 있고, 존재하지 않는다고 생각하면 없다. 그러므로 부모와 자녀관계에서 부모가 갈등이 존재한다고 생각하면 부모 자신이 갈등의 원인이다. 자녀가 갈등이 존재한다고 생각하면 자녀 자신이 갈등의 원인이다. 또한 부모와 자녀 모두 갈등이 존재한다고 느끼거나 생각할 때는 양쪽 모두 갈등의 근원이라는 점을 이해할 필요가 있다. 이렇게 갈등을 인지하거나 인식하는 사람이 갈등의 근원이 되는 것은, 상대방이 갈등을 일으킬 목적으로 의도적으로 행동했든 아니면 특별한 의도나 목적을 갖지 않고 행동을 했든, 갈등의 존재 여부에 대한 인식과 인지는, 본인의 마음에 의해 좌우되기 때문이다.

상대방이 갈등을 유발할 목적으로 행동하더라도, 내가 상대방의 행동에 대해 그럴 수 있는 행동으로 받아들여 이해하면, 나의 입장에서 볼 때 갈등이란 존재하지 않는다. 그러나 상대방이 특별한 의도나 목적을 가지지 않고 한 행동에 대해서도, 내가 문제 있는 행동으로 받아들이면 갈등의 원인으로 작용한다. 또한 나의 일상적인 생활이 나와 연관이 있는 주위 사람들의 삶이나 행동에 영향을 미쳐 문제가 발생하기도 한다. 특히 평범한 일상에 속하는 부모의 행동이 자녀들에게 피해를 주는 사례도 적지 않다.

조벽 동국대 석좌교수는 2009년 11월 27일 한 방송에 출연(아침마당)하여 자신이 겪은 청소년 상담 사례를 들려주었다. "중학교 3학년인 남자아이가 학교에 가는 것과 공부하는 것을 싫어했다. 차츰 학교에 가는 날보다 가지 않는 날이 많아지고 집에도 들어오지 않는 날이 늘어났다. 공부하라고 꾸중을 하면 칼로 손목을 자해하는 등 사고만 치고 다녔다. 어느 날부터 허락도 없이 아버지의 오토바이를 타고 다니더니 나중에는 다른 사람의 차를 몰래 훔쳐 타다가 사고를 내기도 했다. 부모는 도저히 아이를 감당할 수 없어 상담실을 찾아왔다. 그런데 상담을 통해 반항적으로 행동하는 원인을 분석한 결과 아이가 어려서부터 심한 부부싸움을 한 것이 성격형성에 영향을 미쳤다는 결론이 내려졌다. 그런데 그 부부는 여전히 잦은 부부싸움을 하고 있어 아이의 정신적 치료와 함께 부부싸움의 문제를 수정하기 위한 상담과 노력도 동시에 진행해 효과를 보았다"는 경험담을 말하면서 부부싸움을 잘하는 것이 중요하다는 점을 역설했다.

이렇게 상담이나 치료를 통하여 원인이 드러나면 부모 자신이 무엇을 잘못했는지 알고 바로잡기 위한 노력을 할 수 있다. 하지만 일반인들은 자녀와의 관계에서 아이가 어긋나거나 비뚤어진 행동을 하면 '저놈의 자식 누구를 닮아서 저 모양인지 모르겠다'며 내 탓보다는 남편이나 아내 탓을 하는 일이 많다. 그러나 아이의 잘못된 행동의 근원을 찾아보면 대부분 부모 자신에게 문제가 있다. 아이가 학교에 다닐 때는 가정의 역학 구도에 의해 항상 피해를 보는 쪽은 자녀고, 문제가 발생했을 때 해결능력을 발휘하는 쪽은 부모다. 부모는 아이가 올바른 행동을 하거나 그 길로 가도록 가르치고, 그 정도가 심하면 상담이나 치료를 통해 교정해나갈 수 있다.

교육하거나 환경을 변화시키는 것도 문제 해결을 위한 한 가지 방법에 속한다. 아이의 불만이나 요구사항을 파악하여 들어주고, 때로는 그러한 행동을 할 수밖에 없는 상황이나 입장을 이해해주면 조정할 수 있다. 아이의 관점에서 문제에 접근하고 아이의 마음을 읽어 이해할 수 있는 것은 이해하고 가치의 차이를 인정하면 웬만한 문제는 거의 해결된다. 그러나 부모에게 문제가 있을 때 아이들이 푸는 방법은 거의 없다. 따라서 부모는 아이에게 문제가 나타나면 자신에게 문제가 있는 것은 아닌지 반성하고, 열린 마음으로 잘못을 찾아내 그것을 해결하려고 노력해야 한다. 자식이 부모의 거울이라는 말이 그냥 생긴 것이 아니다. 인간은 모두 완전하지 않고 부모 또한 마찬가지이다.

때로는 나 자신의 존재 자체가 문제가 되거나 가정 내에서 해결할 수 없는 관습, 법규,

사회의 풍조 등 외부적 환경이 가족관계에 영향을 미쳐 갈등의 원인이 될 수도 있다. 상대가 있을 때는 혼자만의 일방적인 노력으로는 해결되지 않는 것이 적지 않다. 이런 복합적인 상황 속에서 가족 간 갈등을 풀어내고 화목한 가정을 이루어 내기 위해서는 가족 구성원 공동의 노력과 경청, 이해를 바탕으로 하는 대화가 반드시 필요하다.

16. 자녀교육 승부, 길게 보아야 한다

오늘도 누군가는 시험에 합격하여 승자의 영광을 누리고 또 다른 누군가는 불합격에서 오는 좌절감으로 한숨과 눈물을 짓는다. 하지만 일반적인 관점에서 볼 때 모든 시험에서 합격하고 자기가 소속된 집단의 평가에서 항상 1등을 하는 절대 강자는 없다. 만일 있다면 그것은 한 분야와 일정 기간에 국한된 일일 것이 틀림없다. 실제로 운동선수 중에 아주 드물게 자신의 전공분야에서 수십 번이나 신기록을 경신한 사람도 있다. 그러나 그들도 전공분야를 벗어나면 대개는 특별히 좋은 성적을 올리지 못한다.

인간의 능력은 한계가 있다. 이번 시험에서 합격하고 1등을 했다고 다음번에도 반드시 그렇게 된다는 보장은 없다. 개인이 갖춘 능력 발휘 조건과 시험에 나온 문제, 평가방법, 경쟁 상대와 그들의 실력 정도 등 사회의 환경이 끊임없이 바뀌기 때문이다. 그러므로 이번에 합격한 사람이 다음 시험에서 얼마든지 불합격을 하거나 1등을 놓칠 수 있다. 이렇게 절대 강자가 될 수 없는 상황에서 우리가 취할 수 있는 태도와 자세는 항상 실패의 가능성을 인정하고 수용할 자세를 갖추어야 한다는 점이다. 아무래도 불합격보다는 합격, 실패보다는 성공이 좋지만, 인생은 항상 그런 것만도 아니다. 성공은 교만으로 이어질 수 있고 실패는 도전정신을 불러올 수도 있다. 실패는 어떻게 받아들이느냐에 따라 개인에게 좌절감을 안겨주거나 한 걸음 더 전진하고 발전할 수 있는 절호의 기회가 되기도 한다.

본디 여린 인간의 마음은 수많은 경험과 시련 극복과정을 거쳐 세상 어떤 것과도 싸워 나갈 수 있는 것으로 강해지고 단단해지는 성질을 가지고 있으므로 실패라고 항상 나쁜 것만도 아니다. 즉, 실패에서 오는 순간적인 좌절을 극복하지 못하고 패배주의적인 자세를 취하면 한 인간의 인생을 크게 왜곡시키거나 상당한 아픔을 겪게 할 수도 있다. 그러나 실패를 인정하고 그 원인을 분석 보완하는 등 치열한 노력을 기울여 좌절감을 극복하면 자신의 발전을 위한 좋은 동기가 될 수도 있다. 결국 실패를 전진과 발전의 기회로 만들 것인가 아니면 좌절감을 맛보는 것으로 끝나게 할 것인가 하는 것은 각자에게 달렸다. 아이 교육도 마찬가지다. 중간과정의 실패는 단기적인 관점에서 볼 때 실패일 수도 있으나, 장기적인 측면에서 보면 얼마든지 발전의 기회로 작용할 수도 있다는 점을 반드시 기억해 둘 필요가 있다. 역경을 딛고 일어서는 사람에게 실패는 전진과 발전의 기회로 작용한다.

특히 성장 과정에 있는 아이들은 변화가 빠르고 주변 환경요소의 변수가 많다. 한순간의 결과로 아이의 실력이나 능력을 속단하는 것은 바람직하지 않다. 우리가 아이를 성공적으로 교육하고 키웠는지 아닌지 파악하려면 많은 시간이 필요하다. 교육과정이 모두 끝나고 부모의 품을 벗어나 독자적으로 세상에 나가 자신의 역량으로 살아가는 삶을 어떻게 진행하는가 하는 것을 보아야 알 수 있다. 사람의 미래는 알 수 없다. 내가 오늘 이렇게 살고 있을 것이라고 누가 감히 꿈이나 꾸어 보았는가? 하지만 나는 현재 나의 삶이 어떻든 내가 살고 싶고, 하고 싶고, 좋아하는 것을 이루기 위해 열심히 산다. 우리의 살아온 삶이 그렇듯이 아이의 인생 역시 미래가 어떻게 바뀔지 성인이 되어 무엇을 이룰지 쉽게 예측할 수 있는 것이 아니다.

성장 과정에 나타난 한순간의 결과에 연연해서는 안 된다. 너무 쉽게 실망하거나 그렇다고 크게 기뻐하는 것도 바람직하지 않다. 지금 좋은 결과를 내어도 다음에 반드시 좋은 결과를 낸다는 보장이 없다. 마찬가지로 지금 좋지 않은 결과가 나왔다고 다음에도 좋지 않은 결과가 나온다고 누구도 장담할 수 없는 일이다. 젊은 나이에 역량을 발휘하고 고속 승진하는 사람도 많지만, 50대 이후에 자신이 종사하는 분야에서 정상에 오르고 역량을 인정받아 실력을 발휘하는 대기만성형의 삶을 사는 사람들도 있다. 사람은 아무도 자신이 얼마만큼의 능력을 갖추고 있는지 또한 무엇을 어느 정도까지 이룰 수 있는지 모르는 상태에서 살다가 간다. 그러므로 아이의 능력이 어느 정도 될지 적어도 자신의 앞가림을 할 수 있는 40살까지는 지켜보고 판단해도 늦지 않다.

얼마 전 연예뉴스를 통해 영화배우 겸 탤런트로 톱스타인 J씨가 고등학교 시절 지능지수(IQ) 143에 연세대학이나 고려대학을 갈 수 있는 실력이었는데, 폐기흉 때문에 대학입학이 늦어졌다[112]는 기사가 방송을 통해 보도된 바 있다. 그분은 연기분야에서 탁월한 실력을 인정받아 명성을 얻었으므로 사회적으로 출세한 사람이라고 할 수 있다. 그러나 공식카페 등에 나타난 자료에 의하면 대학입학시험에서 삼수했고 아직 진학한 대학을 졸업

---

112) 재경일보 2009. 11. 11.

하지 못하고 현재 학업을 잠정 중단한 상태에 있는 것으로 알려졌다. 기사에서 이러한 J 씨를 엄친아(재능이나 실력이 뛰어나 타인의 모범이 될 만한 엄마 친구의 아들)라고 소개하였다.

가수 중 한 인기 여성그룹의 N양은 미국에서 중학교 전교 1등 출신의 수재(엄친딸)로 밝혀져 높은 관심이 쏠렸다.[113]. N양은 중학교 졸업 후 연예활동을 위해 한국에 들어왔으며 홈스쿨링[114]을 통해 고등학교 수업과정을 이수하는 중이라고 한다. 평소 어머니에 대한 효심이 지극한 N양은 다시 학업계획을 정성스레 세우며 공부에 대한 열의를 불태우는 등 조용히 마음을 가다듬고 있어 과연 어느 명문대학에 합격할지 시청자들의 이목이 집중되고 있다고 소개되었다.

자신의 삶에 대한 성공 여부는 본인이 평가할 일이다. 단지 우리가 염두에 두어야 할 일은 역사와 인생에는 가정이 없다는 사실이다. 한 사람의 최종적인 이력이나 경력은 중간과정이 아닌 최고 또는 최종적으로 이루어낸 업적을 중심으로 기술된다. 당연히 어려웠던 과거보다는 현재의 직위가 중요한 평가의 기준으로 작용한다. 그러므로 위에 소개된 두 사람이 지금에 와서 과거의 성적이나 지능지수를 소개하며 추억할 수 있는 것은, 이미 배우나 가수로 정상의 위치에 오른 사회적 성공을 거두었다는 데 있다. 이미 이룬 성공으로 과거의 학력이나 성적이 이제 큰 의미가 없을지도 모른다. 그러나 현재의 사회적 평가가 과거의 화려한 성적에 훨씬 못 미치는 사람이, 내가 과거에 이런 사람이었다고 말할 때, 자칫 잘못하면 웃음거리나 손가락질의 대상이 될 가능성이 있다. 그러므로 인생에서 추억이 아름답게 비칠 수 있는 것은, 대개 과거의 화려한 실적이 현재의 사회적 직위와 조화를 이룰 때 그렇게 받아들여진다.

자녀교육의 결과가 잘되었는지 알기 위해서는 적어도 40살까지는 지켜보아야 한다고 하면, 빨리빨리 결과가 나와야 한다는 것에 익숙해 있는 사람들은, 무슨 말도 안 되는 소리를 하느냐고 할지 모른다. 하지만 40살까지도 결코 긴 세월이 아니다. 일반적으로 사회의 중추적인 역할을 하고 최고의 역량을 발휘하는 것은 대개 40~65세 사이가 많다. 정규교육은 그것이 대학이든 아니면 박사과정에 재학 중이든 아이들이 독자적인 생활을 영위하지 못하고 학교에 다니고 있을 때까지이다. 요즈음은 웬만한 경우 박사학위 취득까지

---

113) 마이데일리 2009. 11. 6.

114) 홈스쿨링(Home Schooling)은 미국에서 자녀들을 학교에 보내지 않고 집에서 직접 교육하는 방식. 미국의 5~17세 어린이와 청소년 중에서 학교에 전혀 다니지 않고 집에서만 교육받는 경우, 그리고 학교에 가더라도 일주일에 25시간 미만의 수업에만 참석하고 나머지는 부모의 가르침을 받는 경우를 '홈스쿨링'이라고 한다. 한편 학교교육을 받지 않는다는 뜻에서 언스쿨링(Un-Schooling)이라 불리기도 한다.

30세 이전에 모두 끝난다. 그러나 공부는 학교공부가 전부가 아니다. 사회에 나가서도 많은 것을 배워야 한다. 그런데도 교육이 제대로 되었는지 제대로 되지 않았는지 40살까지 지켜보아야 한다고 하는 것은 이유가 있다.

취업하고 결혼을 하고 자기 자녀를 낳고 스스로 부모로서의 삶을 경험하는 등 사회인이 된 후 독자적인 삶을 영위하면서 나타나는 변화를 고려할 필요가 있다. 여기에 40살 정도에 이르면 학교 교육과 사회교육 등 일반적인 교육은 거의 완성된다. 본격적인 성취 단계로 들어서며 인품이나 사회적 역량의 발휘 정도도 상당히 구체적으로 드러난다. 공자께서 나이 40살을 미혹되지 않을 판단력을 갖출 수 있는 나이라는 의미로 불혹[115](不惑)이라고 하셨다. 그것은 마음이 흐려서 무엇에 홀리거나 정신이 헷갈려서 갈팡질팡 헤매지 않는 상태에 이르는 기본적인 인격과 교육의 일차적인 완성단계를 40살로 본 것이 아닌가 하는 생각이 든다.

미국의 링컨 대통령이 "나이 40살이 되면 자기 얼굴에 책임을 져야 한다"는 말을 한 것도, 마음에 중심을 세우고 스스로 자신의 삶을 관장해나가야 할 나이를 40살로 파악한 것으로, 불혹과 크게 다르지 않다. 사람은 40살쯤 되면 사회적으로 어느 정도 책임 있는 자리에 서게 되고, 자기 한 몸뿐만 아니라 가족이나 속해 있는 집단에서 스스로 책임져야 하는 위치에 있게 된다. 이 나이에 함부로 흔들리는 것은 위험할 수 있고 40살 이상의 중년은 더욱 엄히 자신을 단속해야 하고 미혹되지 않아야 한다.

인생을 살다 보면 좋은 때도 있고 좋지 않은 때도 있기 마련이다. 인간과 인간의 삶은 변화가 많아서 인생의 길흉화복을 예측할 수 없다는 뜻인 새옹지마[116](塞翁之馬)라는 고사가 있다. 우리가 인생의 기복 가운데서 나타나는 강렬하게 인지되는 사건이나 일 등에 대한 단편을 어떻게 받아들고 행동해야 하는지 일깨워 주는 좋은 교훈이다. 따라서 성장 과정에 나타나는 단편적인 결과에 지나치게 감정을 드러내어 일희일비(一喜一悲)하는 것은 아이는 물론 학부모 자신의 정신건강에도 해롭다. 성적이 조금 내려갔다고 속상해하고 입

---

115) 불혹(不惑)은 논어 위정편에 나오는 말로 슬기로운 사람은 도리를 잘 알기에 어떤 일에도 홀리지 않는 다는 말로 세상 이치를 깨닫게 되는 인생 마흔에 가장 잘 어울리는 말이다.
　　子曰 吾十有五而志于學하고 三十而立하고(자왈 오십유오이지우학하고 삽십이립하고), 四十而不惑하고 五十而知天命하고(사십이불혹하고 오십이지천명하고), 六十而耳順하고 七十而從心所欲하되 不踰矩라(육십이이순하고 칠십이종심소욕하되 불유구라).
　　공자가 말하되, 나는 15세에 학문에 뜻을 두었고(志學), 30세에 자립(而立)하였고, 40에 의혹되지 아니하였고(不惑), 50세에 천명을 알았고(知天命), 60세에 귀가 순해졌고(耳順), 70에 마음이 하고 싶은 바를 따르더라도 법도에 어긋나지 않았다(從心,不踰矩).

116) 새옹지마(塞翁之馬)는 인생의 길흉화복은 변화가 많아서 예측하기가 어렵다는 말. 옛날에 새옹이 기르던 말이 오랑캐 땅으로 달아나서 노인이 낙심하였는데, 그 후에 달아났던 말이 준마를 한 필 끌고 와서 그 덕분에 훌륭한 말을 얻게 되었으나 아들이 그 준마를 타다가 떨어져서 다리가 부러졌으므로 노인이 다시 낙심하였는데, 그로 인하여 아들이 전쟁에 끌려 나가지 아니하고 죽음을 면할 수 있었다는 이야기에서 유래한다. 중국 ≪회남자≫의 '인간훈'에 나오는 말이다.

학시험에 떨어져 원하는 학교에 진학 못했다고 창피해하거나 몸져눕는 사람도 있다. 자존심이 상한다고 평소 왕래하던 사람들조차 만나기를 꺼리는 행동을 하기도 한다. 이런 부모들은 무엇이 잘못되었는지, 진정한 자존심이 무엇인지 잘 모르는 사람이다.

성적이 떨어지고 원하는 학교에 진학하지 못해 가장 속이 상하는 사람은 누가 뭐래도 아이 자신이다. 제대로 된 부모라면 속이 상한 아이의 마음을 풀어주고 기를 북돋워 주는 것이 마땅하다. 결과는 쌓인 노력이 현재 나타난 것이므로 좋은 성적을 못 받거나 원하는 결과를 얻지 못한 것은, 그동안 아이의 공부 노력이나 부모의 교육방법 또는 지원이 부족했다는 증거다. 물론 시험이 어렵게 출제되거나 공부 내용이 어려웠을 수도 있다. 그래도 결론은 마찬가지다.

다음에 더 좋은 성적을 올리고 원하는 학교에 진학하도록 하기 위해서는 아이가 더 열심히 공부하도록 자신감을 북돋워 주고, 더 열심히 교육하며, 더 많이 지원하면 좋은 결과가 나올 것이 틀림없다. 최선을 다했는데도 결과가 기대에 못 미치면 그때는 방법을 바꾸거나 아이의 재능에 맞게 목표를 수정해야 한다. 시험에 합격하면 우선은 기분이 좋겠지만, 그것은 순간이다. 돌아서면 바로 새로운 경쟁이 기다리고 있다. 살다 보면 때로는 좋은 학교에 가서 경쟁에 실패하는 것보다 수준이 조금 낮은 학교에 진학하여 자신감을 갖도록 하는 것이 다음 단계의 진학에 유리하게 작용할 수도 있다.

교육을 하는 학부모의 진정한 자존심은 아이들이 잘되는 것이다. 그 목표를 달성하는 방법은 이미 나와 있다. 좋은 결과에 대해서는 아이 스스로 겸손한 마음으로 그것을 유지하기 위해 치열하게 노력하게 하고, 순간적 부진이나 실패는 툴툴 털고 일어나 도전을 계속하도록 독려하는 것이 부모의 소임(所任)이다. 시험에 떨어졌다고 아이를 몰아세우고, 합격했다고 크게 우쭐댈 일만도 아니다. 인생은 역시 새옹지마이기 때문에 누가 더 많은 것을 이루고 잘될지는 살아보아야 한다. 길고 짧은 것은 마지막까지 가보아야 안다. 세상살이는 아무리 노력해도 어느 순간에는 별다른 효력을 발휘하지 못하는 부진이 찾아오기도 하고, 어려움 속에서 진행한 노력과 인내의 시간이 쌓여 훗날 더욱 큰 성취를 이루는 데 도움이 되기도 한다. 오늘 결과가 만족스럽지 못하다면 인내하며 더 열심히 준비하고 노력해야 한다. 그러면 반드시 내일 좋은 일이 생길 것이다. 교육을 백년대계[117](百年大計)라고 했다. 교육의 승부는 길게 보아야 한다.

---

117) 백년대계(百年大計)는 먼 앞날을 내다보고 세우는 원대한 계획.

17. 교육이 어려운 이유

　교육이 어려운 이유는 인간의 인체구조와 두뇌가 수동적인 요소와 뜻대로 움직이기 어려운 통제 불능적인 자동적 요소를 동시에 갖고 있기 때문이다. 이를테면 사람의 인체구조는 수동적 기능과 그 어느 기계도 따라올 수 없는 자동화된 능동적 기능과 구조가 혼재한다. 이 자동 부분이 일부는 통제되는데, 일부는 제대로 통제되지 않고 스스로 움직인다는 데 있다.

　이제까지 만들어진 기계 중, 출생에서 사망까지 80년 이상 인간과 같이 복잡한 구조를 가지면서, 작동을 멈추지 않고 일정한 속도로 계속적인 가동을 할 수 있는 것은 없다. 물론 공부와 교육, 하루에 기본적으로 3번 식사를 해 에너지를 보충해야 한다. 수시로 건강검진을 받아야 하는 등 유지보수를 하면 기능도 보강되고 수명이 길어진다. 이러한 인간이 생존할 수 있는 최소 조건인 공기 없이는 3분, 물 없이는 3일, 음식 없이는 3주면 죽는다는 333법칙이 적용된다는 사실을 고려하면, 대단할 것이 없어 보인다. 눈에 보이지도 않는 바이러스나 아름다운 장미꽃 가시에 찔려 죽을 수도 있는 나약한 일면을 갖고 있다. 하지만 단련하면 그 어떤 맹수와 맞서 싸울 수 있는 엄청난 능력을 보유할 수 있는 극단의 나약함과 강인함의 사이에서 인간의 능력과 삶이 존재한다.

　좀 더 이해하기 쉽게 정리하면 수동과 자동적 기능을 동시에 갖추고 있으므로 밥 한 숟가락도 떠먹어야 기운을 차릴 수 있다. 스스로 책을 보고 공부를 해야 지식이 쌓인다. 아무리 힘이 센 사람이라도 3주 동안 먹지 않으면 그대로 두어도 죽는다. 죽음 직전 단계에 이르면 평범한 사람도 그 사람을 제압할 수 있다. 아무리 뛰어난 지능을 타고난 사람도 책을 보며 공부를 하고 가르침을 받아야 한다. 스스로 수련과 단련을 거치고, 경험하지 않으면 타고난 역량을 제대로 발휘할 수 없다. 인간의 두뇌는 공부하고 지식이 주입되면 엄청난 일을 할 수 있다. 반대로 공부 하지 않으면 능력을 발휘하기 어렵다. 그래서 게으른 천재는 노력하는 둔재를 이길 수 없다는 말이 나온 것이다. 실제 삶에서 치열한 노력으로 재능과 지능의 한계를 극복하고 뛰어난 역량을 발휘하는 사례를 우리는 많이 보아왔다. 프랑스 남부에서 발견된 야생아나 캄보디아에서 발견된 야생녀는 교육을 받지 않았을 때 인간이 어떻게 되는지 입증해준다.

　인간의 삶은 일차적으로 수동적 기능에 의해 작동을 시작한다. 그러므로 아무리 뛰어난 재능과 지능, 건강을 가진 사람도 항상 교만하지 말고 죽을 때까지 지속적인 노력을 통한 자기 관리가 필요하다. 일단 수동적인 행동을 통해 에너지원인 밥을 먹으면, 그다음부터는 자동적인 기능에 의해 소화가 이루어지고, 영양분이나 에너지로 재생산되어 필요한 곳에 공급 생명을 유지해나간다. 공부를 통해 유입된 지식도 마찬가지다. 이러한 자동과정은 내 몸속에 있어도 내가 의도하는 대로 쉽게 움직일 수 있는 것이 아니다.

장시간에 걸쳐 강한 의지를 갖추고 노력해야 자신이 원하는 대로 어느 정도 조정할 수 있다. 형상과 성능도 사람마다 제각각이다. 어떤 아이는 한번 설명을 듣고 책을 읽기만 해도 핵심적인 내용을 거의 파악하고 기억한다. 그런가 하면 다른 어떤 아이는 몇 번을 반복해 설명하고 공부를 해도 핵심적인 내용을 파악하지 못하고 얼마 지나지 않아 공부한 것을 모두 잊어버리기도 한다. 자기 몸이라도 자기 마음대로 할 수 없는 이유가 여기에 있다. 마음 같아서는 모두 능력을 인정받는 삶을 살고 싶다. 그러나 성능에 차이가 있고 조정도 뜻대로 안 되므로 사람들이 '나도 나를 모르겠다. 나도 나 자신이 이해가 안 된다'는 말을 하는 것이다.

내 몸과 내 마음이 내 뜻대로 안 되듯이 아이도 공부를 잘하고 싶고 열심히 하고 싶다. 그런데 자기 몸과 마음이 자신의 뜻대로 안 되고 있다. 부모가 원하는 사람이 되기 위해 아이는 치열하게 나름대로 노력한다. 단지 생각대로 안 되는 것이지 부모에게 거슬리는 사람으로 살기로 작정을 한 나쁜 아이는 없다. 부모는 아이의 그러한 마음을 이해할 줄 알아야 한다. 지금은 내가 아이를 키우며 고민하고 불만을 느끼지만, 처지를 바꾸어 부모님께 나는 자식 된 도리를 다하는 사람이었는가 하는 점을 생각해볼 필요가 있다. 그러면 아이가 내가 원하는 대로 움직이고 기대하는 것을 이루어주기를 바란다는 것이 얼마나 어리석은 일인가 하는 점을 깨달을 수 있다.

그렇다고 아이에게 기대를 하지 말고 공부 잘하는 것을 바라지 말라는 것이 아니다. 부모에게는 스스로 공부한 경험이 있다. 그 경험을 바탕으로 아이가 당면한 문제를 해결하는 방안을 제시하고 잘 이끌어가야 한다. 절제를 통하여 기대와 바람은 줄여 작게 하고 노력은 많이 하면 부모의 마음에 드는 사람으로 아이가 성장해 줄 것이 틀림없다. 많은 부모가 자신의 기대와 바람은 그대로 둔 채 아이들이 뜻대로 안 된다고 우울해한다. 하지만 실상은 자신의 노력 부족과 마음을 다스리지 못하는 것이 원인이다. 높은 기대 설정으로 자신이 스스로 실망하게 만든다는 것을 잘 모른다.

18. 최고될 자질, 우리 아이 안에 있다

교육의 목적은 아이들이 자신의 잠재력과 가능성을 최대한으로 실현하도록 하는 데 있다. 이것을 자아실현(self-realization)이라고 한다. 교육 분야에 종사하는 사람들은 교육 목적이 자아실현이라고 하면 어느 정도 이해를 할지 모르겠다. 하지만 일반인들에게 자아실현이 교육의 목적이라고 하면 잘 이해하지 못한다. 아이의 잠재력과 가능성이 얼마인지 잘 모르는 데다, 어떻게 하는 것이 잠재력과 가능성을 최대한으로 실현하도록 하는 것인지도 모르기 때문이다. 표현을 약간 바꾸어 자녀교육의 목적이 공부를 잘하게 하여 입신출세하게 하는 데 있다고 하면 금방 알아듣는다.

그럼 학부모들이 지향하는 자녀 교육의 목적인 입신출세를 하는 가장 쉬운 방법은 무엇인가? 그것은 공부를 최고 잘하는 것이다. 여기서 말하는 공부는 아이가 재능을 갖고 자신이 하고자 하는 학교공부뿐만 아니라 예체능분야까지를 모두 포함한다. 대부분 여기까지는 잘 안다. 그런데 최고가 어디에 있는지 어떻게 해야 최고가 될 수 있는지는 잘 모르는 것 같다. 우선 결론부터 간단하게 말하면, 최고는 우리 안에 있고, 최고가 되는 방법은 우리의 노력과 의지, 재능 발굴 여부에 따라 달라진다는 것이다. 쉽게 이해가 잘 안 되는 사람은 '무슨 뚱딴지같은 말을 하느냐?'는 생각을 할 수 있다. 그러나 우리나라의 경제성장에 비추어 설명하면 금방 이해할 수 있다.

건국 후 얼마 안 되어 전쟁까지 치른 우리나라는 세계에서 지극히 보잘것없는 나라였다. 먹을 것, 입을 것, 주거 등 그 어느 것 하나 변변한 것이 없어 외국의 원조를 받고 살았다. 당연히 외국으로 수출할 만한 것도 없어 세계에서 가장 가난한 나라에 속했다. 그러한 국민의 가난한 살림살이를 대변해주는 말이 보릿고개다. 보릿고개는 지난날 묵은 곡식은 다 떨어지고 보리는 아직 여물지 않아 농가 생활에서 가장 살기 어려운 음력 4~5월을 이르던 말이다. 한자로는 맥령(麥嶺)이라고도 한다. 사람들은 보리가 아직 여물지 않았다는 것을 알지만, 이미 식량이 모두 떨어졌기 때문에 보리가 익도록 기다릴 수 없었다. 고개를 숙이는 정도로 알맹이가 차면 수확해 곡식으로 사용한 데서 유래한 말이다. 1960년대 초까지는 흉년이 들지 않더라도 흔한 일이었다. 그러던 우리나라가 세계 10위권 내에 드는 수출대국이 되었다. 여전히 자원은 부족하고 인구는 많다. 하지만 이제는 자타가 공인하는 세계 최고의 제품도 많이 생산한다. 세계 최고의 기술도 상당히 보유하고 있으며, 외국인들이 산업연수생이라는 이름으로 노동을 위해 찾아드는 나라가 되었다.

세계 일류상품 발전심의위원회의 심의를 거쳐 선정되는 세계 일류상품은 세계시장 점유율 5위권에 드는 상품과 앞으로 여기에 들 가능성이 큰 차세대 유망상품이 선정된다. 세계 일류상품 생산 기업으로 선정되면 기술과 디자인 개발은 물론 금융과 인력, 국외 판매활동까지 종합적인 정부 지원을 받을 수 있다. 지식경제부가 일류상품으로 선정된 품목을 대상으로 세계시장 점유율을 조사한 결과, 1위 품목은 2004년 78개에서 2005년 86개로 늘어났고, 2006년에는 121개로 100개 품목을 넘어섰으며, 2007년 다시 6개 품목이 더 늘어난 127개 품목으로 집계됐다.[118] 2009년 12월 15일 현재 세계 일류상품으로 선정된 제품 수는 총 584개였다. 이 가운데 현재 세계시장 점유율 5위권에 드는 현재 일류상품은 387개, 앞으로 세계 5위권 내에 들 차세대 일류상품은 197개로 집계되었다. 일류상품 가운데 메모리반도체, 해수 담수화 설비, 범용상선, 자전거용 신발, 냉장고 등 121개 품목은 세계 1위를 달리고 있다. 바로 여기에 최고가 우리 안에 있고 최고가 되는 방법은 우리의 의지와 노력, 재능을 발굴하는 것이라는 점이 그대로 숨어 있다.

우리나라가 경제성장의 기초를 닦는 과정에 외국에서 일부 지원을 받은 것도 없지는 않다. 그러나 핵심적이고 궁극적인 것은 박정희 대통령을 중심으로 한 정부의 경제개발 선도, 우리 스스로 근면, 자조, 협동, 성실로 피땀 흘려 열심히 노력한 점, 그 어떤 어려움과 시련 앞에서도 굴하지 않고 하면 된다는 신념을 바탕으로 중단 없는 전진을 계속한 굳센 의지, 우리의 재능을 바탕으로 세계 최고가 될 산업의 발굴과 육성을 통해 이룩한 것이다. 1950~1960년대 가난했던 시절, 그 누구도 우리나라가 오늘날과 같은 경제 대국이 될 것이라고 미처 생각하지 못했다. 특별한 재능이 있다는 것도 믿지 않았다. 하지만 우리는 자신의 저력을 믿고 세계에 보란 듯이 이루어냈다. 처음에는 우리 자신도 우리가 최고가 될 수 있다는 것을 의심하기도 했다. 지금은 야구에서, 골프에서, 빙상에서, 음악에서, 기술에서, 산업에서, 우리가 최고를 배출하고 있다는 것을 세계는 물론 우리 자신도 당연한 것으로 받아들이는 단계까지 발전했다. 우리나라의 발전은 여기가 끝이 아니다.

우리의 발전은 그 핵심이 사람이다. 다른 나라 사람들이 우리의 경제를 건설한 것이 아니라 바로 대한민국 국민 각자가 맡은 분야에서 주인공이 되어 열심히 노력한 결과이다. 아이들 교육도 우리나라의 발전과 다르지 않다. 우리나라가 지녔던 저력이 우리 국민에서 나왔듯이 우리 아이에게도 숨은 저력이 있다. 그 저력은 하루아침에 만들어진 것이 아니

---

118) 한국정책방송 2008. 12. 12.

다. 수십만 년 이상을 이어온 인간의 강인함 속에서 움이 텄다. 숱한 난관 속에서 자신을 지키며 명맥을 유지해온, 우리 한민족의 끈질긴 생명력을 통해 그 저력이 오늘날까지 전해졌다. 최고가 될 수 있는 자질은 이미 우리 아이가 갖고 태어났다. 지금 그것이 모습을 드러내지 않는 것은, 우리에게 그것을 발굴하고 육성하는 재능발굴의 노력과 이를 육성하는 의지가 부족한 때문이다.

우리 아이의 자질 속에는 반드시 최고가 될 수 있는 저력이 존재한다. 그것을 믿고 찾아내 다듬고 육성 발전시켜 명실상부한 자타가 공인하는 최고가 되도록, 굳센 의지를 갖추고 최대한 노력을 기울여 보자. 21살의 나이로 2010년 제21회 밴쿠버 동계올림픽 피겨스케이팅 여자 싱글 금메달을 획득한 김연아 선수를 보면 7살 때인 1996년 처음 피겨스케이팅을 시작했다고 한다. 재능 발굴에서 정상에 오르기까지 13년이라는 세월이 걸렸다. 이처럼 재능은 발굴과 장기간의 육성과정이 반드시 필요하다. 세계 최고가 되기 위해서는 그것에 상당한 시간의 피땀 어린 몰입훈련과정을 거쳐야 한다.

모든 일은 믿음에서 시작된다. 믿지 않으면 아무런 일도 해낼 수 없다. 실체가 잘 드러나지 않는 인간의 능력이나 가능성은 더욱 그러하다. 지금은 속단해 포기할 때가 아니라 아이가 최고가 될 수 있다고 믿고 노력할 때이다. 내가 죽을 때까지 노력해도 그것을 이룰 수 없으면 아이들 스스로 자신을 닦기 위해 노력한다. 그래도 성취가 어려우면 그의 아이들이 최고가 되도록 노력해나갈 것이다. 그러한 노력이 모이면 언젠가는 후세에 반드시 빛을 볼 날이 온다. 우리가 교육을 숭상해야 하는 이유가 여기에 있다.

제2절 정보와 지식의 함양

1. 정보의 중요성

정보[119](information)란 인간과 인간 사이에 교환되는 일정한 전언(message)으로서, 사용자의 의사결정과 행동을 위하여 의미 있는 형태로 처리된 어떤 내용, 즉 활용가치가 있는

---

119) 최창호 · 하미승(2006), "새 행정학", 삼영사, p.259.

유용한 것을 총체적으로 일컫는다. 정보의 개념을 좀 더 자세하게 이해하기 위해서는 자료 및 지식과 비교해 살펴볼 필요가 있다.

자료(data)는 사물이나 사실을 기호로 표시한 것이다. 여기서 말하는 기호는 문자, 소리, 이미지, 화상 등을 지칭한다. 자료는 가공되기 전까지는 그 자체로써 사용자에게 특정한 의미를 주지 못한다. 우리 주변에는 수없이 많은 자료가 책자나 음반, 비디오 등의 매체에 수록되어 존재한다. 정보는 자료가 사용자에게 의미 있는 형태로 가공된 결과이다. 자료를 가공한다는 것은 자료의 여과, 요약, 형식화 등을 말한다. 정보는 사용자에게 특별한 의미가 부여되기 때문에 같은 정보일지라도 사용자에 따라 가치가 다르다. 지식은 정보가 의사결정이나 문제 해결에 활용될 수 있을 정도로 사용자에게 내부화된 상태이다. 내부화된다는 것은 사용자가 정보를 완전히 이해해서 자기 것으로 만드는 상태를 의미한다. 내부화 과정을 통해 정보는 새로운 지식으로 축적되거나 기존의 지식구조를 수정하게 된다.

같은 정보를 줘도 사람마다 지식의 차이가 나는 것은 내부화 능력 면에서 차이가 있기 때문이다. 정보는 사용자의 외부에 존재하고, 지식은 내부에 존재한다. 자료는 사용자에게 특정한 의미가 부여되도록 형식화, 여과, 요약 등의 단계를 통해 '가공'되어 정보가 된다. 정보는 다시 사용자들에 의해 이해되어 기존의 지식을 수정하거나 새로운 지식으로 추가되는 등의 '내부화 단계'를 거쳐 지식이 된다. 이러한 지식을 가지고 사람들은 문제 해결과 가치 창출을 위한 의사결정을 하고 행동을 선택한다. 또한 지식은 자료와 정보를 사용하고 처리할 것인가를 통제하는 기초가 된다. 이처럼 자료-정보-지식의 흐름을 관리하려는 노력은 정보시스템을 통해 구체적으로 나타난다.[120]

현대를 정보사회라고 한다. 정보사회(information society)는 정보의 사회적 가치가 다른 어떤 재화 또는 용역보다도 높고, 정보에 관련된 산업과 활동이 사회의 주축을 이루며, 정보에 대한 수요와 활용도가 대단히 높은 사회를 말한다. 이러한 사회에서 인간은 다양하고 정확한 정보, 신속한 정보서비스 없이는 개인 생활이나 사회활동, 기업의 경영활동, 국가의 정책수행 등 어느 하나도 제대로 영위해나갈 수 없다.[121] 정보의 획득은 변화되는 상황에 대해 적절한 대처를 할 수 있도록 해주므로, 그 내용에 따라 엄청난 힘을 발휘하기도 한다. 1997년 한국의 외환위기로 국제통화기금[122](IMF) 긴급 구제 금융을 요청한 이

---

120) 이종수 외(2005), "새 행정학", 대영문화사, pp.577~578.

121) 최창호 · 하미승(2006), "새 행정학", 삼영사, p.258.

122) 국제통화기금(IMF, International Monetary Fund): 환율과 국제 수지를 감시함으로써 국제 금융 체계를 감독하는 것을 위임받은 국제기구.

른바 IMF 사태, 2008년 9월 미국의 투자은행이었던 리먼 브러더스(Lehman Brothers Holdings Inc.) 파산을 계기로 불어 닥친 미국에서 시작된 국제금융위기도, 의사결정권을 가진 최고 상층부에 정확한 정보 보고가 제때 이루어지지 않아, 상황을 변화시킬 수 있는 대응 시기를 놓친 것이 주요한 발생원인 중 하나다.

정보는 국가나 가정이라는 규모의 차이는 있어도, 그 중요성 면에서는 차이가 없다. 정부에 정보보고가 제때 안 되어 외환위기라는 고난을 겪는 것처럼, 학부모가 입학시험에서 지원지역 제한이나 시험방법의 변경 등 급격한 입시요강 변화에 대한 정보를 갖고 있지 못하면, 원하는 학교에 진학하지 못하게 만드는 등 아이의 진로를 크게 왜곡시킬 수도 있다. 교육에서 가장 중요한 두 가지 정보는 정부의 입시정책과 진학을 목표로 하는 학교의 입시요강 변경이다. 합격이라는 결실을 거둬들이기 위해서는 입시요강의 변화는 반드시 파악하고 있어야 한다.

입학시험에서의 합격과 불합격 여부는, 해당 학교의 평가 방법에 맞추어 요구하는 기준 이상의 평가점수를 받느냐 받지 못하느냐에 좌우된다. 평상시 우리 아이는 창의력이 있고, 천재성이 있고, 경시대회에서 상을 받고, 퀴즈 왕이 되는 등 상식적으로 많이 알고 있거나 학교 공부에서 좋은 성적을 유지하는 것도 의미가 있다. 그러나 진학하고자 하는 학교에서 요구하는 평가방법에 적합한 준비를 하여 좋은 성적을 얻지 못하면 입학 자체가 곤란하다.

그러면 필요한 정보는 어디에서 어떻게 구할 수 있을까? 이 문제는 별로 어렵지 않다. 정보의 파악 방법은 여러 가지가 있다. 신문, 방송 등의 대중매체를 통해서 파악할 수도 있고, 인터넷을 통해서도 웬만한 정보는 거의 얻을 수 있다. 구체적인 내용을 모르더라도 내가 궁금한 핵심적인 단어만 쳐도 관련 자료들이 뜬다. 해당 사이트의 검색 창을 열어 그 내용을 확인해 보면 된다. 교육 정책에 관한 것은 교육과학기술부나 시·도교육청 홈페이지에 접속하면 된다. 특정학교에 관한 정보를 얻고자 한다면 해당 학교 홈페이지[123](home page)에 접속하면, 그해나 전년도의 자료 등 필요로 하는 웬만한 내용은 게시되어 있는 경우가 많다. 이것이 부족하다고 느끼거나 이해가 잘되지 않을 때는 입시전문 학원 상담, 비슷한 목표를 하고 있거나 같은 학년의 자녀를 둔 학부모와 교류를 통해 궁금한 것을 물어보면 된다.

---

123) 홈페이지(home page): 인터넷의 월드 와이드 웹에 접속한 정보제공자가 정보의 내용을 간단히 소개한 페이지.

다른 사람들이 좋은 정보라는 것을 듣고 보아도 잘 모르겠다는 생각이 든다면, 그것은 원천적인 문제다. 옳은지 그른지를 판단할 수 있는 기초적인 지식이 부족하다는 것을 의미한다. 이것은 타인이 도와줄 방법이 없다. 자신이 더 많은 자료와 정보를 접하고 스스로 이해가 되지 않는 의문에 대한 답을 얻기 위해 노력해야 한다. 입수된 정보를 실제 우리 아이에게 적용해 가는 과정에서 시행착오를 거쳐 주어진 정보의 가치를 재인식하는 방법으로 노력하면 해결할 수 있다. 내 입에 맞는 것도 드물지만, 그것을 가져다 떠먹여주는 일은 없다. 내가 필요로 느끼는 것은 내가 노력해 찾아야 하는 것이 세상의 이치이다. 관심과 노력만 있으면 정보는 원하는 만큼 충분히 구할 수 있다.

2. 사회화

인간은 그 본성에서 사회적 동물이다. 본성에서 사회적이 아닌 개체는 하찮은 존재이거나 인간보다 높은 수준의 존재이다. 사회는 본질적으로 개체보다 우위에 있는 어떤 것이다. 공동생활을 영위할 수 없거나, 혹은 공동생활의 필요성을 느끼지 않을 만큼 자급자족이 가능한, 그래서 사회의 일원이 되지 않는 존재가 있다면, 그것은 짐승이거나 신이다.[124]

사회화(socialization)는 개인이 자기가 속한 집단의 가치와 규범을 내면화해 가는 과정을 말한다. 발달해가는 아동이나 청소년들이 한 사회의 성인들에 의해 중요하고 적절하다고 간주하는 신념들, 가치들 그리고 행동을 습득해 가는 과정을 의미한다. 인간은 이러한 사회화과정을 통해서 타자와 그가 속한 집단에 동조·이해할 수 있는 공통문화를 학습한다. 동시에 자기를 둘러싸고 있는 환경과의 상호작용과정을 통해 타자와 상이한 자기만의 독특한 자아를 형성한다.[125]

각 세대의 사회화는 적어도 세 가지 면에서 사회에 공헌한다. 첫째, 사회화는 아동들의 행동을 적절하게 조절하고, 그들의 부적절하고 반사회적인 충동을 통제하는 수단이 된다. 둘째, 사회화는 개개인들의 성장을 도와준다. 아동들은 그들 문화 속의 다른 구성원들과 상호작용을 하고 그 구성원들처럼 되어감에 따라, 그들의 환경에 잘 적응할 수 있게 해준다. 또한 그들의 공동체와 효과적으로 기능할 수 있게 만들어 주는 지식, 기술들, 동기들

---

124) Elliot Aronson 저, 구자숙 외 역(2002), "사회심리학", 탐구당, p.1.
125) 김상균(2005), "폭력의 심리학", 한국학술정보, p.41.

그리고 포부들을 획득해간다. 셋째, 사회화는 사회의 질서를 지속시켜주는 기능을 한다. 즉, 적절하게 사회화된 아동들은 유능하고, 적응을 잘하는 사회 친화적인 성인으로 성장한다. 나아가 그들이 학습해 온 것들을 그들의 자녀들에게 전달할 수 있게 된다.[126]

아동의 사회화에서 가장 중요한 것은 가정이다. 그렇지만 현대 산업사회의 발전에 따라 인간의 성장에서 가장 중요한 교육적 매개체인 가정은 그 독자적인 기능의 상당 부분을 상실하였고, 학교와 언론이 많은 부분을 대신하게 되었다. 또한 아동이 어렸을 때는 가정의 영향력이 매우 크지만, 이들이 성장할수록 가정의 영향은 줄어든다. 대신 가정 외적인 영역의 영향이 커지게 된다. 가정을 대신하여 주목받는 것이 학교와 친구의 영역이다.[127]

개인적 측면에서의 사회화란 한 개인이 그가 속한 사회집단 속에서 생활을 영위할 수 있도록 주어진 사회 또는 집단의 모든 양식을 익혀 가는 과정이다. 조직 입장에서의 사회화는 조직문화를 유지하고 보존하기 위한 행동으로 조직의 구성원들이 적응하게 하려고 조직문화를 주입하는 과정을 의미한다. 새로운 조직 구성원들은 조직문화에 친숙하지 못하므로 조직에 들어왔을 때 조직의 가치관, 규범 및 관습 등에 적응하지 못하고, 어떤 경우에는 이를 교란시킬 가능성도 있다. 따라서 조직은 새로운 구성원들이 조직문화에 적응하게 하려고 다양한 방법을 통해 그들을 교육하게 되는데, 이러한 과정이 조직적 측면의 사회화이다. 사회화를 통해 새로운 조직 구성원들은 조직의 가치를 배우고 적절한 행동과 부적절한 행동을 구분할 수 있게 되며, 더욱 쉽게 조직에 적응하게 된다. 어떤 의미에서 보면 사회화는 외부인(outsiders)을 내부인(insiders)으로 개조시키는 과정으로 볼 수 있다.[128]

사회화는 조직문화를 변화시키는 기능을 하기도 한다. 새로운 조직 구성원이 지니고 있는 가치나 행동이 조직에 긍정적인 영향을 줄 때 사회화 과정에서 이들의 가치와 행동이 조직에 반영되어 조직문화를 변화시킬 수도 있다. 즉, 사회화는 조직문화를 변화시키기 위한 유용한 수단이 될 수 있다. 요약하면 조직의 사회화는 조직구성원으로 하여금 조직에 적응을 용이하게 하고, 동시에 조직문화에 변화를 일으키는 역할을 한다.

인간은 사회를 이루고 삶을 유지해나가므로 자신의 의사와는 상관없이 어떤 집단이나 사회에 반드시 소속이 되게 되며, 그 집단이나 사회의 통제에서 벗어날 수 없다. 그리고 평생 그 집단이나 사회의 규범을 익히고 새로운 규범을 만들어 내기도 하는 사회화 과정

126) David R. Shaffer 저, 송길연 외 역(2001), "발달심리학", 시그마프레스, pp.584~585.
127) 김준호 외(2003), "청소년비행론", 청목출판사, p.174.
128) 신중식 외(2003), "교육지도성 및 인간관계론", 한국교육행정학회, p.347.

을 거치며, 소속된 사회구성원들과 인간관계를 맺는다. 인간관계는 타인과의 상호작용과 정으로 인간과 인간 사이에 존재하는 모든 상태로서 상대방과 더욱 좋은 상태를 유지하기 위한 모든 내용을 의미한다. 그러므로 상대에 대한 긍정적 생각에 바탕을 두고 있는 것이 일반적이다. 인간관계의 양과 질에 따라 독특한 자아를 형성·발달시킬 뿐만 아니라 건전한 인격발달에도 큰 영향을 받게 된다. 인간관계에 영향을 미치고 있는 주요 변인으로는 자아개념, 태도, 가치관, 자기개방, 편견과 차별, 첫인상 등을 들 수 있다.[129] 개인과 집단이 상호작용을 하며 상호 영향력을 행사하는 과정으로 이해할 수 있는 인간관계의 사회적 측면은 인간관계에서 특히 중요하다.

이러한 측면 때문에 인간의 모든 가치는 자연인으로서 가지는 특정한 개인의 가치가 끊임없이 사회로부터 영향을 받고, 사회의 가치와 공유될 때 합리적인 것으로 인정받게 된다. 즉, 사회의 규범이나 일반적인 가치를 벗어나는 행동은 불합리한 것으로 간주하여 처벌이나 제재, 비판, 비난의 대상이 되기도 한다. 이것이 자유로운 개인의 나로 살지 못하게 하고 항상 타인을 의식하며 행동하게 하는 요인이다. 사회화는 사회 내에서 자신의 이상을 실현할 좋은 기회를 제공하기도 하고, 한편으로는 자연인으로서 개인의 삶을 옥죄는 사슬과 같다. 사회화란 이기적·반사회적 존재로서의 개인이 집단적 의식을 내면화함으로써 사회적 존재로 변화되는 과정을 말한다. 이 과정은 사회의 입장에서 보면 존속을 위한 필요불가결한 조건을 마련하는 수단이다. 개인적인 측면에서 보면 출생할 때 가지고 나온 것이 아닌 전혀 다른 존재로 변형 또는 창조되는 길이다.

3. 인간의 지능과 뇌 기능에 대한 이해

지능(intelligence)은 세상에 적응하고 문제를 해결하기 위해 지식을 획득하고 사용하는 능력을 말한다.[130] 우리가 일반적으로 머리가 좋은 정도를 나타내는 것으로 인식하고 있는 지능지수(IQ, intelligence quotient)는 알프레드 비네(Alfred Binet)와 테오도르 시몬(Theodore Simon)이 지적 기술을 측정하기 위해 개발한 비네검사가 미국으로 건너가 스탠퍼드(Stanford)대학에서 개정되어 스탠퍼드-비네(Stanford-Binet)검사가 된 후에 지능지수 개념이

---

129) 신중식 외(2003), "교육지도성 및 인간관계론", 한국교육행정학회, pp.302~317.

130) Anita Woolfolk 저, 김아영 외 옮김(2007), "교육심리학", 박학사, p.141.

추가되었다. 스탠퍼드-비네검사는 개인 지능검사(individual intelligence test)로 정신연령과 생활연령(달력 나이)을 비교하는 점수로 계산된다. 그러나 정신연령을 계산하는 관행은 문제가 있기 때문에, 이 문제를 극복하기 위해 동년배 집단 다른 사람에 비교하여 평균보다 얼마나 위 혹은 아래에 있는지를 정확히 말해주는 편차 지능지수 점수(deviation IQ score) 개념이 소개되었다.

$$지능지수 = \frac{정신연령}{생활연령} \times 100$$

가령 10세에서 지능지수가 180이라고 한다면 다음과 같이 계산한다.

$$\frac{지능연령(216개월)}{달력나이(120개월)} \times 100 = 180$$

결국 이 아이는 달력 나이로는 10세(120개월)이지만, 정신연령으로는 18세가 된다는 뜻이다. 그래서 10세에 지능지수가 200이나 된다고 한다면 18세(216개월)의 아이 이상으로 공부할 수 있는 능력이 있다는 뜻이다.

일반적으로 지능지수(IQ) 100이 되는 아이가 10시간 걸려서 한 공부를 IQ 150이 되는 아이는 1시간에 해치운다고 한다. 일본에서 일류대학에 합격하려면 IQ 150이 되는 아이라 할지라도 하루 3시간씩은 공부를 해야 한다. 그렇다면 IQ 100의 아이는 그 10배인 30시간을 공부하지 않으면 안 된다. 하루 24시간밖에 없는데 IQ 100으로는 도저히 일류대학에 합격할 수 없다고 말할 수 있다. 그러나 인간사는 항상 논리나 산술적으로 되는 것만은 아니다. IQ가 높다고 곧 학력이 높다고는 할 수 없다. IQ가 높아도 공부를 게을리하면 학력이 떨어지고, 학교성적이 나쁜 것은 당연하다. 이와는 반대로 IQ가 낮아도 학교성적이 우수한 아이는 있을 수 있다. 즉, 공부는 지능 외에 노력과 의지, 동기, 목표의식, 도전적 자세 등 여러 가지 요소가 영향을 미친다.

정서지능(EQ, emotional intelligence)은 자신과 타인의 감정과 정서를 파악하여 사고와 행동의 지침으로 삼을 수 있는 능력이다. 그 중심에는 정서에 대한 지각(perceive), 통합(integrate), 이해(understand), 관리(manage) 등 네 가지 광범위한 능력이 있다.[131]

인간의 뇌는 좌반구와 우반구로 구성되어 있다. 각 반구는 다양한 중요기능들을 위해 전문화되어 있는데 이것을 뇌 반구 전문화(hemispheric specialization)라고 한다. 좌반구는 말, 읽기, 쓰기 및 산수를 통제한다. 그리고 논리적이며 분석적인 양식으로 작용하고 전체 유

---

131) Anita Woolfolk 저, 김아영 외 옮김(2007), "교육심리학", 박학사, pp.146~151.

형보다는 세부적인 특징에 초점을 둔다. 즉, 좌반구는 우리 자신을 언어로 표현하는 능력을 지배한다. 이것은 복잡한 논리적 및 분석적 활동을 수행할 수 있으며, 수학적 계산에 숙달되어 있다. 반면 우반구는 음악과 예술적 능력들 그리고 상상력과 관련이 있으며, 고도로 발달한 공간 및 형태 감각을 하고 있다. 이것은 기하학적이며 조망적인 그림을 만드는 일에서 좌반구보다 우수하다. 그러나 우리의 두 대뇌반구는 어느 반구도 지배적인 관계가 아니다.

인간은 다중지능을 갖고 있다. 다중지능(multiple intelligence)은 인간의 지능은 학업성취와 관련된 하나의 지적 능력을 나타내는 구인(construct)이 아니라 다차원적인 여러 가지 하위능력들로 구성된 개념이다. 가드너(Gardner)는 다면적인 지능을 구성하는 상호 독립적인 7가지 능력에는 언어지능, 논리-수학적 지능, 공간지능, 음악지능, 신체-운동 지능, 개인간 지능, 개인내 지능이 있다. 각 개인은 이러한 여러 가지 능력의 측면에서 서로 다른 강점과 약점을 가지고 있다고 본다.

다중지능이론(multiple intelligences theory)은 미국 하버드 대학교 교수인 가드너(Gardner)가 1983년에 출판한 그의 저서 『마음의 틀』(Frames of mind)에서 제시한 지능이론이다. 이 이론에서는 기존의 지능이론과는 달리 인간의 지능을 서로 독립적이며 다른 여러 종류의 능력으로 구성되어 있다고 본다. 따라서 다중지능이론이란 각 개인이 특정 분야의 개념과 기능을 어떻게 배우고 활용하며, 발전시켜나가는가 하는 특정 분야에서의 '문제 해결 능력' 또는 '가치 있는 결과를 생산하는 능력'으로서 한 개인이 속한 문화권에서 가치 있다고 인정하는 분야의 재능을 말한다. 가드너는 인간의 지적활동을 서로 독립적인 아홉 개의 분야로 나누어 각 분야에 대응하는 아홉 가지 지능을 제시하고 있다. 아홉 가지 지능에는 언어지능, 논리-수학적 지능, 공간지능, 신체-운동 지능, 음악지능, 개인간 지능, 개인내 지능, 자연주의적 지능 및 실존지능이 포함된다.

개인간 지능(interpersonal intelligence)은 타인의 기분, 의도, 동기, 감정을 지각하고 구분할 수 있는 다른 사람들과 관계를 맺고 다른 사람들의 생각과 감정을 이해하는 능력을 말한다. 여기에는 표정, 목소리, 몸짓 등에 대한 민감성뿐 아니라, 상대방의 기분, 감정, 의도를 읽을 수 있는 단서들을 구분할 수 있는 능력 그리고 그런 단서들에 대해 효과적으로 잘 대응할 수 있는 능력 등이 포함된다. 개인간 지능은 종교지도자, 정치지도자, 교사, 상담원, 부모들에게 많이 나타나는 능력이다. 사회적 지능과 거의 유사한 개념이다.

개인내 지능(intrapersonal intelligence)은 자기 내부에 관한 지식 및 신체기능에 대한 느낌과 통제력을 의미하며, 자신이 누구인지 알고, 자신의 강점과 약점을 파악하고, 자신의 마음을 이해하는 능력으로 흔히 종교인에게 많이 나타난다. 인간이 다중지능을 갖고 있으며 뇌 반구의 기능이 다르다는 것은 개인적 재능과 특성이 다를 수 있다는 것을 의미한다. 이것을 좀 다르게 표현하면, 아이들이 모두 공부를 잘할 수 있도록 태어난 것이 아니라는 말이다. 각기 자기가 타고난 지능이 우수한 분야가 있고, 그 분야의 지능을 재능으로 발굴해야 성공적인 삶을 살 수 있다는 것을 말해준다. 그러므로 아이들의 능력을 제대로 평가하기 위해서는 지능검사뿐만 아니라 능력검사를 해볼 필요가 있다.

능력검사(ability test)란 인지적, 정의적 또는 심리·운동적 영역에서 피험자가 현재나 미래에 수행할 수 있는 정도를 측정하는 검사로 크게 적성검사(aptitude test)와 학력검사(achievement test)로 구분될 수 있다. 적성검사의 목적은 미래 학습의 성공 여부를 측정하고자 하는 것이다. 이에 반해 학력검사는 개인의 지식, 기술, 성취의 현재 수준을 측정하기 위한 검사로, 과거에 가르치고 배운 내용을 얼마만큼 알고 있느냐를 측정하기 위해 고안된 것이다. 일반적으로 적성검사는 어휘력, 수리력, 추상적 사고력 등과 같은 생활 전반에 걸친 비교적 넓은 영역의 지식과 기술을 측정하여 미래의 잠재력을 예측하는 데 사용된다. 학력검사는 어떤 교과목과 밀접하게 관련된 영역의 지식이나 기술을 측정한다. 이 두 가지 형태의 능력검사는 검사 자체의 질에 있어서보다는 검사 결과의 활용이라는 측면에서 서로 구분된다.

우리는 살아가면서 지나치게 타인을 의식하고 쫓아가려고 하는 경향이 있다. 그 결과 종종 우리 것의 중요성을 잊어버리기도 한다. 이러한 현상이 발생하는 것은 타인은 상대를 있는 그대로 볼 수 있다. 그러나 자신의 모습은 거울을 통해서만 확인할 수 있는 특성을 지니고 있어 평상시에는 자신을 제대로 볼 수 없기 때문이다. 다른 사람이 가진 것이 아무리 좋아 보여도 그것은 우리 것이 아니다. 우리에게 가장 좋은 것은 우리가 가진 것이다. 우리가 가진 것을 다른 사람들이 부러워할 정도로 반짝반짝 빛나는 보석으로 만드느냐 못 만드느냐 하는 것은 각자의 생각과 노력에 달렸다. 그러므로 아이가 공부를 기대만큼 못한다고 생각되면 꾸지람만 할 것이 아니라, 다른 재능이 있는 지능을 타고난 것은 아닌지 열심히 관찰하고 그것을 발굴 육성하도록 노력해야 한다.

4. 다중지능이란 무엇인가

인간에게는 여러 가지 지능이 있고 그 분류 방법도 다양하다. 현재 많은 사람의 관심 대상이 되고 있는 다중지능도 그중 한 가지이다. 지능이란 특정한 문화나 사회 속에서 어떤 상징도구를 활용하여 중요한 문제를 해결하거나 업적을 산출하는 능력을 말한다. 여기에는 다양한 개인차가 수반되는데, 이는 종래의 지능지수(IQ)와는 아주 다른 능력이다. 이런 의미의 지능을 가드너는 '다중지능'이라고 부른다. 음악지능, 신체운동지능, 논리-수학지능, 언어지능, 공간지능, 인간친화지능, 자기성찰지능 등 일곱 개의 대표적인 다중지능을 설명한다.

그는 이 일곱 가지 지능을 초기집합이라 부르면서, 새로운 지능의 추가 가능성을 논의하는데, 그 중 가장 유명한 것이 자연친화지능이고, 다음이 실존지능이라고 주장한다. 그렇다면 2006년 현재 가드너가 생각하는 다중지능은 몇 개인가? 초기집합 일곱 개에 자연친화지능까지 여덟 개를 지능으로 간주한다. 실존지능은 독립된 지능일 가능성은 매우 크지만, 아직 경험적 증거를 더 보완해야 하는 단계에 있으므로 0.5개, 즉 2분의 1개로 간주해서 총 8과 2분의 1개의 지능으로 볼 것을 제안한다.[132]

가드너(Gardner)는 지능을 '특정 문화적 배경이나 공동체의 결과로서 문제를 해결할 수 있거나 무엇인가를 만들어낼 수 있는 능력'으로 정의한다. 문제 해결 기술은 목표가 도달되는 장소에 접근하도록 하고 그 목표에 이르는 길을 찾도록 하는 것이다. 문화적 산물을 창조한다는 것은 지식이나 다른 사람의 관점과 느낌을 포착하고 전달할 수 있게 해주므로 중요하다고 말한다. 가드너는 그의 별개 능력에 대한 견해를 뇌 손상이 종종 언어와 같은 한 영역의 기능을 방해하지만, 다른 영역에서의 다른 기능에는 영향을 미치지 않는다는 증거에 부분적으로 근거해왔다. 또한 개인들이 보통 이런 전체 영역 중 한 영역에서는 우수하나 다른 나머지 영역에서는 탁월한 능력이 없음을 주목했다. 다중지능이론(multiple intelligences theory)은 모든 학생은 최소한 하나의 우수한 지능을 갖고 있으며, 이 지능을 이용하여 가르치면 성공적으로 학습할 수 있다는 점을 시사하고 있다.

가드너(Gardner)가 제시한 9가지 지능은 다음과 같다[133]

① 언어적 지능(linguistic intelligence): 단어의 의미, 소리 굴절과 리듬 등에 민감하여 말

---

132) 하워드 가드너 저, 문용린 · 유경재 옮김(2007), "다중지능", 웅진지식하우스, pp.11~12.
133) 박병량(2003), "학급경영", 학지사, pp.174~176.

이나 글과 같은 언어로써 다른 사람들을 설득할 수 있는 능력이다. 이 지능은 언어를 가르치거나 기억을 회상하는 수단으로 사용하는 능력까지도 포함한다.

(예) 시인, 극작가, 기자, 연설가, 언어학자, 음성학자

② 논리적-수학적 지능(logical-mathematical intelligence): 이 지능에는 추상적으로 사고하는 능력, 양적으로 정리하고 재정리하는 능력, 중요한 문제를 인식하고 해결하는 능력이 포함된다.

(예) 수학자, 회계사, 과학자, 컴퓨터 프로그래머, 논리학자

③ 음악적 지능(musical intelligence): 리듬감 있는 음조를 듣고 사용하는 능력과 그러한 음조의 단계를 이용하여 다른 사람과 의사소통을 하는 능력이다.

(예) 음악가, 작곡가, 연주자, 음악 감상자

④ 공간적 지능(spatial intelligence): 심적 영상을 정확히 떠올리고, 시각적 세계를 있는 그대로 볼 수 있는 능력과 시각적 형태를 창조・재창조하는 능력이다.

(예) 건축가, 화가, 조각가, 항해사, 실내장식가

⑤ 신체-운동적 지능(bodily-kinesthetic intelligence): 고도로 숙련된 방식으로 자신의 신체를 이용하는 능력으로 신체의 움직임을 자유자재로 할 수 있는 능력이다.

(예) 무용가, 운동선수, 외과의사, 기계공, 도예가

⑥ 자연주의적 지능(naturalistic intelligence): 사물을 구별하고 분류하는 능력과 환경의 특징을 사용하는 능력이다.

(예) 식물학자, 사냥꾼

⑦ 개인내 지능(intrapersonal intelligence): 자기 자신을 알고 자신의 감정, 기분, 동기 등을 파악하는 능력으로서 이러한 능력은 스스로 행동을 이해하고 인도하는 데 도움이 된다.

(예) 심리학자, 심리치료사, 종교지도자, 예술가 또는 작가

⑧ 개인간 지능(interpersonal intelligence): 다른 사람의 행동, 감정 동기를 이해하고 '읽는' 능력으로 다른 사람의 기분이나 기질을 이해하고 효과적으로 다루는 능력이다.

(예) 상담가, 교사, 종교 지도자, 정치가, 영업사원

⑨ 실존 지능(existentialist intelligence): 처음에는 영적 지능으로 불렀던 것으로 인간의 존재 이유, 생과 사의 문제, 희로애락, 인간의 본성 가치 등을 철학적이고 종교적으로 사고할 수 있는 능력이다. 이 지능은 뇌에 해당 부위가 없을 뿐만 아니라 아동기에

는 거의 나타나지 않기 때문에 가드너는 다른 8가지 지능과 달리 반쪽지능으로 간주한다.

(예) 역술가, 종교인

다중지능이론은 전통적인 지능 개념을 복수화해 지능에 대한 이해의 폭을 크게 넓혀주었다. 하지만 아직 인간의 지능에 대한 개념과 이해는 완성된 것이 아니다. 우리가 아이들의 재능 발굴이나, 공부의 진로 지도에서 열린 사고를 갖고 접근해야 할 이유는 여기에도 있다. 우리 아이가 어떤 지능이나 재능을 타고났는지, 그것을 파악하고 육성해 아이가 자신의 재능을 발휘하고 원하는 일을 하도록 할 수 있는 최적의 적임자는, 가장 오랫동안 옆에서 지켜보고 훈육하는 학부모이다. 공부에 재능을 타고나 성공하고 행복한 삶을 살아갈 아이보다 그렇지 않은 아이들이 훨씬 더 많다. 우리는 아이의 장래를 생각할 때 모든 가능성을 열어 두어야 한다. 편협한 생각으로는 무한한 아이의 가능성을 제대로 볼 수 없다.

5. 공부 잘하는 방법을 찾기 위해 고민하는 이유

공부를 잘하는 방법을 찾기 위해 고민하는 이유는 더욱 효율적이고 생산적인 방법을 찾아 아이의 고통을 들어주고 목표하는 바를 더 빠르고 쉽게 이루어내며, 더 높은 단계의 실력을 구축하는 데 있다. 일시적으로 성적을 올리고 공부 잘하는 기술을 가르치는 데 목적이 있는 것이 아니다. 공부는 장기간에 걸쳐 진행되는 마라톤과 같다. 단기적 효율에 치중하여 일시적으로 좋은 성적을 얻도록 하는 목적으로 공부 잘하는 방법을 추구하는 사람들은 모두 실패한다.

인간은 교육기간이 가장 긴 동물이다. 그뿐만 아니라 현대에 들어와서 청년기가 길어지는데, 그 이유 중의 하나가 사회로 나가기 위하여 배우고 준비해야 할 것이 많다는 데 있다. 미래를 준비하는 가장 중요한 과정 중의 하나가 학교 교육이다. 배우는 일은 힘들고 어려운 만큼 소득도 높다. 그렇지만 항상 노력이 수반되므로 소홀해지기 일쑤다. 무엇보다도 학교에서 배우는 공부가 사회적 성공에 중요한 역할을 하므로 학교에서 공부 잘하도록 자녀를 만드는 것, 이것이 어머니들의 지상 명제가 된 듯싶다. 하지만 공부하는 것이 그렇게 쉽게 되는 것이라면, 애초 이렇게 고민될 만한 일도 없었을 것이다. 그리고 그 방법을 알고 있다면 공부는 그렇게 중요한 우리 시대의 명제가 아닌지 모른다. 하여튼 별

뾰족한 방법은 없고, 내려진 결론은 '열심히 그냥 하는 것'이다.[134]

이렇게 우리가 공부 잘하는 방법을 찾기 위해 노력하는 이유는 그 답이 없고 방법을 모르기 때문이다. 이미 그 답이 있다면 그 답이나 방법으로 공부하면 된다. 간혹 우리는 주위에서 자녀가 원하는 학교에 진학했거나 학교에서 좋은 성적을 받으면 자랑스럽게 자신이 지도해온 공부 방법을 이야기하는 사람도 있다. 그리고 대개 그런 사람들은 현재 자기 아이가 하는 공부방법이 효율적인 것으로 생각한다. 그런데 그 방법을 듣고 우리 아이에게 적용해보기 위해 누구는 이렇게 공부했다고 하는데, 너도 그렇게 한번 해보면 어떻겠냐 하고 말하면, 아이들은 시큰둥한 반응을 보인다. 부모의 전달 방법에 따라 노력을 해보는 아이가 있어도 그렇게 오래가지 않는다. 아이의 이러한 반응에 대해 부모는 힘들여 알아온 비결을 제대로 이행하고 소화해내지 못하는 자녀가 못마땅하다. 그러나 아이의 생각은 다르다.

이것은 대부분 자기보다 공부를 잘하는 사람들이 사용하는 방법으로 이미 아이 자신도 여러 가지 들어 알고 있다. 때로는 그 방법대로 시도해 보기도 했다. 경험상 새로운 방법이라는 것이 자신과는 맞지 않았다. 공부를 잘하고 싶은 마음이 굴뚝같다.[135] 그런데도 생각대로 안 되는 것은 결국 머리가 좋지 않기 때문이라는 결론을 내린 상태다. 자신이 머리가 좋지 않다는 아이의 자가진단이 정확한 때도 있다. 하지만 사실은 머리가 나쁜 것이 아니라 공부에 대한 흥미가 부족하고 절대적인 공부 투입시간이 부족한 경우가 더 많다. 이런 아이들에게는 일반적으로 공부 비결이라고 생각하는 공부 방법보다는 공부 자체에 흥미를 갖도록 하고, 공부하고 싶은 욕구를 느끼게 할 동기부여가 선행되는 것이 더 중요하다.

공부를 잘하고 잘 못하는 데는 여러 가지 요소가 작용한다. 경험에 비추어볼 때 기억력이 공부와 강한 연관성이 있다는 것은 확실하다. 기억[136]에는 자기 부모의 이름처럼 평생 잊히지 않는 것이 있고, 사고 당시는 충격 때문에 기억할 수 없던 사람이 시간이 지남에 따라 그 장면을 생생하게 떠올리는 일도 있다. 그러나 대체로 기억은 시간의 경과 속에서 쇠퇴하고 급기야는 완전히 잊힌다. 심리학자들은 주로 시간이 지남에 따라 발생하는 소멸, 여러 정보 간의 상호 방해 때문에 일어난 간섭, 기억해내는 과정상의 장애인 인출실

---

134) 박천식(1999), "재미있는 심리학", 원출판사, p.50.

135) 마음이 굴뚝같다는 무엇을 간절히 하고 싶거나 원하다.

136) 전대양(2007), "현대사회와 범죄", 형설출판사, pp.38~39.

패, 기억하고 싶지 않은 것을 잊으려는 동기화된 망각 등이 있다고 한다.

그렇다면 어떻게 하면 망각하지 않고 오랫동안 기억할 수 있을까? 그 답은 망각의 요인들을 최소화하는 것이다. SQ3R식으로 공부하는 방법이다. 먼저 전체를 보고(survey), 질문(question)을 던지며, 읽고(read), 암송(recite)하며, 복습(review)한다. 그러면 기억은 분명히 향상이 있다. 영어속담에 '연습은 완전하게 한다'(Practice makes perfect)라는 말이 있듯이 계속된 연습은 그 정보에 대한 친숙함과 더불어 내용에 대한 이해를 증가시킨다. 주입식 공부나 벼락치기식의 공부보다는 적절한 시간적 간격을 두고 반복 공부하는 것이 더 효과가 크다고 한다. 물론 당일치기 공부는 당일에 효과가 있다. 그러나 시간이 지나면 망각의 속도가 분산연습의 경우보다 빠르다.

간섭을 최소화하는 것도 좋은 방법이다. 시험 전날 이것저것 공부하는 것보다 다음날 보는 시험과목만 공부하는 것이 좋다. 시험에 나올 문제유형과 비슷한 것을 풀어보는 것도 괜찮다. '빨주노초파남보'처럼 머리 문자를 따서 외우는 것도 시간을 절약한다. 전혀 관련 없는 사실이라 할지라도 이야기를 만들면 외우기 쉽다. 잘 외울 수 없는 것은 자기가 흥미 있는 것이나 사진 등에 연결하면 좋고, 핵심단어를 완벽하게 이해하는 것도 주효하다. 정보를 내용이나 주제별로 분류하여 기억하는 것도 좋다.

단어 등의 학습에서 짝을 지워 제시한 후 먼저 앞의 단어(stimulus)를 제시하고 그 단어와 짝지어진 뒤의 단어(response)를 연상하여 암송하게 하는 학습방법을 연상학습(paired-associate learning)이라고 한다. 언어 학습과 기억의 연구에서 많이 사용되는 방법이다. 많은 심리학자가 항목을 짝지어 학습시키는 것이 사고와 기억의 근본적인 중요한 과정이라고 생각한 뒤로 지금까지 언어학습의 연구에서 가장 보편적인 기술로 사용되고 있다. 그리고 공부 잘한 것으로 유명한 사람 중 상당수는 연상학습법을 활용해 수업이 끝난 후 쉬는 시간에 전 시간에 배운 내용을 연상해 정리하고 핵심내용을 숙지하는 방법으로 공부했다. 또한 어휘 학습에서 반복과 복습이 중요하다는 것은 전문가들이 공통으로 지적하는 사항이다.

서울대 심리학과 김청택 교수는 독일의 심리학자 에빙하우스가 밝힌 '망각곡선이론'을 근거로 들었다. 김 교수는 "이 이론에 따르면 보통 사람들은 단어를 학습한 뒤 20분이 지나면 58%의 내용을 잊게 된다. 반복 학습을 하지 않고 하루가 지나면 70~80%, 한 달 뒤에는 80% 이상을 잊어버리게 된다"고 설명했다. 그는 "이 때문에 한 번 외워진 단어라도 주기를 늘려가며 4회 이상 복습하는 것이 좋다"고 한다.[137] 하지만 문제는 '인내심'이다. 공부는 머리가 아니라 가슴이나 엉덩이로 한다는 말은, 의지를 갖고 인내하며 오래 버티는 것을 습관화하지 못하면, 좋은 머리를 갖추고 있어도 원하는 결과를 얻기 어렵다는 것을 의미한다.

기억을 연구하는 자유회상과제에서 마지막 소수의 항목이 잘 회상되는 것을 최신효과(recency effect)라고 한다. 반면, 처음 부분의 항목들은 비록 마지막 부분의 것보다는 못하지만 잘 회상되었는데, 이를 초두효과라고 한다. 아이들이 시험을 앞두고 집중적으로 공부하는 것은 최신효과와 연관되며, 새벽에 일어나서 공부로 일과를 시작하는 것이 효과적인 이유는 초두효과와 연관이 있다. 알고 보면 그럴듯한 공부 비법이라는 것들도 우리가 상당 부분 이미 생활 속에서 경험적으로 또는 습관적으로 사용하고 있는 방법인 경우가 많다. 그것이 어떤 방법이든 하루아침에 공부를 잘하게 할 수 있는 비법은 세상에 없다.

우리 아이가 공부를 잘하게 하는 방법은 진화를 시키는 것이다. 진화는[138] 무언가 대단히 새로운 것이 돌연히 나타나거나 무에서 이끌어 내는 것이 아니다. 오히려 그것은 이미 존재하던 것들에 기초해서, 현실에 맞게 공부방식이나 습관, 행동양식, 생각을 변형하여 새로운 기능을 부여하거나 혹은 몇 가지 방법을 좀 더 복합적인 것으로 조합함으로써 이루어지는 것이다. 점진적 진화의 과정에서 오류의 수정은 필수적이다. 실행은 오류를 저지를 기회를 제공해준다. 바로 이것이 우리의 약점을 발견해내는 가장 현실적인 방법이기도 하다.

약점을 발견해 수정하면 현재보다 나아진다. 진화를 통해 점진적으로 발전해나가는 것이 흡족하지 않을 수도 있다. 아무리 급하고 공부를 잘하게 하고 싶은 마음이 간절해도 사상누각을 만들어서는 안 된다.

6. 아이가 공부하면서 스트레스 받는 이유 5가지

스트레스(stress)는 캐나다의 내분비 생리학자인 셀리에(H. Selye)가 1930년에 인간 및 모든 유기체가 어려운 외부환경에 처해 있을 때 보여주는 신체, 생리적 억압현상들을 실험연구를 통하여 그 개념으로 소개하였다.[139]

---

137) 중앙일보 2010. 1. 20.

138) 마틴 A. 레빈 · 메리 B. 생거 저, 삼성경제연구소 옮김(1996), "선진행정의 길", 삼성경제연구소, pp.104~139.

139) 신중식 외(2003), "교육지도성 및 인간관계론", 한국교육행정학회, p.415.

스트레스의 어원은 라틴어의 스트릭투스(strictus) 또는 스트링게레(stringere)라는 말에서 나왔다. 이 말은 '팽팽하다', '조이다'라는 의미이다. 이러한 어원은 개인이 스트레스를 경험할 때 느끼는 답답한 느낌, 근육의 긴장 등을 반영하고 있다. 먼저 물리학에서 압력, 힘의 현상을 설명하는 용어로 소개되었다. 스트레스에 관한 정의는 학자마다 조금씩 다르다. 셀리에는 '개인의 적응과정에서 생기는 신체적 및 심리적 압박감, 긴장감'이라고 하였다.[140) 현대적 의미의 스트레스는 복잡하고 다양한 산업사회에서 현대인이 일상생활 중 자신의 신체적 심리적 표현으로, 특히 부정적 의미나 생활의 부담감을 표현하는 대표적 용어로 널리 사용되고 있다.

유기체는 끊임없이 환경과 상호작용을 하면서 신체적으로나 심리적으로 균형을 유지하려는 노력을 계속한다. 그러나 종종 현재의 상태로는 이러한 균형을 유지할 수 없는 상황에 부닥치기도 하는데, 이것이 바로 스트레스 상황이다. 현재의 균형을 깨뜨리는 원인은 심리적인 것과 생리적인 것으로 나눌 수 있는데, 그 원인이 무엇이든지 간에 스트레스에 대한 생리적 반응은 근본적으로 같다고 할 수 있다. 셀리에(Selye)는 스트레스를 일단의 증상을 유지하는 심리적, 생리적 상태로 보았다. 그의 일반적응증후군(general adaptation syndrome) 이론에 따르면 스트레스에 대한 유기체의 생리적 반응은 경고반응단계(stage of alarm reaction), 저항단계(stage of resistance), 소진단계(stage of exhaustion)의 3단계로 나타난다.[141)

스트레스의 유발요인은 압박감, 불안, 좌절, 갈등 등으로 인간의 삶에서 정상적인 한 부분이며, 사람이 새로운 환경, 지식, 기술과 행동양식을 습득하기 위하여 직면해야 하는 불가피한 부분이다. 그러나 스트레스가 지나칠 때 역기능적인 현상들이 발생한다. 이때 사람은 정서적, 인지적, 생리적 기능의 혼란을 경험하게 된다. 지속적인 스트레스는 심장병, 고혈압 등을 포함하는 여러 가지 신체적 질병의 원인이 되기도 한다. 대인관계 및 직장에서 여러 가지 해악을 일으킨다. 심지어 스트레스로 범죄를 범하기도 한다. 동일한 스트레스 자극이라 할지라도 그것의 심리적 의미는 각 개인마다 다를 수 있다. 그에 따라 나타나는 생리적 변화과정 또한 개인마다 차이가 난다.[142)

외부자극이 일정한 수준에 도달하지 않으면, 마음은 그것을 일상적인 것으로 간주하여 스트레스 반응을 보이지 않게 된다. 스트레스 반응을 가져올 수 있는 최소한의 심리적 자

---

140) 김상균(2005), "폭력의 심리학", 한국학술정보, p.53.

141) 김상균(2005), "폭력의 심리학", 한국학술정보, pp.57~58.

142) 김상균(2005), "폭력의 심리학", 한국학술정보, pp.52~60.

극 수준을 스트레스 역치(stress barrier)라 한다. 외부 유해 자극이 역치를 넘어 정상적 과정으로 처리할 수 없게 되면 스트레스 증후로 발전되고, 자극이 사라지거나 약해지면 정상을 회복하게 된다. 일반적으로 경험의 반복은 역치 상승을 가져오게 되나 자극이 극심하여 스트레스 역치가 붕괴하면, 이전에 역치 이하의 자극도 문제를 일으키고 반복경험에 따른 역치 상승도 일어나지 않는다. 역치가 낮게 형성된 사람은 사소한 자극에도 쉽게 스트레스 증후를 경험하게 된다.

스트레스가 개인의 적응능력을 넘어서게 될 때 나타나는 반응을 스트레스 반응(stress response)이라 한다. 스트레스 반응에는 심장박동의 증가, 두통, 위궤양, 고혈압, 심장질환, 부신피질 자극호르몬 분비, 흉선과 림프샘[143] 기능 저하와 같은 생리적 반응, 회피, 고착, 환상, 퇴행, 거부, 망각, 불안정, 감정적, 대처능력의 저하 등과 같은 심리적 반응, 식욕상실, 체중의 갑작스러운 증감, 흡연습관 변화, 호흡곤란, 업무실적 저하 등의 행동적 반응 등이 있다.

스트레스 자극과 그 반응 사이를 매개하거나 조절하여 반응에 차이를 가져오게 하는 변인을 스트레스 매개 변인(stress mediate variables)이라고 말한다. 통제소재, 기질, 대처방식, 문제해결기술, 능력, 체질, 자아효능감 등의 개인적 특성과 사회적 지지, 사회경제적 지위 등이 있다. 스트레스에 효과적으로 대처하기 위하여 만들어진 프로그램이나 계획을 스트레스 관리법(stress management)이라고 한다. 스트레스의 종류나 상황에 따라 대처하는 방식이 달라지므로 신체적, 정서적, 정신적, 심령적 방법에 이르기까지 다양한 방법이 제시되고 있다. 일반적으로 스트레스 관리법에는 호흡법, 이완법, 심상법, 명상법, 생되먹임(biofeedback), 인지치료법, 생활관리 및 운동 요법 등이 이용되고 있다.

아이들이 공부하면서 스트레스를 받는 이유는 크게 5가지이다. 첫째는 힘들고, 재미가 없고, 하고 싶지 않은 공부를 어쩔 수 없이 해야 하므로 스트레스를 받는다. 간혹 공부가 좋아서 하는 아이들도 있지만, 그 수는 많지 않다. 공부를 좋아하는 것과 기대하는 성적의 결과는 다른 것이다. 공부를 좋아하고 열심히 하는 아이들도 성적으로 인한 스트레스를 받는 것은 피해 가기 어렵다. 둘째는 현재의 성적을 유지하기 위해 스트레스를 받는다. 평가 방식이 어떤 것이든 현재 아이들이 시현한 성적은 나름대로 최선을 다해 이루어낸 결과이다. 이 결과 수준의 성적을 계속 유지하려면 상위과정으로 갈수록 학습 과정이 심화

---

143) 림프샘은 림프가 흐르는 림프관의 각처에 있는 둥근 조직 《작은 것은 좁쌀만 하고 큰 것은 콩만 함. 목·겨드랑이·샅 등에 있으며, 이 안에 들어온 병원균 따위를 없애는 구실을 함》. 림프선. 림프절. 임파선(淋巴腺).

하고 폭이 넓어진다. 경쟁이 치열해지는 피라미드 구조이므로 이제까지 해온 노력보다 더 많은 노력이 계속 요구되고 공부는 더 어려워지기 때문이다. 셋째는 실력을 늘리고 성적을 올리기 위해 스트레스를 받는다. 특히 입학시험을 앞두고 있을 때는 성적이 곧바로 자신이 원하는 학교로 갈 수 있느냐 없느냐 하는 합격 여부를 결정하는 요인으로 작용한다. 이때는 단 1점의 점수도 아쉽다. 점수를 조금이라도 더 올리기 위해 필사적으로 노력한다. 이미 드러나 있는 자신의 공부 수준이나 능력의 한계를 극복하고 점수를 높이는 것은 공부 방법의 개선과 치열한 노력밖에 없다. 이러한 한계극복의 어려움은 중하위에 있는 아이들은 어느 정도 변화가 가능하다. 하지만 최고의 위치에 있거나 상위 1% 범위에 있는 아이들은 거의 불가능에 가깝다. 일시적으로 성적을 올려 순간적인 최고기록을 달성할 수 있을지라도 그 최고의 기록을 지속적으로 유지하지는 못한다. 넷째는 생각대로 안 되는 자신의 능력 한계에 대해 스트레스를 받는다. 아이들은 누구나 공부를 잘하고 싶어 한다. 문제는 나름대로 열심히 공부해도 생각한 만큼의 성적이 나오지 않는 때가 많다. 다섯째는 부모의 지나친 기대와 압력에 의해 스트레스를 받는다. 능력 한계를 느끼고 자신에게 화가 나 있는데, 부모는 눈이 마주칠 때마다 공부하라고 독려한다. 학교에서도 공부 못한다고 매일 같이 꾸지람을 듣는다. 스트레스가 팍팍 쌓인다.

아이들이 공부로 스트레스를 받을 때 부모가 취할 대응방안은 아이들이 공부를 좋아하게 하는 방법, 현재의 공부 수준을 유지하면서 아이가 가진 재능이나 좋아하는 것을 찾아 그것을 하게 해주는 일이다. 무슨 일이든지 스스로 좋아서 하는 일은 스트레스를 덜 받는다. 즐거우므로 누가 시키지 않고 하지 말라고 하더라도 하려고 한다. 자신이 원하는 일은 역경도 즐길 수 있게 한다. 어떤 사람들은 자신들이 좋아하는 일을 위해서 목숨까지 바친다. 에베레스트 산[144](Everest, Mount) 등산이 그 대표적인 사례다.

그동안 많은 산악인이 정상에 오르기 위해 죽었다. 위험하다는 것을 안다. 그래도 현재까지 여전히 산에 오르는 사람들이 적지 않다. 그들에게 왜 등정에 나서느냐고 물으면, 산악인들의 공통된 대답은 '내가 산을 좋아하고 산이 거기 있으니까 간다'는 것이다. 정상에 올랐을 때는 성취감을 느끼지만, 정상 정복에 실패하고 사고를 당했을 때는 치명적일 수 있다는 것을 알면서도, 그것을 쉽게 그만두려 하지 않는다. 목숨과도 바꿀 수 있을 만큼 산을 좋아하기 때문이다. 이런 사람들은 죽더라도 산을 오르다가 죽기를 바란다.

---

144) 에베레스트 산(Everest, Mount): 세계에서 가장 높은 산(8,848m)으로 네팔과 티베트(중국) 사이에 경계가 분명하지 않은 국경을 이루며, 대략 북위 28°, 동경 87° 지점에 솟아 있는 아시아 대륙 히말라야 산맥 정상에 있는 봉우리.

우리 아이들도 자기가 좋아서 하는 일에는 열정을 다할 것이 틀림없다. 분명히 내일 그들만의 에베레스트 산과 북극점에 도전할 아이들이 나올 것이다. 공부가 사회에 나가서 자신이 원하는 삶을 사는 데 도움이 된다는 것을 우리는 모두 알고 있다. 스스로 공부가 좋아서 하는 아이들은 공부 자체가 즐거우므로 하지 말라고 해도 한다. 아이를 설득하고 이해시켜 아이가 공부를 즐기게 할 수 있다면, 그렇게 하면 된다. 만일 설득하고 이해시킬 자신이 없으면 아이가 하고 싶은 것, 즐거워하는 것을 신바람이 나서 하며 살도록 놓아주자. 이러지도 저러지도 못하면서 어정쩡하게 붙들고 있는 것은 권력자인 부모의 독선과 횡포에 불과하다.

학교는 필요를 느끼는 만큼 다니면 된다. 학교 다닐 때 공부 못하거나 공부 많이 하지 않은 친구 중 아무도 굶어 죽지 않았다. 사람의 일생에서 가장 중요한 것은 세상을 어떻게 살 것인가 하는 것을 스스로 결정하고 선택하는 문제이다. 아무도 한 개인의 인생행로를 마음대로 좌지우지할 권한을 갖고 있지 않다. 그것이 부모라 할지라도 마찬가지다.

7. 정서 전이와 정서 학대

정서(emotion)는 유기체가 내외의 자극에 직면하여 인지적·생리적·행동적으로 반응하는 발생적 또는 획득된 동기성향을 말한다. 슬픔, 기쁨, 공포, 혐오 등이 그 예이다. 정서를 경험하게 되면 호르몬 분비로 말미암아 대개 호흡, 심장박동, 혈압 등이 상승한다. 정서는 특정한 형태의 행동 동기를 유발한다. 예를 들면, '화'는 공격 행동 동기를, '공포'는 회피행동 동기를 유발한다. 정서의 이러한 기능은 유기체가 환경에 잘 적응하기 위한 진화의 결과이다. 타인의 목소리, 표현, 몸짓, 동작 등을 자동으로 흉내 내고 따라 함으로써 점차 그 사람과 동일한 정서를 경험하게 되는 경향을 정서 전이(emotional contagion)라고 한다. 정서 전이는 무의식적 자동으로 일어나는 일차적 과정이다. 이렇게 슬픔, 기쁨, 공포, 혐오 등의 정서도 타인에게 쉽게 전이된다.

정서 전이는 인간이 가진 일반적인 현상이다. 개인 차이는 있어도 부모의 봉사와 선행을 보고 자란 아이들이 성인이 되어 선행하고 봉사하는 것, 상당수 개그맨과 코미디언은 부모 중 어느 한 쪽이 재치와 재담이 있는 것을 자주 보아왔다. 우리는 일상 속에서 일어나는 이러한 닮은 현상을 유전적으로 인식하여 끼를 물려받았다는 표현으로 자주 사용한다. 또한 아버지가 술 마시고 들어와 가족을 괴롭히는 장면을 목격한 아이는, 아버지의 잘못된 행동에 대해 혐오감을 갖기도 하지만, 무의식적으로 아버지의 행동이 학습되어 자신이 성인이 된 이후 아버지와 같은 행동을 그대로 되풀이하는 사례를 어렵지 않게 볼 수 있다. 이러한 것들이 정서 전이와 연관이 있다.

아이를 키우다 보면 아무리 감정을 억제하려고 해도 생각처럼 되지 않는다. 화가 나면 아이에게 욕을 하거나 소리를 지르기도 하고 때로는 체벌을 가하기도 한다. 습관적으로 아이에게 소리를 지르고 체벌을 가하는 사람도 교육이라고 생각하지 자신의 감정풀이나 학대라고 생각하지 않는다. 아이들은 부모의 잘못된 감정표현에 의해 고통을 당하는데도, 부모는 자신의 행동이 생각보다 심각한 후유증을 낳을 수도 있다는 것을 인식하지 못하는 경우가 많다. 학대(虐待)의 사전적 의미는 '심하게 괴롭힘, 혹독하게 대우함'을 말하는데 학대에 대한 기준이 뚜렷하게 정립되어 있지 않다. 일반적인 가정에서는 부모가 자기중심적 사고에 의한 판단으로 자신의 행동은 옳고 아이들은 잘못을 저지른 것으로 마음대로 판정하여 자신의 행동에 정당성을 부여한다. 그러므로 아이에게 가한 자신의 행동이 학대에 해당하는지 아닌지도 잘 모른다.

학대에는 신체적 학대, 성적 학대, 정서적 학대가 있다. 심하게 때리거나 체벌을 가하는 것이 신체적 학대이고, 성적 학대는 말 그대로 성적인 착취를 하는 것이다. 욕하고 소리 지르는 등의 언어폭력과 위협이 지속적으로 나타날 때는 정서적 학대에 속한다. 또한 아이의 욕구와 감정을 무시하고 부모가 일방적이고 지속적으로 통제하고 지배하려는 태도 역시 정서적 학대로 볼 수 있다. 어린 시절 지속적으로 정서적 학대를 받으면 자살 위험이 4배가량 높아진다.

서울대병원 정신과가 의과대학생 7천여 명을 대상으로 설문 조사를 한 결과 나타난 수치로 보면 감정적 학대는 자살 위험을 3.6배, 성적 학대는 2배, 신체적 학대는 1.8배 높였다. 특히 부모가 아이를 양육할 때 차갑거나 잘 돌봐주지 않으면 자살 위험이 컸다. 구체적으로 정서적 학대는 자살 생각은 3.5배, 자살 계획은 3.9배, 자살 시도는 4.1배의 위험을 높였다. 정서적 학대를 받으면 신체적 혹은 성적 학대보다 나중에 자살 위험이 더 큰 것으로 나타났다. 육체적 상처는 아물지만, 정신적 학대와 상처는 오래 계속 남아 자살 위험을 높이는 것이다. 이은 세브란스병원 정신과 교수는 "정서적인 학대는 자기 자신을 비하하고 자기존중감을 상하게 하므로 사소한 스트레스에도 자존감 등이 건드려져 자살 위험성을 높일 수 있다"고 말한다.

어린 시절 부모와의 관계는 그 사람의 성격과 자아상을 형성하는 데 매우 중요하다. 부모의 사랑을 충분히 받지 못한 경우, 더군다나 부모의 차갑고 위협적인 태도는 아이의 자아에 심각한 상처를 줘 심한 열등감으로 이어질 수 있다. 자신이 중요하지 않은 존재라는 느낌이 들게 되는 것이다. 열등감이 심하면 사소한 스트레스에도 우울증이 생길 수 있고 자살 위험 역시 커질 수 있다. 정서적 학대는 일종의 정신적 상처이다. 정신적인 상처는 주위 사람들의 관심과 도움으로 어느 정도 극복할 수 있다. 하지만, 심한 정신적인 착취는 자꾸 우울한 기분이 들고, 자살에 대한 생각이 심해진다면 반드시 치료가 필요하다. 자살의 80%가량은 우울증이 원인인데, 우울증은 비교적 치료가 잘되는 질환이므로 상당 부분 자살로 이어지는 것을 막을 수 있다. 또한 꾸준히 심리적 상담을 받는다면 자신의 문제가 무엇인지를 알 수 있고, 어린 시절의 상처를 털어내는 데도 도움이 된다[145]는 것이 전문가들의 지적이다.

우리는 살아가면서 후손들이 잘되는 집안은 조상님들께서 베푼 음덕(蔭德)을 입었기 때문이라고 말들을 한다. 예나 지금이나 부모는 아이들의 가장 좋은 모범이다. 부모가 자식에게 물려 줄 수 있는 것은 여러 가지가 있다. 아직도 우리나라의 상당수 부모는 자녀들에게 자산을 물려주려고 애를 쓰지만, 후손들에게 물려 줄 수 있는 가장 좋은 것은 건전한 마음과 정신이다. 자산은 당대를 넘기기 어려워도 정신은 유구하게 흘러갈 수도 있다. 우리는 수백 년 동안 전해져 내려오는 가훈과 가풍이 있는 가문을 가벼이 여기지 않으며, 그 후손들도 자부심을 품고 산다. 이러한 집안에는 당연히 타인들의 귀감이 될 만한 인물이 적지 않게 나온다.

8. 수행평가란 무엇인가

수행평가는 간단하게 말하면 아이들이 학교에서 배운 내용에 대한 실험이나 실습, 직접 수행을 통해 작성한 과제물을 평가해 성적에 반영하는 일종의 시험이다. 학교에 따라 다소 차이가 있지만, 현재 중학교를 기준으로 각 과목의 수행평가 반영비율은 10~20% 정도에 달하는 것으로 알려졌다. 앞으로도 학교 교육의 다양성에 대한 학부모들의 요구가

---

145) KBS 2009. 4. 13.

증가하고, 사교육비 축소에 대한 관심이 고조될수록 수행평가 반영 비중이 커질 가능성이 크다. 그렇게 되면 성적을 올리기 위해 아이들이 가져오는 과제물을 부모가 대신해주거나 다른 사람에게 부탁하는 일이 생기게 될지도 모른다.

1) 수행평가의 정의 및 특징

학력검사는 학생의 학업 진보를 알아보기 위해서 학업평가에 사용되는 대표적인 검사이다. 학력평가는 그 용도에 따라 준비도 검사, 진단검사, 형성검사, 총합검사 등으로 구분된다. 전통적인 평가가 학생의 학습결과 또는 지식과 기술을 주로 '저근' 지필 검사에 의존하는 평가방식이라면, 수행평가(performance evaluation)는 학생의 학습 과정 또는 지식과 기술을 나타내는 '행동'을 다양한 방법으로 평가하는 방식이다.[146] 그러므로 수행평가는 검사를 받아야 하는 학습자 자신이 어떤 지식이나 기능을 나타내게 한다. 직접 산출물을 만들거나 행동으로 나타내거나 또는 특정과제를 실제로 수행하도록 요구하는 평가방식이라고 정의할 수 있다. 수행평가는 실행 결과물(portfolio) 평가, 작품전시, 토론, 실기평가 등 다양한 방법이 있다. 우리나라는 1997년 초등학교에서부터 시작하여 수행평가를 공식적으로 실시하고 있다.

수행평가의 일반적인 특징[147]은 학생이 문제의 정답을 선택하게 하는 것이 아니라, 자기 스스로 정답을 작성(구성)하거나 행동으로 나타내도록 하는 평가방식이다. 추구하고자 하는 교육목표의 달성 여부를 가능한 한 실제상황하에서 파악하고자 한다. 교수·학습의 결과뿐만 아니라 과정도 함께 중시하는 평가방식이다. 단편적인 영역에 대해 일회적으로 평가하기보다는 학생 개개인의 변화·발달과정을 종합적으로 평가하기 위해 전체적이면서도 지속적으로 이루어지는 것을 강조하는 방식이다. 개개인을 단위로 해서 평가하기도 하지만 집단에 대한 평가도 중시한다. 창의성이나 문제해결능력 등 고등사고 기능을 포함한 학생의 인지적 영역뿐만 아니라 학생 개개인의 행동발달 상황이나 흥미·태도 등 정의적인 영역 그리고 체격이나 체력 등 심동적인 영역에 대한 종합적이고 전인적인 평가를 중시하고 있다는 것 등이다.

---

146) 박병량(2003), "학급경영", 학지사, pp.550~551.
147) 박병량(2003), "학급경영", 학지사, p.552.

2) 수행평가의 방법

현재 널리 사용되고 있는 수행평가 방법[148]으로는 다음과 같은 것이 있다.

① 서술/논술형 검사: 학생 자신이 답이라고 생각하는 지식이나 의견 등을 직접 서술하도록 하는 평가방법이다. 서술형 검사는 학생 자신의 주장이 담기지 않지만, 논술형 검사는 학생이 주장하는 바가 분명히 드러나야 한다.

② 실기시험: 상황을 통제하지 않고 자연스러운 상황에서 학생이 실제로 하는 것을 직접 관찰하여 실기 능력을 평가하는 방법이다.

③ 실험 · 실습법: 학생들로 하여금 직접 실험 · 실습을 하여 그에 대한 과정이나 결과에 대해 보고서를 작성하여 제출하도록 하고, 그 보고서와 함께 교사가 학생들의 실험 · 실습을 하는 과정에서 관찰했던 것을 모두 종합하여 평가하는 방법이다.

④ 관찰법: 교사가 학생들과 함께 지내면서 개인이나 집단을 관찰하여 자료를 얻어 평가하는 방법이다.

⑤ 토론법: 교수 · 학습활동과 평가활동을 동시에 하는 평가방법으로, 학생들이 특정 주제에 대해 토론하는 것을 보고 평가하는 방법이다.

⑥ 구술시험: 학생으로 하여금 특정 내용이나 주제에 대해 자신의 의견이나 생각을 발표하도록 하여 능력을 평가하는 방법이다.

⑦ 면접법: 학생과 직접 대면하여 질문하고 답하는 과정을 통해 지필 시험으로 파악할 수 없는 것들을 알아보고 평가하는 방법이다.

⑧ 자기평가 보고서법: 학생 스스로 특정 주제나 학습영역에 대하여 학습 과정이나 학습결과에 대한 자기평가 보고서를 작성하도록 한 다음 그것을 평가하는 방법이다.

⑨ 동료평가 보고서법: 동료가 서로 상대방을 평가하도록 하여 평가보고서를 제출하도록 한 다음 그것을 교사가 평가하는 방법이다.

⑩ 연구보고서법: 학생이 학습주제를 정하고 그와 관련된 자료를 수집하고 분석 종합하여 연구보고서를 작성하도록 하여 평가하는 방법이다.

⑪ 포트폴리오법: 학생들이 학습한 내용, 제출한 학습과제물이나 결과물을 평가하는 방법이다.

---

148) 박병량(2003), "학급경영", 학지사, p.553.

포트폴리오[149](portfolio)란 진행되고 있는 작업, 개정작업, 학생의 자기분석, 학생이 학습한 것에 대한 반추 등을 포함하는 체계적인 수집물이다. 서면 작업이나 예술적 작품들이 포트폴리오의 흔한 내용이지만, 가르치고 평가된 영역에서 학생의 학습을 보여주는 것은 무엇이든 표(graph), 도해, 전시 사진, 또래의 평, 실험보고, 컴퓨터 프로그램 등을 포함할 수 있다. 그러나 과정에 관한 포트폴리오와 최종적 혹은 '최고작품' 포트폴리오 간에는 차이가 있다.

수행평가는 교육의 다양성에 대한 욕구해소, 아이들의 재능 및 자기 계발 기회 제공의 목적도 있다. 하지만 지필 시험이 갖는 개인 역량의 평가 한계를 보완하고 여러 가지 분야에 대한 다면평가를 통해 더욱 합리적인 개인의 실력을 평가하려는 의도가 내포되어 있다. 현재로서는 그 반영 비율의 상향범위가 어디까지 갈지 가늠하기 어렵다. 당분간은 그 비중이 증가하는 추세를 유지할 것은 확실하므로 학부모들은 관심을 두고 지켜볼 필요가 있다. 아직은 성적 비중이 상대적으로 적고 관심도가 높지 않아 학교에서 뭐 이런 것까지 하게 하나 하는 생각을 많이 갖고 있는 것으로 보인다. 그러나 수행평가의 비중이 계속 증가하여 각 과목 성적의 30%를 넘게 된다면 내신 성적 관리 때문이라도 학부모들의 수행평가에 대한 인식은 완전히 달라질 수밖에 없을 것으로 전망된다.

9. 사춘기 청소년에게 나타나는 변화에 대한 이해

유기체가 그 생명활동에서 환경에 적응하여 가는 과정을 발달(development)이라고 한다. 동물과 인간의 발달은 생후부터 사망까지 전체 기간에 걸쳐 일어난다. 인간은 청소년기에 이르는 아동발달에 중점을 두는데, 일반적으로 변화를 의미한다. 특히, 나아지는 방향으로의 변화를 말한다. 따라서 생명이 진화하여 가는 경우도 발달이다. 심리학에서는 개체가 점점 자라서 어른이 되어 가는 심신의 변화, 즉 행동수집과 형식의 변화를 가리킨다. 사회학적으로는 미개사회로부터 문명사회로 옮겨가는 사회적 및 정서적인 변화를 뜻한다. 바꾸어 말하면 환경에 더 낫게 적응할 수 있는 태세와 모습을 갖추어 보다 값있는 것이 되어가는 것을 말한다. 그러므로 심신의 발달은 양적인 증가만을 가리키는 것이 아니

---

149) Anita Woolfolk 저, 김아영 외 옮김(2007), "교육심리학", 박학사, pp.670~671.

다. 근본적으로 행동 주체의 조화가 변화하는 것, 즉 유기체의 성장과 성숙의 과정으로 간주할 수 있다.

　아이들이 사춘기에 이르면 자아를 형성하면서 자신의 존재를 느낀다. 독립된 인격체로 가치관을 형성, 생각을 하고 그에 따라 스스로 판단하는 삶을 영위하고자 하는 행동이 나타난다. 자아개념이란 나(我)와 관련된 모든 지각이며, 자신에 대한 개념화라고 할 수 있다. 사춘기 이전에는 보기 어려운 행동들이다. 부모의 가르침에 따라 행동하고 말을 고분고분하게 잘 듣던 아이들이 말을 잘 안 듣고, 시키는 것도 잘하지 않고, 반항적인 태도를 보이는 등 엉뚱한 행동을 곧잘 하는 것이 그것이다. 어른들이 생각하기에는 아이의 행동이 반항적인 모습으로 보이고 아이들 자신도 때로는 자신이 왜 그런지 잘 이해하지 못하는 때도 있다. 이것은 성장에 따른 지극히 자연스러운 변화과정이다.

　사춘기(思春期)는 소아라는 미숙 상태에서 벗어나 생식이 가능한 개체로서의 성숙을 이루는 시기이다. 신체 내에서 역학적인 변화가 일어나 성장 촉진, 2차 성징의 발달 및 월경 시작 등 체형의 변화와 기능의 변화를 초래한다. 정서, 심리 및 행동에도 역학적인 변화가 일어나 이성(異性)에 관심을 두게 되고 춘정(春情)을 느낀다. 사춘기 초기에는 그저 아이들처럼 보이고 그렇게 여겨지나 사춘기를 거치면서 성인의 신체와 생식능력이 나타난다. 가능한 한 자신의 삶을 영위하려는 욕구를 가진 젊은이와 처녀가 된다. 사춘기는 인생에서 가장 급격한 변화가 일어나므로 사람에게 있어서 가장 어렵고 힘든 시기라고 할 수 있으며 부모의 계속적인 도움이 필요하다.

　사춘기의 시작이 어떤 기전으로 일어나는지는 아직 완전히 파악되지 못하고 있으나, 부신 남성호르몬 활성의 관여, 생식기능 중추의 재조정(resetting), 중추신경계의 성숙, 수면 기전과의 관계 등 여러 가지 가설들이 제시되고 있다. 사춘기의 발생 시기를 결정짓는 가장 중요한 요소는 유전적인 것으로 알려지고 있다. 사춘기가 일찍 일어나는 가족력이 있으면 사춘기가 일찍 일어난다. 따라서 모녀간이나 자매간에는 초경의 시기가 비슷하다고 한다. 이외에도 지리적 위치, 일사량, 영양 및 건강 상태, 심리적 요인들도 관여하는 것으로 알려졌다.

　예를 들면, 적도 부근이나 낮은 고도에 거주하는 여성, 농촌보다는 도시에 거주하는 여성 등은 사춘기가 빨리 나타난다. 체중도 초경과 밀접한 관계가 있는 것으로 알려졌는데, 임계체중이 47.8±0.5kg을 넘어야 초경이 시작되는 것으로 보고되고 있다. 또 다른 연구에 의하면 체중 자체보다는 체중당 지방성분의 백분율이 초경과 더 중요한 관계가 있다. 즉,

초경을 시작하려면 체중의 17%가 지방이어야 하며 정상 배란성 월경을 위해서는 체중의 22%가 지방이어야 한다. 실제로 정상체중보다 20~30% 정도 초과하는 여성에서 정상체중의 여성보다 초경이 먼저 나타난다. 반대로 식욕부진이나 과격한 운동 등으로 체중 미달인 여성에서는 초경이 지연되기도 한다. 그러나 초경이 반드시 임계체중의 도달에 의해서만 야기되는 것이 아니라는 보고도 있어 체중과 초경과의 관계는 확실치 않다.

사춘기가 시작되면 뇌하수체에서 분비되는 성장호르몬[150](growth hormone), 부신에서 분비되는 안드로젠[151](androgen), 난소에서 분비되는 에스트로젠[152](estrogen) 등에 의하여 여러 가지 신체적 변화가 나타난다. 사춘기 시작에서 초경이 일어나기까지는 평균 4.5년(1.5~6년)이 걸리는 것으로 알려졌다. 사춘기의 성은 만 9~12세가 되면 대체로 해부나 생리에 관한 구체적인 내용을 알고 싶어 한다. 성적접촉 등의 사회적인 측면에도 관심을 두게 된다. 또한 이 시기에는 자기 자신에 대한 내용이라면 오랜 시간 경청하게 된다. 사춘기에 일어나는 여러 가지 육체적, 감정적 변화들에 대하여도 알아야 한다. 소녀들의 경우, 만 12세 전후에 초경이 있게 되지만 경우에 따라서는 이보다 일찍 있을 수도 있으며, 이 시기에 몸의 윤곽과 호르몬 상태에 변화가 있다. 즉 유방의 변화, 체모의 발현 등이 그것으로 미리 교육을 해주어야 당황하지 않게 된다. 월경에 대하여 설명할 때 월경 전 징후들이나 월경통에 대하여 알려주는 것도 중요하다.

소년들에게도 마찬가지로 육체적 발달에 대한 설명이 있어야 하고, 특히 몽정(wet dream)에 대하여도 그것이 생리적인 것임을 알게 하여야 한다. 성기가 커지거나 체모가 많이 나는 것에 대하여 두려움을 갖지 않도록 해야 하며, 음경이 자라기 시작한 후 1년쯤 후부터 사정(ejaculation)이 되므로 자위행위에 대하여도 대화를 하여야 한다. 이 시기에는 동성 친구들과의 관계에서도 성적 감정을 느끼기 때문에 동성애에도 관심을 둔다. 그러나 이들에게 한두 번의 동성애적 충동이 결코 후에 동성연애자를 만드는 것은 아니라는 확신도 주어야 한다. 어떤 아이들은 서슴지 않고 음담패설 비슷한 것을 하지만 대개 심각한 것은 아니다. 청소년기의 성은 만 14세가 넘으면 적어도 육체적으로는 성적 성숙이 되었다고 보아야 한다. 서구사회에서는 성교가 시작되는 시기로 본다. 많은 미개발국가에서도 이때쯤 성인식을 하게 된다.[153]

---

150) 성장호르몬(growth hormone): 포유류의 성장을 촉진하는 단백질 호르몬.

151) 안드로젠(androgen): 남성 호르몬이나 이와 비슷한 생리 작용을 가지는 물질을 통틀어 이르는 말.

152) 에스트로젠(estrogen): 주로 동물의 난소 안에 있는 여포와 황체에서 주로 분비되며, 태반에서도 분비되어 생식주기에 영향을 주므로 여성호르몬으로 알려졌음.

힐(Hill)은 청소년기에는 다음의 세 가지 기본적인 변화[154] ① 생물학적 변화로서 사춘기가 시작되고, ② 인지적 변화로서 아동기보다 진보된 사고능력이 나타나며, ③ 사회적 변화로서 아동기와는 다른 새로운 역할을 수행하기 때문에 다른 발달단계와 확연히 구분된다고 주장한다. 위의 세 가지 변화는 모든 문화권의 청소년에게서 거의 예외 없이 나타나기 때문에 '청소년의 기본적인 변화'라고 한다.

이때 아이들의 행동은 여러 가지 특이한 모습을 보일 수 있다. 비정상적으로 학교나 가정 또는 사회가 자신에 대해 갖고 있는 통제와 규제를 파괴하려는 행동으로 나타나기도 한다. 즉, 방탕과 파괴적인 행동을 하고, 폭력과 탈취를 일삼는 등 직접적인 비행으로 나타나기도 하지만, 학교에서 다른 친구들의 학습을 방해하고, 동료를 괴롭히고, 교사나 부모에 대항하고, 언어적 폭력이나 시빗거리를 만드는 등의 간접적인 일탈행동으로 나타나기도 한다. 또한 청소년들은 다른 연령 집단보다 더 조급하게 운전하고, 더 난폭하게 싸움하며, 더 무모하게 성 행동을 시도하고, 더 반항적으로 행동한다. 학교를 무단이탈하여 수업시간을 빼먹고 있는 청소년은 학교 수업의 지루함과 압박감으로부터 탈출하여 나름대로 작은 감각적 흥분과 긴장감을 즐기는 것일 수 있다.

그렇지만 일탈적인 행동이 좋지 않은 결과로 이어져 낙담하는 순간 아이들의 인성이 변할 수 있으므로 신중한 관리가 요구된다. 낙담의 조짐이 어느 정도 제한되는지에 관계없이, 그것은 아이들의 자아평가에 영향을 미치고, 자존심을 감소시키고, 상처받기 쉬운 상태로 되고, 자신감 없고, 두려움에 찬 아이로 만든다. 우리는 생의 과업에 대처하고 우리의 잠재력을 발휘하기 위해 용기가 있어야 한다. 낙담은 한 사람의 장점과 용기를 고갈시킨다.[155]

이와 같은 청소년의 특징은 신체·생리적 발달과 인지능력의 발달, 정서의 다변화 등에 기인한 것으로, 이 시기의 정상적인 발달적 과정이다. 청소년기의 무모한 행동, 모험추구 행동, 반사회적 행동 등은 위험 행동의 하위 범주를 구성하는 것이다. 이러한 행동의 긍정적인 결과는 사회 적응과 창조적인 행동과 연결되며, 부정적인 결과는 죽음, 건강 상실, 지위상실, 사회적 처벌 등과 관련이 된다. 따라서 청소년 교육의 과제는 청소년기에 나타날 수 있는 다양한 위험 행동이 극단적인 문제 행동으로 전개되는 것을 차단하고, 사

---

153) 정경숙(2004), "사춘기의 호르몬, 성적심리, 동성애", 정경숙산부인과.

154) 한상철 외(2003), "청소년 문제행동", 학지사, pp.18~46.

155) Rudolf Dreikurs · Pearl Cassel · Eva Dreikurs Ferguson 저, 최창섭 역(2007), "눈물 없는 훈육", 원미사, p.137.

회 창조적이고 개척적인 행동으로 발전할 수 있도록 돕는 것이다.[156]

정신분석학파에 속하는 학자인 에릭슨(Erik H. Erikson)은 청소년기에 정체성 위기를 경험하고 극복해야 할 시간 조망 대 혼돈, 자아 확신 대 무감각, 역할실험 대 부정적 정체성, 성취 기대 대 과업 미비, 성 정체성 대 양성적 혼미, 지도성의 극대화 대 권위 혼미, 관념의 극대화 대 이상의 혼미 등 일곱 가지 주요 과업을 제시하고 있다. 청소년기는 그 어느 때보다도 발달 속도가 빠르다. 이러한 빠른 발달 속도는 빠른 변화를 초래한다.[157] 사춘기 청소년들은 독립성을 추구하면서 자아를 의식하고 정체 의식의 혼란도 경험하며 때로는 열등감에 사로잡히기 쉬운 정신적 육체적으로 급격한 변화가 초래되는 내부 혼란을 겪는다. 이 혼란 속에서 새로운 가치와 질서의 재편을 통해 성숙과 안정을 이룩하므로 이 시기를 어떻게 보내느냐 하는 것이 인생에 있어 중요한 의미가 있다.

사람은 한편으로는 변화를 바라기도 하지만 다른 한편으로는 변화를 거부하는 속성을 동시에 지니고 있다. 변화를 바라는 마음은 현재보다 더욱 발전된 삶을 살 수 있기를 기대하는 마음에서 비롯되므로 현실의 생활이 스스로 만족스럽지 않다고 생각하는 사람일수록 강한 변화를 추구한다. 반면에 변화는 이미 익숙해져 있는 것과 환경을 버리고 새로운 환경에 적응해야 하는 추가적인 노력과 대가를 요구한다. 그러므로 변화를 싫어하고 이미 익숙해져 있는 기존의 생활방식을 그대로 이어가기를 바라는 사람들도 많다. 현실의 생활이 만족스럽다고 생각하는 사람들은 자신이 확보한 기득권을 향유하기 위해 변화가 일어나는 것을 바라지 않는다.

자신이 원하든 원하지 않든 변화는 일어나기 마련이다. 인간의 삶은 이 변화의 시기를 어떻게 관리하는가 하는 것이 추후 삶에 결정적인 영향을 미친다. 변화는 새로운 사회 가치와 환경에 적응해야 하는 문제, 기회를 수반한다. 이 변화를 잘 활용하여 자신의 역량을 충분히 발휘할 수 있도록 준비를 잘하면 능력 있는 사람, 모범적인 민주시민으로 인정받는 삶을 살 수 있다. 하지만 변화의 과정에서 일탈한 행동을 하거나 준비를 제대로 하지 못하면 사회가 요구하는 가치와 자신의 가치관이나 지향하는 바가 충돌을 일으킬 수 있기 때문에 순탄한 삶을 살아가기 어렵다. 인생에는 여러 차례 큰 변화가 찾아온다. 이 중에서 가장 중요한 것 중의 하나가 학창시절에 찾아오는 사춘기이다. 사춘기에 맞이하는 변화는 추후 성인이 되었을 때 삶의 방향을 결정할 수 있는 요소로 작용하므로 지극히 중

---

156) 한상철 외(2003), "청소년 문제행동", 학지사, p.45.
157) 김춘경 외(2006), "청소년상담", 학지사, pp.34~43.

요하다.

문제는 변화에 대한 관리이다. 청소년들이 갖고 있는 무한한 가능성을 성인이 되었을 때 잘 펼칠 수 있느냐 없느냐 하는 것이 변화에 대한 관리에 달렸다. 가장 좋은 방법은 민주사회가 요구하는 일반적 가치인 타인과 함께 더불어 살아가는 데 필요한 인성교육, 올바른 가치관의 형성, 직업을 갖는 데 필요한 지식의 함양, 재능 발굴 및 육성 등 성인이 되어 사회 속에서 자신의 역량을 발휘하고 살아갈 준비를 철저하게 하는 것이다. 특히, 개인이 갖는 독특한 성격이나 가치관, 취미 등이 사회의 가치와 충돌하지 않도록 하기 위해서는 현대사회가 인정하는 실현 가능하고 인정될 수 있는 범위 내에서 역량을 펼칠 수 있도록 조정하는 것도 중요한 요소이다.

부모들은 새로운 질서와 가치관이 제대로 형성될 수 있도록 심리적인 안정은 물론 인생의 목표 설정과 방향성 제시, 상담을 통한 고민과 애로사항의 해결, 지식과 정보의 제공, 적절한 훈련과 통제, 좋은 습관과 합리적인 판단을 할 수 있도록 도와주어야 한다. 만약 변화에 따른 이해나 설명, 목표설정 등 관리가 어렵다고 생각되더라도 걱정할 필요는 없다. 공교육의 체계는 기본적으로 이러한 관리가 이루어지도록 설정되어 있기 때문에 아이들이 행동하는 대로 맡겨두고 올바른 방향으로 나아가도록 방향성만 제시해주면 된다. 평범한 아이들은 어른들이 특별하게 사춘기 변화를 관리하지 않더라도 지식의 습득, 급우와 가족, 사회상을 보면서 대부분 스스로 잘 정리해나간다.

10. 아이들 교육을 위해 부모가 기억해 두어야 할 것

오늘날의 아이들과 부모는 평등의식을 가진 민주주의에 살고 있다. 세계화와 정보화로 다변화되는 사회 속에서 '나를 따르라'는 식의 일방적 선도만으로는 아이들을 성공적인 사람으로 키워내기 어렵다. 가치관과 예의범절 등 인간관계의 행동양식은 시대 상황에 따라 끊임없이 변화하기 때문에 절대적인 진리는 많지 않다. 그렇다고 아이들 교육을 위해 계속 방종이나 전제적 통제는 효과적이지 않으므로 다음과 같은 점을 부모들이 기억하는 것이 중요[158]하다.

---

158) Rudolf Dreikurs · Pearl Cassel · Eva Dreikurs Ferguson 저, 최창섭 역(2007), "눈물 없는 훈육", 원미사, pp.113~115.

- 아이와 자신을 존중하라.
- 장점을 증진하고 약점에 관해 억하심정[159]으로 얘기하거나 잔소리하지 마라.
- 아이는 격려가 필요하다는 것을 기억하라.
- 훈련시간을 가져라. 그것은 훗날 커다란 문제를 예방하고 시간을 가치 있게 쓰는 것이다.
- 아이의 뒤에서 말하거나 다른 방에서 큰소리로 지시하거나 비난하지 마라.
- 신체적인 친밀감과 눈 맞춤을 포함, 집중하여 여러분의 아이에게 말하고 들어라.
- 해야 할 일에 대해 한 번만 말해라.
- 우리가 아이들과 함께 생각하면서 보내는 시간의 질을 기억하라. 양친이 모두 일을 할 때나 편부모가 대처하려고 할 때, 죄의식을 느낄 필요가 전혀 없다는 것을 기억하라.
- 여러분의 아이와 매일 사랑하며 공유하는 한 시간은 질 낮은 수백 시간의 경험보다 가치 있는 일이다. 이 시간은 여러분 아이의 것이다. 여러분의 전체 열정을 주라. 대화의 주제나 행동을 아이들이 선택하게 하라.
- 여러분이 비록 한 아이밖에 없고 다른 배우자가 없더라도 매주 1시간씩 대화를 해라. 지난주에 일어났던 긍정적인 일은 좋은 화제가 될 수 있다.
- 여러분이 아이를 신뢰해야 하지만 틀림없는 성공을 위해 생활지도가 필요하다. 아이의 학습과 발달 능력에 대해 사랑과 신뢰를 보여주라. 그들에게 숨기지 마라. 잘하면 잘하는 대로 못하면 못하는 대로 사실을 알려주고, 못하는 것은 보완하게 하고 잘하는 것은 더욱 잘하도록 능력을 키워나가야 한다.
- 우리가 책무성을 부여함으로써 책무성을 가르칠 수 있다는 것을 명심하라. 아이들은 비판보다 본보기를 통해 더 많은 것을 배운다. 아이의 행동뿐만 아니라 여러분의 행동도 주목하라.
- 만약 여러분이 아이를 식당이나 친구 집으로 데리고 간다면, 여러분이 방문하고 있는 동안 아이를 즐겁게 할 게임을 조용히 하게 하거나 장난감을 갖게 하라.

처음에는 생각대로 잘 안 되고 힘든 일들도 여러 번 되풀이하면 습관이 되고, 좋은 습관은 나와 아이뿐만 아니라 주위의 여러 사람을 편안하게 만든다.

---

159) 억하심정(抑何心情)은 대체 무슨 생각으로 그러는지 그 마음을 모르겠다는 말.

11. 학업문제의 이해

1) 학업문제의 중요성

　학업(學業)은 학교의 공부로, 학업문제는 다른 말로 하면 학교 공부문제로 대표적인 예
는 성적의 하락이다. 근래에 많은 학생이 학업보다는 외모나 옷차림 등에 더 많은 관심을
보이기도 한다. 하지만 실제 청소년 개인상담 장면에서는 아직도 그들의 인생에 가장 중
요하게 작용하는 것은 학업문제라는 것을 알 수 있다. 상당수 아이는 학업성적이 부진하
거나 소위 누적된 학습장애를 가진 학습부진 행동까지 보이면서 문제를 일으키기도 한다.
학생이 자신의 학업을 성공적으로 수행하지 못할 때 학생의 전반적인 학교생활뿐만 아니
라 가족 및 교우관계에도 부정적 영향을 미치게 되고, 자아개념의 형성과 미래에 대한 방
향 설정에도 문제를 일으킬 만큼 학업문제는 중요한 것이다.[160]

　공부가 잘될 때는 학생이나 부모 양쪽 모두 별로 문제를 느끼지 않는다. 학업성적이 하
락하는 것 외에도 학업과 관련된 문제에는 여러 가지가 있다. 자신의 능력에 부칠 만큼
높은 성적을 유지하다가 스스로 에너지가 소진되어 심한 불안과 우울증에 시달리는 학생
도 있다. 학업성취도가 뛰어나기 때문에 오히려 또래들로부터 소외되거나 따돌림을 당하
는 학생도 적지 않다. 이와 달리 아무리 공부를 잘하고 싶어도 지적인 잠재능력이 뒷받침
되지 않아 학업장면에서 좌절감을 맛보는 학생들도 있다.[161]

　한국청소년개발원이 서울에 사는 남녀 중학생 300명을 대상으로 실시한 설문조사 결과
에 따르면, 응답자 중 34%가 학업성적 때문에 스트레스를 받고 있다고 말하였다. 다음으
로는 교우관계가 26%로 두 번째 큰 스트레스 원인이 되고 있는 것으로 나타났다. 성적(成
績) 스트레스와 관련해 이들 학생 중 상위권 49%, 중위권 31%, 하위권 20% 순으로 스트레
스를 받고 있다고 응답하여 공부를 잘하는 학생일수록 성적에 대한 부담이 더욱 큰 것으
로 드러났다. 또 대졸 이상 부모를 둔 가정의 학생 가운데 54%가 성적 스트레스를 느끼고
있다고 응답해 부모가 고학력일수록 자녀의 성적에 대한 기대치가 커서 부담을 주고 있
는 것으로 나타났다.

---

160) 김춘경 외(2006), "청소년상담", 학지사, pp.302~303.
161) 구광현 외(2005), "학교상담의 이론과 실제", 학지사, pp.84~85.

2) 학업문제의 유형

　한국사회조사연구소에 의하면 학업문제는 우리나라 학생들 대부분이 가장 많은 정신적 부담을 느끼는 문제 중 하나다. 우리나라 학생들은 이미 초등학교 시기부터 '학업'을 가장 큰 고민으로 여기고 있다. 그러면서도 선생님과 이에 관한 고민을 의논하거나 대화를 나눠 본 경험은 거의 없는 것으로 파악되고 있다. 학업과 관련한 문제들은 성적 저하에 의한 정서적 불안, 시험 자체에 대한 불안, 학업에 대한 반감이나 동기 부족, 학업능률의 저하 등을 들 수 있다. 그러나 김창대 등은 학생들이 주로 호소하는 학업문제를 다음과 같이 열거하고 있다. ① 시험불안, ② 공부 자체에 대한 회의와 의문, ③ 집중력 부족, ④ 성적 저하 및 이로 인한 걱정과 스트레스, ⑤ 공부 방법 문제, ⑥ 공부에 대한 반감, ⑦ 노력은 했는데 성적이 안 오름, ⑧ 능력 부족, ⑨ 공부습관 미형성, ⑩ 공부에 대한 동기 부족, ⑪ 성적에 대한 집착, ⑫ 성적으로 말미암은 대인관계의 문제 등이 그것이다.[162]

3) 학업성취 관련 변인과 학습부진

(1) 학업성취 관련 변인

　학업성취 관련 변인에는 인지적 요인, 정서적 요인, 환경적 요인이 있다. 인지적 요인으로는 지능, 기초·기본 학습능력, 선행학습 수준, 학습방법 및 전략 등이 있다. 정서적 요인으로는 학습 동기, 자아개념, 심리적 불안을 들 수 있다. 또한 학생들은 인지적·정서적 요인 이외에도 학생 주변의 환경적 요인에 의해 학업성취 정도가 영향을 받기도 한다. 환경적 요인으로는 가정과 학교 및 또래, 지역사회 환경을 들 수 있다.[163]

(2) 학업부진

　학업부진(Academic under-achievement)은 자신이 갖춘 능력 이하의 학업성적을 발휘하는 것이다. 학업부진의 원인은 학습 동기의 결여, 선행학습의 결손, 부모-자녀 관계, 또래 관계, 가정환경의 문제, 교사와의 관계, 비효율적 학습방법, 시험불안, 정신건강의 문제 등 다양하다. 때로는 심리적 원인으로 부모에 대한 분노나 적개심의 표현일 수도 있다. 학업

---

162) 구광현 외(2005), "학교상담의 이론과 실제", 학지사, pp.84~85.
163) 김춘경 외(2006), "청소년상담", 학지사, pp.305~309.

수행에 대한 부모의 요구가 지나치거나 미울 때 부모가 중시하는 공부를 의도적으로 하지 않으므로 부모를 괴롭히는 것[164]이 이에 해당한다.

학습부진은 학습능력을 갖추고 있으나 심리적·환경적·행동적 요인에 의해서 자신의 능력만큼 성적을 올리지 못하는 것으로 유사개념에는 학습지진, 학업지체, 학습장애 등이 있다. 학습지진은 지적 능력이 평균 수준에 미치지 못해 학업성취 정도가 떨어지는 상황에 해당한다. 지능지수의 변화는 거의 없으나 학습지진의 문제를 가진 학생에게는 상담 목표 설정에서도 세심한 주의를 기울여야 한다. 학습지체는 국가 수준 교육과정에서 정한 해당 학년이나 학기, 교과별 학습 목표 달성에 실패하여 다른 학생에 비해 학업성취 정도가 뒤떨어지는 경우를 말한다. 특히, 이들은 누적된 학습결손에 의해 다음 학습의 진행뿐만 아니라 학습에 대한 기초적 흥미나 관심조차 감소할 우려가 있다. 학습장애(learning disorder) 아동[165]은 정상적 지능을 갖추고 있음에도 읽기, 쓰기, 산수 등의 기초적 학습영역에 장애가 나타나므로 학습에 큰 어려움을 보이게 된다. 읽기장애, 산술장애, 쓰기 장애가 대표적이다. 아이들이 학업부진을 나타낼 때는 그 원인이 정확하게 무엇인지 파악하고 그에 따른 처방을 해야 실효를 거둘 수 있다.

제3절 관리방법

1. 관리의 핵심, 아이의 마음을 어루만져주는 것

일반적인 부모들은 아이를 낳아 양육하고 교육하고 있기 때문에 아이들을 잘 관리하고 있다고 생각한다. 그러나 이 생각은 절반은 맞고 절반은 맞지 않다. 양육이나 교육은 넓은 의미의 관리 개념 속에 포함되는 일종의 관리 형태이므로 맞는 말이 된다. 하지만 순수한 의미에서의 관리와는 거리가 있다. 순수한 의미에서의 관리는 구체적인 목표와 방향성, 방침이 필요하며 관리활동을 통하여 정해진 목표를 효율적으로 달성하도록 주어진 자원

---

164) 한국청소년개발원(2004), "청소년심리학", 교육과학사, pp.311~312.
165) 홍경자(2004), "청소년의 인성교육 나는 누구인가", 학지사, pp.69~87.

을 운용해나가는 것을 말한다.

예를 들면, 글을 쓰기 위해 집필을 할 때에는 적어도 주제는 미리 설정하고 형식에 맞추어 내용을 구성해야 의도한 시, 소설, 수필, 논문 등이 될 수 있다. 이를테면, 형식이나 주제 없이 아무렇게나 쓴 글 중에서 그 분량이 조금 많다고 소설이라고 하지는 않는다는 것이다. 소설을 쓰려고 작정했다면 처음부터 소설을 쓰겠다는 방향성을 설정하고 신춘문예에 당선되거나 출판을 해 보겠다는 등의 구체적인 목표를 세우고 작업에 들어가야 한다. 그렇게 방향과 목표가 뚜렷해도 글을 쓰는 과정에는 난제가 많아 제대로 된 소설을 완성하는 사람은 많지 않다.

아이들 관리도 이와 같다. 구체적인 목표, 방향성, 방침이 필요하다. 목표는 고등학교와 대학교 등 아이들 성장 단계에 따라 진학하고자 하는 학교를 목표로 설정하면 된다. 방향은 과학, 수학, 정보통신, 예술, 체육 등 아이의 재능과 연관된 분야로 정해야 한다. 그리고 이를 달성하기 위하여 선행공부는 어떻게 진행하고, 학원은 언제부터 어느 학원을 보내며, 학교공부와 어떻게 접목할 것인가를 결정해나간다. 때로는 특정 과목을 선택적으로 희생하거나 집중적으로 육성하는 등 전략적 의사결정도 필요하다. 우리 아이를 어떤 아이로 키우겠다는 방침도 포함된다. 방침(方針)은 앞으로 일을 할 방향과 계획이다. 만일 그렇지 않으면 교육 진행과정에 혼란을 초래하거나 시행착오를 불러일으킬 수도 있다. 시간은 정해져 있는데 학교 공부도 잘하고 학원공부나 경시대회 등도 모두 잘하려고 하면 이것도 저것도 안 되는 일이 발생할 수 있다. 아이가 공부에 대해 좌절하거나 회의할 때도 마음을 다시 잡아주기 어렵다.

이렇게 설명하면 관리가 어렵게 느껴지고 장황한 것 같지만 정리하면 복잡한 일도 어려울 것도 없다. 대개 특정한 학교를 진학 목표로 설정하면 목표와 방향은 동시에 설정되고 관리도 개시된다. 방침은 미리 정할 수도 있고, 공부 진행과정을 확인해 가면서 가변적으로 운용해나가도 크게 문제될 것이 없다. 이미 많은 학부모가 이런 방법을 사용하고 있다. 단지 조금 부족한 점이 있다면 그것은 생각의 정리이다. 관리라는 개념에 따라 생각을 미리 정리해놓고 아이에게 적용해나가는 것이 아니라 감각적, 경험적으로 운용한다는 정도의 차이라고 할 수 있다. 여기서 한 가지 확실하게 말해두고 싶은 것은 현재 양육하고 있다고 그것이 진정한 관리라고 보기는 어렵다는 점이다. 근성으로 하는 일과 목표를 세우고 구체적으로 계획을 세워 그 목표에 도달하기 위해 모든 행동을 정비한 후 목표를 향해 나아가는 것과는 다르다. 내가 의도를 갖고 의식적으로 관리해야 하겠다는 생각을 하고 실제 관리하는 행동을 하는 것이 진정한 관리다.

교육에서 관리의 시작 시점을 언제로 하는 것이 좋은가에 대한 정답은 없다. 빠른 부모는 유치원 때부터 시작할 수도 있다. 초등학교나 중학교, 좀 늦으면 고등학교 단계에서 시작하는 사람도 없지는 않다. 대학교 이후는 성인이 되었기 때문에 스스로 자신의 삶을 주관하는 중에 나타나는 미숙함이나 부족한 점을 지원하는 보조와 지원의 역할을 수행하게 된다. 그러니까 관리의 범위는 성인이 되기 이전인 고등학교까지가 주로 해당하는데, 그 중에서도 특히 초등학교 5학년에서 고등학교 1학년까지의 관리가 아주 중요하다. 그 이후는 정해진 틀에 따라 운용해가는 정도로도 충분하다.

사람들은 흔히 이미 늦었다고 생각하는 때가 가장 빠른 때라고 한다. 이 말은 상당한 의미가 있다. 하지만 아이들 관리의 시작 시점은 늦었다고 후회할 시기에 시작하는 것은 늦다. 앞서 가는 사람들이 너무 많다. 후회하기 전이나 필요를 느낄 때는 즉시 시작해야 한다. 후회는 안 할 수 있으면 안 하는 것이 바람직하다. 인위적으로 관리를 시작하기는 어려우므로 부모가 자신의 역할 필요성을 느끼고 관리를 해야 하겠다고 인식했을 때 바로 행동에 옮기는 것이 가장 좋다.

관리에 대한 인식과 최초 시작 시기는 아이가 재능을 제고시킬 수 있는 훈련에 매진할 수 있는 시간적 여유가 학창시절이라는 것을 반드시 고려해야 한다. 우리의 경험에 비추어 볼 때 빠르면 초등학교 1~3학년, 조금 늦어도 초등학교 5학년에서 중학교 1학년까지는 관리가 시작되는 것이 좋다. 대개 1단계로 교과 과정이 어려워지는 시기가 초등학교 4학년이기 때문에 초등학교 5학년에서 중학교 1학년 시기의 공부가 인생행로에 큰 영향을 미친다는 점은 여러모로 설득력이 있다. 실제로도 그렇게 알려져 있다. 중학교 이후 본격적인 심화단계에 도달하기 전 이미 기초공부가 튼실하게 구축되어 있어야 한다. 그리고 중학교 2학년을 넘어서면 아이들이 나름대로 공부를 잘해왔다고 하더라도 고등학교 입시를 앞두고 마음이 다급해진다.

심화공부가 하루아침에 되는 것이 아니므로 약간 뒤처진 아이들은 앞서 가는 아이들을 쫓아가기가 쉽지 않다. 인생의 일차적인 향방을 가르는 소수 엘리트들이 진학하는 유명고등학교 진학도 어려워질 가능성이 크다. 다행히 진학하더라도 많은 선행공부와 심화공부가 되어 있는 아이들과 경쟁해 좋은 성적을 얻기는 쉽지 않다. 아이들이 자율적으로 자기관리를 잘하면 부모의 역할 비중은 그만큼 줄어든다. 때로는 보조자나 지원자 역할로 끝나는 때도 있다. 그러나 분명히 알아두어야 할 사항은 아이를 믿고 스스로 보조자 또는 지원자 역할을 선택해 자임할 때는 그 자체가 관리가 될 수 있다. 그러나 그것을 의도적으로 선택하지 않고 방치해 두었을 때는 관리가 아니라 단순한 양육이나 교육 활동을 하는 기본적인 역할 행동에 지나지 않는다는 점이다.

관리 측면에서 아이들 교육방법의 핵심 사항은 어느 나라 할 것 없이 거의 비슷하다. 단어로 나열하면 인내, 믿음, 자율, 관심, 열성, 환경 조성, 도전, 훈련, 대화, 칭찬, 독립심, 재능 발굴, 창의성 등이다. 좀 더 구체적으로 설명하면 아이들을 믿고 대화하며 칭찬하는 것, 동기부여, 공부할 수 있는 환경 조성, 자율적으로 공부하게 만드는 것, 도전적인 삶을 통하여 독자적 삶을 살아가도록 독립심을 기르는 것, 관심을 두고 인내하며 지켜보는 것, 열성을 갖고 배움의 즐거움을 가르쳐 주는 것, 창의성을 길러 주는 것, 아이가 갖고 있는 재능을 찾아주고 그 분야에서 최고가 되도록 훈련하는 일 등이다. 이것을 한마디로 요약하면 아이들이 스스로 잘할 수 있도록 마음을 어루만져주는 것이라고 할 수 있다.

이것은 우리의 현실적인 측면에서 보면 학부모들의 많은 관심 대상이 되는 성적을 어떻게 올릴 것인가 하는 것과는 상당한 거리감이 있는 것으로 보인다. 하지만 실제로는 성적을 올리는 것과 무관한 것이 아니라 아주 중요한 요소에 해당한다. 하층이 없는 상층은 있을 수 없고, 토대가 단단하지 않으면 좋은 집을 지을 수 없다. 원인으로 제공된 것이 결과로 나타나는 인과적인 측면에서 볼 때, 원인으로 공부를 잘하게 하여 놓으면 당연히 공부를 잘하고 좋은 성적을 거두는 것으로 나타난다. 손자가 전쟁하기 전에 승패를 알 수 있다고 한 것은 이미 승리할 수 있도록 준비가 되었느냐 아니면 패배할 수밖에 없도록 준비되었느냐 하는 것으로 가늠하는 것과 같은 이치이다. 단기적으로 생각하면 공부 잘하는 비결 같은 공부기술이나 방법을 아는 것이 도움이 될 것 같아도, 장기적으로는 공부기술이나 방법보다는 아이들의 관리와 아이들과의 인간관계가 더 중요하다. 공부기술이나 방법이 관리 속에 포함되기도 하지만 공부 비결은 부모가 찾아주는 것보다는 아이들이 찾는 것이 더 바람직하다. 아이가 그 비결을 자신 속에서 끄집어내 경험을 통하여 체득하게 하고 아이들의 마음을 어루만져주는 것이 부모에게 주어진 역할이고 그것이 관리의 핵심이다.

감각적인 어머니들은 얼굴빛을 보거나 목소리만 들어도 아이가 기분이 좋은지 안 좋은지, 아픈지 안 아픈지 안다고 한다. 아이들의 지금 감정상태가 기쁜지 슬픈지 괴로운지, 당장 시키고자 하는 일이 좋아하는 것인지 싫어하는 것이지, 능력이 있는지 없는지도 모르면서 관리를 잘하고 있다고 말로만 한다고 관리가 제대로 되는 것은 아니다. 아이가 한계에 부딪혀도 도전하고 스스로 공부하게 하기 위해서는 환경 조성, 설명을 통한 납득, 새로운 방법을 찾는 공동의 노력을 기울이는 등 아이의 마음을 어루만져줄 때 가능하다.

2. 원만한 아이들 관리기법 3가지

　아이들을 관리하는 방법은 여러 가지가 있고 세간에 많이 알려져 있다. 그중에서도 원만하게 아이들을 관리하는 기법으로 자기결정감, 최소강제의 원리, 최소 충분성의 원리 등은 한 번쯤 관심을 둬볼 만하다. 첫째는 자기결정감이다. 하고 싶어서 하는 동기를 내재적 동기라고 한다. 내재적 동기는 두 가지 요소가 있다. 하나는 자기 스스로 하고 싶어 했다고 하는 자기 결정요인과 다른 하나는 그것 자체를 더욱 더 잘하고자 하는 역능감[166]이 내포되어 있다. 하지만 내가 결정하고, 그 일을 잘하고 싶어서 하는 일에 보상이 주어지게 되면, 자기 결정의 요인이 감소하여지고 결과적으로 그것에 대한 흥미도 감소하게 된다. 이렇게 통제에 대한 흥미 상실을 설명할 수는 있지만, 즐거움과 흥분이 동반되는 일에서조차 항상 보상이 역효과를 가져오는 것은 아니다. 그 일을 내가 선택했다는 자기결정감이란 내재적 흥미를 유발하고 그 일에 매달려서 열심히 몰두하게 하는 중요한 결정요인이다. 어떤 행동에 자기결정감을 가지게 될 때 우리는 그런 가치를 자신의 행동기준으로 수용할 가능성이 크다. '그래, 내가 이렇게 행동하는 것은 누가 시켜서 하는 것도, 하지 않으면 누가 나무라기 때문이 아니라 내가 하고 싶어서 하는 거야'라는 자기 인식과 더불어 '나는 이런 일을 하는 것을 좋아하는 것임이 틀림없어'라고 생각한다. 그리고 열심히 노력하면 기술이 숙달되고 실력으로 이어진다. 바람직한 행동을 스스로 하게끔 하는 것이 최고의 교육목표라고 본다면 자기결정감은 특히 중요하다. 이렇게 어떤 일에 대한 자기결정감을 갖고 그런 행동의 기준을 자기의 가치 체계로 받아들이는 것을 내면화라고 한다.[167] 둘째는 넘치지도 부족하지도 않게 하는 최소강제의 원리이다. 자기결정감을 갖고 어떤 행동의 가치를 내면화시키기 위해서는 그 행동이 다른 사람의 압력이나 지시 혹은 다른 보상이나 이득과 같은 외적 이유 때문에 한 것이 아니라는 느낌이 중요하다. 그래서 공부와 같이 어떤 일을 스스로 하게 만들려고 할 때 외적인 압력이 가능하면 적게 작용하고 자기가 좋아서 한다는 느낌이 들게 하는 것이 중요한데, 이것을 최소강제의 원리라고

---

166) 역능감: 할 수 있는 능력이 있어 그 일을 안 하고는 못 배기는 상태.
167) 박천식(1999), "재미있는 심리학", 원출판사, pp.96~97.

한다. 행동할 정도의 압력을 가하지만, 그 압력이 외부적 요인에 의하여 이루어졌다고 느껴지지 않을 정도 압력을 가해서 그 행동을 하게 하는 것, 이것이 최소강제의 의미이다. 지나친 간섭이나 보상이 역효과를 가져오는 이유는 그 행동이 외적 이유 때문에 생겼다고 느끼게 되고 결과적으로 자유감의 훼손뿐만 아니라 자존심의 상처까지 주기 때문이다. 그럴 경우, 가능한 한 반발함으로써 자유감을 회복하려고 한다. 내재적 동기의 손상 효과도 마찬가지이다. 내가 좋아서 하고 있는 일을 다른 사람이 개입하게 되면 그 행위가 다른 사람의 눈(선행의 경우), 다른 사람의 인정이나 보상 때문에 하는 것으로 해석되며 이런 해석은 곧바로 그 일에 대한 내재적 흥미를 감소시키는 역할을 하게 된다.[168] 셋째는 최소 충분성의 원리이다. 최소 압력을 가하되 그 최소의 범위는 어떤 행동을 유도할 만큼의 강도나 크기는 지니고 있어야 한다. '어떤 행동을 하게 할 만큼 강하게' 이것을 충분성이라고 한다. 공부하게 하려면 최소한 공부를 하게 만들어야 하고, 매력적인 장난감을 가지고 놀지 못하게 하려면 장난감을 가지고 놀지 못할 만큼의 압력은 작용해야 한다. 이 원리를 최소한으로 충분한 압력의 원리, 어떤 행동을 할 만큼 충분하게 하지만 그 행동이 외적 요인에 의하여 한 것이라는 느낌을 가지지 않을 정도로 최소한으로 압력을 유도했을 때 가장 행동을 내면화한다. 이것이 최소 충분성의 원리이다.[169]

사람들은 많은 것을 알고 있다. 그러나 아는 것으로는 충분하지 않다. 아무리 좋은 이론이 있고 아는 것이 많아도 사용하지 않으면 가치를 발휘하지 못한다. 이것을 역설적으로 말하면 보잘것없다고 생각되는 것도 잘 활용하면 가치 있는 것이 된다. 내가 아는 것도 내 것이 아니다. 활용할 때 진정한 내 것이 될 수 있다.

3. 공부, 제대로 하도록 관리하는 데는 순서가 있다

모든 일에는 절차와 순서가 있어야 한다. 그래야 효율적인 처리가 가능하다. 일은 열심히 하는 것도 중요하지만, 그것만으로는 부족하다. 무조건 열심히 한다고 잘하는 것이 아니다. 아이들 관리도 일을 진행하는 우선순위와 절차에 따라야 한다. 순서를 정하고 우선순위를 쫓아 중요한 것을 먼저 처리하고 절차에 따라 단계적으로 처리해나가야 일 처리

---

168) 박천식(1999), "재미있는 심리학", 원출판사, p.98.
169) 박천식(1999), "재미있는 심리학", 원출판사, pp.99~100.

를 잘한 것이 된다. 이렇게 우선순위와 절차에 따라 일을 잘 처리하기 위해서는 생각하면서 일을 해야 한다. 아무런 생각 없이 선후를 고려하지 않으면 문제가 생긴다.

오늘 반드시 해야 할 일을 내일로 미루었을 때, 그것이 시간을 다투지 않으면 상관없다. 하지만 시험의 원서 접수, 계약 갱신일과 같이 마감 시간이 중요한 의미가 있는 일인 때는 낭패를 보기 십상이다. 그러므로 일은 내용의 비중이나 시간, 선후, 중요성 등을 고려하여 반드시 우선순위를 정하고 그에 따라 처리해나가야 한다. 아이들 관리도 우선순위와 절차를 생각하면서 열심히 해야 좋은 결과를 얻을 수 있다.

모든 부모는 아이들이 공부 잘하기를 바란다. 그런데 생각대로 공부를 잘하게 하기가 쉽지 않다. 아이의 지능이 낮은 것은 타고난 것이므로 어쩔 수 없더라도, 관리방법이 잘못되어 문제를 발생시키고 있다면 그것은 안타까운 일이다. 그런데 우리 주위에는 아이의 의견, 재능, 선호도 등을 무시하여 공부 결과를 왜곡시켜놓는 사례도 적지 않은 것 같다. 현재 우리 아이가 공부를 잘하고 부모의 말을 잘 따른다면 그 방법이나 내용을 조리 있게 설명하지 못하더라도 부모는 좋은 교육방법을 채택하고 있는 것으로 볼 수 있다. 굳이 다른 방법을 찾을 필요 없이 현재의 방법을 밀고 나가면 된다. 관리를 해나가면서 부족한 부분이 느껴지면 그 부분만 보충해도 충분할 것이다. 그러나 아이가 공부도 못하고 잘 따르지 않는다면 부모의 교육 방법에 문제가 있을 가능성이 크다. 이때는 합리적인 방법을 찾아야 한다.

공부는 최소한 의무교육기간인 9년 이상 많게는 20년은 해야 하는 장기전이라는 점을 고려하는 것이 중요하다. 장시간의 인내, 동일하게 주어진 제한된 시간 속에서 많은 공부를 할 수 있는 효율적인 방법, 상위로 올라갈수록 치열해지는 경쟁에서 좋은 실력을 유지하는 방안을 찾아내야 한다. 그런데 이러한 문제를 모두 힘들이지 않고 달성할 수 있는 묘수는 없다. 만일 그것이 있다면 학문에 왕도가 나올 것이 확실하다. 그렇다고 적절하게 대응하는 방법까지 없는 것은 아니다.

상당수의 공부 잘하는 아이를 둔 부모들은 이미 이 방법을 활용하고 있다. 즉, 장시간 인내하는 것이 조금 덜 힘들도록 하기 위해서는 어릴 때부터 공부하는 분위기를 조성하고 공부에 흥미를 갖도록 하면서 공부를 습관화시키기 위해 노력하는 일이다. 아무래도 일이 몸에 밴 사람은 힘을 덜 들이고 능률적으로 일한다. 동일하게 주어진 시간 속에서 많은 공부를 할 수 있는 방법은, 공부에 대한 부하가 비교적 적을 때부터 선행학습을 시작하고 반복 학습을 통해 기초를 다져나가 심화단계까지 유도해나가는 것이다. 또한 상위로 올라갈수록 치열해지는 경쟁 속에서 좋은 실력을 유지하게 하려면 우리 아이에게 적합하고 효율적인 방법을 찾아야 한다. 여러 번의 시행착오를 거치면서 아이들이 스스로 공부를 주관할 수 있는 자기 주도 학습법을 개발하는 것이 중요하다.

이를 다시 정리하면 아이가 공부를 제대로 하고 잘하도록 하기 위해서는 공부하는 환경조성, 공부에 대한 흥미 유발, 호기심 자극, 동기부여, 공부의 습관화, 인내와 도전, 예습 복습에 해당하는 선행학습과 반복 학습, 공부에 대한 기술을 접목한 자기 주도 학습법 개발 그리고 최종적으로 집중력 향상 훈련을 통한 몰입식 공부를 하도록 하는 방법이다. 아이와 대화하고 칭찬하며 믿음을 표현하는 것, 인내하고 기다리는 것은 관리의 과정에 기본적으로 필요한 사항이다. 그런데 많은 학부모는 이러한 순서와 절차는 고려하지 않고 우선 성적을 올릴 수 있는 공부기술에만 높은 관심을 보이는 경향이 있다.

기술은 그것을 배우고자 하는 의욕이 있는 사람에게 소용이 있다. 배울 의사가 없는데 방법이나 기술이 무슨 소용이 있겠는가? 일의 시작은 일단 관심과 의욕을 갖게 하는 것, 즉 아이들을 스스로 움직이도록 하는 변인을 만드는 일이 가장 먼저 해야 할 일이다. 도로에 차가 꽉 막혀 움직일 수 없을 때는 운전자의 노력은 의미가 없다. 일단 움직임을 시작해야 속도도 조절하고 다른 차의 움직임이나 전방의 상황도 예의 주시하며 추월도 가능하다. 신호와 차선 등의 법규도 고려의 대상이 된다.

의욕만 갖고 그저 열심히 아무렇게나 하는 방법으로는 체계적으로 관리하며 내공을 다져온 고수들에게 따라갈 수 없다. 고수는 하루아침에 되지 않는다. 장시간의 노력과 시행착오를 거쳐 만들어진다. 내가 고수가 되기를 원한다면 그냥 책 몇 권 읽고 강연 한두 번 듣는다고 되지 않는다. 많은 날을 책을 읽고, 아이에게 나타나는 현상들을 분석하며, 그 문제들을 해결하기 위해 고민하는 노력과 인내가 필요하다. 그 결과 만들어지는 고수들은 아이들이 당면하는 각종 문제와 한계에 대해 뛰어난 문제해결능력을 보유하고, 필요할 때 구체적인 해결방안과 방향성을 제시하며 선도해나간다. 공부뿐만 아니라 폭넓은 정보 수집과 분석을 통해 관리의 전반, 그 속에는 내 아이뿐만 아니라 경쟁하는 다른 아이들에 관한 사항까지 꿰뚫어볼 수 있는 능력도 갖추게 된다. 그러니 공부는 당연하고 학교생활이나 친구관계까지 무엇이든 아이들과 관계되는 문제가 발생하면 즉각적으로 개입할 수 있는 대비가 되어 있기 때문에 아이들이 크게 어긋나는 일이 거의 생기지 않는다.

아이들과 대화하지도 않고, 고민이 무엇인지 알지도 못하면서 성적이 안 올라가는 것에만 화를 내고 아이를 몰아세운다고 성적이 올라갈 리 만무하다. 아이들이 공부를 못한다면 먼저 나 자신을 뒤돌아볼 필요가 있다. 내가 학창시절에 공부를 잘했건 못했건 그것이 반드시 중요한 것은 아니다. 공부 잘한 사람이 반드시 교육과 관리를 잘한다는 법 없다. 공부는 아이들이 하는 것이다. 열린 사고를 가지고 방법을 모르면 옆에 사람들에게 물어보고 그 방법을 찾기 위해 노력하는 자세가 중요하다. 방법이 틀렸으면 바꾸면 된다. 처음부터 다 아는 사람들은 아무도 없다. 문제를 인식한 그 순간 수정하는 것이 가장 빠른 시기이며, 우리 아이의 인생을 바꾸어 놓을 수 있는 가장 좋은 기회다.

4. 일류보다 앞서 고려해야 할 것

교육에서 보편적인 부모들이 지향하는 목표는 일류이다. 일류(一流)는 어떤 분야에서 첫째가는 지위나 부류로 인간이면 현실적인 삶이나 능력이 어떻든 누구나 일류가 되고 싶은 욕망을 갖고 산다. 하지만 항상 일류가 좋은 것인가 하는 점에는 의문이 있다. 그것은 사람마다 생각이 다를 수 있기 때문이다. 어떤 사람은 일류를 지향해 아이들이 성공적인 삶을 살도록 하고 또 어떤 사람은 아이를 힘들게 하거나 때로는 인생행로를 왜곡시키기도 한다.

<미국 유학, '명문대'가 답이 아니다>라는 재미 작가 김유미 씨의 글에는 이러한 내용이 잘 설명되어 있다. "The Institute of International Education(국제교육협회) 발표(2007년)에 의하면 미국 대학과 대학원에 유학 와 있는 한국 학생은 62,392명으로 모든 유학생의 10.7%에 해당한다고 합니다. 중국과 인도 다음으로 세 번째이지만 중국이나 인도는 인구가 한국의 수십 배나 되는 나라임을 생각하면 한국 유학생들이 가장 많다고 하겠습니다. 2009년 11월, 한국을 방문하고 돌아온 미국의 오바마 대통령은 한국 부모들의 '열성적인 교육열'에 감탄하였다면서 미국 학부모들도 자녀교육에 더욱더 적극적이기를 권장하였습니다(2009. 11. 24. ABC News). 그는 이명박 대통령에게 들은 소리라면서, 한국 부모들은 아무리 가난해도 자녀 교육은 한다고 지적하였습니다. 한국 초등학교 교실에서 한국 교사와 원어민 교사가 함께 지도하는 모습도 미국 텔레비전에 나왔습니다. 하지만 오바마 대통령이 찬양한 바로 이 '한국 부모들의 교육열' 때문에 오히려 미국 내 한국 유학생들이 학교를 중도포기(drop out)한다는 연구 결과도 있습니다. 2008년 10월 Columbia University(컬럼비아대학교)에서 Samuel Kim(사무엘 김)이란 한국 학생이 '동양인 1세와 2세 간의 교

육에 대한 견해차이'라는 박사 학위 논문을 발표하였습니다. 이 연구에 의하면 미국 명문대의 한국 학생 44%가 drop out한다고 합니다. 미국학생 34%, 중국 25%, 인도 21%에 비하면 놀라운 수치입니다. Samuel Kim은 그 이유의 하나로 한국 부모들의 '지나친 교육열'을 꼽았습니다. 오바마 대통령이 부러워한 '교육열'이 실은 자녀의 drop out의 원인이 된다니 아이로니컬(ironical, 모순적인)한 현상입니다. '지나친 교육열'이란 말할 것도 없이 점수경쟁과 '일류 대학병', 즉 '일류병'입니다. 한국서도 SKY(서울·고려·연세)대학으로 일컬어지는 일류대학 입시경쟁과 더불어 미국 유학도 무작정 아이비(Ivy) 명문대로 몰리는 현상은 확실히 '맹목적'입니다. 미국인이든 외국인이든 누구나 이왕이면 명문대학에 들어가길 원합니다. 그러나 명문대라는 이유 하나만으로 대학을 선택하는 건 위험한 일입니다. 그렇기 때문에 미국에서도 고등학교 3학년 학생들에게 대학을 선택하기 전에 부모와 함께 여러 대학을 방문해볼 것을 권합니다. 대학마다 그 대학만의 고유한 전통과 문화가 있습니다. 그 문화를 잘 파악하고 자신이 그 문화에 잘 적응할 수 있는지 알아보는 게 가장 중요합니다. 대학 분위기, 기숙사 분위기, 마을 분위기도 물론 중요하지만, 학생들의 가정 배경과 부모님의 교육 수준, 직업 등으로 나타나는 'Social Status'(사회적 신분)도 무시할 수 없습니다. 예컨대, 하버드대학교(Harvard University)를 비롯한 'Ivy School'(동부 명문대학교)이란 호칭이 내포하는 의미는 다음 세 가지입니다. Social Elitism이란 사회적 신분, 즉 상류사회의 엘리트라는 뜻이라 하겠습니다. 하기에 미국 내에서도 이 Ivy School을 가리켜 양반학교, 상류층 자녀가 가는 학교, 흔히 말하는 와스프[170](WASP, White Anglo-Saxon Protestant)들의 학교라 부릅니다. 흑인이 대통령이 된 미국이지만 아직도 미국 사회에는 상류층, 지배층이라 불리는 WASP는 분명히 존재합니다. 누구든지 미국 명문대에 입학할 수는 있습니다. 한국인 유학생이든 외국인 유학생이든, 그러나 오로지 강의실과 도서관, 기숙사만 오가며 학업 공부만 한다면 그것은 엄밀한 의미에서 진정한 유학생활이라 할

---

170) 와스프(WASP, White Anglo-Saxon Protestant)는 앵글로색슨계 미국 신교도를 줄인 말로 흔히 미국 주류 지배계급을 뜻한다. 흔히 미국 주류 지배계급을 뜻한다. 애초에는 정통적 미국인을 지칭했는데, 이들은 메이플라워호를 타고 온 사람들을 선구자로 하여 영국에서 미국으로 이주한 사람들의 자손으로, 자신들을 다른 민족이나 종교로부터 차별화하기 위해 이 말을 만들었다. 현대 들어서는 앵글로색슨계에 한정되는 것이 아니라, 포괄적 의미로 사용되는데 북아메리카에서는 관행상 네덜란드, 독일, 프랑스, 스칸디나비아, 스코틀랜드, 스코트아일랜드, 웰시계 신교도 등을 포함한다. 현대 미국사회의 주류를 형성하고 있으며, 이전까지는 정계·재계에서 성공을 거둘 수 있는 절대적 조건이기도 하였다. 1920년대까지 미국 200대 기업의 대부분이 이들 소유였으며 미국의 정치권력도 공화당과 민주당 모두 이들의 독점체제로 이어졌다. 보수성이 강하며 예의범절을 중요시하고 엄격한 교육으로 자녀들을 가르치고 클럽 활동을 통해 친목을 도모하는 것이 특징이다. 1930년대 들어 대공황으로 이들 출신 대자본가들이 무너짐에 따라 유대인 등 신진세력에 의해 재계 판도가 바뀌는 현상이 일어났고, 정치에서는 아일랜드계 가톨릭교도인 케네디와 아일랜드계 신교도인 레이건이 집권했다. 이들은 미국의 현대사를 이끌어오는 주역임에는 틀림없으며 1989년 아일랜드계 상류 출신의 신교도인 조지 부시가 당선된 데 이어 2000년 그의 아들 조지 W. 부시가 다시 대통령에 당선됨으로써 저력을 보여주었다. 현재는 문화다원주의 시대를 맞아 유대계, 가톨릭계, 유색인종 등에게 기득권을 배분하는 등 그 동안의 배타적 사고에서 벗어나고 있다. 한편 최근에는 이 용어가 평균적·배타적, 그리고 비창조적이라는 의미를 가진 경멸적인 말로 쓰이는 경우도 있다.

수 없습니다. 그 대학 문화에 적응하지 못하는 '외계인의 생활'인 셈입니다. 대학생활이란 강의실 밖에서 이루어지는 여러 가지 클럽활동을 통해 지적 향상이 이루어지고, 일생을 함께 갈 친구들과의 단단한 네트워크가 형성되는 것이기 때문입니다. 끈끈한 우애로 이루어지는 네트워크에 자연스럽게 in group(내집단 또는 조직·사회 내부의 배타적인 소규모 집단)이 되지 못하는 학생은, 아무리 우수한 성적으로 졸업을 한다 하여도 동기생들과 평생 친구(buddy)는 되지 못할 것입니다. 명문대만 들어가면 출세한다고 생각하는 부모들은 이 점을 확실하게 이해하여야 합니다. 같은 명문대를 나왔다고 다 똑같이 '허물없는 내 동창생'으로 받아들여진다고 생각하는 건 착각입니다. 서울에서 웬만한 대학을 졸업했다면 나름대로 아주 단단한 네트워크가 형성되어 일생을 서로 돕고 도와주며 살아갈 수 있을 텐데, 외국에 나가 명문대를 졸업했기 때문에 물 위에 뜬 기름처럼 여기도 저기도 잘 섞이지 않는 공중에 붕 뜬 존재가 될 수도 있는 것입니다. 대학 기숙사는 그 학교 학생이면 누구나 들어갈 수 있는 일반 기숙사 외에 Sorority(여학생), Fraternity(남학생) 기숙사가 있습니다. 이 기숙사는 각각 특징이 있는 클럽171)으로 이루어집니다. B학점 이상이어야 들어갈 수 있는 공부파 클럽도 있고, 운동이나 연예에 특출한 클럽이 있는 등, 성격이 다 다릅니다. 이 클럽 학생들은 커다란 개인주택 같은 기숙사에서 함께 생활하는데 엄한 규칙을 위반하거나 행동양식(manner)이 세련되지 않았거나 하면 쫓겨나기도 합니다. 신입생이 이 클럽에 들어가려면 선배들의 까다로운 면접(interview)을 거쳐야 합니다. 일반 기숙사에서도 우애가 다져지지만, 특히 이런 클럽 기숙사 출신들은 졸업을 하고 나서도 마치 형제자매처럼 우정이 돈독합니다. 어느 클럽 기숙사 출신이라는 것에 대한 자부심도 대단합니다. 대학을 졸업한 지 18년이 된 크리스틴이라는 한인 2세는 아기엄마가 된 Sorority 친구들과 지금도 1년에 한 번씩 아이들을 데리고 4박 5일쯤 함께 휴가를 보냅니다. 미국 전역에 흩어져 살면서도 이렇게 연중행사처럼 모이는 것입니다. Melting Pot(많은 사람·사상 등을 함께 뒤섞는 용광로 또는 도가니)이라 불리는 다민족, 다문화 사회가 미국이지만 분명히 '끼리끼리 모이는 문화'가 있는 것입니다. 미국 태생도 대학 선택을 신중하게 합니다. 그럼에도 여러 가지 이유로 중퇴하거나 전학을 하거나 하는 학생들이 많이 있습니다. 한국 유학생 등 외국인은 아예 문화권부터 다릅니다. 전혀 다른 문화권에서 공부를 하여 성공한 사례도 있지만, 불행한 사례 또한 많습니다. 모국어가 아닌 외국어로 공부한

---

171) 클럽(club)은 공통된 목적으로 결합한 단체. 또는 그 모이는 장소.

다는 것도 힘들지만, 하루 이틀도 아닌 외로움 또한 견디기 어려운 것입니다. 오직 명문대라는 이유 하나로 유학 와서 문화갈등에 적응 못 하고 학업을 따라가지 못해 방황하다 보면 결국 포기하고 맙니다. '한국에선 일등 학생이었는데 난 아무것도 아니구나!' 각국의 최고들이 몰린 명문대, 난생처음 겪는 고립감 속에 겪는 좌절감이 'Drop Out 44%'라는 숫자로 나타난다고 하겠습니다. Samuel Kim은 "유학생들은 미국 생활에 성공하려면 한국식 교육가치관을 버려야 한다"고 주장했습니다. '한국식 교육가치관'이라 할 때, 그것은 자식을 위해서 희생을 감수하는 한국 부모들의 지극정성을 뜻하는 게 아니라, '점수만 좋으면 된다'라든지 '일류대학만 나오면 성공한다'는 가치관이 아닌가 싶습니다[172]"라고 지적한다.

일류를 향한 대학선택 등 진학 진로진도의 중요성에 대해 '대원외고 외국유학반 2004년 졸업생 현주소'를 취재한 2010년 7월 16일 <벽 앞의 한국 수재들… "美 취업 별 따기, 돌아오자니 아까워">라는 동아일보 보도는 시사하는 바가 크다. 대원외국어고등학교는 1998년 외국유학반(SAP)을 처음으로 꾸려 미국 대학 입시를 준비하는 학생들을 집중적으로 지원해왔다. 2000년 2월 SAP 1기생 9명이 미국 명문대 진학에 성공한 것을 시작으로 2007년 59명, 2008년 93명, 2009년 73명 등 2010년 상반기까지 600여 명의 학생을 미국 아이비리그를 포함한 외국 명문대에 진학시키는 성과를 일궜다.

대원외고의 성과는 미국 현지에서도 화제가 되어 뉴욕타임스가 2008년 4월 '아이비리그 입학 기술을 연마하는 한국의 엘리트 학교들'이라는 머리기사에서 대원외고를 집중 조명한 적도 있다. 동아일보가 전수 조사 대상으로 삼은 대원외고 2004년 SAP반은 졸업생 61명 전원이 미국 명문대에 합격해 대원외고 '성공신화'를 널리 알리는 계기가 됐던 기수다. 연락이 닿은 50명(여자 26명, 남자 24명)은 2010년 고등학교를 졸업한 지 6년째가 된다. 여학생은 이미 학부를 졸업하고 대학원 진학과 사회진출을 놓고 '중대 결정'을 하는 과정을 거쳤다. 다만 남학생들은 군 복무 문제가 있어 시기적으로 이들의 진로에 대해 평가하는 것은 아직 이른 면이 있다.

○ 만만치 않은 미국 취업의 문

"시민권 없는 외국인 신입사원을 뽑는 것 자체가 기업에는 귀찮고 소모적인 일이에요. 당연히 같은 '스펙'이라면 미국인이나 시민권자를 뽑죠. 우리 선배 기수들도 대학은 다들

---

172) 뉴데일리 2009. 12. 18.

잘 갔는데 졸업 이후 잘됐다는 얘기는 거의 못 들어봤어요." 2009년 귀국해 국내에서 미국 대학원을 준비하고 있는 김 모 씨는 "시민권 없이 미국에서 취업하는 일은 거의 기적에 가깝다"고 주장했다.

유학생 신분일 때 받는 학생비자는 학업을 마치는 동시에 유효기간이 끝나기 때문에 현지에서 취업하지 않는 이상 한국으로 돌아올 수밖에 없다. 대학 졸업 후 현장실습(OPT) 차원에서 전공과 연계된 직장에서 근무할 수 있지만, 이 역시 유효기간은 1년뿐이다. 미국에서 취업하려면 고용하려는 기업이 별도 비용을 들여 미연방 노동부에 취업허가서를 제출해야 한다. 이는 미국 자국민 고용 보호를 위한 장치로, '해당 신입사원은 우리 회사에 꼭 필요한 인재'라는 내용이 들어간다. 취업허가서가 발급되면 귀국해 전문직 취업비자(H-1B)를 추가로 받아야 한다. 주한 미국대사관 관계자는 "세계적 위기 이후 미국에도 일자리가 많이 줄어든 상황이다. 기업들이 외국인을 채용할 때 이 사람이 회사에 꼭 필요하다는 이유를 적시해야 한다"고 말했다.

귀국 후 국내 대학원에 재학 중인 이 모 씨는 '문화적 차이와 외로움'을 또 다른 장벽으로 꼽았다. "처음 한국을 떠났을 때의 욕심과 달리 미국 생활 내내 느꼈던 이질감이 싫어 꼭 한국으로 돌아오고 싶었어요. 미국에서 태어나거나 가족까지 모두 이민을 떠난 게 아닌 이상 이방인이라는 느낌을 떨쳐내기가 쉽지 않아요." 성적이나 실력이 아무리 좋아도 외국인이란 한계 때문에 미국 주류사회에 진출하는 것은 하늘의 별 따기 만큼이나 힘들다는 게 공통적인 반응이다. 언어 능력의 한계도 취업의 제약요인이다.

외국기업 전문취업사이트 피플앤드잡의 이정환 이사는 "어느 시기에 유학을 떠났는지에 따라 영어 능력은 현저한 차이를 보인다. 고교까지 한국에서 나온 뒤 대학 때 유학을 떠난 사람이라면 언어에 한계를 느껴 귀국하는 경우가 많다"고 말했다. 미국 브라운대를 졸업하고 시민권 없이 세계적인 투자회사 모건스탠리의 뉴욕 본사에 취직한 김윤하 씨는 "정말 특출한 인재임을 보여주면 미국 회사도 서로 입사를 권유하려고 한다. 영어를 조금 못하더라도 기죽지 말고 당당하게 말하고 학교생활을 충실하게 하는 것이 중요하다"고 조언했다.

○ 한국으로 돌아와도 문제

한국으로 돌아온다고 당장 취업 문제가 해결되는 것은 아니다. 국내 대기업들은 공식적으로는 '능력 있는 인재는 국외 유학과 상관없이 뽑는다'고 하지만 실제 면접을 본 유학생들이 체감한 분위기는 사뭇 달랐다. "한국 채용담당자들은 유학생은 오래 못 버티고 금방 그만둔다는 고정관념을 갖고 있는 것 같아요. 경험한 적 없는 한국 사회생활을 견뎌낼 수 있겠냐 이거죠." 아직 일자리를 찾지 못한 김 모 씨는 "최근 한 대기업 입사 면접에서 '처음에는 복사 업무만 맡게 될 텐데 잘할 수 있겠냐'는 질문을 받았다"고 털어놨다. 실제로 한 대기업 인사팀 관계자는 "국내 학생들도 어학능력이 크게 뒤지지 않기 때문에 외국 명문대 출신이라고 유리한 것은 아니다. 업무능력과 네트워크, 힘든 일도 참아낼 수 있는 심리를 갖추고 있느냐가 중요하다"고 전했다.

이 때문에 아예 일본이나 홍콩 등 아시아권의 세계적 기업을 선택하는 유학생도 있다. 2010년 미국계 투자은행 일본지사에 취업한 최 모 씨는 미국 회사 면접에도 합격했지만, 일부러 일본행을 고집했다. 그는 "일본은 고용만 되면 취업 비자는 쉽게 받을 수 있는 편"이라며 "조직문화도 위계질서가 강한 한국과는 차별화되면서도, 같은 아시아권 문화여서 미국에 있을 때보다 훨씬 마음이 편하다. 유학을 준비하는 후배들은 앞으로 진짜 자기가 어떤 일을 하고 싶은지, 그걸 위해 무엇을 준비할지도 미리 생각해보고 가는 게 좋을 것 같다"고 충고했다.[173] 위에 언급된 대원외고 출신들은 아직 젊고 진학과 취업기회가 많이 있어 결과를 현재 상태에서 예단할 수 없다. 단지 여기서 말하고자 하는 점은 이러한 사례를 통해 우리는 시행착오를 그만큼 줄여야 한다는 것이다.

성장 과정에서 아이들의 인생 진로를 가장 크게 바꾸어 놓을 수 있는 일이 상급학교 진학이다. 그런데 고등학교 입시와 대학교 입시에서 아이의 재능이나 하고 싶어 하는 것보다 우리는 주위에서 학교와 미래발전을 고려해 학과를 선택하는 것을 어렵지 않게 볼 수 있다. 이런 때 대개 결과는 세 가지로 나타난다. 첫째는 입시 전략상 우선 합격해 등록한 다음 자신이 원하는 학과로 진학하기 위해 공부를 한다. 고등학교에서는 휴학이 쉽지 않기 때문에 휴학 후 공부를 하는 아이들이 많지 않다. 하지만 대학은 휴학이 비교적 쉬우므로 상당히 많은 아이가 휴학하고 학원에 다니면서 자신이 원하는 대학과 학과에 진학하기 위해 재수를 한다. 둘째는 들어왔으므로 공부를 하는 아이들이다. 이런 아이는 대개 자신이 정확하게 어떤 재능이 있는지 무엇을 하고 싶은지 잘 모르는 경우가 많다. 셋째는 전과하거나 입학을 포기한다. 짧은 기간 다니는 동안 자신과 맞지 않다고 느끼는 사람에게서 주로 나타난다. 이들은 자신이 원하는 학교와 학과를 찾아 다시 공부한다.

---

173) 동아일보 2010. 7. 16.

달성하든 하지 못하든 일류를 지향하는 일은 중요하다. 그리고 그 목표에 도달하기 위해 때로는 시행착오를 겪을 수도 있다. 하지만 일류보다 앞서 고려되어야 할 것은 아이의 재능이다. 재능 파악이 어려울 때는 하고 싶은 것, 좋아하는 것, 원하는 것을 반드시 반영할 필요가 있다. 재능이나 하고 싶은 것, 좋아하는 것, 원하는 것을 하면서 일류를 지향해야 한다. 이러한 선택이 순리이다. 아이의 인생이 내 인생과 결부되어 있지만, 아이의 인생은 아이의 인생이다. 법규를 위반하고 다른 사람을 괴롭히는 일이 아니라면 인간은 누구나 자신이 하고 싶은 것, 좋아하는 일, 원하는 것을 하면서 사는 것이 옳고 아이들과 갈등도 피할 수 있는 방법이다. 자식이기 때문에 모두가 잘되고 성공하기를 바라지만 올바른 판단을 하지 못해 아이의 인생이 왜곡되는 것은 부모와 자식 모두를 위해 바람직하지 않다.

교육의 목적은 아이들이 하나의 독자적인 인간으로 성장하여 자신의 잠재력을 발휘하고 도전을 통하여 성취하도록 하는 것이다. 따라서 부모의 역할은 아이들이 홀로서기를 하도록 도와주는 것, 능력을 배양하도록 지원하는 것이라는 점을 반드시 기억해둘 필요가 있다. 공부도, 일도, 진로 선택과 판단도, 인생을 사는 것도 모두 아이 스스로 하면서 자신의 인생을 개척하며 헤쳐나가게 해야 할 일이다.

제4절 관리의 실제

1. 자녀와의 원만한 관계 유지는 교육의 기본이다

아이들을 만나고 여러 사람과 대화를 하다 보면 의외로 가슴에 응어리가 진 아이들이 많다는 것을 느낀다. 각자 사연이 다르지만, 아이들의 관점에서 볼 때 공통적인 원인은 부모의 일방적인 생각 주입, 지나치게 크게 설정된 기대와 목표에 대한 강요가 아이를 화나게 한다는 점이다.

가정은[174] 자녀가 처음으로 접하는 작은 사회이다. 또한 부모는 아이가 태어나 처음으로 만나는 사람이다. 따뜻하고 행복한 가정은 자녀에게 행복하고 따뜻한 삶으로 인도하는

---

174) 정태원(2005), "부모 생각이 아이의 운명을 만든다", 세손출판사, pp.35~37.

첫 번째 길이다. 자녀를 함부로 대하지 않고 인격체로 대해주면 아이는 정서가 안정된 성숙한 사람으로 자란다. 자신이 할 일을 스스로 찾아서 하고, 부모와 좋은 관계를 유지하게 된다. 자녀를 인격체로 대할 줄 아는 훌륭한 부모는 말과 행동을 함부로 하지 않는다. 일방적으로 명령하거나 설교하지 않고, 남과 비교하거나 비난하지도 않는다. 지나친 잔소리나 욕설도 하지 않는다. 생각 없이 함부로 막 대하지도 않는다.

부모와 좋은 관계를 유지하고 자란 아이는 실수나 고통도 숨기지 않고 솔직히 털어놓을 줄 알며, 조언과 도움을 자청할 줄 아는 밝은 성격의 아이로 자란다. 항상 긍정적인 사고방식과 남을 배려할 줄 아는 너그러움을 갖추고 주변에서 꼭 필요한 사람으로 인정받는다. 자녀와의 좋은 관계를 유지한다는 것은 인격적으로 대등한 관계에서만 이루어진다. 사랑하되 집착하지 않고, 말을 함부로 하지 않으며 존중한다.

모든 사람은 단점보다는 장점을 더 많이 갖고 있다.[175] 우리는 다른 사람들의 장점을 찾는 습관을 길러야 한다. 다른 사람들을 깎아내리는 것보다는 기를 세워주는 것이 훨씬 더 효과가 크다. 다른 사람들로부터 진심 어린 칭찬을 듣는 것보다 나은 것은 아무것도 없다. 우리는 모두 인정과 격려가 필요하다. 다른 사람을 기분 좋게 해주는 것은 나를 기분 좋게 해주는 것과 같다. 다른 사람을 지지하고 격려해주면 그 사람에게서 최상의 것을 발굴해낼 수 있다. 그래서 누구나 다 성공할 수 있다.

사람은 만능이 아니며 완벽하지도 않다. 누구나 실수도 하고 잘못을 범할 수도 있으며, 기대에 미치지 못하는 미미한 실적을 나타낼 수도 있다. 그런데 상당수 부모는 아이의 현실보다는 너무 큰 기대를 하고 아이도 그 기대를 쫓아 너무 잘하려고 한다. 여기에 부모와 자녀의 관계가 불편해지고 아이가 스트레스를 받는 일차적인 원인이 있다. 자녀가 스트레스를 받고 있을 때, 부모는 자녀가 스스로 문제를 해결할 수 있도록 도와주어야 한다.[176] 때로는 부모의 말 한마디가 자녀의 운명을 바꾸어 놓기도 한다. 부모가 자신의 마음을 알아줄 때 아이는 행복하다. 부모가 자기를 진심으로 사랑하고 있다는 느낌이 들 때 자신감이 생긴다. 하지만 아이의 행동이 부모에게 스트레스를 줄 때는 비난하지 않고 자신의 느낌을 이야기할 줄 아는 사람이 현명한 부모이다.

교육에서 부모와 아이의 관계 사이에는 **항상 기대와 욕심, 실행의 문제가 자리 잡고 있**다. 아이를 훌륭하게 키우거나 성공한 사람으로 키운다는 명분 아래 행해지는 여러 가지

---

175) 할 어반 저, 김문주 옮김(2006), "인생의 목적", 더난출판, pp.182~183.

176) 정태원(2005), "부모 생각이 아이의 운명을 만든다", 세손출판사, pp.40~77.

부조리한 행동과 요구는 어떤 내용이 옳고 어떤 내용이 잘못된 것인지 구분하기 어려운 때도 많다. 그런데도 대부분 부모는 이런 때 일방적으로 아이에게 자신의 요구를 따르라며 잔소리를 하는 경향이 강하다. 잔소리는 지시하고, 명령하고, 비난하고, 충고하는 속성을 지니고 있다. 그런데 정작 중요한 것은 잔소리하는 부모 자신 역시 좋은 해결방안이나 대책을 내놓지 못하기는 마찬가지라는 점이다.

　세상은 각 개인의 행동에 대해 잘잘못을 구분해주지 않는다. 우리는 모두 자신이 옳다고 생각하는 대로 행동한다. 부모도 그렇고 아이도 마찬가지이다. 이것이 많은 부모와 아이들을 화나게 한다. 그렇다고 매사를 일일이 옳고 그름을 따질 수 없는 일이지만, 이런 때 논란이 되는 문제들을 네 문제와 내 문제를 정확하게 구분할 줄만 알아도 삶은 한결 풍요롭고 수월해진다.

　일반적으로 상대방이 뚜렷한 의도가 있지 않을 때의 인간관계에서는 스트레스를 더 많이 받는 쪽이 문제의 원인을 안고 있는 사람이다. 아이들은 부모에게 스트레스를 주기 위해 행동을 하는 것이 아니라 자신의 관점에서 최선이라고 생각하는 행동을 할 뿐이다. 만약 아이들과의 관계에서 내가 더 많이 스트레스를 받고 있다고 생각하면 그것은 바로 나에게 문제가 있다는 것을 의미한다. 차분하게 자신의 감정을 가라앉히고 곰곰이 생각해보면 원인이 드러난다. 사람은 서로 협상하고 협력하는 관계일 때 원만한 인간관계가 이루어진다. 이것은 부모와 자녀뿐만 아니라 모든 인간관계에 적용된다. 그런데도 불편한 관계를 유지하고 거기서 오는 갈등으로 스트레스를 받는 부모와 아이들은 협상하고 협력하는 일을 잘하지 않는다.

　교육은 아이와의 인간관계에서 시작되어야 한다. 가르치려고 들고 강요하는 교육은 반드시 갈등을 만들어낸다. 좋은 인간관계는 관심을 두고 대화하고 배려하고 양보하고 이해하고 타협하고 노력하면서 만들어가는 것이다. 아이들에게도 그렇게 해야 한다. 자신의 일방적인 생각이나 설정된 기대와 목표를 강요하면 아이들과의 관계는 불편해지기 마련이다. 아이와의 관계가 불편해지면 부모 노릇이 점점 힘들어지고 어려워진다. 자녀가 남보다도 더 소중하다. 남에게 하는 말은 조심스럽게 상대방의 기분이 상하지 않도록 주의한다. 내가 아이를 존중해주지 않으면서 타인이 자기 아이를 존중해주기를 바라는 것은 모순이다.

　내 아이가 소중하면 소중하게 대하고, 존중받고 훌륭한 사람이 되기를 원한다면 나부터 존중해주어야 한다. 협상하고 협력하는 원만한 관계를 유지하지 않고 아이들을 화나게 하면서 교육을 잘하고 훌륭한 사람으로 키우겠다는 것은 잘못된 생각이다. 교육의 중심은 내가 아니라 아이이고, 아이의 노력으로 좋은 결과를 만들어낼 수 있다. 교육을 하려면 무엇보다도 아이와 좋은 관계를 유지해야 한다. 아이가 잘하고 좋아하는 것이 분명히 있는데 부모인 내 생각만을 주장하며 아이에게 억지로 따라올 것을 강요한다면 그것은 바람직한 교육방법이 아니다. 경청하고 대화하고 필요한 때에는 타협도 하고 협력해야 한다. 이러한 행동은 아이를 이미 절반은 성공한 사람으로 만든다.

2. 환경과 교육 정도, 인간 삶의 기본 틀을 바꾼다

환경과 교육 정도의 차이는 인간의 지식과 능력 등 삶의 기본적인 틀을 바꾸어 놓는다. 우리가 흔히 교육환경의 중요성을 언급할 때 맹자의 어머니가 교육을 위해 세 번 이사한 것(孟母三遷之敎)을 많이 언급한다. 그렇지만 환경이 실제 교육에서 어느 정도 중요한지는 대부분 잘 모른다. 그저 중요하다는 것을 인지하는 정도다. 교육도 마찬가지이다. 중요한 것은 알지만, 구체적으로 그것을 설명할 수 있을 정도로 아는 사람은 많지 않다. 그런데 조금만 관심을 두면 교육과 환경이 어느 정도 영향을 미치는지 어렵지 않게 알 수 있다.

예를 들어, 담배를 피우는 사람 옆에 앉았던 사람은 자신이 담배를 피우지 않았음에도 담배냄새가 나고, 고기를 전문적으로 취급하는 음식점에 다녀오면 자신이 고기를 먹지 않아도 옷과 몸에 밴 냄새가 난다. 명절 때마다 모여 화투를 치는 가족의 놀이문화를 접한 아이들은 명절에는 가족 구성원들이 당연히 화투를 쳐야 하는 것으로 인식하여 가족이 모여 앉으면 화투를 찾는다. 종일 비가 오는 날 태어났다가 그날 죽는 하루살이는 세상이 평생 비만 오는 것으로 알고 죽는다. 이것을 좀 더 확대하면 국가 간의 언어·문화·관습의 차이 역시 교육과 환경 차이의 결과이다. 즉, 미국에서 태어난 아이는 영어를 하고 중국에서 태어난 아이는 중국어를 한다. 그런데 홍콩에서 태어나고 교육을 받은 아이는 영어와 중국어를 모두 구사한다. 마찬가지로 한국의 교포 아이들도 미국에서 태어나고 교육을 받으면 대개 한국어보다는 영어를 잘한다. 이것이 환경과 교육의 차이다.

교육과 환경이 사회·문화적인 제반 분야에 영향을 미치면 개인의 행동양식이나 사고의 틀, 일할 기회 제공은 물론 능력까지 변화시킨다. 개인의 능력에는 큰 차이가 없지만, 국가의 역량이 세계적인 영향력을 행사하고 실질적인 일을 처리해나가는 데 직접 영향을 미친다는 것은 주지의 사실이다. 환경은 가정환경만 있는 것이 아니다. 집단, 사회, 국가 나아가서는 세계사적인 시대적 환경도 간과할 수 없다. 우리는 특정 유명기업에 대한 인지도가 높으면 거기에 종사하는 사람들 간에 개인적인 자질이 크게 차이 나는데도 모두가 높은 역량을 갖춘 것으로 생각하게 된다. 후광효과 때문이다. 이렇게 사람을 판단할 때 긍정적인 하나의 특성을 그 사람의 전체 인상으로 일반화시키는 경향성을 심리학에서는 후광효과(halo effect)라고 하는데, 국가나 집단에 대해서도 비슷한 현상이 나타난다.

특정한 국가가 선진국이면 타국인들은 그 나라 국민도 선진국 국민으로서의 요건을 갖추었을 것으로 일반적으로 생각하고 인정한다. 타국인만 그렇게 보는 것이 아니라 자국민들도 자신이 선진국 국민이라는 것에 대해 자부심을 느끼고 선진국 국민으로서 면모를 갖추고 그렇게 보이기 위해 노력하는 경향성이 나타난다. 그리고 인간의 삶과 역사에 가정은 없지만, 만일 미국의 부시 전 대통령이 1960년대에 미국의 대통령이 되었다면 이라크 침공 같은 일을 당연히 하지 않았을 것이다. 그러므로 영웅이 시대를 만들기도 하고 시대가 영웅을 만든다는 말이 성립된다. 이처럼 환경이 사람을 변화시키기도 하지만 사람이 환경을 변화시키기도 한다.

요즈음은 포장이사 등 운송수단과 기술이 발전해 이사가 많이 쉬워졌지만 그래도 여전히 이사는 생활의 바탕을 움직이는 중요한 일이다. 맹자 어머니가 세 번이나 이사를 한 것은 아이를 제대로 키우기 위한 교육과 환경의 중요성이 생활의 바탕을 움직이는 것보다도 더 중요하다고 생각하고 망설임과 고뇌의 시간을 거쳐 의지를 실행에 옮겼을 것이 틀림없다. 그리고 그 결과는 대성공을 거두었다. 아이를 공부 잘하게 하려면 어려서부터 습관적으로 책을 가지고 노는 환경으로 만드는 것이 가장 좋은 방법이라는 것은 주지의 사실이다. 책 속에서 진리를 탐구하고 지식 확충에 재미를 느끼기 시작하면 공부는 잘하게 되어 있다. 환경은 조성하지 않고 아이에게 공부할 것만 강요한다고 아이가 책에 재미를 느끼거나 책을 가지고 놀지는 않는다.

개인적인 가정환경과 국가적 환경을 생각할 때 '나는 왜 세계의 많은 나라 중에서 대한민국, 현재의 우리 부모에게 태어났을까?' 하는 점을 한 번쯤 생각하게 된다. 이때 그 환경이 좋은 것으로 생각하면 문제될 것이 없다. 자신의 삶에서 걸림돌이 되지도 않는다. 이와 반대로 좋지 않고 걸림돌이 된다고 생각하면 인생이 더욱 고달프고 힘들어진다. 실질적인 영향도 미친다. 무슨 일이든 힘 든다고 생각하면 더 힘 든다. 따라서 환경을 자기 인생의 장애가 되는 부정적인 요소로 인식하는 것은 바람직하지 않으며 아무런 도움도 되지 않는다. 어떤 환경이든 자신이 소속된 환경이 개인에게 강한 영향을 미치는 것은 확실하지만, 가정이나 국가적 환경이 좋지 않다고 모두 세상을 힘들게 사는 것만도 아니다.

같은 나라에서 태어난 비슷한 환경과 지능을 가진 사람이라도 환경 자체에 대한 인식과 수용, 어떠한 노력을 하고 자신에게 주어진 환경을 어떻게 극복해나가느냐에 따라 인생의 방향과 결과는 크게 달라진다. 만일 환경이 오르지 장애요소로만 작용한다면 국제사회에서 한국의 위상, 어린 시절 어려웠던 가정 및 교육환경 등을 고려할 때 반기문 유엔 사무총장은 아마 오늘날 그 직위까지 올라가지 못했을 것이 확실하다. 현재의 위치까지 올라가는 데는 많은 역경과 난관, 불리한 환경이 있었지만, 그것들을 모두 극복하고 역량을 제고시켰기 때문에 가능했다.

불리한 환경이 행동의 동기로 작용하여 성공한 사람들의 사례는 얼마든지 많다. 따라서 환경은 장애가 아니라 극복의 대상일 뿐이다. 중요한 점은 환경이 불리하냐 유리하냐 하는 점이 아니라 수용의 태도에 있다. 부정적으로 받아들이면 부정적인 요소로 작용하고, 극복해야 할 대상 정도로 보는 긍정적인 사고로 접근하면 행동의 동기가 된다. 현재의 주어진 환경을 어떻게 우리 아이에게 유리하게 만들어나갈 것인가 하는 것은 자녀를 교육하는 학부모들 모두에게 주어진 과제이다. 교육의 정도도 마찬가지다. 자신이 교육을 많이 받고 아이도 많이 하면 삶에 도움이 된다. 하지만 가장 중요한 것은 마음가짐이고 공부를 하는 것 자체이다. 부족하다고 느끼면 열심히 공부하면 된다. 공부가 학벌문제까지 해결해주지는 못해도 반드시 지식을 늘리고 세상을 지혜롭게 사는데 도움이 된다.

3. 방법 안다고 항상 문제가 해결되는 것 아니다

노자의 도덕경에 약지승강 유지승강 천하막부지 막능행[177](弱之勝强 柔之勝剛 天下莫不知 莫能行: 약함이 강함을 이기고 부드러움이 굳셈을 이긴다는 것은 천하가 다 알지만 실천하지는 못한다)이라는 말이 있다. 세상살이는 방법을 안다고 모두 행할 수 있는 것이 아니라는 점을 잘 표현하고 있다.

아무리 시급을 다투는 일이라도 해결 방법을 모르면 문제는 해결할 수 없고, 알아도 행

---

177) 안은수(2008), "행복한 인생", 도서출판 문사철, p.322.

할 수 없으면 당연히 문제는 해결되지 않는다. 우리가 살아가는 가운데 어떤 문제가 발생하면 그 문제를 해결하기 위한 일차적인 접근 방법은 해결 방안을 찾는 일이다. 일상적으로 하는 일들은 대부분 익숙해 있고 정형화된 구체적인 틀을 갖고 있어 비용과 시간은 소요되지만, 해결방법 자체를 찾는 일은 그렇게 어렵지 않다. 그러나 아이들 교육과 같이 추상성이 강하고 20년 이상 지속하면서 때로는 단 한 번의 기회밖에 주어지지 않는 공부 문제의 해법을 찾는 것은 쉬운 일이 아니다.

오늘도 많은 학부모는 아이들이 공부 잘하는 방법을 찾기 위해 고민하며 노력하고 있다. 이것이 우리 아이가 공부를 잘하는 방법이라는 것을 찾아낸 학부모도 있지만 힘겨운 노력에도 그러한 방법을 찾아내지 못하는 사람은 훨씬 더 많다. 그런데 역설적이게도 그러한 노력이나 결과와는 큰 상관없이 공부를 잘하는 방법이라는 것을 찾아낸 학부모나 그렇지 않은 학부모 모두 아이들이 공부 잘하는 일반적인 방법을 이미 여러 가지 알고 있다.

아이들 스스로 동기를 갖고 열심히 하는 것, 동일한 조건이라면 공부에 투입하는 절대적인 시간이 많은 아이와 집중력이 뛰어난 아이가 공부를 잘한다는 것, 좋은 선생님을 만나 가르침을 받는 것, 아이들이 공부에 몰입하고 다른 일에는 신경을 쓰지 않아도 되는 가정환경을 조성해주면 좋다는 것, 예습과 복습을 잘하는 것, 수업이 끝나면 수업받은 내용을 그때그때 잘 정리하는 것, 자신이 공부 잘하는 방법으로 터득한 자기 주도 학습법을 개발하면 도움이 된다는 것, 중요과목은 매일 공부를 하여 생활화하고 습관화시키는 것, 미리 선행학습을 하는 것, 좋은 학원에 가서 지도를 받는 것, 모든 것을 공부할 수는 없으므로 목표로 하는 시험에 대한 정확한 정보를 확보하고 그에 맞는 공부를 하면 도움이 된다는 것 정도는 대부분 안다.

일부러 우리 아이에게 맞을 만한 특별한 비법을 찾지 않더라도 이렇게 알려진 것 중에서 한두 가지만 실행에 옮겨도 공부 잘하는 방법을 몰라 고민하는 일은 하지 않아도 된다. 그럼에도 많은 사람이 여전히 '공부를 좀 더 잘하게 할 방법이 없을까?' 하고 고민하며 무엇인지도 모르는 그 방법을 찾아 오늘도 발품 파는 것을 아끼지 않는다. '도대체 무엇이 문제인가? 기존에 알려진 방법이 잘못된 것인가? 아니면 우리 아이에게 안 맞는 것인가?' 하는 의문을 갖게 된다. 이것은 우리가 모두 시험을 앞두고 있을 때 열심히 공부해야 한다는 점을 안다는 것과 같은 문제이다. 쉽게 풀이하면 이런 것이다. 공부를 하는 것이 공부해야 한다는 것을 아는 것과는 근본적으로 다르다는 것과 같다. 생각과 행동의 차이라고 할 수 있다.

생각은 머리에서 알고 있는 지식과 정보, 본능적 욕구, 동기 등이 어우러져 공부를 열심히 해야 하겠다는 하나의 통일된 생각, 즉 결론에 도달했다. 다음은 실행의 순서이다. 공부에 착수하여 내 몸과 머리를 움직여 공부해나갈 때 반응되는 감정은 머리에서 결론을 내릴 때의 상황과는 다르다. 그러므로 자신도 모르게 찾아드는 좋은 점수를 못 받으면 어떻게 하나 하는 시험에 대한 불안과 긴장, 생각대로 공부가 안되고 부진한 능률에서 오는 답답함, 준비 미흡에서 생기는 불안감과 압박감 등이 작용할 때 마음과는 달리 행동은 오히려 책을 멀리하게 한다. 설령 좋은 공부 방법이 있다고 하더라도 실행과정에 개인에게 나타나는 잡념과 효율이 미치는 심리적 작용, 공부에 대한 태도와 수용의 자세, 동기, 의지 등이 종합적으로 작용하므로 아는 것과 실행을 하는 것은 근본적으로 그 개념이 다르다. 아는 것과 실행을 하는 것은 전혀 별개의 문제라는 말이다. 아무리 좋은 방법이라는 것도 내가 인내와 노력을 통하여 실행하지 않으면 소용이 없다.

인간이 만든 지식은 언어를 통해 구체화되고 학습되며, 후대로 전달된다. 그런데 원래 언어라는 것 자체가 구체적인 것을 표현하는 데 한계를 가지고 있다. 여기에 인간의 두뇌는 오감을 통해 정보를 입수하고 강화를 통해 내재화된 지식을 바탕으로 순간순간 판단을 하게 되어 있으므로 공부하는 방법을 안다고 하더라도 그것을 아는 상태가 지속되는 것은 아니다. 새롭게 유입되는 정보는 변화되는 상황에 간섭과 영향을 받으므로 아는 것과 실행하는 것이 달라질 수밖에 없다.

판단이나 결정은 반복되어 강화되거나 내재화되면 필요를 느낄 때마다 그것을 재인지시켜 그 일을 하도록 하기는 하지만 결정이나 판단 자체가 지속하는 것은 아니다. 결정이나 판단은 한순간에 끝난다. 바뀌는 것은 새로운 정보의 유입이나 상황의 변화를 인지했을 때이다. 판단이나 결정의 순간이 지나면 그것은 잊어버리거나 머리에 그런 판단이나 결정이 있었다는 것을 저장해 둔 채 그 판단이나 결정을 실행하기 위한 행동으로 넘어간다. 실행과정의 행동은 결정이나 판단의 순간과는 다른 상황이다. 그러므로 어떤 때는 실행하는 중에도 결정한 순간의 의미를 잊어버리고 내가 왜 이 일을 해야 하는지 의구심이 들기도 한다.

앞에서도 언급했듯이 사람들은 이미 좋은 방법이라는 것을 많이 알고 있다. 그럼에도 문제를 해결하지 못하는 것은 능력의 한계가 원인인 경우도 있지만, 이처럼 현실적으로 좋은 방법과 문제 해결 사이에는 실행이 있다. 실행과정에는 장애물과 상황변화가 작용한다. 실행 중에 나타나는 장애물을 제거하고 변화된 상황이 부여하는 어려움을 극복하는 인내와 노력을 통하여 헤쳐나가면 좋은 결과를 볼 수 있다. 하지만 그렇지 못한 사람들은 나타나는 장애물과 상황이 부여하는 어려움을 극복하지 못하기 때문에 좋은 방법이라는 것도 소용이 없다. 난관에 대한 인식과 문제해결능력이 각자 다르므로 실제 상황에서 실행을 성공하지 못하고 좋은 것으로 만들지 못하고 만다. 그리고 더러는 알고 있는 좋은 방법이라는 것을 적용해 보지도 않고 더 좋은 방법을 찾는 잘못을 범하기도 한다. 내가 필요한 때에 필요한 곳에 활용할 수 있어야 내 것이 된다. 아무리 많이 알고 있어도 사용할 줄 모르면 모르는 것과 같다.

그러면 방법을 알아도 문제가 해결되지 않을 때는 어떻게 해야 할까? 그때는 행동하자. 마케도니아의 알렉산더(Alexander) 대왕은 고르디우스의 매듭[178](Gordian knot)을 칼로 치고 정복군주로서 한때 그리스, 페르시아, 인도에 이르는 대제국을 건설했다. 그 정복지에 도시를 건설하여 동서 교통, 경제 발전에 기여하였고, 그리스 문화와 오리엔트 문화를 융합한 헬레니즘 문화를 이룩하였다. 문제가 풀리지 않아 힘들더라도 문제에 굴복하지 말고 앞으로 나아가자. 가다 보면 항상 상황은 새롭게 변화된다. 변화된 상황을 잘 이용하여 그 문제를 해결하면 된다. 그리고 세상은 항상 지금 즉시 문제를 해결해야 하는 것만은 아니다. 때로는 풀기 어려워 문제 자체를 잊고 살았는데 시간이 그 문제를 해결해주기도 한다. 내가 행동하고 나가야 할 길은 상황과 내 마음이 열어 준다. 내가 이제까지 헤치고 살아온 길이 이미 정해지고 보이는 길이 아니었다. 그래도 나는 현재 나의 길을 열심히 잘 가고 있다.

4. 막연한 기대와 모호한 태도는 실망만 안겨준다

사람은 살아가면서 여러 가지 불편을 느끼고 잘못을 저지르기도 한다. 그러나 불편함이나 잘못을 저지르는 일이 항상 나쁜 결과로 끝나는 것만은 아니다. 현재를 기준으로 하는 순간적이고 단기적인 평가와 긴 인생을 두고 생각하는 장기적인 평가가 같을 수만은

---

178) 고르디우스의 매듭(Gordian knot): 대담하게 행동할 때만 풀 수 있는 문제를 일컫는 속담. 프리기아의 수도 고르디움을 세운 고르디우스의 전차(戰車)에는 끝을 찾을 수 없이 복잡하게 얽혀 있는 매듭으로 끌채에 멍에를 묶어놓았는데 아시아를 정복하는 사람만이 그 매듭을 풀 수 있다고 전해지고 있었다. 그런데 BC 333년 알렉산드로스 대왕이 아나톨리아 지방을 지나가던 중 고르디움에서 이 전차를 보았고, 성미가 급했던 그는 칼로 매듭을 끊어버렸다고 한다. 이것은 가장 널리 알려진 이야기로서 알렉산드로스의 성격을 생각하고 지어낸 듯하다. 그 이전에 있던 이야기로는 대왕이 매듭 일부를 잘라서 또는 끌채를 잡아 빼서 매듭 양끝을 찾아냈다고 되어 있다. "고르디우스의 매듭을 잘랐다"는 표현은 복잡한 문제를 대담한 방법으로 풀었다는 뜻을 지니고 있다.

없다. 그것이 단순한 불편함이나 잘못으로 끝나는 것으로 되느냐 아니면 나를 발전시키는 동기적 요소로 만들어 가느냐 하는 것은 불편함과 잘못에 대한 나의 수용과 태도, 의지에 따라 전혀 다른 결과를 가져다준다. 불편함과 잘못을 그 자체로 인식하고 인지하는 것으로 끝나면 그것은 진짜 불편하고 잘못된 것이 된다. 하지만 그것을 좋은 경험이나 교훈으로 삼아 개선하려 하면 내 삶의 활력소가 되거나 발전적인 요소로 작용하기도 한다. 이것은 아이들 교육에서 중요한 의미가 있다.

만약 여러분이 교육상 잘못된 것에 대한 수정, 불편함과 같은 어떤 필요를 느낀다면 그것은 창의적 사고의 출발점[179]이 되는 가장 중요한 단계 중 하나다. 이것을 문제의 인식이라고 한다. 문제를 인식하는 것은 아주 중요하다. 그래야 사고가 작동되기 때문이다. 그렇지만 대개 우리의 사고는 문제가 인식되면 일반적인 문제 해결 양식으로 전개된다. 이것이 사고의 법칙이기 때문이다. 이때 문제를 새롭게 보기 위한 한 가지 방편은 질문의 양식을 바꾸는 것이다. 질문을 달리하면 문제가 다르게 보인다. 문제가 다르게 보이면 답도 다르게 나온다.

우리가 시험에서 틀린 답을 내는 것은 출제자의 의도를 다르게 인지하여 나의 관점에서 답을 낸 것이 원인이다. 출제자의 의도대로 문제를 인지하면 정답을 맞힌다. 같은 문제라도 문장을 재조합하거나 설명자가 다르면 전혀 다른 문제로 인식되기도 한다. 그래서 문제 해결의 단서가 주어지는 질문을 하는 것이 좋은 질문이 되고 그 질문에 답은 쉽게 풀릴 수 있어야 한다. 질문이 중요한 이유는 질문을 통해서 문제의 표상이 형성되기 때문이다. 즉, 질문자가 정확한 답이 나올 수 있는 내용으로 질문하면 대답을 하는 사람이 답을 했을 때 그것이 옳은 답을 한 것인지 틀린 답을 한 것인지도 쉽게 구분할 수 있다. 기대도 달성 가능한 것을 기대했을 때는 반드시 달성된다.

간접적인 표현방법을 동원해 우회적으로 기대를 전달하기 위해 추상적인 용어들을 나열하면 그것을 실행해야 할 상황에 있는 아이는 뭔가 기대를 하고 있다는 것은 알지만, 자신이 구체적으로 어느 정도까지 노력해야 하는지, 무엇을 해야 하는지 정확하게 내용을 파악하지 못한다. 이런 때 시간이 지나면 대부분은 기대를 충족시켜 주지 못하고 끝난다. 그 가장 대표적인 말 중의 하나가 학부모가 아이들에게 '훌륭한 사람이 되려면 공부를 열심히 해야 한다. 공부를 잘해야 성공할 수 있다'고 하는 표현이다. 공부를 열심히 해야 하

---

179) 박천식(1999), "재미있는 심리학", 원출판사, p.184.

고 잘하는 것이 중요하다는 것을 강조하는 말이다. 또한 아이가 훌륭한 사람으로 성공하기를 바라는 마음이 깃들어 있으며 공부를 독려하려는 의도도 내포되어 있다. 그러나 두리 뭉실하게 표현되어 너무 포괄적이고 추상적이다. 어떻게 생각하면 좋은 말인 것 같기도 하고 아닌 것 같기도 하다. 내가 학창시절 부모님에게서 많이 듣던 말이고, 지금 우리 아이에게 자주 사용하는 말이다. 이 말을 듣는 아이들은 부모가 나에게 좀 더 열심히 공부할 것을 독려하는 정도로 받아들인다.

이처럼 자신도 그 기대와 요구가 정확하게 무엇인지 제대로 모르면서 아이들이 그것을 실현시켜 주기를 바란다는 것은 어리석은 행동이다. 교육과 공부는 부모와 아이의 상호 동시 만족 실현이 가장 이상적이다. 그러므로 기대와 목표에 대한 요구는 구체적이고 가급적 기간이 너무 길지 않은 시간 내에 달성 가능한 아이와 내가 공감할 수 있는 내용으로 구성되는 것이 바람직하다.

부모는 간단하게 말 몇 마디로 목표를 말하고 그것을 달성하라고 요구하지만 직접 실행하는 아이들은 그것을 달성하기 위해서 짧게는 몇 달, 길게는 몇 년, 경우에 따라서는 10년 이상의 장기간 동안 인내하며 공부해야 가능한 일도 있다. 기대가 충족되기를 바란다면 아이에게 성적이나, 입학시험, 장래 희망 등과 관련하여 부모가 구체적인 기대를 하고 아이가 그 기대 내용을 분명하게 이해하는 내용으로 전달하고 요구해야 한다. 그래야 아이도 그 기대를 자신이 만족하게 해줄 수 있을지 없을지 파악할 수 있고, 바로 목표 달성을 위한 준비와 실행에 착수할 수 있다.

그렇지 않고 한껏 추상적인 내용으로 막연하게 큰 기대만 표현하면 부모와 아이 모두에게 돌아오는 것은 실망밖에 없다. 자칫하면 아이에게 능력에 대한 한계를 너무 쉽게 인식하도록 함으로써 좌절감을 안겨주고 도전의식까지 약화시키는 결과를 불러올 가능성도 있다. 아이에게 기대하는 것이 있으면 때로는 대화를 통해 조정하고 타협하는 자세도 필요하다. 처음부터 가능하지 않은 것을 요구하면 당연히 달성하지 못한다.

5. 정체성 교육, 문화적 역량으로 이어진다

인간은 누구나 성장 과정에서 본능적으로 '나는 어디서 왔는가? 나는 누구인가? 현재 나는 무엇을 하고 사는가? 지금 살고 있는 삶이 내가 원했던 것인가? 앞으로 어떻게 살아야 할 것인가? 궁극적으로 내가 추구하는 것은 무엇인가?' 하는 등 여러 가지 의문을 가진다. 그중에서 나는 누구인가? 하는 것이 정체성[180](正體性)과 관련되어 있다. '나'는 오늘의 나를 넘어 어제와 내일을 잇는 고리[181]이며, 내 인생은 부모로부터 물려받아 아이들에게 넘겨주는 전달과정에 존재한다. 이기적인 삶의 방식을 추종하는 사람들은 자신의 감정이나 욕망에 충실하지만 현명한 사람들은 절제를 추구하며 내 인생과 삶 속에 아이들의 장래까지 고려한다. 한 인간의 일생을 평가할 때 자신을 넘어 아이들까지 살펴볼 수밖에 없다는 것을 잘 알기 때문이다. 비단 타인의 평가뿐만 아니라 스스로 생을 뒤돌아 볼 때 2세들의 삶이 허망한 것을 보고도 자신은 좋은 삶을 살았다고 생각할 사람은 없다. 연결고리로서의 나는 그냥 단순한 '나'로 끝나는 것이 아니다. 조상으로부터 이어진 삶, 즉 역사적 현실 속에서의 내가 된다. 정체성은 나와 나의 가계, 우리나라, 우리나라 사람에 대한 제대로 된 역사를 찾아 역사관을 정립하고 그것을 인식하는 것으로, 자신의 존재 본질을 깨달으려는 마음이다.

우리가 과거를 반추하는 것은 과거의 잘못이 되풀이되는 것을 방지하고 발전적인 미래의 방향을 설정하는 데 그 목적이 있다. 아이들이 가문을 따지고 족보를 보는 일이 고리타분한 행동이라는 인식은 버려야 한다. 현대는 족보에 얽매여 사는 시대가 아니다. 족보 속에는 존경할 만한 조상도, 부끄러운 조상도 있을 수 있다. 내가 그분들의 후손이기 때문에 존경할만한 분이든 부끄러운 분이든 근본을 벗어날 수는 없다. 그럼에도 족보를 보는 사람은 누구든 내가 어떤 삶을 사는 것이 바람직할 것이라는 결론은 쉽게 내릴 수 있다. 아이가 족보를 통해 자신의 인생에 대한 방향성을 정립했다면 그 아이의 삶은 그 순간부터 달라질 수밖에 없다. 우리가 역사를 공부하고 족보를 살펴보는 것이 정체성 교육의 핵심이 되는 이유도 여기에 있다.

어디서든 정체성을 확인하지 못한 채 사는 사람은 자신감이 없는 유랑민일 뿐이다. 만일 아이가 세계를 무대로 활약하기를 바란다면, 부모는 아이가 가지고 있는 '나'를 좀 더 넓은 세계로 연장해주어야 한다. 세계적인 인재는 외국 환경에 환하다고 되는 것이 아니다. 남의 것을 보기 전에 자신이 누구인지부터 잘 볼 수 있어야 한다. 나를 모르고 남 속에 있으면 나의 본 모습은 후대로 가면서 피부와 눈, 머리 색깔이 달라지면서 서서히 남 속에 매몰된다. 자신의 정체성이 확고해야 빠르게 변화하는 사회에서 지도자가 되고 국제무대에 나

---

180) 정체성(正體性): 변하지 아니하는 존재의 본질을 깨닫는 성질 또는 그 성질을 가진 독립적 존재.
181) 전혜성(2006), "섬기는 부모가 자녀를 큰사람으로 키운다", 랜덤하우스중앙, p.40.

가서도 살아남는다.[182] 남이 나에게 '너는 어떤 사람이냐?'고 물을 때, 사람들은 자신의 가족이나 집안에 대해 말한다. 좀 더 이야기할 시간이 있다면 자신의 출신학교나 회사에 대해 말한다. 나를 규정하는 것이 '나'라는 단 한 사람이라면 누구인지 물어볼 필요도 없다.

국제화 시대에 걸맞은 지도자가 되려면[183] 문화적 정체성과 그에 맞는 문화적 역량(cultural competence)이 필요하다. 문화적 역량이란 1993년부터 미국의 이중 언어 교육자들이 만들어낸 개념이다. 교육자들은 '다문화 속에서 사는 사람은 적어도 자기 나라 문화는 물론 두 문화 이상에서 살 수 있는 능력, 즉 문화적 역량을 가지는 것이 필수적이다'라면서 문화적 역량을 강조한다. 문화적 역량은 자신의 뿌리인 문화와 다른 문화가 하나 이상 섞인 환경에서 살 수 있는 능력을 기르게 된다면 '자기'를 더 많이 알게 된다. 자기를 남하고 대조했을 때 우리 문화가 다른 문화와 어떻게 다른지도 더 잘 알게 된다. 문화적 역량은 권위로 내리누르는 것보다 다른 사람에게 더 큰 영향력을 발휘한다. 상대방이 자신을 이해하고 있다는 기분이 들면 나도 상대방을 살피고자 하는 마음이 커지는 법이다. 이런 자발적 동조가 모여 지도력(leadership)도 생긴다고 한다. 그러므로 정체성 교육은 지도자에게 필요한 문화적 역량으로 이어진다.

6. 올인 성공, 철저한 준비와 역할분담이 좌우한다

아이를 키우다 보면 별짓을 다 하게 된다. 어릴 때 어머니가 정화수를 떠 놓고 비는 것을 보고 '쓸데없이 왜 저런 일을 할까' 하는 생각을 하곤 했다. 세월이 흘러 내가 결혼해 아이를 낳고 키우며 살다 보니 어느덧 옛날에 어머니가 그랬던 것처럼 정화수를 떠 놓고 자식들이 잘되고 가족이 안녕하기를 기원하시던 어머니와 같은 행동을 우리도 하고 있다는 것을 깨닫게 되었다.

입학시험을 앞두고 있으면 불안하고 초조한 마음은 누구나 비슷하다. 주위에서 누가 유명한 학원이나 잘 가르치는 사람이 있다고 하면 열심히 찾아다녔다. 입시 설명회가 있으면 만사를 제쳐놓고 달려갔다. 그리고 아이들이 공부할 것, 학교에 가져갈 준비물, 학원 교재 등 공부와 관련된 것은 연필 하나에서부터 학교에 제출해야 할 과제물, 각종 경시대

---

182) 전혜성(2006), "섬기는 부모가 자녀를 큰사람으로 키운다", 랜덤하우스중앙, pp.37~38.
183) 전혜성(2006), "섬기는 부모가 자녀를 큰사람으로 키운다", 랜덤하우스중앙, pp.95~98.

회 시험정보 입수, 지원서 작성 등 모두 챙겼다. 잠에 취해 책상 앞에서 꾸벅꾸벅 졸고 있는 아이에게 그런 정신 상태로 무엇을 하겠느냐고 소리도 질러 보았다. 성적이 제대로 안 나오면 화도 냈다. 중간고사나 기말고사 등 시험 때가 되면 아이가 풀어야 할 공부 범위도 살펴보고 채점도 해주었다. 그렇게 우리도 나름대로는 남들 못지않게 아이들 교육을 위해 노력할 만큼 한다고 생각했다. 그러나 그게 아니었다.

우리보다 더한 사람이 훨씬 많았다. 다른 사람에 비하면 우리는 평범한 수준에도 못 미친다는 것을 뒤늦게 알았다. 어느 하루는 유명한 철학관이 있다고 해서 아침 일찍 찾아갔다. 그런데 전날 밤에 줄을 서서 기다리다가 자정이 지나 접수를 해야 한다고 하여 아는 사람에게 예약을 부탁하고 집으로 돌아왔다. 그분이 작정하고 밤 열한 시부터 기다렸다가 자정이 넘어 접수했다. 하루에 15명 정도만 보아 주는데 접수한 번호가 13번이었다. 미리 예약했는데도 아침 7시에 집을 나서 종일 대기실에서 기다리다가 오후 5시경이 되어서야 점을 보고 돌아왔다. 우리는 그래도 같은 시내여서 조금 나았지만 다른 도시에서 한두 번씩 헛걸음을 하거나 아예 전날 저녁 무렵부터 와서 기다리다 접수를 하고 찜질방 같은 곳에서 밤을 지새우며 점을 보고 가는 사람들도 있었다. 대기하면서 그들과 건넨 몇 마디 속에서 아이들 교육에 대한 열정이 생생하게 느껴졌다.

우리 가족에 대해 주위 사람들은 아이들을 가만히 두어도 스스로 잘할 것이라고 말을 하지만 밤 열두 시도 안 되어 꾸벅꾸벅 졸고 앉았으면 혼자 공부하도록 내버려 두어지지가 않는다. 때로는 '이것은 아이에게 도움을 주는 것이 아니라 병이다. 다음에 무슨 영화를 보려고 내가 이 짓을 하고 있는지 나도 모르겠다'는 생각이 들다가도 학부모들이 모이는 곳에 가보면 생각이 바로 달라진다. 나름대로는 아이도 최선을 다하고 있으며 우리도 아이의 교육을 위해 올인184)(all in)했다고 생각을 하고 노력을 했다. 그런데도 우리가 아이들 뒷바라지를 위해 노력하는 것은 보잘것없고 우리 아이는 다른 아이들에 비하면 턱없이 부족하다는 생각이 든다. 길고 짧은 것은 대어 보아야 하는데도 주위 사람들을 보면 그런 생각을 떨칠 수 없다.

자신이 가진 것을 자녀를 위해 올인할 열정을 갖고 있다는 것은 대단히 바람직하다. 그러나 올인이 성공하기 위해서는 아이의 현실적인 역량에 대한 인정, 문제점에 대한 정확한 분석, 아이가 실행하며 주도해 해결할 수 있는 해법 강구, 아이에 대한 지원 강화와 협

---

184) 올인(all in): 포커에서 가지고 있던 돈을 한판에 전부 거는 일.

조체제 구축 등 아이가 느끼는 현실적 어려움이나 이해에 대한 폭넓은 정신적 교감이 이루어진 상태에서 올인이 이루어져야 한다. 올인은 잘못하면 모든 것을 한꺼번에 잃을 수 있으므로 아무 때나 하는 것이 아니라 결정적인 상황에서 성공을 확신하고 대단한 결단을 내릴 때 취할 수 있는 행동이다. 그러므로 올인을 하려면 목표에 대한 성공을 확신할 수 있는 철저한 사전 준비와 각오가 되어 있어야 한다.

교육은 혼자 하는 것이 아니라 아이와 같이하는 것이다. 부모의 일방적인 과잉보호나 과잉행동에 의해 요구되는 아이의 공부는 무조건 실패한다. 올인은 철저한 준비와 역할분담이 전제(前提)될 때 성공할 수 있다. 그러므로 올인을 하는 것도 중요하기는 하지만 방법이 더 중요하다. 올인의 기본 방향은 아이들이 실력 향상을 목표로 확실한 역할분담을 통해 궁극적으로 아이들이 목표로 하는 것을 성취하도록 하는 데 있다. 아이들이 할 일은 공부에 집중하여 성적을 올리고 시험에 합격하는 것이다. 이것을 위해 어머니는 아이의 시험과 공부에 필요한 대외적인 정보수집, 체력과 건강관리, 학습 분위기 조성, 대화를 통한 애로사항의 파악과 학원 선정 등 공부에 부수적으로 수반되는 방안을 마련해 아이들이 효율적으로 공부할 수 있도록 해주는 역할 수행이 필요하다.

역할(role)이란 어떤 사회적 단위에서 그 집단 구성원에게 기대되는 일련의 행동양식을 말한다. 사회화를 통하여 개인은 조직 속에서 자신의 사회적 지위와 그 지위가 요구하는 역할을 인식하게 된다. 역할은 보통 집단 내에서 개인이 차지하는 지위(position)를 통해 각 개인에게 부여된다.[185] 어머니와 아이는 각자 지위에서 주어진 역할을 정확하게 인식하고 이행해야 한다. 일하는 데도 각자에게 주어지는 역할이 있고, 그 분담된 역할을 차질 없이 잘 실행해야 효율적인 목표달성이 가능하다. 그렇지 않고 실천해야 하는 것은 아이인데 그 아이의 의사를 무시하고 학부모가 일방적으로 계획을 주도하면 좋은 성과를 보기 어렵다.

자신은 잘한다고 생각한 것이 지나쳐 아이를 너무 혹사하는 과잉행동이 유발되면 아이의 공부에 대한 의욕을 상실시키거나 갈등을 유발하는 등 원하지 않는 결과를 불러일으킬 수도 있다. 부모와 아이가 받는 실패에 대한 상처는 과잉행동의 크기에 비례한다. 사람에게는 제각기 자신의 역할이 주어져 있다. 부모와 아이도 각자 자신이 실행해야 할 역할이 있다. 교육에서 그 역할을 혼동하거나 역할을 알고 있더라도 제대로 주어진 역할을 실

---

185) 신중식 외(2003), "교육지도성 및 인간관계론", 한국교육행정학회, p.380.

행하지 않으면 좋은 결과를 기대할 수 없다.

7. 만들어서 된다는 공부개념, 고교까지 통용된다

　인간은 다중지능뿐만 아니라 사물에 대한 기본적인 인식능력을 갖추고 있다. 그러므로 어느 분야든지 기본적으로 훈련과정을 거치면 일정한 수준까지는 실력이 향상된다. 운동을 싫어하는 아이들도 훈련을 시키면 태권도의 웬만한 기본동작은 익힐 수 있다. 반복해서 구구단을 외우게 하고 결과를 검사하는 등 확인을 해나가면 처음에는 힘들어하던 아이들도 결국은 외우게 된다. 하지만 지능과 의지에 따라 속도와 효율에는 차이가 많이 난다. 개인차이가 있기 때문에 같은 훈련과정을 거치더라도 재능이 있는 아이와 그렇지 않은 아이의 실적에는 상당한 차이가 나는 것은 어찌할 수 없는 일이다.

　인간의 자연적인 수명은 거의 비슷하다. 지능지수가 높은 사람이 20년에 할 수 있는 일을 지능지수가 낮은 사람이 30년에 할 수 있다고 가정했을 때, 수학적인 관점에서는 10년 이상의 차이가 나므로 두 사람이 평생 하는 일에는 많은 차이가 날 수밖에 없다. 그리고 재능이 현저히 차이가 날 때는 보통 사람들은 최고 수준에 오르지 못한다. 즉, 일정한 수준 이상의 실력을 기대하면 만들고 싶다고 해서 다 만들어지는 것이 아니다. 그렇다고 만들어서 될 아이든 되지 않을 아이든 부모가 포기해야 할 아이는 없다. 만일 만들어서 안 되는 아이가 있다면 그것은 단지 재능과 적성이 부모가 의도하는 방향과 다르므로 기대하는 만큼의 실적이나 효율을 시현하지 못하는 것일 뿐 재능이 없다는 것을 의미하는 것은 아니다.

　부모가 뚜렷한 목적의식을 갖고 의도적으로 역량을 양성하려는 경우 그 목적을 달성하기 위해서는 그만큼 아이에 대한 사전 관찰과 진행과정에 대한 분석이 이루어져야 한다. 평가 기준도 제대로 갖고 있지 않고 분석도 없이 일방적인 기대만으로 높은 목표를 설정해 강요하는 것은 아이와 자신에게 좌절감과 실망만 안겨주는 어리석은 행동이다. 큰 하나의 목표에 대해 능력에 따른 차등 목표를 설정하고 단계적으로 일을 추진하면 달성할 가능성이 크지만 한 번에 달성하기는 쉽지 않다. 그러므로 아이의 현재 능력을 반영하고 달성 가능한 범위의 목표를 설정하는 방법으로 단계적으로 접근하면 이루고자 하는 것을 이룰 수도 있다.

개인의 능력과 인생행로는 제각기 다르다. 아이의 교육에서 만들어서 된다는 개념은 미시적인 측면과 거시적인 측면을 구분하여 생각할 수 있다. 미시적인 부분에서는 공부이다. 공부는 훈련을 통한 숙련과 심화과정을 거쳐 결과나 실적이 만들어질 수 있다. 거시적인 측면은 인성이나 사회를 이끌어 나가는 지도력 등이다. 이것은 종합적 요소가 작용하는 것으로 정신적 교화와 교육훈련, 자기관리 등 제반 요소가 모두 포함된다.

먼저 공부 부분에서 만들어서 된다는 것은 일반적으로 고등학교 교육과정까지, 좀 더 구체적으로 표현하면 대학입학시험에 합격하는 것까지는 통용된다. 즉, 학교에서 수업을 듣고, 문제집을 풀고, 학원에 다녀 성적을 올리는 공부방식이 고등학교까지는 통한다는 말이다. 그러나 대학교 이상에서는 어렵다. 실제 교과 과정도 초등학교에서 고등학교까지는 상급학교 교육과정에서 과목수가 늘어나더라도 대부분 같은 과목의 내용 폭이 넓어지고 심화되는 체계로 전문교육단계에 들어가기 전에 요구되는 공통교육 과목으로 구성되어 있다. 이 과정에서는 주로 주입식 교육이 중심이 되기 때문에 반복 학습이나 훈련을 통한 숙련과 심화학습을 하기에 적합하도록 구성되어 있다.

현재의 교과 과정은 장기간의 노력으로 형성된 것이다. 이 체계를 근본적으로 바꾸기 위해서는 많은 노력과 투자가 필요하므로 정부 교육정책은 하루아침에 바뀔 수 있는 것이 아니다. 입학사정관제도와 같은 새로운 제도를 도입하더라도 근본적인 대학입시의 평가방법이 바뀌는 것에는 한계가 있다. 우선은 명칭이 바뀌니까 엄청나게 바뀌는 것처럼 말하고 좋은 정책이라고 호들갑을 떨지만, 장기적인 관점에서 보면 크게 달라질 것이 없다. 진학을 목표로 하는 아이들의 공부 내용이나 방법도 과거나 현재나 거의 유사하다. 조금씩 바뀐 것이 일정한 시간이 지나면 많이 변해 있는 형태로 나타난다. 결국 전국의 아이들이 모두 수요대상이 되는 방대한 규모는 학원이 살아가고 역할을 할 수 있는 좋은 체계로 구성되어 있다. 상당수의 학부모도 교육과 훈련만 잘 시키면 적정수준에 도달할 수 있다는 것을 경험적으로 알고 이 방법을 활용해왔다. 하지만 자율성과 창의성이 요구되는 대학교 이상의 교육은 다르다.

전문분야의 교육이 이루어지는 데다 학교에 따라 교재의 선택 폭이 넓다. 우리는 시험을 생각할 때 경험적으로 학교 교실 안에서 감독선생님의 입회하에 주관식이나 객관식으로 출제된 필답형 시험을 많이 연상하는 고정관념을 갖고 있다. 그러나 대학에서는 과제물 평가, 토론이나 발표, 주관식의 논술평가 등 원하는 방법을 선택해 시행할 수 있도록 학교와 교수에게 많은 재량권이 주어져 있다. 시험을[186) 교실에서 보든지(in-class), 편한데 가서 책을 보면서 보든지(take-home) 학교에서 결정하기 나름이다. 각각의 방식은 나름대로 장·단점이 있다. 그리고 대학졸업이나 대학원 이상의 과정에서는 논문을 써야 하는데 스스로 아이디어(idea)를 내는 창의성이 없이는 곤란하다. 또한 실험과 연구도 필요해 학원이 역할을 하기 곤란한 구조로 되어 있다. 이것이 고등학교까지의 공부와 대학 공부의 가장 큰 차이점이다. 즉, 고등학교까지는 시키는 공부이지만 대학교는 스스로 찾아서 하는 공부라는 점이다.[187] 자율적으로 공부해야 하므로 당연히 누구도 무엇을 어떻게 하라고 제대로 일러주는 사람이 없다. 그런 점에서 보면 대학에서의 공부는 참 어렵게 느껴질 수도 있다. 하지만 다 방법이 있고 대학생들은 누구나 공부를 잘한다.

일반적인 학부모 중 창의성 교육을 할 수 있는 사람은 거의 없다. 국내 공인 교육기관도 창의성 교육을 체계적으로 시키기 위한 체제가 제대로 갖추어져 있지 않다. 굳이 말하자면 영재교육은 그 모양을 갖추어 가고 있으나, 아직은 영재 아이를 선발해 별도로 교육을 하는 정도이다. 그러므로 아이의 전문적인 영재교육을 원하는 사람들은 대부분 외국의 영재전문교육기관이나 유명한 교수들로부터 교육을 받게 하려고 유학을 보낸다.

만들어서 대학까지 보내놓으면 그다음 과정은 알아서 자기관리를 잘하는 아이들도 있고 그렇지 않은 아이들도 있다. 사람이 공부나 일을 하는 데는 원론적인 측면에서 볼 때 타의에 의한 것보다는 자의에 의한 것이 좋다. 행동을 유발하는 동기나 추동력이 자기 자신에게 있는 사람은 훈련 과정을 거치면 상황과 필요에 따라 그것을 증폭시키거나 약하게 하는 등 스스로 조절할 수 있으므로 진정한 자기 인생의 주체가 될 수 있다. 누가 뭐래도 끌려다니고 밀려다니는 인생보다는 주체적으로 선도해가는 인생이 바람직하다는 것은 주지의 사실이다. 그러나 자율적인 생활이 안 되는 아이들에게는 적용하기 곤란하므로 때로는 적절한 통제도 필요하다.

지도력을 갖는 지도자(leader)에 대해 전혜성 박사는 태어나는 것이 아니라 만들어진다고 말한다. "부모가 먼저 스스로 자신을 섬기고, 서로 섬기고, 자녀를 섬기며, 더 나아가 남을 섬기고 사회를 섬겨야 한다. 덕은 나만의 이익과 요구보다는 남도 같이 생각하면서 공동의 가치를 추구하는 것을 말한다. 덕은 많은 사람을 이끈다. 그것이 바로 공부를 강요하지 않아도 스스로 공부하는 아이로 만드는 비결이자 사람들에게 사랑과 존경을 받는 지도자로 키우는 길이다. 남을 돕고 베푸는 과정에서 아이 스스로 오히려 힘과 지혜를 얻

186) 허명환(1999), "관료가 바뀌어야 나라가 바로 선다", 한국세정신문사, p.34.
187) 김경훈 외(1999), "너희가 대학을 아느냐", 새로운 사람들, p.91.

게 된다. 부모가 먼저 남을 배려하고 봉사하면 아이는 굳이 애쓰지 않아도 바르고 훌륭하
게 자라날 것이다[188]"라고 하였다.

8. 비교, 아이들이 왜 싫어하는가

평가는 어떤 기준과의 비교를 통해서 이루어진다.[189] 그 기준은 합리성이 있어야 평가
에서 드러난 문제점을 보완할 수 있다. 그렇지 못하면 역효과를 낸다. 특히 사람 간의 비
교나 비교평가에는 더욱 그렇다. "창식이는 이번에도 전교에서 1등을 했다는데, 너도 창
식이처럼 공부 좀 잘하면 엄마는 소원이 없겠다." 이 말은 아이들이 가장 싫어하는 말 중
한 가지이다. 내심의 부러움과 실제 우리 아이도 공부를 좀 잘해주었으면 하는 바람이 같
이 묻어 있고, 부모도 답답해서 하는 말이다. 그런데 아이는 이웃에 사는 공부 잘하는 창
식이와 자신을 비교해 공부를 독려하는 것으로 받아들이고 이해한다. 자신도 공부를 잘하
고 싶지 않아서 잘 안 하는 것이 아니므로, 기분이 좋지 않고 마음에 상처를 받는다.

공부를 잘하면 부모님도 좋아하고 학교에서 선생님에게 칭찬을 듣기 때문에 세상에 공
부를 못하고 싶은 아이들은 아무도 없다. 누구나 공부를 잘해 부모님을 기쁘게 해드리고
자신도 칭찬을 받고, 공부를 잘한다는 자부심도 느끼기를 원한다. 문제는 잘하고 싶은데
잘 안 된다는 점이다. 그런데 부모가 이웃의 공부 잘하는 아이와 자신을 비교하면, 의식적
으로 또는 무의식적으로 '나는 저 아이보다 능력이 부족하다. 또는 열등하다'는 자신 속에
있는 열등감을 자극한다. 그동안 잊고 있었던 열등감이 부모의 말로 인해 자극되어 재인
식되므로 당연히 기분이 좋을 수 없다.

문제는 비교 대상이 되는 아이를 능가할 수 있느냐 하는 것이다. 능가할 수 있으면 문
제될 것이 없다. 그러나 비교 대상이 되는 아이를 능가할 방안이 제시되지 못하는 상황에
서의 비교는 나의 한계에 대한 좌절감만 되풀이하여 자극하게 된다. 때로는 기분이 좋지
않다는 단계를 넘어서 마음의 상처로 이어진다. 심한 경우에는 부러움과 시샘하는 마음이
어우러져 적개심을 갖게 할 수도 있다. '내가 그 아이보다 힘은 더 세다'는 판단을 했을
때는 일부러 짓궂은 행동을 하는 등의 왜곡된 감정이나 행동 표출로 이어지기도 한다. 이

---

188) 전혜성(2006), "섬기는 부모가 자녀를 큰사람으로 키운다", 랜덤하우스중앙, p.8.
189) 권석만(2003), "젊은이를 위한 인간관계 심리학", 학지사, p.168.

러한 행동은 성장하면서 자아관이 형성되어 자신의 중요성을 인식하는 등 사회화가 이루어지고 나와 그를 별개의 존재로 인정하여 부러움과 시샘이 어느 정도 줄어들 때까지 지속된다. 성장 후 가까이에서 연락하고 서로 도움을 주고받으면 상호 필요한 존재로, 일방적으로 도움을 요청하면 귀찮은 존재로, 멀리 떨어져 연락도 없이 살아가면 아무런 의미를 갖지 못하는 존재로 재설정된다.

그러나 부모의 이러한 비교를 통한 행동자극이 항상 아이의 열등감을 자극해 기분을 나쁘게 하거나 부러움과 시샘이 결합된 모호한 행동으로 나타나게 하는 것은 아니다. 비교 대상이 되는 아이의 실력이 우리 아이와 비슷해 경쟁의식을 가질 때는 오히려 비교 독려가 행동을 자극하여 동기로 작용할 수도 있다. 때로는 아이를 크게 분발시켜 행동변화와 성적향상으로 이어지기도 한다. 부모의 말에 의해 아이 스스로 비교 대상이 되는 아이를 반드시 이겨야겠다. 나도 할 수 있다는 마음을 갖게 하면 그 말은 큰 의미를 가진다.

실제 우리 주위에서 특정인의 말 한마디가 사람의 미래를 바꾸어 놓은 사례를 어렵지 않게 찾아볼 수 있다. 그러나 아무 때, 아무에게나, 아무렇게 하는 말로는 곤란하다. 아이들의 현재 실력이나 심리적 상황, 비교 대상이 되는 아이의 능력 등을 신중하게 고려하여 비교해야 자극의 본래 목적과 의도를 달성할 수 있다. 의도가 무엇이건 비교가 역효과만 불러온다면 그것은 오히려 비교하지 않는 것이 아이와 부모 모두를 위해 바람직하다.

부모가 비교하는 목적은 경쟁을 유도하여 아이의 실력을 제고하는 것이다. 이때 비교 대상은 자신의 노력으로 도달할 수 있는 범위 내에서 대상이 설정되어야 아이의 도전의식과 공부를 하고자 하는 동기를 자극할 수 있다. 만일 실력에 현저한 차이가 나는 아이를 비교 대상으로 하면 마음에 상처만 남기는 것으로 끝나는 일이 많다. 너무 차이가 나면 아이는 경험적으로 노력해도 한계를 넘어설 수 없을 것이라는 생각을 한다. 이렇게 되면 오히려 우리 아이의 열등의식을 자극하는 결과를 가져와 겁부터 먹고 경쟁이나 도전을 스스로 포기하게 할 수도 있다. 그러므로 비교 대상을 선정하기 위해서는 현재 우리 아이의 능력에 대한 평가가 선행되어야 하고, 다음에 경쟁상대가 될 아이에 대한 평가 후 선정이 이루어져야 한다.

우리 아이와 비교되는 다른 아이에 대한 실력을 평가하기는 쉽지 않다. 그래도 우리 아이의 경쟁 심리를 자극하여 공부에 대한 동기를 만들어 주고 싶은 마음이 간절할 때는 두 가지 방법을 사용해 보는 것도 괜찮다. 한 가지는 인위적으로 아이의 목표를 설정하는 방법이다. 그 목표는 현재 같이 공부를 하는 아이 중 특별히 공부를 잘하는 아이, 국내나 국외 등 세계적으로 이름을 얻고 활동 중인 젊은 유명인, 위인 등을 발전 롤모델190)(role model)로 선정하여 그들과 같이 되거나 그들을 능가하는 사람이 될 수 있다는 것을 세뇌교육191)(洗腦敎育) 하듯이 장기간에 걸쳐 서서히 진행하는 방법이다. 사람들은 일상 속에서 자신들이 사용하는 방법이 세뇌교육이라는 것을 인식하지 못하는 것일 뿐 많이 사용하고 있다. 다른 한 가지는 우리 아이와 비슷하거나 약간 앞서 가는 아이들을 비교 대상으로 하여 직·간접적인 표현을 사용하여 자극해나가는 방법이다. 이때 경쟁상대는 능력평가에 대한 정보 수집이 가능하고 이미 많은 정보가 수집된 잘 아는 아이를 활용하면 된다. 우리 아이가 잘 어울리고 좋아하거나 경쟁상대로 생각하는 아이면 더욱 바람직하다.

만약 사전에 비교 대상이 될 친구에 대해 파악이 되어 있지 않으면, 아이에게 비슷한 수준의 공부를 하는 친구가 누구인지 물어보면 된다. 그리고 그 아이에 대한 정보를 입수하여 "네 친구 상우는 이번에 수학점수를 10점이나 올렸다는데 너 그것 알고 있니?" 하고 묻거나 "준호는 다음 달에 수학경시대회에 응시한다는데 너도 같이 한번 해보면 어떨까?" 하고 의중을 떠보는 정도로 가벼운 비교를 하면 아이는 대부분 반응을 보이게 되어 있다. 친한 아이들끼리는 호감을 느끼고 이미 능력 평가가 이루어져 있다. 대부분 여러 가지 지식과 정보를 공유하고 있으며, 무엇보다도 공동의 관심사를 갖고 있다. 그런 친구와 비교하면 '그가 하는데 나는 왜 못해'라는 경쟁의식과 도전정신이 생긴다. 그리고 아이들은 친구 관계를 계속 유지하기 위해서는 무의식중에 공통화제나 관심사가 많고 때로는 수준을 맞추어야 말이 통한다는 것을 경험적으로 잘 알고 있다. 그러므로 비교가 되더라도 쉽게 거부감을 나타내지 않는다.

같은 일을 하더라도 방법과 노력에 따라 결과는 크게 달라진다. 특히 비교는 자존심이 상하지 않도록 하면서 아이를 움직여 성과 달성, 관심과 흥미는 물론 동기를 유발하는 기술을 갖고 있어야 한다. 부모들이 아이들을 긍정적으로 자극하는 데 실패하는 것은 이 기술이 부족하기 때문이다. 대부분 부모는 자신이 옳다고 생각하는 것을 아이들이 받아들이고 그대로 따라 주기 바란다. 그러나 아이들은 바른말, 옳은 말만 하는 부모를 고리타분하다고 생각하는 경향이 있다. 좋은 방법, 옳은 것으로 생각하는 것들도 아이의 관심과 흥미를 유발

---

190) 롤모델(role model): 자기가 마땅히 해야 할 직책이나 임무 따위의 본보기가 되는 대상이나 모범.

191) 세뇌교육(brainwashing)은 사고를 통제하는 프로그램이며, 낮은 공 기법을 이용하는 방법이다. 이 용어는 6.25 한국전쟁(1950~1953년) 시 미군 포로에게 중국이 실시하였던 사고통제 프로그램(thought control program)이다. 중국인들은 처음부터 거부감을 일으킬 만한 것을 미국 포로들에게 요구하지 않았다. 이처럼 세뇌교육을 시키기 위해서는 처음에 모두가 알고 있는 것이나 공감할 수 있는 아주 시시한 것으로 시작해서 중요한 것을 접목시키는 방법을 이용해 차츰 의도하고 목적하는 바에 접근해나간다.

하지 못하면 좋은 방법이 아니다. 비교해야 할 대상이나, 시기, 상황은 다른 사람이 가르쳐 주기 어렵다. 부모 스스로 찾으려고 노력해야 하고 적절하다고 느꼈을 때 실행하면 된다.

아무리 우리 아이가 공부를 잘하게 하고 싶어도 공부는 하루아침에 잘할 수 있는 것이 아니다. 처음부터 단번에 너무 잘하려고 하면 성취감을 얻는 것이 아니라 좌절감과 실망만 느끼게 된다. 달성할 수 없는 목표를 세우고, 그 목표를 달성할 능력이 없다는 것을 인식시켜 아이 스스로 포기하게 하는 것은 어리석은 짓이다. 우리의 행동을 유발하는 것은 언제나 그 시점에서 우리가 무엇을 원하는가 하는 것이다.[192] 외부의 사건이나 자극이 그 원인인 것으로 보이지만 전혀 그렇지 않다. 우리의 외부에서 일어나는 일들은 우리가 하고자 선택하는 것들과 많은 연관을 갖고 있다. 하지만 외부의 사건이 우리의 행동을 유발하는 것은 아니다. 우리가 외부로부터 얻는 것은 그것이 무엇이든 정보일 뿐이다. 이 정보를 갖고 어떻게 행동할 것인가를 선택하는 것은 우리에게 달렸다. 정보가 더 중요하다고 생각될수록 그만큼 더 많이 그리고 더 잘, 자신에게 요구되는 것을 할 것이다.

지금 당장은 우리 아이가 공부도 못하고 성적이 떨어져 속이 상할지도 모른다. 그리고 아이 스스로 꿈도 없고, 소심하고 뭘 해야 할지 모를 수도 있다. 변정수 씨도 고등학교 2학년 때까지는 그랬다고 한다. 그런데 지금은 어떤가? 많은 아이의 선망의 대상이 되는 탤런트 겸 모델이 되었다. 사람은 누구에게나 장단점이 있다.[193] 남과 비교하면 자꾸 왜소해지기만 하는 내게도 남이 갖지 못한 알짜배기 무엇이 들어 있을지 모른다. 다 아는데 나만 발견하지 못했을 수도 있다. 인생은 모르는 것이다. 터널[194](tunnel)의 끝에는 빛이 있다. 아이들을 믿고 자기 계발과 재능을 찾도록 도와주며 인내하고 기다리면 반드시 좋은 날이 올 것이다. 아이들은 비교를 싫어한다. 그리고 아이들을 행동하게 움직이는 것은 동기부여를 통해 자율적으로 공부하도록 하는 것이 가장 바람직하다.

만약 각고의 노력에도 소용이 없고 충격요법으로 비교를 해보고 싶다면 그때는 한 번쯤 비교를 통해 자극을 해보는 것도 나쁘지는 않다. 그러나 이때의 비교는 반드시 의도적으로 해야 한다. 의식적이고 의도적인 행동은 책임 소재가 확실하게 드러나고 문제점이 발생했을 때도 원인 파악이 쉽다. 습관적인 비교는 불신의 골만 깊게 파이게 하고 그 폐해가 너무 크다.

---

192) William Glasser 저, 김인자 역(2005), "좋은 학교", 한국심리상담연구소, pp.60~61.

193) 안은수(2008), "행복한 인생", 도서출판 문사철, p.319.

194) 터널(tunnel)은 산이나 바다·강의 밑을 뚫어 굴로 된 철도나 도로. 굴(窟).

9. 고정관념과 다르게 생각하기의 어려움

　반드시 교육문제가 아니라도 우리는 살아가면서 사고의 유연성이 필요하다는 말을 자주 듣기도 하고 언급하기도 한다. 유연성이란 고정된 것 굳은 것이 아니라 변화의 실체를 인정하고 반영할 수 있도록 상황에 맞추어 가치관이나 사고, 행동양식을 재설정하거나 조정하며 탄력적으로 대응해나가는 것을 말한다.

　고정관념(stereotype)의 사전적 의미는 사회의 몇몇 측면에 대해 지나치게 단순화된 지각, 특정 집단의 사람들이 지니고 있는 과잉 일반화 또는 부정확하게 일반화된 신념이다. 일반적인 것으로 성, 인종, 민족, 직업집단에 관한 고정관념을 들 수 있다. 고정관념은 사회적 지각에서 많은 부정확성의 기초를 형성하며 종종 편견의 기초가 되기도 한다. 일상 속에서 사람은 누구나 개인이 갖고 있는 지식과 경험에 의존한 사고나 판단을 한다. 이러한 생각이나 행동이 습관화되어 일정한 틀을 유지할 때 생각은 고정관념이 되고 행동은 행동양식이 된다. 사고의 틀은 새로운 정보의 유입이나 경험에 의해 수정될 수도 있지만, 장기간에 걸쳐 형성된 것이므로 쉽게 바뀌지 않는다.

　대개 개인이 갖는 관념적 생각은 본인의 경험과 지식이 집약된 것으로 자기 자신의 관점에서 볼 때, 그것을 스스로 인정하든 인정하지 않든 다른 방법을 찾기 전에는 항상 타당한 것이다. 문제는 그 타당성이 절대적인 것이 아닌데다 객관성이 결여되어 있다는 데 있다. 이는 같은 상대 그것이 아이라고 할지라도 상황의 변화, 즉 아이들이 성장하는 단계에 따라 유연하게 변화할 수 있어야 한다. 그런데도 많은 부모가 이미 옳은 것이나 교육방침이라고 정한 자신의 고정관념에 의존해 아이들을 교육하면서, 그것에 아이들의 행동이나 성격, 성적을 맞추라고 요구해 마찰을 빚거나 갈등을 일으키는 일이 적지 않다.

　학교에는 공부 잘하고 교칙을 잘 지키는 아이, 모두가 부러워할 만큼 춤을 잘 추고 노래도 잘하는 아이, 얼굴이 예쁜 얼짱에 몸매가 빼어난 몸짱인 아이, 자신이 어른이 된 것처럼 착각하는 아이, 집에서는 얌전한 척하면서도 밖에서는 아무렇게나 행동하는 내숭을 떠는 아이, 다른 아이를 괴롭히는 소위 말해 문제아로 불리는 아이, 자신감도 없고 덩치도 작아 괴롭힘을 당하는 아이 등 다양한 아이들이 공존한다. 아이들은 그들 나름대로 꿈과 이상을 향해 제각기 다른 방식으로 열심히 살아간다.

　그중에 환상문학[195]의 일종인 판타지(fantasy) 소설가가 되고 싶은 게 꿈인 아이가 있었다. 초등학교까지는 주위에서 공부를 잘한다는 말을 듣던 아이가 중학교에 들어온 이후부터 성적이 조금씩 떨어지기 시작하더니, '공부가 별로 하고 싶지 않다'는 말까지 나오는 상황이 되었다. 엄마는 아이가 공부만 잘했으면 하는 바람 외에 아이의 특기 계발이나 적성에는 큰 관심이 없었다. 아이가 공부를 싫다고 하는데도 엄마는 공부만 잘하라고 요구해 아이는 마지못해 책상 앞에 앉아 있어도 마음은 늘 소설에 가 있었다. 아이는 엄마의 잔소리가 듣기 싫고, 엄마는 성적이 안 오르는 원인이 아이가 열심히 공부를 안 하기 때문이라고 생각하며 공부 자세를 못마땅해 했다. 결국 소위 말하는 냉전 또는 감정싸움이 발생하고 말았다.

이런 때는 서로 불편한 상황을 이어가는 것보다는 아이가 진정 판타지 소설을 잘 쓸 수 있는 능력이 있는지 소설을 한번 쓰게 하면 현실적인 해법에 쉽게 접근할 수도 있다. 아이가 능력의 한계를 느끼든지 실제 잘 쓸 능력이 있는지 그 결과에 따라 대응방안을 마련하면 된다. 아이가 소설을 잘 쓸 능력이 있으면 그 능력을 육성 발전시키는 것이 마땅하다. 능력이 부족한 것이 확인되면 일부러 설득하지 않아도 자신의 현실적인 역량을 인정해 아이 스스로 공부에 집중하게 하는 결과를 도출할 수도 있다. 그럼에도 이 아이의 엄마는 한사코 공부 이외에는 안 된다고 자신의 주장을 굽히지 않았다. 이미 엄마 자신이 아이에 대해 설정해 놓은 기대를 변경하고 싶은 마음이 없으니, 해결을 위한 방법에 대해 주위에서 조언을 해주어도 소용이 없었다. 한번 잘못된 고정관념이 설정되면 잘 보이지도 들리지도 않는다. 그 결과는 갈등을 겪으면서 지혜를 얻고 새로운 해결책을 찾아내기까지 불편한 관계 감내, 시간 소모, 기회상실 등의 대가를 치러야 한다.

세상은 끊임없이 변화하고 사회의 요구도 시대에 따라 달라진다. 오늘 가치 있는 것으로 평가받던 것이 내일 의미가 없어지기도 하고, 오늘 하찮게 느껴졌던 것이 내일 제 몫을 단단히 하는 일도 많다. 이처럼 세상을 살아가는 방법도 절대적인 가치를 인정받는 것은 많지 않다. 그 형태가 항상 정해져 있는 것도 아니다. 누구 할 것 없이 세상의 변화에 맞추어 능동적이고 진취적인 삶을 살아가기 위해서는 변화를 수용하고 적응하며 때로는 새로운 방향을 제시해야 한다. 타인이나 사회 변화는 잘 수용하고 그것에 맞추어 유연하게 변화시켜 나가면서, 의외로 가정이나 가족문제에는 변화를 잘 수용하지 않는 사람들도 적지 않다. 나의 교육관이 참신하고 타인들로부터 공감 받을 수 있는 것이라면 당연히 그것을 유지해야 하겠지만, 그렇지 못하다면 바꿀 필요가 있다.

---

195) 환상문학: 구성, 주제, 설정 등 예술의 주요 요소를 마법이나 초자연적인 것들로 구성한 예술을 뜻하는데, 대표적 환상소설에는 반지의 제왕이 있음.

십 년이면 강산도 변한다고 한다. 실제로 십 년 전의 사회상황과 현재의 사회상황은 판이한 경우가 많다. 교육은 사회와 시대가 요구하는 인재로 키우는 데 목적이 있다. 부모가 원하는 사람으로 자녀를 키우는 것도 반영되어야 하지만, 그것은 사회와 시대가 요구하는 인재상과 맞아떨어질 때 의미가 있다. 우리가 가정보다는 공교육기관에 의존하는 교육을 주로 하는 이유가 여기에 있다. 그러므로 부모는 변화하는 사회가 요구하는 새로운 지식이나 정보를 습득하기 위해 노력하고, 아이의 성장에 맞추어 교육관이나 방침을 정비해나가야 한다. 그래야 나와 사회가 원하는 인재상을 동시에 수용하는 훌륭한 인물로 아이를 성장시킬 수 있다. 이것이 부모가 아이와 같이 공부해야 하는 중요한 이유 중 하나이기도 하다.

사람들은 세상은 내가 없어도 잘 돌아간다는 것을 너무도 잘 안다. 오늘도 누군가는 운명하고 누군가는 새로 태어나지만, 세상은 잘 돌아간다. 지금 내가 알고 있는 것 중 처음부터 알았던 것은 아무것도 없다. 그런데도 많은 부모가 지금 내가 갖고 있는 교육관이 가장 좋은 것이고 내 생각이 옳을 것이라고 믿고, 그것에 맞추라고 요구하며 아이들의 일거일동(一擧一動)에 관여하며 연방 잔소리를 해 댄다. 심지어 잔소리를 안 하면 아이가 형편없는 인간이 될지도 모른다고 생각하는 사람도 있다. 그러나 그것은 기우(杞憂)일 뿐이다.

부모에 의한 교육과 훈련이 대단히 중요하다. 하지만 인간은 누구에게나 자기 보호본능이 있다. 자신이 위험하거나 잘못되기보다는 안전하고 유리한 방향으로 이끌어간다. 사물에 대한 판단 능력이나 자연현상의 이치에 대한 깨달음 등 어느 정도 식견이 쌓이면 누가 가르쳐주지 않아도 그 원리를 파악하는 능력인 문리가 터진다. 이렇게 사람은 기본적으로 자기관리를 할 수 있는 능력을 갖추고 태어난다. 이는 아이를 아무렇게나 스스로 자라도록 방치해도 된다는 말이 아니다. 현재 부모들이 너무 지나치게 아이들을 통제하고 속박하고 있음을 지적하기 위한 것이다. 아이들을 자유롭게 한번 확 풀어주고 자기 스스로 의사를 결정하고 행동하게 하며 그 행동에 대한 책임을 지게 해보라. 아이들은 간섭할 때보다 훨씬 자유롭고 능동적인 삶을 개척해나간다.

어떤 문제든지 풀고 난 다음에는 간단한 문제도 풀기 전에는 어려운 것이다. 누구나 살아오면서 한 번쯤은 이런 경험을 하게 된다. 처음 시작할 때는 대단히 긴장하고 불안해하며 두려워했는데 막상 부딪쳐 해결하고 나니 오히려 자신감도 생긴다. 별것 아닌 것을 내가 너무 두려워한 것이 아니었나 하는 생각을 하기도 한다. 당면 과제 해결, 아이의 교육을 잘하기 위한 해법, 고정관념의 변화도 마찬가지이다. 무엇이든 처음에는 어려운 것 같이 느껴진다. 하지만 막상 부딪쳐 보면 그렇게 어려운 일만도 아니다. 다른 것을 인정하고 받아들이려는 마음이 닫혀 있을 때는, 보고 있어도 보이지 않고, 바로 옆에 있어도 느껴지지 않는다. 그 극명한 증거가 아메리카를 탐험한 콜럼버스[196](Christopher Columbus)의 계란이다. 새롭게 생각한다는 것은 결코 쉬운 일이 아니다.[197] 특히 어떤 것이 잘 세워진 이론이나 권위가 있다면 더욱 그렇다. 그렇지만 이런 이론이나 상태를 극복하려면 기존의 상태나 이론이 지니고 있는 암묵적 가정을 부정하는 것이다.

학부모는 그렇게 복잡하게 생각할 필요가 없다. 그냥 내가 지금 하는 교육방법이 만족스럽지 않게 느껴진다면 다른 방법을 사용해보려고 시도해 보는 것으로 충분하다. 여기에는 내 생각이 항상 옳은 것은 아니라는 전제가 필요하다. 아이와의 갈등은 엄청난 문제에서 시작되는 것이 아니다. 대부분 내 마음속에 자리 잡고 있는 욕심과 고정관념에서 시작된다. 유연성을 갖고 생각을 조금만 바꾸면 우리가 사는 세상이 달라지고 모두가 편안해진다.

10. 아이 키우면 어떤 때는 답답하고 속에 천불이 난다

누구나 아이들이 공부를 잘하고 원하는 학교에 합격하기를 바란다. 또한 성인이 되어서는 존경받는 사람이 되기를 원한다. 그 기대가 한 걸음 더 나아가 지나치게 되면 반드시 그렇게 되어야 한다는 생각으로 응고되어 관념을 만든다. 삶에서 목표를 설정하고 그 목표를 달성하기 위해 노력하는 것은 바람직하다. 그러나 기대나 의욕이 과잉되는 것은 경계해야 한다.

세상에 넘쳐서 좋은 것은 많지 않다. 반드시 쟁취하고야 말겠다는 욕구를 가질 때 그것

---

196) 크리스토퍼 콜럼버스(Christopher Columbus, 1451년경~1506년 5월 20일): 이탈리아 제노바 출신의 탐험가이자 항해가이다. 그가 아메리카 탐험을 시작한 것은 당대 유럽인이 가지고 있던 중요한 사명인 기독교의 전파 혹은 미지의 세계에 대한 순수한 탐구심이 아닌 새로운 땅에서 얻을 수 있는 황금이 가장 큰 이유였다. 실제로 그의 항해일지를 보면 금과 보물에 대한 언급이 10일 분량에 수백 차례나 등장한다. 또한 이사벨 여왕과의 계약 내용에서도 알 수 있듯이 가장 중요한 목적은 부의 축적이었다. 그는 총 4차례나 아메리카 대륙을 항해하였는데, 아메리카에 상륙한 것은 그 가운데 제1항해의 일이다.

제1항해의 출범은 1492년 8월 3일이었으며, 같은 해 10월 12일에 현재의 바하마 제도(Bahamas)에서 과나하니 섬(추정)에 도달했고, 이 섬을 산살바도르(San Salvador, 구세주의 섬)라 칭하였다. 이날은 아메리카 대륙의 역사상 가장 중요한 날 중 하나로 여겨지고 있다. 이어서 그는 쿠바·히스파니올라(아이티, Haiti)에 도달하여, 이곳을 인도 일부라고 생각하고 원주민을 인디언이라 칭하였다. 이후 항해 도중, 산타마리아호가 파손되어 한 섬에 약 40명의 선원을 남긴 후에 이스파니올라(후 스페인)라고 이름 지었다.

1493년 3월에 귀국하여 왕 부부로부터 '신세계'의 부왕으로 임명되었다. 당시 그가 가져온 금제품이 전 유럽에 큰 선풍을 일으켰고, '콜럼버스의 달걀'이란 일화도 생겨났다. 17척에다 1,500명의 대선단에 의한 제2회 항해(1493년)는 그의 선전에 따라 금을 캐러 가는 사람이 대부분이었다. 그는 죽을 때까지(1506년) 자기가 발견한 땅을 인도라고 믿었는데, 그의 서인도 항로 발견으로 인하여 신대륙이 비로소 유럽인의 활동 무대가 되었고, 현재의 미국(United States of America)이 탄생할 수 있었던 근본적인 토대가 생길 수 있었다는 점에서 중요한 의의를 지니고 있다. 하지만 그의 신대륙 발견 이후 일부 유럽인들의 침략적인 행위로 원주민들이 노예로 잡혀가는 등의 부정적인 결과를 낳기도 하였다.

197) 박천식(1999), "재미있는 심리학", 원출판사, pp.181~185.

이 언제나 선은 아니다. '반드시'나 '기필코'라는 수식이 붙어서 좋은 일은 그리 많지 않은 것 같다.[198] 의지가 굳센 것은 바람직하지만, 정도의 지나침은 대개 화를 부른다. 예로부터 선인들도 정도의 지나침을 크게 경계하여왔다. 그 대표적인 표현이 과유불급(過猶不及)인데, 정도를 지나침은 미치지 못함과 같다는 뜻이다. 우리가 살아가면서 정도를 지나치지 말아야 할 가장 대표적인 것 중의 하나가 아이들 교육 과정에서 감정표현이다. 이것을 알아도 아이의 성적이나 행동이 부모의 기대에 못 미치거나 크게 차이가 날 때 부모는 강한 실망을 느끼거나 화를 낸다.

어떻게 변화를 시키기는 해야 하겠는데, 아이들이 잘 따라 주지 않을 때는 속에서 마치 무엇인가 치밀어 오르는 것 같다. 이렇게 아이를 키우다 보면 어떤 때는 답답하기도 하고 속에서 천불이 난다. 이것은 자기감정관리 실패의 전형적인 모습이다. 아이에게 잘못이 있다면 열심히 노력했는데도 좋지 않은 결과가 나온 것이 전부다. 아이에게 잘못이 없다. 모두 나의 잘못이다. 아이도 좋은 성적을 받고 싶었지만, 생각대로 안 되었다. 낮은 점수를 받은 것에 대해 자신에게 화가 나 있다. 그런데도 관리를 제대로 못 한 내 잘못은 생각하지 않고 아이에게 원인이 있다고 책임을 돌리기 때문에 부모 자신에게 화를 내야 할 것을 엉뚱하게도 아이들에게 화풀이한다.

나에게 어떤 문제가 있는지 한번 살펴보자. 아이에게 화를 내는 부모는 원천적으로 능력 있는 아이를 낳지 않았다. 아이가 나의 마음을 이해해주지 못하고 기대하는 대로 움직이지 않으며, 바라는 것을 이루어 주지 못했다고 생각한다. 하지만 아이의 능력을 무시하고 일방적으로 기대를 설정한 것은 나다. 현실적인 능력을 넘어서라고 요구했다. 아이에게 내 마음이나 기대, 생각을 제대로 설명하지 않았다. 자신에게 화가 나 있는 아이의 마음을 헤아리고 어루만져주어야 하겠다는 생각은 못하고 화가 나 있는 아이에게 오히려 화를 내 더욱 곤혹스럽게 만들었다. 아픈 내 감정에 충실해 땀 흘려 노력한 아이에게 격려를 해주어야 하겠다는 생각도 못했다. 좋은 성적을 올리는 방안을 제시하지도 않았다. 그런데도 나에게 잘못이 있다는 것을 인지하지 못하는 어리석음까지 범하고 있다.

인간이 사물이나 현상을 판단할 때 그 가치의 기준은 자신의 가치관과 지식이다. 좋은 것, 싫은 것, 나쁜 것, 미운 것 등등 모두 마찬가지이다. 그런데 개인의 가치나 판단, 감정은 제각기 다르다. 나 자신을 기준으로 할 때는 모두 정당하고 합당한 것이다. 그러나 다

---

198) 안은수(2008), "행복한 인생", 도서출판 문사철, p.24.

른 사람의 입장이나 사회의 입장에서 볼 때 가치 판단의 결과가 항상 나와 같은 것은 아니다. 그러므로 내가 옳은 것으로 판단해 하는 행동들이 타인은 옳지 않은 것으로 받아들이거나 비난의 대상이 되기도 한다. 이렇게 내가 옳다고 판단하는 것이 사회나 타인의 판단과 다를 때 타인이나 사회가 나의 마음을 이해하지 못한다는 것에 대해 사람들은 답답함을 느낀다. 이 답답함의 본질은 상대나 사물에 대한 나의 이해력 부족이 주원인이다. 다른 사람이 한 행동이나 일에 대한 실적이 나의 기대수준에 못 미칠 때 느끼는 답답함도 비슷하다.

타인이 내 생각을 이해하지 못하면 내 생각을 좀 더 잘 설명해 납득하도록 하면 된다. 때로는 적극적이고 공격적인 방법으로 상대방의 잘못을 지적할 수도 있다. 토론이나 설명의 과정을 통하여 나의 잘못을 재인식하여 수정하는 것도 한 가지 방법이다. 그렇다고 내 감정에만 충실하면 맞서는 일만 생긴다. 그것은 좋은 방법이 아니다. 이런 때는 한걸음 물러서는 것도 현명하다. 상황이 달라지고 맞서는 시간이 지나 다시 생각해보면 원인이 무엇인지 분명하게 정리되는 경우가 많다. 상대나 사회가 그렇게 할 수밖에 없는 원인을 알면 "아하! 그때 그래서 그랬구나, 그것이 원인이었구나" 하고 느끼게 된다.

그런데 어떤 때는 이해는 하지만 답답함은 마찬가지인 경우도 있다. 이것은 내가 여전히 아이에게 갖는 비현실적인 기대를 내려놓지 못한 것이 원인이다. 아이의 능력이 이만큼이고 그것이 원인이라는 것을 알았으면, 아이의 능력에 맞추어 기대 수준을 조정하는 것이 당연하다. 그럼에도 높은 것, 좋은 것에 대한 기대와 그 기대에 집착해 내가 갖는 기대는 포기하고 싶지 않으니까 답답한 마음이 가시지 않는 것이다. 머리에서는 분명히 능력에 맞추어 기대를 하는 것이 합당하다는 판단을 한다. 하지만 마음 한구석에 자리하고 있는 욕심은 기대의 끈을 놓지 않아 두 가지가 혼재된다. 그러다 보니 마음이 하나로 정리되지 않아 혼란스럽고 더 답답하게 만든다. 마음을 하나로 정리해야 하겠다고 스스로 다짐도 해보지만, 소용이 없다. 생각대로 잘 안 된다. 무엇이 무엇인지도 잘 모르겠고 내가 왜 이런지 이해도 안 된다. 이것은 평소 자기 마음을 조정하고 통제하는 수행이 덜 된 탓이다.

화도 마찬가지이다. 화가 나는 것은 상대의 행동이 내 생각이나 가치관, 기대와 일치하지 않을 때 주로 발생한다. 특히, 그 행동이 나에게 피해 또는 손해를 유발할 수 있는 위협적인 것으로 판단되는 때는, 혼자 있으면서도 감정을 억제하지 못하고 욕을 하거나 폭력적인 행동을 통해 분풀이하는 방식으로 표출하기도 한다. 언론을 통하여 보도되는 불합리한 정책을 볼 때 많은 사람이 느끼는 감정현상이다. 천불의 사전적 의미는 하늘이 내린 불이라는 뜻으로, 저절로 일어난 불을 이르는 말이다. 우리가 일상에서 흔히 사용하는 '천불이 난다'라는 말의 원형인 '천불나다'라는 관용구는 몹시 거슬리거나 속이 상하다는 뜻이다. 지극히 격앙된 감정 상태를 표현할 때 사용된다.

천불이 난다고 느끼는 부모는 대개 "나 혼자서 북 치고 장구 치고 해봐야 소용이 없다"며 자신의 노력에 대해 알아주는 사람이 없다고 하소연을 하거나 감정풀이를 하기 일쑤다. 이렇게 격앙되어 있을 때 옆에서 한마디 하면 "어디 말처럼 되는지 잘할 수 있으면 당신이 한번 해보세요"라며 즉각적인 반격을 가한다. 아이에게도 "어머니는 자존심이 상해서 딱 돌아가시겠다"는 등 심한 말을 서슴지 않는다. 그러나 천불이 나는 것은 학부모 혼자만의 지나친 기대와 자기감정 통제 실패에 따른 실망감의 표현 문제일 뿐 아이와는 큰 상관이 없다. 인간은 누구나 타인이 느끼는 내면의 상태를 표정이나 행동을 통해 어느 정도 읽을 수는 있지만, 그것을 직접 느끼지는 못한다. 그러한 상황이 만들어진 이유를 알면 짐작할 수는 있어도 정확하게 이해할 수는 없다. 따라서 천불이 나는 것은 자신의 내적 감정 작용이나 상태일 뿐이다. 타인인 내가 원인을 제공했다고 하더라도 결과는 같다.

화가 치밀어 제어하기 곤란한 상황에 이르면 아이에게 더 심한 말을 하거나 폭력을 행사하기도 한다. 항상 감정에 지배된 행동은 실행 후 자신에게는 후회를 남기고 아이와 관계를 악화시므로 현명한 방법이 못된다. 문제의 핵심은 화를 내는 것이 목적이 아니라 기대에 대한 실망을 해소하는 방법을 찾는 데 있다. 아이가 움직이고 좋은 결과를 내야 해결된다. 사실은 이렇게 분노 수준에 달하는 화가 치미는 것을 느낀다는 자체가, 아이의 문제에 대해 그동안 관심을 두고 원인이 무엇인지 제대로 분석하지 않았다는 것을 의미한다. 만일 제대로 분석했다면 합리적인 방법을 개발하여 아이가 성적을 올려 자신의 기대에 맞추도록 했거나, 나의 기대를 아이의 능력 수준에 맞추었을 것이다. 한순간의 격한 감정을 표출하는 것이 아니라 그동안 상황에 따라 여러 차례에 걸쳐 분산 표출하므로 극단적인 격한 감정의 상태에까지 도달하지 않는다.

더 중요한 것은 자신도 학창시절에는 스스로 만족할만한 정도의 성적을 올리지 못했으며, 공부가 마음대로 되는 것이 아니라는 점을 순간적으로 망각했다는 점이다. 평상심으로 돌아오면 모든 것이 눈에 제대로 들어오고 보인다. 아이가 기대하는 만큼의 성적을 못 올리거나 실력이 향상되지 않는다고 실망할 일이 아니다. 오히려 그렇게 해주지 못하는 것이 당연하다. 아이를 떠나 나 자신의 몸을 한번 움직여보고 내가 하고 있는 일들은 내가 원하는 대로 되는가를 살펴보면 금방 이해할 수 있다.

내 몸을 내 마음대로 움직이는 것이 안 되듯이 아이들도 자신의 마음대로 안 되고 있는 것이다. 그런데 그렇게 마음대로 안 되고 한계에 봉착해 있는 아이에게, 자기의 욕심이 앞서 일방적으로 설정한 기대가 충족되지 않는다며 천불이 난다고 하는 것 자체가 잘못된 일이다. 아이들 교육을 위해 인내가 필요하다는 지적은 그냥 나온 말이 아니다. 결코 아이들에게 쉽게 화를 내고 실망해서는 안 된다. 만일 화를 낼 에너지와 여력이 있으면, 힘들어하고 한계에 봉착해 있는 아이를 격려하고 어려움을 해결하는 방안을 연구해, 좀 더 나은 실적을 올리는 방법을 제공하는 것이 현명하다.

힘들고 어려운 일을 당했을 때 그에 대처하는 좋은 방식[199] 중 하나는 문제를 단순화시키는 일, 원점에서 다시 시작해보는 것이다. 생각보다 쉬운 해법이 있는데 원인을 뒤로 한 채 끝머리에서 맴돌다가 결국 미궁에 빠져버리는 일이 생각보다 흔하다. 그것이 자기에게 닥친 일일 때 남들에겐 일의 시작과 끝이 너무 분명히 보이는데 자기에게는 한사코 암전[200]인 경우가 얼마나 많던가. 그것은 문제를 객관화시키고 그 시점에서 다시 시작하는 법을 밀쳐두고 당장 눈앞의 일에 흥분하거나 욕심을 버리지 못하는 집착에서 비롯되는 것이 아닐까. 급할수록 돌아가라는 속담도 바로 이런 어리석음을 경계하는 말이다. 워워! 우선 팔딱팔딱하는 흥분을 진정시키고 조용히 돌아보는 거다.

11. 불안·불안관리

사람은 시험 같은 중요한 일을 앞두고 있을 때 불안감을 느낀다. 불안(anxiety)은 학자에 따라 정의가 다른 복잡한 개념이다. 가장 공통으로 사용되는 개념은 경험한 고통과 고민의 감정을 말한다. 불안은 특정대상을 갖지 않는 막연한 불쾌정서로서 자율신경의 흥분을 수반하며 그것에 의해 여러 가지 정신적, 신체적 반응이 나타나는 불쾌한 느낌이기 때문에 사람은 그 원천을 회피하려 한다.

불안감에 심하게 시달리는 사람들은 불안발작, 불안신경증, 불안장애 증상을 나타내기도 한다. 불안 현상이 돌발적으로 나타날 때를 가리켜 불안발작(anxiety attack)이라 한다.

---

199) 안은수(2008), "행복한 인생", 도서출판 문사철, p.72.

200) 암전(暗轉)은 연극에서 장면을 바꿀 때, 막을 내리지 않고 어둡게 해놓고 다음 장면으로 옮기는 일.

순수한 불안발작인 경우는 발작의 성질을 이해시키고 그것이 해가 없고 위험한 것이 아니라는 것을 알려서 발작에 대한 잘못된 공포를 제거해주어야 한다. 불안신경증(anxiety neurosis)은 불안증상이나 불안발작이 주된 증상으로 나타나게 되는 신경증의 하나다. 일반적인 신경증에서는 심리적인 방어로 직접 표면으로는 나타나지 않는데, 불안신경증은 그 방어기제가 불안전해서 발한, 복통, 설사, 창백, 사지 마비 등과 같은 불안증상이 발작성으로 나타난다. 발작이 일어나지 않으면 두통, 피로감, 불면증 등이 나타나며 우울증을 느끼게 된다.

불안장애(anxiety disorders)는 정상적인 사람이라면 쉽게 극복할 수 있는 상황에서 별다른 이유 없이 민감해지거나 공포의 감정을 갖게 되는 현상이다. 대개 불안장애는 그 원인을 알지 못하므로 효과적 대응이 어렵다. 또한 심장박동의 증가, 근육긴장, 발한과 같은 생리적 증세를 수반하며 만성이면 일상생활에 지장을 초래할 수도 있다. 불안장애에는 공포증, 일반화된 불안장애, 공황장애, 강박장애 등이 있다. 그러나 불안은 관리 훈련을 잘하고 적절한 자기조절 전략을 사용하면 관리될 수 있다.

불안관리훈련(anxiety management training)은 대처 기술을 향상해 불안을 극복하기 위한 개입의 하나로 1971년 수인(Suinn)과 리처드슨(Richardson)에 의해 개발되었다. 심상법, 체계적 둔감법, 이완훈련 등도 이 프로그램의 실제적인 요소의 하나로써 이용된다. 이 접근은 역조건화[201](Counterconditioning) 원리에 기초하고 있다. 불안의 자기조절 모형(self-regulatory model of anxiety)은 불안을 극복하기 위해 자기조절 전략을 사용하는 접근으로서 가장 핵심적 요소는 자기 감시(self monitoring), 자기교시(self instruction), 자기강화이다. 자기 감시는 자신의 행동이 어떤 경향을 나타내고 있는지 스스로 감시하는 것으로 주로 기록에 의한다. 자기교시는 비합리적인 자기진술을 합리적 자기진술로 바꾸어 자기진술을 통하여 인지양식을 수정하는 것이고, 자기강화는 자기보상 혹은 자기강화와 자기처벌을 통해 행동을 수정하는 것이다.

불안 중에서도 학부모들에게 있어 가장 큰 관심의 대상이 되는 것은 대인 불안과 시험 불안이다. 시험의 결과인 성적에 따라 원하는 학교에 대한 진학 여부가 결정되는 등 아이들의 인생 향방이 바뀌기도 한다. 대인 불안의 특징은[202] 사람 만나기를 기피하고, 의사

---

201) 역조건화는 이미 어떤 반응을 일으키고 있는 (무)조건자극에 새로운 무조건 자극을 더 강하게 연합시킴으로써 이전 반응을 제거하고 새로운 반응을 조건 형성시키는 것이다. 즐거운 활동을 하는 동안(먹기, 놀이 등) 공포반응을 일으키는 조건자극을 제시하면 이 조건자극은 공포반응이 아닌 즐거운 활동과 조건화되어 공포반응을 억제하게 되는데 이를 역조건화라고 한다.

202) 한상철 외(2003), "청소년 문제행동", 학지사, p.274.

표현을 정확하게 하지 못하며, 항상 두려움과 불안을 보인다. 수줍어하고, 쭈뼛거리며, 자기주장만을 고집하고, 이기적 또는 개인주의적인 성격을 지닌다. 특히 낯선 사람 앞에서 안절부절못하고, 얼굴이 붉어지거나 창백해지는 등의 요인을 내포하고 있다. 품행장애와 관련된 요소들은 얌체같이 행동과 어울리지 않는 옷차림을 하거나, 유행에 둔감한 스타일을 하는 것이다. 시험불안(test anxiety)은 시험상황에서 경험하게 되는 상태불안으로 개인이 중요하다고 느끼는 평가 상황에서 일반적으로 느끼는 불안경향성이다. 시험상황에서는 대부분 학생들이 상태불안을 느끼지만, 그 상황을 얼마나 위협적으로 지각하는가는 개인차가 있다. 시험불안은 인지적, 정서적, 행동적, 신체적 반응을 포함하는 복합적 상태이다. 심리학자 맨들러(Mandler)와 사라손(Sarason)은 시험불안은 걱정과 정서성의 두 가지 요인으로 구성되어 있다고 보았다.

그럼 시험불안은 어디서 오는 것일까? 그것은 점수 저하나 불합격으로 말미암아 발생할 수 있는 자아존중감 훼손에 대한 우려에서 출발하는 것으로 보인다. 이것은 불확실한 미래에 대한 판단을 위한 정보부족과 강한 연관성이 있다. 시험불안의 원인을 한마디로 말하자면 준비와 자신감 부족이 원인이다. 준비가 충분하고 자신감에 넘쳐나는 사람들은 불안을 거의 느끼지 않는다. 준비와 자신감이 부족하므로 불합격을 우려한다. 아이들은 합격을 위해 열심히 공부하지만 실제 시험에서 합격하는 아이도 있고 불합격하는 아이도 있다. 그런데 시험을 앞두고 있을 때 특별히 뛰어난 재능을 갖고 있지 않으면 불안해하기는 마찬가지다.

왜 이런 현상이 생기는가? 불합격한 아이는 당연히 실력이 부족해서 불합격할 것으로 예상한 우려가 시현된 것이다. 불합격을 확인하기까지는 불안 속에서도 막연하게 합격했으면 좋겠다는 기대를 하기도 한다. 그러나 막상 결과가 불합격으로 나타나면 불안은 가시고 좌절감으로 인해 기분이 나빠진다. 이에 비해 합격한 아이를 기준으로 볼 때 합격했다는 통보를 받기 전에는 자신이 합격할 수 있는 실력을 갖추었는지 갖추지 못했는지, 다른 아이들의 수준은 어떠한지, 시험문제가 쉽게 출제되었는지 어렵게 출제되었는지, 합격 기준은 무엇인지, 금년도 합격 점수는 얼마나 될지 등에 대한 정보가 부족해 평가할 수 없으므로 불안해한다. 그러나 합격통보를 받으면 불안은 가시고 성취감으로 기쁨과 행복을 만끽하게 된다.

누구나 탁월한 실력을 갖추어 합격을 자신할 정도의 준비를 했다는 확신이 들면 그때부터는 불안을 느끼는 것이 아니라 자신감을 가진다. 문제는 확신을 하도록 한 비교평가

기준에 대한 정보가 없으면, 그것이 심리적 위안은 될 수 있을지는 몰라도 실제로 합격으로 이어질지 아닐지는 알 수가 없다. 수험생이 만일 제반 요소에 대한 정보를 모두 입수하고 시험 당일 나의 건강상태까지 정확하게 알 수 있으면 불안해할 필요는 없다. 하지만 인간에게는 미래의 일까지 모두 알 수 있는 능력은 주어져 있지 않다. 시험은 예측이 어렵고 상대적이다. 대부분 목표를 설정하고 응시한다는 것은 비슷한 수준의 공부를 하거나 할 수 있다고 볼 수 있다. 그러므로 시험의 결과는 종합적인 요소가 모두 작용하기 때문에 결과는 뚜껑을 열어보아야 알 수 있다.

시험을 치면 점수가 높을 때도 있고 낮을 때도 있다. 특히 중요한 시험을 앞두고 진행된 평가에서 평균치를 훨씬 밑도는 낮은 성적을 받으면 아이들은 불안을 넘어 강한 좌절감을 느끼는 경우가 많다. 이렇게 시험불안의 원인이 정보부족과 연관이 있기는 하지만 그렇다고 정보부족으로 모두 설명될 수 있는 것은 아니다. 여러 가지 요소의 복합작용에 의해 발생한다. 그중에서 우리 아이의 준비 미흡, 같이 시험에 응시할 동료 수험생들의 수준에 대한 정보 부족, 성적이나 실력의 기복에 의한 고·저점에서 자신의 능력에 대한 좌절감과 한계 인식 등이 핵심적인 이유이다. 그러나 실제 합격하고 못 하는 것은 준비과정이나 자신의 실력, 시험 당일의 정신적·육체적 건강상태(condition) 등 여러 가지 요소가 동시에 작용한다. 그중에서도 가장 큰 영향을 미치는 것은 나 자신의 수준과 다른 응시생들의 상대적인 수준이다. 이 부분에 대한 정보는 어디에서도 얻기 어렵다.

정보부족은 대부분 학부모들로 하여금 시험이 임박할수록 우리 아이의 수준이 과연 합격의 안전선 안에 포함되는지 가늠하기 어렵게 만들어 극심한 불안감에 시달리고 미궁에 빠지게 한다. 아이도 마찬가지다. 따라서 불안을 느끼게 되는 핵심은 현재 자신의 실력과 준비상황에 대한 평가에서, 스스로 이 정도면 합격할 것이라고 인식되고 있는 수준에 도달하지 못하고 있기 때문에, 불합격으로 인해 자아존중감이 훼손될 것이라는 우려가 자극을 받아 활성화된 상태라고 볼 수 있다. 학부모들이 입시요강 변경, 또래 아이의 성적에 관심을 기울이는 것, 합격 경험자를 찾는 이유도 정확한 합격선에 대한 평가 자료를 획득 현재 우리 아이의 수준을 평가하고 부족함을 보완하여 합격 가능성을 높이는 데 목적이 있다. 정보수집 결과 아이의 수준이 아주 못 미친다는 판단을 한 사람들은 진학을 포기하거나 목표를 재설정하고, 가능성이 있다는 판단이 서면 준비에 더욱 박차를 가한다.

누구나 시험을 앞두고 겪는 불안을 제거하는 방법은 두 가지가 있다. 첫째는 현재 각 과목별 성적 중 평균보다 낮은 하위 과목의 성적 폭을 줄여 전체적인 평균 성적을 향상하는 방법이다. 이를 위해 더욱 치열하게 노력하여 자신의 최고실력과 평균을 제고시켜 진학목표 학교의 수준을 능가하는 실력을 양성 합격할 수 있다는 자신감을 갖도록 하는 것이다. 사람들은 때로는 자신이 기대하거나 원하는 일들이 잘 해결되어 나갈 때 만족스러운 감정 흐름에 편승해 시험에 대한 결과를 낙관하는 마음을 가진다. 스스로 뚜렷한 근거 없이 긍정적인 결론을 내리고 합격할 것으로 생각하기도 하지만, 근거가 부족한 상태에서 갖는 막연한 기대와 자신감은 실제 결과에서 전혀 다르게 나타날 수도 있으므로 경계하지 않으면 안 된다. 불안한 마음이 한번 들리기 시작하면 책이 손에 잡히지도 않고 책상 앞에 앉아 있어도 집중은 물론 공부도 더 안 된다. 경우에 따라서는 성적을 올리기보다는 떨어지는 것을 방지하는 데 급급해야 할 때도 있다. 하지만 사람의 감정은 자극받는 부분에 에너지가 계속 공급되고 활성화되는 동안만 강한 반응을 보이는 구조를 갖추고 있다. 그러므로 상대방의 행동이나 말에 분노를 느꼈다가도 시간이 지나면 평온을 되찾고, 어떤 것을 보면 기뻐하다가 또 다른 것을 보면 슬퍼하기도 하는 등 계속 변화한다. 불안도 감정변화에 따라 같이 움직이지만 대부분은 상황이 변화하고 일정한 시간이 지나면 가라앉는다. 따라서 격한 불안의 순간이 지나가고 아직 그 여운이 남아 있어도 감정이 격해져 있을 때와는 다른 감정 상태이기 때문에 자신을 다시 조정해나갈 수 있다. 이때 불안이 다시 자극받아 활성화되지 않도록 하기 위해서는 불안을 관리하는 관리방법이 있으면 그것을 통해 해결해나가면 된다. 불안관리방법이 없는 사람은 자신이 그동안 해온 일 중에서 재미를 느꼈던 일, 공부와 관련해서는 가장 자신이 있는 과목, 아는 것을 되풀이해서 성취감을 제고시키고 자신감을 회복하는 단계로 나아가는 관리가 필요하다. 모든 사람은 이미 이 정도의 불안 극복 방법은 알고 있다. 단지 불안을 느끼고 있을 때 그 방안이 불안에 함몰되어 제대로 떠오르지 않는다는 것이 문제이다. 둘째는 어디서부터 잘못되었는지는 모르지만, 현재 혼란에 빠져 있다거나 자신에 대해 불안을 느낀다면 결국 문제를 해결하는 가장 손쉬운 방법은 처음부터 이제까지 스스로 경험하며 만들어 온 길과 방법을 재점검해 보는 일이다. 중요하게 여겨온 것, 기본에 속하는 핵심적인 요소들은 여전히 잘 관리되고 있는지 확인하고, 현재 위치와 현실적인 문제를 파악하여 해결책을 세워나가야 한다. 혼란을 정리하며 부족한 부분이나 필요한 능력을 제고시키기 위한 훈련을 강화해 자신감을 회복하고, 목표에 도달하는 길을 만들어 나가는 것이 바람직하다. 우리는 일상 속에서 '무슨 일이든 기본이 중요하다'는 말을 많이 사용한다. 그리고 시간이 지나 평정을 되찾으면 공통으로 도달하는 결론은 '그래, 일이 잘 안 풀릴 때는 처음에 시작했던 그 마음으로 돌아가 다시 시작하는 거야'라고 말한다. 바로 이것이 불안을 해결하고 문제를 풀어가는 비결이다.

아이가 불안해한다고 부모도 같이 불안해하면 일은 더욱 꼬인다. 부모와 아이의 현실적인 차이는 부모는 이미 내 아이가 지금 겪고 있는 어려움을 스스로 풀어내기 위해 과거에 고뇌한 경험이 있다는 점이다. 그 경험은 자신의 체험에서 나온 해답이므로 전문가가 제시하는 방법보다 더 효과적일 수도 있다. 일반적으로 아이의 교육과 관련해 당면하는 문제에 대한 해답은 항상 밖에 있는 것이 아니라 감독하는 나 자신이 이미 알고 있는 것일 수 있다는 것을 기억해두는 것이 좋다. 단지 필요할 때 인지하지 못할 뿐이다. 그러므로 아이들에게 어떤 문제가 생겼을 때 아이들을 몰아세우기 전에 나 자신을 한번 되돌아보는 자세가 중요하다. 거기에 원하는 답이 있는 경우가 많다.

12. 입시증후군의 원인과 대책

입시증후군은 소위 중3병, 고3병, 재수병 등으로 불린다. 주로 대학수학능력시험이나 특수목적고등학교 입학시험 등 중요한 시험이나 진학을 앞둔 수험생들에게 입시 스트레스로 인하여 생기는 다양하고 복잡한 신체적·정신적 증상을 총괄적으로 포함한다. 외국 문헌에서는 시험불안 정도로 알려져 있다.[203]

시험불안(test anxiety)은 시험날짜가 가까워질수록 불안감을 느끼고 주의집중을 못 하며, 눈으로 활자를 보고 있어도 무슨 뜻인지 내용을 파악하기 어려운 증상을 말한다. 심하면 눈앞이 캄캄해지거나 시험지가 백지로 보이기까지 하며, 두통이나 복통 등의 신체적 증상을 수반하기도 한다. 사람은 누구나 정도의 차이는 있으나, 시험상황에서 불안을 느끼게 되는데, 대부분 사람들은 불안을 극복하고 실력을 잘 발휘한다. 그러나 자아 기능이 약하여 스트레스에 대처할 수 없는 사람들은 시험 불안증상을 보인다. 특히 주위 사람들의 기대가 지나치게 높을 때, 좋은 결과를 얻어야 한다는 심리적 부담감이 시험불안을 초래한다.[204]

입시증후군의 발병은 입학시험을 앞두고 성적이 부진하거나 자신의 능력에 한계를 느끼는 경우, 내향적이며 소심하고 지나치게 꼼꼼한 성격의 학생에게서 많이 발생한다. 그

---

203) 한상철 외(2003), "청소년 문제행동", 학지사, p.277.
204) 한국청소년개발원(2004), "청소년심리학", 교육과학사, p.312.

원인은 주로 시험불안과 학업성취(성적)와 관계가 있다. 낮은 불안은 동기를 유발하지 못하고 준비를 소홀하게 만들므로 학업성취를 저하시킨다. 반면에 과도하게 높은 불안은 과제를 수행하는 능력을 떨어뜨려서 학업성취를 방해한다. 즉, 적당한 정도의 불안과 긴장이 좋은 성적을 위해서 필요하다는 것이다. 이외에도 앞으로의 진로선택에 갈등이 많은 경우, 부모나 자신이 일류 집착증에 빠진 경우, 부모와 자식 간의 대화가 단절되고 불화가 많은 경우, 정신적 질환이나 만성 신체질환으로 학습에 어려움을 겪는 상황에서도 입시병을 앓기 쉽다.

주요 증상은[205] 배나 머리가 아프고 피곤하다. 눈이 침침하거나 어지럽고 예민해진다. 입맛이 떨어지고 소화가 안 된다. 집중력이 떨어진다. 잠을 쉽게 이루지 못하거나 깊은 잠을 못 잔다. 가슴이 두근거리고 숨이 답답하다. 몸에 이상이 있는지 염려해서 검사를 받아보았지만 특별한 이상은 없다. 만사가 귀찮고 공부에 의욕이 없어진다. 심한 경우에는 등교를 거부하고 가출을 하거나, 자살을 생각하는 등 잠재해 있던 정신 병리가 활성화되어 정신병 증세를 보이기도 하는 것으로 알려져 있다.

입시병의 치료는 시험불안과 연관된 인지적 요소와 정서적 요소를 수정하는 방식의 치료가 이루어진다. 개인 상담을 통해서 긴장을 풀기 위한 근육 이완 훈련, 인지-행동수정 치료, 학습기술 훈련 등을 시행하고 필요한 경우에는 약물을 처방한다. 이 가운데 특히 효과적인 것은 인지-행동수정 치료이다. 쉽게 설명하면 공부나 시험에 관련된 수험생 자신의 생각과 감정을 고쳐주는 것이다. 이것은 학습과 연관된 부정적인 사고를 긍정적 사고로 바꿀 수 있도록 도와주는 일로 부모도 충분히 할 수 있다. "나는 이번에 최선을 다했다. 나는 할 수 있다. 준비는 충분하다. 내가 아는 것만 다 써도 좋은 점수를 받을 수 있다"는 식으로 학습과 관련된 긍정적인 생각을 심어주는 것이다. 그리고 "나는 할 수 없다. 이번 시험에서 좋은 점수를 얻지 못하면 내 인생은 끝장이다"는 식의 부정적인 생각을 "이번 시험이 힘들기는 하지만 나는 잘해낼 수 있다. 인생은 한 번의 시험으로 결정되는 것이 아니다. 내가 지금까지 해오던 방법으로 준비한다면 좋은 결과가 있을 것이다"는 식으로 바꿀 수 있도록 도와준다.

이 과정에서 부모의 역할과 상담도 꼭 필요하다. 이 시기에 부모의 구체적 학습지도 방법으로는 공부 전에 합리적으로 계획하는 습관을 길러주며, 공부할 때는 집중해서 하고

---

205) 전남대학교 의과대학 정신과학교실/전남대학교병원 정신과 소아청소년 정신건강클리닉.

안 할 때는 공부에서 벗어나게 하는 것이 중요하다. 즉 "놀 때는 실컷 놀아라"라고 하는 것이 바람직하다. 자녀의 신체리듬에 맞는 생활 주기를 파악하는 것도 필요하다. 올빼미 스타일은 밤에, 종달새 스타일은 이른 아침에 공부하게 조언해준다. 토요일 오후는 스트레스를 푸는 시간으로 배정해서 규칙적인 운동이나 여가활동을 하게 적극적으로 격려해주는 것이 좋다. 일주일 중의 하루는 늦잠을 자서라도 일주일간의 피곤을 없애게 해준다. 부모 스스로 텔레비전 시청을 자제하고 집안을 책보는 분위기로 바꾸는 것도 중요하다. 특히 부모의 욕심이나 희망 사항에 따라서가 아니라, 자녀의 특성이나 적성에 맞는 진로 지도를 해야 한다는 것이 최영 정신과/학습센터 최영 원장의 지적이다.

공부를 하는 데는 지능이나 기억력과 같은 학습능력 외에도 최상의 집중력, 정서적인 안정 그리고 무엇보다도 공부에 대한 동기가 필요하다. 부모는 어떻게 자녀에게 공부하겠다는 동기를 자발적으로 불러일으킬 것인가에 관심을 두어야 한다. 부모가 수험생 못지않게 불안해하는 경우도 많은데 정서적 안정과 편안한 공부 분위기 조성을 위해서는 감정 조절과 자기관리가 필요하다. 인간은 분위기에 민감하고 표정만 보아도 어느 정도 마음을 읽을 수 있다. 부모가 불안해서 안절부절못하며 인상을 쓰고 있으면 옆에 있는 아이도 편안한 마음이 될 수 없다. 정서는 전이된다. 부모 자신의 불안을 줄여야 자녀도 안정되게 공부할 수 있다.

공부하고 시험을 치는 것은 아이이지만 입시 철이 되면 온 가족이 나서서 뒷바라지하게 된다. 마음과 행동으로 공부 분위기를 조성하며 공동의 노력을 기울이는 것은 환경과 관련된 중요한 요소이다. 공들인 아이가 잘된다는 말이 그냥 나오는 것이 아니다.

13. 머리 좋은 것 같다가도 어떤 때는 바보 같아 보인다

인간에게는 누구나 기복이 있다. 어떤 때는 아이가 공부를 잘하는 것 같고 기분도 좋은데, 또 다른 때는 누구나 알 만한 평범한 문제도 틀린다. 이런 때는 바보 같아 보인다. 즉, 어떤 때는 머리가 좋은 것 같고 또 어떤 때는 바보같이 느껴지기도 한다. 공부를 시키다 보면 어려운 문제들이 많이 나온다. 때로는 '뭣 하러 이렇게 어려운 문제를 낼까? 꼭 이런 문제를 내야 할까?' 하는 회의적인 생각이 든다. 그러다가도 '남들도 다 하는데 안 할 수도 없고, 아이들에게 이런 문제를 풀라고 강요하는 것이 안타깝기도 하지만 점수를 올리고 좋은 성적을 받아 경쟁에서 이기려면 어쩔 수 없다'며 체념하는 것이 한두 번이 아니다.

한편 어려워 보이는 문제를 쑥쑥 풀어내는 모습을 보면 도대체 어떻게 저런 문제들을 풀까 하는 생각이 들어 대견하기도 하다. 우리 아이가 머리가 아주 좋은 것이 아닌가 하는 생각을 하게 된다. 특별히 공부를 많이 한 것 같지도 않은데 좋은 성적을 받아 올 때는 더욱 그렇다. 또 어떤 때는 누구나 풀 수 있을 것 같은 아주 쉬운 문제 그것도 덧셈, 뺄셈, 곱셈, 나눗셈 등의 사칙연산을 잘못하여 틀린 답을 내기도 한다. 이렇게 평범한 수준 이하의 행동을 하는 모습을 보면 갑자기 입에서 무의식적으로 '너 바보 아니야?' 하는 말이 튀어나온다. 남들에게 공부를 잘한다는 말을 듣고 어려운 문제를 쭉쭉 풀어나가는 모습과 단순한 문제마저 오답을 내는 평범한 수준 이하의 행동을 하는 것 중 어떤 것이 우리 아이의 본 모습인지 종잡기가 어려운 때도 많다.

이런 모습은 아이들이 헷갈리게 하는 것이 아니라 내부적·외부적·환경적·상황적 요소가 복합적으로 작용한 결과가 빚어낸다. 아이들은 자신의 모습을 그대로 드러내고 있기 때문에 부모의 눈에 보이는 그대로가 실제 모습이다. 특히, 점수의 높고 낮음에 영향을 미치는 것은 시험의 범위와 난이도, 준비과정과 정도가 크게 영향을 미친다. 어려운 심화 문제가 나오면 당연히 점수가 낮아지고, 여러 번 반복 학습한 내용이 출제되면 좋은 점수가 나온다. 결국 부모가 아이의 모습에서 혼란을 느끼는 것은 아이의 뛰어남과 우둔함의 이중적 모습에 대한 종합적 사고의 순간적 결여에서 오는 일시적 이해부족일 수도 있지만, 시험에 영향을 미치는 요소가 작용하여 나타나는 자연스러운 현상이다.

인간은 누구나 생리적 현상을 바탕으로 본능적으로 행동하는 보편성을 가진다. 그 속에는 우리가 일상적으로 보고 느끼는 평범한 모습이 담겨 있다. 유아적인 모습도 내재하여 있다. 그러므로 당연히 일상생활 속에서는 평범한 모습 이하의 행동이 나올 수 있는 일이다. 우아하거나 고상한 척 품위 있는 모습을 보이는 것은 성장하는 아이에게서는 기대해서도 안 되고 기대하기 어렵다. 아이가 아이답게 행동해야 또래의 아이들과 어울릴 수 있다. 뭔가 부족한 것 같은 모습이 있어야 친구들이 다가선다. 그래야 더불어 살 수 있고, 발전할 수도 있다. 만일 아이가 계속 고상한 척, 혼자만 똑똑한 척, 잘난 척하면 그 아이는 똑똑한 것이 아니라 따돌림을 받는 바보가 된다.

세상은 사회에서 다른 사람들에게 인정과 공감을 받을 수 있는 것이 합리적이고 정당한 것, 좋은 것이다. 나 혼자만이 인정하는 가치는 그것이 실제 훌륭한 것일지라도 현실 속에서는 결국 동화 속에 나오는 외눈박이와 같이 이상한 인간 취급을 받게 된다. 시대를 앞서 가는 천재들이 후세에 천재로 추앙받게 되는 것도 당대에는 그 보편적 가치를 인정 받지 못한 데 원인이 있다. 그러므로 아이들이 보이는 평범한 모습 이하의 행동은 발전과 수정 가능성을 갖고 있으며 다른 친구들과 더불어 살아갈 수 있는 가장 필수적인 요소로 당연하다. 또한 사칙 연산 같은 단순한 문제에서 틀리는 것도 크게 문제될만한 일이 아니다. 인간은 누구나 망각을 한다. 망각하지 않았더라도 머리에 내재하여 있는 정보를 필요한 때 끄집어내야 활용할 수 있다. 때로는 새롭게 인식된 상황이나 문제에 대한 풀이를 해나가는 과정에서 판단할 때 착오를 일으킬 수도 있기 때문에 당연히 틀릴 수 있다.

인간의 두뇌는 한번 입력된 정보나 인식이 동일한 방법으로 계속 되풀이되는 것이 아니다. 끊임없이 외부로부터 새롭게 주어지는 정보에 대해 중요한 것과 덜 중요한 것을 분류해 정리한다. 기존 정보 간의 조합이나 창의적인 기능에 의해 순간순간 새로운 판단이 이루어진다. 이러한 기능으로 이미 강화되어 중요한 것으로 정리된 가치관이나 인식에도 변화가 일어난다. 망각기능이 있어 끊임없이 사용하지 않으면 가장 단순한 것도 틀리거나 실수할 수도 있다. 이미 알고 있고 여러 차례 활용한 적이 있는 것도 필요한 순간 기억이 안 나고 활용을 할 수 없으면 소용이 없는데, 인간의 뇌에는 이런 기능도 포함되어 있다. 그러므로 최고의 경지에 오른 사람들도 부단히 연습을 계속하거나 반복을 통해 필요한 때에 실수 없이 필요한 것을 할 수 있도록 노력을 계속하는 것이다.

기복이 심하면 그것을 줄이는 방법을 찾아내려고 노력해야 한다. 가장 손쉬운 방법은 반복 학습과 연습, 실수의 분석을 통한 원인 제거와 보완이다. 문제 해결 방법이 항상 대단한 비법에만 있는 것은 아니다.

14. 공부하지 않고 말을 듣지 않을 때 대응 방법

공자께서 학이시습지 불역열호(學而時習之不亦說乎)라고 하셨다. 이 말은 배우고 때때로 익히면 또한 기쁘지 아니한가라는 뜻이다. 하지만 학문을 하는 단계에 들어선 대학교수 등 공부를 직업으로 하는 학자라면 모를까, 현재 학생의 신분으로 공부를 통해 치열한 경쟁을 해나가야 하는 상태에서 이러한 마음을 가질 수 있는 아이는 그렇게 많지 않다. 대다수 아이들에게 있어 공부는 생각대로 안 되기 때문에 짜증스럽고 힘들고 괴로우며 나를 힘들게 하는 요소로 작용한다. 그러므로 평범한 아이들은 공부하는 것을 크게 좋아하지 않는다.

　평상시에 필요하다는 것을 스스로 공감하고 자신이 해야 하는 일이므로 공부하고 싶지 않은 마음이 내재해 있어도 아이들은 밖으로 그러한 마음을 잘 드러내지 않는다. 나태해졌을 때 부모가 꾸중하거나 공부의 필요성을 설득하면 금방 평상심을 찾는다. 그러나 감정의 기복이 심한 사춘기에 이르면 자아가 형성되면서 독자적으로 생각하고 판단할 능력이 제고되어 꾸지람해도 소용이 없고, 설득도 먹혀들지 않는 일이 종종 일어난다. 공부보다는 자신이 하고 싶은 것을 하겠다고 고집하는 일도 많아진다. 이렇게 공부를 하지 않고 부모의 생각과 어긋난 행동을 할 때도 대화가 되면 설득도 하고 타협도 할 수 있다. 하지만 아예 부모의 의견을 받아들이려고 하지 않고 아이가 자기 생각만 내세우는 때는 곤혹스러운 상황이 빚어진다.

　그런데 이렇게 공부를 하지 않으려는 아이 중 가장 많이 하고 싶어 하는 것이 컴퓨터를 이용하는 전자오락게임이다. 현재 많은 아이가 게임을 즐긴다. 그 중 상당수는 결사적이라는 느낌이 들 정도로 게임에 매달리고 몰입한다. 공부하는 것을 원하는 부모들은 아이들이 하고 싶어 하는 게임을 못하게 막으려 든다. 막아서 될 일이라면 그렇게 하는 것도 나쁘지 않다. 그러나 대부분은 막는 데 실패하고 아이들과 갈등만 키운다. 오늘날 스타크래프트206)(Star Craft)에 등장하는 종족인 테란(Terran, 지구인)의 황제라 불리는 임요환207)(林遙煥) 씨는 가장 성공한 스타크래프트 선수(player)로 여겨지는 대표적인 스타크래프트 프로게이머이다. 그는 우리나라의 게임 산업 발전에 상당 부분 기여해왔다. 그런 그에게 평범한 여느 부모처럼 한사코 게임을 하는 것을 막기만 했다면 아마 오늘날과 같은 유명한 프로게이머가 되지는 못했을 것이 확실하다.

　아이가 게임을 좋아하면 가장 먼저 왜 게임을 좋아하는지 그 이유를 파악해야 대책을 세울 수 있다. 그러기 위해서는 게임의 내용이나 종류는 무엇이 있는지 지식을 함양하고

---

206) 스타크래프트(Star Craft): 1998년 4월 미국 블리자드사가 출시해 전 세계 수백만 명이 즐기고 있는 인터넷 실시간 전략 시뮬레이션 게임.

207) 임요환(林遙煥, 1980년 9월 4일 ～)은 대한민국의 스타크래프트 프로게이머이다. SlayerS_'BoxeR'라는 아이디로 널리 알려져 있으며, 주종족은 테란이다. 세계적으로 가장 성공한 스타크래프트 플레이어 중 한 사람으로 손꼽힌다. 2007년 9월 현재 포털 사이트 다음에 개설된 그의 팬카페에 가입한 네티즌의 수는 48 만 명이 넘고, 대한민국에는 그의 인상적인 경기를 모은 DVD(Digital Video Disc)가 발매되어 있다. 종교는 천주교이고, 세례명은 고르고니아. 2000년 데뷔 이래 공식, 비공식을 포함한 경기에서 1016전 594승 422패(58.5%)를 기록하고 있다. 이런 높은 승률과 인기로 인해 프로게이머 중에서도 가장 최고의 연봉을 받고 있었다. 2004년에는 서구의 인기 E스포츠 웹사이트인 ESReality의 독자로부터 사상 최고의 게이머로 뽑히기도 했다. 2006년 10월 9일 공군에 입대 2008년 12월 21일 제대하였다. 그 후 SK텔레콤 T1으로 복귀한 임요환은 두 가지 목표 중 하나였던 30대 프로게이머의 꿈은 최고령 프로게이머로 이루었다. 하지만 다른 한 가지 목표였던 후배들에게 FA 계약의 선례를 남겨주겠다는 것은 이루지 못한 채로 2010년 SK텔레콤 T1과의 계약을 끝냈다. 2010년 10월 18일 스타크래프트2로 전향 Sony Ericsson STAR CRAFT Ⅱ OPEN Season 2 4강 진출에 성공, 앞으로 새로운 활약이 기대된다.

부모 자신도 그 게임을 해보아야 한다. 그러면 대화가 될 수 있다. 대화가 되면 무조건 말리기만 할 것이 아니라 대회에 출전하게 하고 자신의 실력을 알게 하는 것이 중요하다. 이 단계에 이르면 방향성을 제시해나갈 길이 열린다. 대화가 이루어지고 아이가 관심을 두는 부분에 대한 공감대가 형성된 데다 실제 경기에 출전해 최고가 될 가능성이 있는지 살펴보고 재능이 있으면 프로게이머로 양성하면 된다. 실패하더라도 손해될 것은 없다. 실력이 부족한 것을 체험하면 아이의 태도는 달라진다.

그때는 게임이론이나 원리, 만드는 방법 같은 것을 함께 공부하는 노력을 통해 실력을 육성하고 게임을 즐기면서 차별화, 전문화해나가는 방향으로 전환하는 등 아이가 좋아하는 게임을 계속하면서 직업으로 발전시켜 나갈 방안을 모색할 수도 있다. 부가적인 노력을 통해 순화시키거나 차별화, 전문화할 자신이 없으면 그때는 최선을 다해 설득하고 제한적으로 게임을 허용하는 통제를 해도 늦지 않다. 아이 자신이 실력이 부족한 것을 확인하고 차별화를 위한 노력까지 모두 싫어하더라도 처음에 오로지 게임만 계속하겠다고 고집하던 때보다 그 반발의 강도는 약해진다. 반발이 약해지면 설득은 그만큼 쉬워진다.

이렇게 아이들이 공부를 싫어할 때도 그들이 싫어하는 이유를 물어보고 대화하면 반드시 싫어하는 이유 또는 다른 어떤 하고 싶은 것을 찾아낼 수 있다. 이유도 없고 무조건 싫다는 경우는 극히 드물다. 인간의 행동은 기본적으로 원인과 연결되어 결과가 나타난다. 아이 스스로 자신이 싫어하는 원인을 인식하지 못하는 것일 뿐 자세히 관찰하면 분명히 이유가 있다. 공부를 싫어하는 이유가 있으면 그것을 제거하면 된다. 좋아하는 것이나 하고 싶어 하는 것이 있을 때는 그것을 해보게 하는 것이 가장 합리적이고 빠른 해결방법이다. 대부분 부모는 아이의 감정을 무시하고 의견을 꺾으며 바로 공부로 전환하기 위해 강압적인 방법을 사용하는데 이것은 효율적인 방법이 아니다.

아이가 반발하면 방황과 갈등의 시간은 그만큼 길어진다. 아이가 좋아하는 것에 대해 부모가 공부하여 공감대를 넓히는 것이 최우선이다. 스스로 해보게 허용하여 재능이 있는지 확인하는 기회를 주는 일도 중요하다. 그렇게 하면서 대화를 통해 나아갈 방향을 모색하는 노력을 같이 하며 공부로 돌아오도록 유도해나가야 무리 없이 문제가 해결될 수 있다. 이 방법이면 마음에 앙금이나 상처도 덜 남기고 대개 1~2달 정도면 해결할 수 있다. 그리고 난 후 아이로 하여금 자신의 미래를 그려볼 수 있는 생각을 할 수 있는 시간을 주는 것이 좋다. 처음에는 공부를 다시 시작하기가 쉽지 않지만 금방 제자리를 찾고 이전보다 더 열심히 공부하게 할 수 있다. 아이가 공부하고 무엇이든 미래를 그리려고 할 때는 원하는 것을 그리게 하면서 방향성을 잡아 주는 것이 바람직하다. 그러면 아이는 언젠가는 반드시 좋은 자기 인생의 그림을 완성할 것이 틀림없다.

치수(治水)는 예로부터 정치의 근본이라고 생각할 정도로 중요하게 여겼다. 그런데 물을 다스리는 가장 좋은 방법은 막는 것이 아니라 잘 흐르도록 하는 것이다. 물의 순환으로 자연계가 원활하게 돌아가게 되어 있는 자연의 이치(理致)를 고려할 때, 물이 흐르고자 하는 방향으로 원활하게 흐르도록 하는 방법이 확실히 옳은 방법임이 틀림없다. 흐르지 못하게 막으면 반드시 부패하여 악취를 풍기거나 둑을 무너뜨리고 넘친다. 격류를 다스리는 방법도 물이 가고자 하는 낮은 지역으로 잘 흐르도록 물길을 제대로 만들어 짧은 시간에 통과하도록 하는 것과 물길의 폭을 넓혀주어 정상적인 흐름으로 돌아오게 하는 것이지 막는 것이 아니다. 아이들의 격한 감정을 다스리는 일도 격류를 다스리는 일과 크게 다르지 않다. 순리를 거스르는 방법은 반드시 그만한 대가를 치르게 하고, 많은 시간을 허비한 후 결국은 순리대로 돌아가게 하는 것이 세상의 이치이다. 그래서 어리석은 선택이나 결정을 한 사람들은 세월이 흐른 후 자신의 잘못을 깨닫고 후회하게 된다.

제5절 공부와 성적관리

1. 공부는 아이가 하는 것이다

부모의 강압적인 행동이 아이를 일시적으로 책상에 붙들어 놓을 수는 있어도 자리를 비운 사이에 스스로 책상에 앉아서 공부하게 하는 데는 거의 실패한다. 아이는 부모의 요구에 따른 자신의 행동이 자의에 의한 선택이 아니라 타의에 의한 강요라는 점을 분명히 알고 있다. 이것은 반발을 불러일으키는 중요한 요인이다. 그렇다고 공부를 하든 말든 상관하지 않는다면 아이가 스스로 공부를 하겠는가? 하지 않을 가능성이 크다. 왜냐하면 알아서 공부할 정도가 되면 그것은 아이의 자율에 의한 행동이 이루어지기 때문이다. 공부는 노력이 수반되는 골치 아픈 일이므로 보통의 아이에게 노는 것은 공부하는 것보다 더 재미있는 것이 아니라 훨씬 재미있다.[208]

골치 아픈 공부를 놀이처럼 즐겁게 하기 위해서는 무엇보다도 잘 해보고자 하는 내적 욕구가 있어야 하고 자신의 행동 결과를 평가할 기회를 줘야 한다. 가능하다면 즉각적으로 눈으로 확인할 수 있다면 더욱 좋다. 무엇보다도 보수에 의해 행위의 가치가 결정되지 않는 것이 좋다. 이런 일련의 과정을 통해서 자기결정감, 일에 대한 성취감 그리고 그 일을 하는 것을 즐기는 행위목적성을 획득할 수 있다. 결과적으로 자신은 이 일을 하는 것을 좋아한다고 느낀다. 탐나게 하는 것을 동기유발이라고 한다. 동기란 어떤 일을 하게 하는 것이다. 동기를 유발하면 그 일을 자발적으로 하게 된다. 그리고 때로는 그 일을 하는 것을 즐기면서 한다. '열심히 하는 것은 좋아함만 못하고 좋아함은 즐기기만 못하다'라는 말은 새삼 진리이다.[209]

학부모들이 가장 잘 알면서도 가장 쉽게 순간적으로 망각하는 부분 중의 하나가 '공부는 아이들이 하는 것'이라는 사실이다. 이것은 아주 단순하고 평범한 진리이다. 그런데 의외로 이것을 제대로 의식하지 못하는 사람들이 많다. 학부모가 이것을 의식하고 아이들을 지도할 때와 의식하지 않고 지도할 때의 교육 방식은 전혀 달라진다. 공부를 아이들이 하는 것이라는 사실을 알고 지도를 할 때는 학습의 전반적인 주체는 아이가 된다. 당연히 공부의 진행이나 계획을 세우는 것, 목표를 정하고 결과를 내는 것도 아이들 몫이다. 스스로 목표를 정하고 계획을 세우므로 공부 자세가 대부분 능동적이다. 알아서 공부하는 경향이 강하다. 이런 때 학부모의 역할은 부족한 부분에 대한 조언이나 경제적인 지원, 방향성 제시 등 보조적인 관리 역할을 하는 것으로 충분하다.

공부를 아이들이 하는 것이라는 사실을 제대로 인식하지 못하거나 의식하지 않고 아이들을 공부시키려 할 때의 공부는 부모들이 시키는 것, 만들어가는 것이 된다. 부모의 이러한 행동이나 요구는 일시적 또는 표면적으로는 도움이 될지 모르겠다. 그러나 목표의 설정이나 계획 등 스스로 공부를 하게 하는 아이의 내부 에너지인 동기, 자기 결정감이 약화되거나 손상을 입기 때문에 학부모의 요구에 따른 수동적인 공부를 할 수밖에 없다. 아이는 부모를 실망하게 하지 않기 위해 노력은 한다. 하지만 부모의 통제 범위를 벗어나거나 통제력이 약화되면 공부를 제대로 하지 않는다. 공부를 진행하는 에너지가 아이 자신에 의해서 나온 것이 아니라 권력을 가진 부모의 요구와 관리 감독에서 나왔기 때문이다.

스스로 정한 목표나 기대를 아이들에게 달성할 것을 요구하는 경향이 강하고 만들기

208) 박천식(1999), "재미있는 심리학", 원출판사, p.51.
209) 박천식(1999), "재미있는 심리학", 원출판사, pp.39∼47.

나름이라고 생각하는 부모는 독선적인 아집에 빠져 있는 경우가 많다. 경제력이 뒷받침되는 가정에서는 아이에게 심한 경우 10가지 이상의 과목을 학원에서 수강하도록 하는가 하면, 어떤 과목은 동시에 두 곳이나 세 곳의 학원에서 중복공부를 시키기도 한다. 일정한 상황까지는 이러한 강압적인 훈련과 요구는 통용된다. 그러므로 썩 바람직한 방법은 아님에도 훈련과 통제가 효과를 발휘하여 아이들이 목표하는 학교에 진학하기도 한다.

문제는 진학하고 난 다음에 발생한다. 소위 말하는 특수목적고등학교나 일류대학에 입학은 하지만 입한 후 학원에서 수강할 수 없고 부모의 통제가 약해지면 그때는 고전한다. 중도 포기로 이어질 가능성도 있다. 이것이 오늘날 유명대학교의 휴학 증가 요인 중 하나로 작용하고 있다. 스스로 부여된 동기와 자기 주도 학습법, 강한 의지를 갖추고 능동적으로 공부하는 습관을 지닌 아이들은 변화된 환경에서도 도전적인 자세로 유연하게 자신의 에너지를 조정하며 대처해나간다. 하지만 학부모의 요구에 의해 학원의 선생이 떠먹여주듯이 중요한 요점을 콕콕 찍어주는 수동적인 공부에 습관화된 아이들은 스스로 핵심을 파악하고 요점을 정리해 알맞은 답을 내야 하는 변화된 환경에 어려움을 겪는다. 이 어려움을 극복하면 다행이지만 그렇지 못하고 제대로 적응하지 못하면 문제가 된다.

인과의 측면에서 볼 때 아이가 중도에 포기하는 것은 아이의 책임도 없지는 않지만, 이것은 그렇게 되도록 원인을 제공한 부모에게 더 큰 책임이 있다고 보아야 한다. 아이를 나무란다고 해결될 일이 아니다. 다른 사람이 가진 저택이 아무리 좋아 보여도 내가 가진 누옥(陋屋)만 못한 법이다. 부모가 가진 에너지는 엄격히 말해 아이의 것이 아니다. 그것이 아이에게서도 위력을 발휘하기 위해서는 전이 방법을 통한 이전이 되어야 한다. 타의에 의한 행동은 그 관심이 줄어들면 행동의 추진동력도 자동으로 줄어든다. 그러나 자율은 상황의 변화에 맞추어 자신의 에너지를 스스로 만들거나 조정하며 발산해 움직여나가게 한다. 공부를 시키려고 들면 너무 힘들고 얼마 못 가는 경우가 많다. 부모의 역할은 공부를 시키는 것이 아니라 아이 스스로 공부를 하게 하는 것이다.

2. 목표설정과 진로선택

1) 꿈은 목표로 바뀔 때 현실이 될 수 있다

목표를 가진 사람들은 자신이 어디로 가고 있는지를 잘 알기 때문에 성공한다는 말이 있다. '목표 없이 사는 것은 마치 우리가 목적지를 정해 놓지 않고 여행을 떠나는 것과 같다. 만약 여러분이 자신이 어디로 가고 있는지 알지 못한 채 길을 떠난다면, 어떤 곳에서도 끝을 낼 수 없을 것이며, 어느 길로 가든 그곳에 도착할 수 없을 것이다. 오늘날 거의 제한 없이 선택할 기회를 준 나라에서 살고 있음에도, 수많은 사람이 멈추고 마는 지점이 바로 그곳이다. 아무것도 볼 수도 찾을 수도 없는 바로 그곳 말이다. 그럼에도 그들은 자신들이 왜 그러고 있는지를 잘 모르는 것 같다. 안타깝게도 나는 너무나 많은 젊은 이가 그렇게 목표 없이 사는 모습을 보아왔다'고 할 어반은 말한다.

목표란 달성 기한을 정해 놓은 꿈을 말한다. 우리가 우리의 꿈에다 그걸 이룰 수 있는 일정까지 정해 놓으면, 그것이 바로 목표가 되는 첫 단계이다. 그 꿈이 목표가 되려면 범위를 좁혀 특정한 것으로 분명히 하는 작업이 필요하다. 목표에 접근했으면 그 목표를 실현할 구체적인 실천 계획이나 방법을 마련해야 한다. 인간의 마음은 일반적인 방향으로 움직이지 않고, 구체적인 목표가 있을 때에만 바로 움직이기 때문이다. 꿈을 목표로 바꾸기 위해서는 목표와 소원의 차이를 이해해야 한다. 목표를 구체화한다. 목표를 범주화하여 균형을 맞춘다. 목표를 정기적으로 검토하고 수정하는 작업이 필요하다.

목표를 설정해놓으면 동기화(motivation)된다. 목표는 바로 동기화가 시작되는 출발점이라고 할 수 있다. 이는 우리로 하여금 먼지를 털고 계속 나아갈 이유를 마련해준다. 독립성(independence)을 갖게 해준다. 목표는 우리가 우리 자신의 인생에 대한 책임을 질 수 있도록 도와준다. 살면서 다수 의견이나 그저 방황하는 사람들을 따르기보다 우리의 큰 꿈을 완성하기 위해 스스로 자신의 길을 선택하게 한다. 삶의 방향(direction)성을 갖게 된다. 목표는 우리가 어디로 가야 할지를 알려준다. 우리가 어디로 가고 있는지를 알면, 우리는 원래 예정했던 곳보다 더 멀리 갈 수 있다.

인생의 의미(meaning)가 더해진다. 목표는 우리로 하여금 목적의식을 갖게 해준다. 우리가 원하는 것이 무엇인지 분명히 알면, 인생은 더 의미 있어진다. 목표가 있으면 그저 하루하루를 사는 것이 아니라 우리가 사는 의미를 알게 된다. 즐거움(enjoyment)도 생긴다.

목표가 뚜렷하면 지루함을 덜 수 있다. 여러분 자신이 즐거워하면 사는 것이 지루하려고 해야 지루할 수 없다. 목표는 우리의 삶을 더 즐겁고 흥미롭고 도전적인 것으로 만들어준다. 우리가 궁극적으로 지향하는 성취(fulfillment)하는 삶을 살 수 있다. 목표는 우리가 가진 잠재적 능력을 펼 수 있도록 도와준다. 우리의 가능성을 볼 수 있도록 도와주고, 목표를 달성하게 되면 그로 말미암아 확신을 하게 된다. 그러므로 목표를 완성하면 우리는 가능성을 알게 되고, 그에 따라 또다시 새로운 목표를 설정하여 달성시킬 수 있다.

이처럼 목표가 설정되면 우리의 삶을 더 풍부하게 해준다. 수많은 사람의 인생이 목표 때문에 극적으로 바뀌는 삶을 사는 모습을 보아왔다. 목표가 무엇이며, 목표를 설정해 놓으면 어떤 점이 좋고, 그 목표에 어떻게 도달할 수 있는지 안다면, 우리는 믿기 어려울 정도로 많은 일을 해낼 수 있다. 나이나 환경이 아무리 달라도 그들의 인생과정을 바꿀 수 있는 공통적이며 또한 간단한 방법은 바로 목표를 분명히 설정해놓고 사는 것이다. 모든 성공한 사람은 그것이 크든 작든 상관없이 자신의 목표에 불을 붙이고 동기화를 시키면서 계속 기름을 부어주는 역할을 한다.

목표란 인생의 모든 면을 다 포함하고 있을 뿐만 아니라, 우리가 알고 있는 가장 효과적인 자기 동기 유발 요인이다. 우리가 어떤 목표를 설정하고, 어느 정도 동기화를 시키는가에 따라 우리의 미래가 결정된다.[210] 그러나 이러한 효과가 제대로 발휘되기 위해서는 달성 가능한 목표설정의 중요성을 항상 염두(念頭)에 두어야 한다.

2) 진로선택

사람이 하는 모든 일은 규칙과 질서, 체계에 따라 진행될 때 제대로 된 효과를 발휘할 수 있다. 일하는 방법은 한 가지가 아니므로 이것들은 목표와 방향에 의해 재정립될 수 있는 하위범주에 속한다. 목표가 설정되면 그 목표를 향해 가장 단시간에 도달하는 길을 찾아야 하는데 이것은 방향성에 의해 결정된다. 목표가 있는 방향이 아닌 다른 방향으로 움직여서는 결코 목표를 달성할 수 없다. 목표와 방향성이 그만큼 중요하다는 말이다. 인생에서 목표와 방향성을 동시에 결정하는 일을 진로선택이라고 한다. 진로선택은 자신이 가진 재능을 기초해야 하므로 기본적으로 적성검사와 장래 희망 사항인 직업선택을 바탕

---

210) 할 어반 저, 김문주 옮김(2006), "인생의 목적", 더난출판, pp.205~216.

으로 이루어져야 한다.

적성(aptitude)은 일정한 훈련에 의해 숙달될 수 있는 개인의 능력을 의미한다. 즉, 특정한 활동이나 작업을 수행하는 데 필요한 능력이 어느 정도 있으며, 그러한 능력 발현 가능성의 정도를 문제시하고, 그 성공 가능성을 예언하는 데 주안을 둔다. 인간사회에는 매우 다양한 직업이 있다. 사회가 발전됨에 따라 직업도 보다 세분되고 전문화되어 계속 늘어나는 추세다. 산업혁명 당시 약 400종의 직업이 있었으나, 20세기 중엽에는 약 10,000종으로 늘어났고, 그 후 더 많은 직업이 분화되었다. 우리나라는 1957년도에 2,300여 종의 직업이 있었으나, 1986년도에는 10,450여 종, 1996년에는 12,850여 종으로 늘었다.[211]

나아갈 '진(進)' 자에 길 '로(路)' 자가 결합한 단어인 진로는 문자 그대로 풀이하면 '앞으로 나아가는 길'이고, 쉽게 말하면 꿈을 향해 뻗어 있는 길이다. 이것을 좀 더 이해하기 쉽게 정리하면, 진로(career)는 한 개인이 생애 동안 일과 관련해서 경험하고 거쳐 가는 모든 체험을 뜻하지만, 매우 복합적이고 종합적인 의미도 지니고 있다. 즉, 진로란 일을 통해 무엇인가를 축적해 놓은 직업적 경력을 의미하면서 과거와 관련이 있다는 어감이 녹아 있다. 이에 더하여 진로는 과거뿐만 아니라 앞으로 생애의 모든 단계에서 쌓아 가야 할 '행로'라는 말도 들어 있는 미래지향적인 용어이기도 하다.[212] 이처럼 진로선택은 적성과 장래의 직업까지를 고려하여 자신이 나아갈 방향을 결정하는 중차대한 일로 스스로 인생의 주인이 되어 내가 살고 싶은 모습을 눈앞에서 이루는 것, 이것이 진로를 발견하는 목적이다. 진로선택의 중요성을 극단적으로 표현하는 사람들은 진로가 없는 공부는 맹목적이며 공부 없는 진로는 공허하다[213]고 말하기도 한다.

배가 출항하는데 방향과 목적, 목표인 목적지가 없어도 엔진이 가동되는 동안 앞으로 움직여 나아갈 수는 있다. 하지만 제대로 앞으로 나아가는 것은 아니다. 언제 멈추어야 할지도 모르고 어디로 가는지도 모른다. 단순한 움직임에 불과하다. 이러한 출항은 의미가 없다. 마음 내키는 대로 이곳저곳으로 가다가 우연히 내가 원하고 찾는 곳에 도착했다고 생각할 수 있다. 문제는 항해하는 동안은 왜 힘겨운 항해를 해야 하는지 끊임없이 회의할 수밖에 없다. 진로선택은 목표와 방향을 설정하고 찾아주는 것과 연결되는 대단히 중요한 일이다. 청소년기에 막연하게 내가 장래에 무엇이 되겠다고 하는 아이들은 많아도 구체적

---

211) 권석만(2003), "젊은이를 위한 인간관계 심리학", 학지사, p.339.

212) 김춘경 외(2006), "청소년상담", 학지사, p.165.

213) 엄명종(2009), "공부가 재밌어지는 진로의 정석", 웰북, p.8.

으로 자신의 인생 목표를 스스로 결정하고, 그 목표에 도달하기 위한 진로까지 설정하는 아이들은 많지 않다.

실제 오늘날 중·고등학생들의 가장 큰 고민이 바로 이 진로문제와 성적문제이다. 우리나라 고등학생의 80% 이상이 자신의 진로문제를 결정하지 못해 고민하고 있다고 한다. 진로에 대한 개념이 성숙하지 않은 청소년기에는 현재 자신의 흥미를 끄는 직업에 관심을 두거나 평소 부모가 말하던 직업을 자신의 꿈이라고 생각하는 아이도 많다. 공부는 열심히 하는데, 장차 뭘 해야 할지 몰라 공부의 재미를 느끼지 못하고 있는 것이다. 그러니 아이들의 행복지수가 낮게 나오는 것은 당연하다.

진로[214]를 효과적으로 발견하기 위해서는 다음과 같이 3가지 관점에서 접근해야 한다. 첫 번째는 성격, 두 번째는 흥미와 적성, 세 번째는 가치관이다. 성격은 각자 타고난 기질이다. 쉽게 바뀌지도 않지만, 자신의 성격과 맞지 않는 진로를 선택하면 실패와 시행착오를 겪을 수밖에 없다. 그래서 모든 것을 부모님께 맡겨도 진로만은 내 손으로 정할 것을 권유하는 전문가도 있다. 흥미와 적성 역시 진로선택을 좌우하는 중요한 요소이다. 사람은 자신이 흥미를 느낀 일에는 열정을 쏟게 되어 있다. 관심이 있고 재미가 있으니 자연스럽게 시간과 정성을 들인다. 그러므로 적성에 맞는 일을 찾으면 똑같은 시간을 할애해도 훨씬 능률적이고 좋은 성과를 낼 수 있다. 하지만 진로 발견에서 무엇보다 중요한 핵심은 바로 가치관이다. 진로 발견이 어렵다고 느끼는 것은 바로 이 가치관이 제대로 형성되어 있지 않기 때문이다. 자신의 경험과 지식을 통해 형성된 가치관과 신념은 사람의 행동양식과 인생을 바라보는 시각, 현재의 행복, 미래의 직업에 커다란 영향을 미친다. 많은 어른이 청소년기가 가장 중요하다고 말하는 것도 바로 이때 가치관이 형성되기 때문이다. 따라서 청소년기에는 올바른 가치관을 품을 수 있도록 건강한 사고와 마음을 갖는 것이 중요하다.

진로의 발견도 아무렇게나 한다고 되는 것은 아니다. 따라야 할 정석이 있다. 먼저 나라는 사람이 누구인지 성격, 흥미, 적성, 가치관 등 검사를 통해 진단을 내린다. 진단을 통해 얻어진 결론을 바탕으로 자신에게 동기부여가 되는 어떤 것을 찾았다면, 계획의 단계로 넘어간다. 계획은 구체적으로 세울 때 실천력이 강해지므로 자신의 내부, 외부적인 상황을 잘 파악한 후에 세운다. 또한 중도에 포기하지 않고 계획대로 꾸준히 나아가기 위해서

---

214) 엄명종(2009), "공부가 재밌어지는 진로의 정석", 웰북, pp.14~41.

는 위인이나 성공한 삶의 모범이 되는 사람의 생애와 나의 진로를 대비시켜 생각하고 조절하는 단계를 거쳐야 한다. 다음은 조언자(mentor) 역할을 할 사람과의 특별한 만남이 운명을 바꾼다. 자신의 삶에서 어떤 사람을 만나느냐에 따라 운명이 바뀐 사례는 아주 많다. 진로를 발견했다면 지속적인 관리가 이루어져야 한다. 실행과 그 관리과정을 통하여 시정할 내용을 파악하고 환류(feedback)시켜 내가 원하는 결과를 거치면 최종적으로 원하는 진로를 확인할 수 있다.

꿈을 발견했다면 그 꿈을 하나하나 눈앞에 펼쳐볼 차례다. 그러기 위해서는 스스로 해야 하는 부분과 누군가의 도움을 받아야 하는 부분을 구분하는 것이 아주 중요하다. 현실적인 실천 계획을 세우고 학습 목표를 지속적으로 반복하는 일은 스스로 할 수 있는 일이다. 하지만 내가 스스로 할 수 없는 일은 누군가의 도움을 받아야 한다. 어려울 때 도와줄 조언자 역할을 할 사람과 만나고 든든한 가족의 후원을 받는 것은 자신이 용감하게 도움을 요청해야 가능한 일이다.

우리 아이가 진로를 결정하지 못했다면 위에 제시된 방법에 따라 진로를 찾도록 해보자. 한 번에 정확한 것을 찾지 못할 수도 있다. 방향성 정도만 설정해도 성공적이다. 일단 진로를 선택하는 길을 찾는 방법을 알면 다음에 실력이 늘어나고 새로운 정보와 지식이 쌓이면 지난 일이 경험되어 궁극적으로 찾고자 하는 진로선택에 한발 더 가까이 다가설 수 있다. 아무것도 안 하는 것보다는 낫다. 아이가 스스로 진로를 결정하지 못하고 부모도 아이의 재능을 발견하지 못하는 상황에서 진학을 위해 진로를 설정해야 하는 상황이 되면, 대부분 학부모는 자신의 안목과 인생경험에 의존하여 인위적으로 선택하고 그 방향으로 아이들을 이끌고 갈 수밖에 없다.

심지어 어떤 부모는 아이의 적성이나 능력과 상관없이 일방적으로 방향과 목표를 정해놓고 그 길을 가도록 강요하기도 한다. 스스로 무엇을 해야 하는지 어느 방향으로 나가야 하는지 모르는 아이는 부모의 결정과 요구에 순응한다. 하지만 자신이 하고 싶은 것을 찾았을 때, 현재 가고 있는 방향과 목표가 자신과 맞지 않다는 것을 느끼게 되면 의견충돌이 일어난다. 부모에 이끌려 상급학교에 진학한 아이들은 남들이 명문학교에 들어간 것을 부러워하고 부모가 자부심을 느끼는 순간에도 자신의 능력한계와 적성에 대해 갈등하며 학업을 중도에 포기하고 진로의 방향을 바꾸기도 한다.

조금만 관심을 두면 우리 주위에 명문고등학교나 명문대학에 진학한 후 전공 변경, 학교 변경, 심지어 자퇴까지 하는 아이들을 어렵지 않게 찾아볼 수 있다. 그러한 어려움을 겪는 학부모들은 진작 아이의 적성을 파악하지 못한 점을 하나같이 후회한다. 입학 전에는 그들도 다른 사람들과 같이 명문학교에 진학시키는 것이 꿈이었다. 입학만 하면 어떻게 되겠지 하는 안이한 생각을 했다. 그러나 막상 아이의 방황하는 모습을 접하고 후회에 직면하면 그때는 합격이나 입학이 문제가 아니었다는 것을 뼈저리게 느낀다.

목표나 방향을 설정하지 못한 아이에게 있어 목표와 방향의 설정은 동기부여로 작용하여 아이의 공부효율을 크게 제고시키는 계기가 될 수도 있다. 하지만 중도에 또 다른 방향으로의 전환은 항상 그만한 대가를 요구하기 때문에 신중한 결정이 요구된다. 진로 선택은 그 결정 시기가 다소 늦어지더라도 아이 스스로 결정하도록 하는 것이 바람직하다. 아이가 결정한 진로가 가급적이면 부모가 바라는 것과 일치하면 좋겠지만 일치하지 않을 때도 있다. 그런 때도 부모의 기대에 어긋나거나 따라 주지 않는다고 실망한다고 해결되지는 않는다.

미리부터 이러한 상황을 만들지 않도록 진로선택 문제에 신중하게 접근하며 가족 간에 상호 의견을 교환하고 시야를 넓혀주어야 한다. 아이가 자신이 원하는 삶의 방향을 스스로 선택하고 살아가게 하려면 아이의 성장 과정에 공부 못지않게 평상시에 재능을 찾아내는 일에 집중해야 한다. 그리고 그 재능이 부모의 기대와 일치하지 않더라도 그것이 아이의 적성에 맞는 것이라는 판단이 서면 육성해나가는 자세가 필요하다. 아이의 인생에서 가장 중요한 것은 아이 스스로 어떤 길을 가서 무엇을 이룰 것인가 하는 점이다. 인생은 누가 대신 살아 줄 수 있는 것이 아니므로 아이 스스로 인생을 살도록 해주는 것이 당연하다.

3. 학습과 학습전략

학습(learning)은 고정되어 있지 않고 일상생활을 통해서 배우고 익히며 모방하기도 하고 새로이 개발, 창조해나간다. 부모와 형제, 친구나 또래의 사회생활 또는 정규학교 교육과정을 통해서 학습된다. 그리고 일상생활을 통해서 얻어진 것이 개인의 지식과 기술이요, 신념과 가치관의 체득이요, 정서적 감정과 태도·습관·버릇 등 모두가 타인과 접하는 외계로부터 학습 과정을 거쳐 나가고 있다. 인간의 삶은 탄생하고 성장하면서 백지 위에 다채로운 그림이 그려져 나가는 과정이다.[215] 학습은 성장해가면서 행동의 개선과 효율적 성과를 측정하고 성숙하는 행동의 변화과정으로 반복, 연습, 경험을 통하여 영구적 변화로 지속한다. 연습이나 경험을 되풀이시키고 장려하는 강화작용이 있어야 한다.

　모든 사람은 평생 어떤 형태로든 배우고 익히는 학습활동을 한다. 그중에서도 가장 대표적인 것이 아이들이 학교에 다니는 공교육 과정의 이수이다. 사람에게 저마다 개성이 있듯이 각자의 공부 방법이 있다. 그리고 그 방법은 다른 사람들이 보기에는 효율적으로 보일 수도 있고 비효율적인 것으로 보일 수도 있다. 하지만 자기 자신을 기준으로 할 때는 모두 자신이 터득하고 현재 사용하는 방법이 가장 합리적인 방법이다. 비효율적인 줄 알면서 그 방법을 계속 사용할 사람은 없다. 만일 공부 방법이 비효율적이라면 효율적으로 공부할 방법을 모르기 때문에 현재의 방법을 사용하는 것이다. 이런 사람들에게는 공통으로 타인과의 비교나 관찰 등 새로운 방법을 찾고 개발하기 위한 노력이 미흡하다. 전략이 부재한 문제점도 드러난다.

　문제를 해결하거나 과제를 수행하기 위해 행하는 체계적인 인지적 조작활동을 전략(strategy)이라고 말한다. 사람들은 동일한 문제를 해결하거나 수행하는 데 있어서 서로 다른 전략을 사용하기도 한다. 학습전략216)(learning strategy)은 학습 목표를 달성하기 위한 전체적인 계획이며, 학습전술(learning tactics)은 그 계획을 구성하는 세부적인 기법이다. 학습전략과 전술이라는 용어는 거창해 보이지만 간단하게 말하면, 아이들이 공부를 잘하게 하는 방법을 찾고 성적이 향상되도록 계획적으로 공부시키는 일이다.

　아이들이 공부 잘하는 방법을 찾는 것은 어렵지 않다. 모든 사람이 공감하는 가장 좋은 공부 방법은 예습과 복습이다. 오히려 어려운 것은 실천과 우리 아이의 공부에 대한 재능을 발견하고 정확하게 평가하는 일이다. 예습복습을 실천하지 않고 우리 아이의 재능은 보통수준인데 공부를 최고로 잘하는 아이들의 수준과 목표에 맞추려고 하면 그것은 욕심이다. 공부를 잘하는 것도 상대적인 평가가 아닌 우리 아이의 능력을 기준으로 하는 절대평가가 이루어지면 공부 못한다는 말은 잘 쓰지 않게 될 것이다. 그런데 우리 아이의 재능에 대해 정확한 평가를 하지 않고 공부를 잘하는 다른 아이와 비교 평가를 하니까 아무리 노력을 해도 공부를 못하는 것이 된다. 세상은 생각을 조금만 바꾸면 때로는 전혀 다르게 느껴지기도 한다. 우리 아이보다 공부 잘하는 49%의 아이들이 어느 날 갑자기 사라진다면 그다음에 공부를 잘하는 우리 아이가 가장 우수하고 뛰어난 최고가 될 수 있다는 점을 기억해 둘 필요가 있다.

215) 이성혜 · 최승욱(2000), "신조직행동론", 청목출판사, p.139.
216) Anita Woolfolk 저, 김아영 외 옮김(2007), "교육심리학", 박학사, p.377.

그래도 중요한 것은 현실이고 현재 상황에서 아이가 공부를 잘하도록 하는 방법을 찾는 일이다. 공부를 잘하는 방법은 교육청이나 공공도서관 등 주요 교육기관, 학습지 회사들이 시민강좌라는 명목으로 대개 연간 한두 차례 정도는 아이들의 학습방법이나 습관과 관련된 공개강의를 한다. 서점이나 도서관에 가면 어떤 방법이 좋은 것인지 헷갈릴 정도로 좋은 경험담을 담은 책들이 많이 있다. 그런데 이 책들에 기술된 내용이나 공개강의를 통해 전달되는 학습전략은 대부분은 우리 아이에게는 맞지 않는다. 그것은 강의를 듣고, 책을 읽어본 것을 우리 아이에게 적용해보면 며칠 지나지 않아 '안 맞는다'는 것을 알 수 있다.

왜 안 맞는지 그 원인을 아는 데는 상당한 시간이 걸리지만, 한 가지 분명한 것은 아이들이 그렇게 좋다는 방법대로 공부하는 것을 좋아하지 않는다는 점이다. 그러면 아주 좋은 공부방법이라는 것이 우리 아이에게는 왜 안 맞는가 하는 의문이 생긴다. 그 이유는 공개적으로 알려지는 학습 방법이 첫째는 대부분 공부를 잘하는 기술적인 방법을 다루고 있다. 둘째는 지능지수가 높은데다 동기가 부여되거나 목표의식에 의해 공부를 아주 잘하고, 좋아하고, 열심히 하고, 남들이 부러워 할 정도의 좋은 결과를 낸 아이들의 경험담을 다루기 때문이다.

단순하게 생각하면 지능지수는 원천적으로 변화시킬 수 없다. 동기부여나 목표의식을 갖게 하는 것은 추상적이어서 쉽지 않을 것 같고, 공부를 잘하는 기술적인 방법은 그냥 그대로 적용하면 될 것 같은 생각이 든다. 그런데 왜 아이가 못 받아들이는 것일까? 쉽게 말하자면 좋은 기술적인 방법도 모두에게 좋은 것이 아니라는 점이다. 예를 들어보면 얼굴 생김새나 몸매, 교양이나 복식까지 수준 이하인 사람에게 다이아몬드 반지와 목걸이를 하게 한다고 품격 높은 귀부인이 되지 않는 것과 같은 이치이다. 아이들에게는 제각기 받아들인 것을 소화해 자기 것으로 만들 수 있는 능력인 수용력이 있다. 공부에 대한 태도와 자세, 의욕뿐만 아니라 가정의 환경도 제각기 다르다.

우리가 말하는 비결(know-how)이라는 것도 그것을 수용할 수 있는 수준의 훈련과 단련이 된 사람에게 주어졌을 때 바로 적용되고 효과도 나타난다. 그렇지 못한 사람에게는 가르쳐 주어도 무슨 말인지 이해를 못 한다. 공부에 대한 기술적인 방법은 우리 아이의 수준을 파악하고 그 수준에 맞는 방법을 적용하는 경우에만 성공적인 효과를 얻을 수 있다. 공부하는 것 자체를 싫어하고 공부가 재미없는 아이들에게 자기 주도 학습법이나 초 단위의 시간 관리를 강조하면서 예습복습 공부가 중요하다는 이야기를 한다고 해서 무슨 소용이 있겠는가? 공부하기 싫어할 때는 아무리 좋은 방법을 적용해도 좋은 효과를 내기는 쉽지 않다. 그것은 이제까지 공부에 대한 잘못된 습관이 강하게 구축되어 관심의 대상과 선호하는 것이 다른 데 있기 때문이다.

그렇다고 공부를 못하는 아이들이라도 포기하거나 실망할 필요는 없다. 문제가 있으면 해결하면 된다. 우선 수준을 현실화하여 공부에 대한 기대와 목표를 현실에 맞도록 조정하고 문제점을 제거해야 한다. 공부에 필요하고 도움이 되는 요소만 남도록 하여 공부를 하고 싶어 하는 마음이 생기게 하는 일부터 시작하면 된다. 학습은 배우고 익히는 것이다. 배우는 것은 학교에서도 배우지만 책, 언론매체, 가족, 다른 사람, 경험을 통해서도 배운다. 많이 배우는 아이들이 당연히 공부를 잘할 가능성이 크므로 집안을 비롯해 아이의 주변 환경을 공부하는 분위기로 바꿀 필요가 있다. 공부가 습관화 또는 생활화되도록 책을 가지고 놀게 하고 부모도 같이 책을 보는 것이 좋다. 아이들은 부모를 모방하고 행동은 무의식 속에서도 학습된다.

공부하고 싶은 마음이 강화되도록 아이가 좋은 성적을 받아오면 칭찬해주고, 성적이 떨어질 때도 격려하는 자세가 중요하다. 관심을 두고 있다는 것을 보여주는 것만으로도 아이들의 능률은 향상된다. 그리고 가끔은 아이가 무슨 고민을 하고 있는지 관심사는 무엇인지 대화를 하고 신뢰를 표현하는 일도 좋은 방법이다. 부모가 신뢰하고 있다는 것을 알면 아이들은 신뢰를 떨어뜨리지 않기 위해 노력한다. 공부에 도움이 안 되는 물건은 한쪽으로 치우고 도움이 되는 것은 아이의 활동 영역과 가까이 배치하는 방법으로 환경과 여건을 조성하고 행동수정을 해나가는 것이 바람직하다. 이것도 복잡하고 어렵다고 생각되면 매일 하루도 빠지지 않고 일정 시간씩 아이가 예습과 복습을 통한 공부를 하도록 해 공부를 습관화시키면 반드시 효과가 있을 것이다. 습관적으로 공부하다가 자연스럽게 공부에 재미를 붙이면 공부에 대한 동기가 유발될지도 모른다. 동기가 유발되는 단계까지 도달하기는 쉽지 않지만 어떻게든 그 단계까지만 가면 성공적으로 공부를 시키는 일은 어렵지 않다.

동기(motivation)는 행동 유발, 방향 제시, 시작된 행동을 지속적으로 유지하는 내적 상태를 말한다. 동기에는 두 가지가 있다. 외재적 동기(extrinsic motivation)는 보상과 처벌 같은 외적 요인들에 의해 형성된 동기이다. 보상(reward)은 어떤 특정한 행동의 결과에 따라 주어지는 매력적인 사물이나 사건, 유인(incentive)은 꾀어내어 끌어들이기 위해 행동을 장려하거나 단념시키는 것을 뜻한다. 내재적 동기(intrinsic motivation)는 개인적인 흥미를 추구하고 능력을 발휘하는 과정에서 도전할 만한 것을 찾고 그것을 정복하는 자연스러운 경향성이다.[217] 아이가 공부에 대한 동기를 부여받았다면 그 아이의 공부에 대한 태도와 자세는 크게 달라진다. 아이가 공부를 싫어하고 못한다면 최소한 그 원인의 절반은 부모의 잘못된 교육관이나 행동양식, 어려운 환경 등 외적인 요인이 작용하고 있는 것으로 보아야 한다.

아이의 학습전략을 바꾸는 일은 아이를 바로 움직이는 직접적인 방법보다는 환경적이고 외부적인 요소를 개선하는 간접적인 방법으로 공부 분량이나 성적, 목표 등을 낮은 단계에서 점진적으로 상향시켜나는 방법으로 접근하는 것이 효과적이다. 아무래도 장기적인 측면에서 보면 오랜 기간 인내하는 아이와 부모의 공동 노력이 성공을 가져다준 사례가 많다. 아이의 공부에 대한 태도가 달라지고 관심을 두면 그때는 점차 다른 사람들이 말하는 좋은 공부 방법을 한 가지씩 적용해 실천하도록 하면 도움이 될 수 있다. 아이들 교육에서 지나친 욕심이나 과도한 기대는 반드시 역효과를 가져온다.

발꿈치를 들면 제대로 서 있을 수 없고, 한 구간에 혼신(渾身)의 힘을 모두 쏟아 붓거나 지나치게 보폭을 넓히면 한 걸음도 더 나아 갈 수 없다. 시대와 상황은 계속 변화한다. 오늘의 정답이 내일은 정답이 안 될 수 있기 때문에 학습전략을 수립하고 실행하는 일은 변화에 대응하면서 진화하는 유연성이 필요하다. 이제까지 시대의 변화를 반영하지 못한 정책들은 모두 실패했다.

4. 공부 비결은 자기 주도·자기관리학습

시간은 공부하는 데 있어 배우고 이해하고 익혀서 숙련하는 준비를 할 수 있는 기간으로 성적과 직결되는 중요한 요소이다. 공부를 잘하는 아이들이나 성공한 사람들은 반드시 철저한 시간 관리를 한다. 거시적인 측면에서는 한 달이나 하루 등으로 관리하지만, 미시적으로는 시간이나 분 단위로 관리하는 사람도 적지 않다. 제한된 시간의 활용도를 높이고 많은 것을 공부하기 위해서는 낭비되는 시간을 줄이는 것과 짜임새 있게 사용하는 것은 불가피한 선택이다. 시험이 목전에 닥치면 대부분 수험생들은 1분 1초가 아쉽다. 그러나 이것은 공부에 대한 열정과 에너지를 가진 사람들이 부족한 부분을 채우고 보다 공부 효율을 증가시키려 할 때의 이야기이다. 공부하고 싶은 마음이 없는 아이에게 시간 관리

---

217) Anita Woolfolk 지, 김아영 외 옮김(2007), "교육심리학", 박학사, pp.448~452.

의 중요성은 아무리 강조해도 소용이 없다.

동기와 목적이 없는 사람은 자신을 움직여 나갈 의지가 부족하므로 시간이 너무 많아 주체하기 어렵거나 별다른 의미를 갖지 못하는 것일 수도 있다. 소를 물가에 끌고 갈 수는 있어도 물을 먹이지는 못한다. 목마른 사람이 우물을 찾는다고 아이들 스스로 공부에 대한 갈증을 느끼고 그것을 해소하기 위해 노력할 때 시간 관리는 큰 의미를 가진다. 자신이 당면한 문제를 해결하기 위한 공부는 좋은 공부 방법을 찾아내고 1분 1초의 시간도 아쉬워하며 공부에 열정을 불태우게 한다. 하지만 떠밀고 끌려가는 공부에서 좋은 방법이라는 것은 목을 조이는 올가미이고, 강요되는 공부시간은 고역에 지나지 않는 것이 될 수도 있다. 세상에서 가장 좋은 것은 자기가 인정하고 스스로 행동하며 그 결과를 누리는 것이다.

예습복습보다 더 좋은 공부 비결이 있는지 없는지 모르겠지만, 공부 잘하는 방법은 시대를 초월하여 항상 교육의 핵심적인 관심 대상이 되어왔다. 오늘날도 여전히 많은 학부모의 중요한 관심사이다. 그러나 학부모가 공부를 잘하는 최고의 방법이나 비결을 찾는 일은 아이의 효율적이고 생산적인 관리를 위한 연장선에서 이루어져야 한다. 그렇지 않고 공부만 잘하도록 하는 것이어서는 곤란하다. 공부할 주체는 부모가 아니고 아이다. 부모의 역할은 아이가 자율적으로 공부하도록 공부에 흥미를 갖게 하는 것, 공부 진행과정에 필요한 지원, 애로사항에 대한 자문, 조언 제공, 때로는 아이가 혼자 해결할 수 없는 과제나 문제를 해결해주는 관리에 있다. 그러므로 부모는 최고의 공부 방법을 찾는 것이 아니라 최고의 관리방법을 찾고 연구해야 한다.

최고의 공부 방법이나 비결을 찾는 것은 교육 전문가나 학자들이 해야 할 몫이다. 공부를 잘하는 아이들도 공부 잘하는 방법을 찾으려고 일부러 노력하는 일은 많지 않다. 그러나 아주 가끔은 아이도 반드시 공부 잘하는 방법을 찾아야 할 때가 있다. 그것은 아이 스스로 공부를 진행하는 과정에서 속도와 범위 조절 등 다양한 노력에도 자신의 한계에 봉착했을 때이다. 문제가 발생했을 때는 당연히 그것을 해결해야 한다. 또한 실력을 한 단계 더 올리기 위한 목적, 자신의 현재 공부 방법이 바람직한 것인지 점검을 위해서라면 좋은 공부방법이나 최고의 공부방법이라는 것을 한 번쯤 찾아보는 것도 괜찮다.

그래도 역시 학생의 본분은 공부하는 것이지 공부 방법을 찾는 일이 아니다. 합격의 비결이나 학문에 왕도가 있다고 하는 등 그럴듯하게 포장해놓은 공부 비법이라는 것도 내용을 들여다보면 대부분 이미 알려진 방법을 특정인의 실행을 통해 각색해놓은 것에 불과하다. 확실하게 새롭고 획기적인 공부 비법이 발견된다면 누구나 그 방법을 사용할 것이다. 그러나 이제까지 그런 학습비법을 들어본 일이 없다. 학습은[218] 자의든 타의든 관계없이, 인위적인 간섭의 결과로 나타나는 자기 주도·자기 창발적인 지적·행동적 능력의 변화작용이다. 안드라고지(andragogy: 학습학)는 학습에서 자의적인 자기 간섭과 그것에 의한 변화의 중요성을 그 어느 교육이론보다도 더 중요시한다. 경험적으로 볼 때 결국 공부 결과는 자신에게 달렸다. 그러므로 자기조절과 관리가 무엇보다 중요하다.

공부에서 자기조절(self-regulation)은 아이의 학습과 학업 수행의 중요한 측면으로, 아이들이 그들 자신의 학습 과정에서 초인지적·동기적·행동적으로 적극적으로 참여하는 것이다. 아이들이 인지적, 초인지적 방략의 선택적 사용을 통해 스스로 학습능력을 개별적으로 개선할 수 있고, 그들에게 유리한 학습 환경을 선택, 구성할 뿐 아니라 창조할 수 있으며, 필요로 하는 수업의 양과 형태를 선택하는 데 주도적인 역할을 한다. 학습자가 학습 과정에서 자신의 학습을 계획 점검하고 인지적으로 조절하는 상위인지, 동기, 학습전략 측면에서 자신의 학습 과정을 계획, 조절, 통제하면서 학습과제에 적극적으로 참여하는 학습 과정을 자기조절학습(self-regulated learning)이라 일컫는다.

자기조절학습자(self-regulated learner)는 학습자 스스로 자신의 지식과 기술에 대해서 책임감을 지니는 것을 의미한다. 즉, 자기조절 학습자는 학습 목표를 설정하고, 학습하기 위해서 그들 자신의 동기를 유발한다. 스스로 자신의 진도를 조정하고, 새로운 지식과 기술에 대한 자신의 숙달 정도를 평가한다. 그리고 계속 자신의 학습 과정을 수정해 간다. 자기조절학습과 비슷한 학습방법으로 자기 주도적 학습이 있다. 자기 주도적 학습(self directed learning)은 학습자가 스스로 학습에 참여 여부에서부터 목표설정 및 학습 목표 달성을 위한 학습계획의 수립, 교육 프로그램의 선정과 학습계획에 따른 학습실행, 교육평가에 이르기까지 교육의 전 과정을 자발적 의사에 따라 선택, 결정하고 조절과 통제를 하게 되는 학습형태이다. 학습자는 이러한 학습의 전 과정을 독자적으로 수행할 수도 있고 타인의 도움을 받아 수행할 수도 있다. 자기 주도적 학습은, 특히 사회교육이나 성인학습에서 많이 활용된다. 효율성을 높이기 위해서는 실험 장비를 이용한 실험, 현장방문을 통한 관찰과 견학, 시제품을 만들어 보는 수습, 작문과 발표 등 온몸과 마음으로 배우고 익혀 받아들이는 체험학습이 될 때 더욱 효과적이다.

---

218) 한준상(2001), "학습법: L=MS^2 학문의 기원", 학지사, p.164.

백문불여일견(百聞不如一見)은 백 번 듣는 것이 한 번 보는 것만 못 하다는 뜻으로 무엇이든지 경험(經驗)해 보아야 더 확실(確實)히 알 수 있다. 또는 간접적(間接的)으로 듣기만 하면 암만해도 직접(直接) 보는 것보다는 확실(確實)하지 못하다는 뜻이다. 사람은 직접 경험하고 실행해 본 것에 대해서는 좀처럼 잘 잊어버리지 않는다. 혼자 공부를 했으면서도 공부 잘하는 아이들은 동기가 되는 뚜렷한 목표나 목적의식이 있는데다 공부해야 할 분량과 속도, 범위를 스스로 조절하고 계획해나가기 때문에 대부분 자기조절학습이나 자기주도 학습법을 가지고 있다.

자기 주도·자기관리학습은 인간학습에서 삶의 질을 담보하는 핵심방법이다. 그것은 학습이 학습자 개인의 문제 해결을 위해 그 문제 해결의 내용과 유형이 물리적·정신적·감정적 그 무엇이든지 간에 일차적으로 쓰임새 있게 적용되어야 하며, 그것의 주체는 학습자 그 자신이어야 하기 때문이다. 문제해결학습은 당장 개인에게 필요한 현장 학습이기도 하지만, 미래를 위한 예측학습(anticipatory learning)의 성격을 갖기도 한다. 예측학습이란 지금 당장은 그 무엇이 일어날 수 있는지 알 수 없는 새로운 상황을 인지하고 대면하는 능력을 기르는 학습이다. 이런 학습을 통해 개인학습자는 문제 해결을 위한 대안을 마련해낼 수 있고, 동시에 미래에 닥칠 문제와 새로운 생활양식(life style), 삶에 적절한 적응방법을 새롭게 모색해낼 수 있다. 바로 이런 점 때문에, 인간학습에서 자기 주도·자기관리학습이 자기 경험의 재구성을 위한 핵심적인 방법으로 활용된다.219)

여기에 집중력 강화 훈련을 통해 공부에 몰입하는 것을 습관화할 수 있다면 아마 최고의 공부방법이 될 것이 틀림없다. 조서환 박사(KT 전무)는 자신의 경험으로 볼 때 몰입공부가 그냥 공부할 때의 7~70배의 효과가 난다고 했다. 그렇게 효과가 난 이유는 "뚜렷한 목표에 따라 공부를 해야 하겠다는 동기 부여가 있었고 나는 할 수 있다는 자기 삶에 대한 자극이 이루어지면서 자신감과 열정도 생겼다"고 말했다. 정신과 전문의의 말에 의하면 공부를 잘하는 지능지수가 높은 상위 20%는 공부 못하는 하위 20%에 비해 학습 성취 속도가 5배 정도 빠르다고 한다.

이것과 비교하면 몰입 공부가 얼마나 효과가 높은 것인지 알 수 있다. 그러나 이러한 몰입식 공부와 시간 관리를 통한 공부도 일회성으로는 곤란하다. 장기간 동안 이어져야 효과를 제대로 발휘할 수 있으므로 스스로 노력에 의해 집중하고 몰입해 시간을 늘리는

---

219) 한준상(2001), "학습법: L=MS^2 학문의 기원", 학지사, p.164.

자기 주도·자기관리학습 상에서 이루어져야 한다. 집중시간과 몰입시간을 늘리는 것은 아이들 스스로 개척하고 체득할 분야로 누가 해줄 수 있는 일이 아니다.

많은 부모가 행여 잡은 아이의 손을 놓으면 마치 큰일이라도 날 것처럼 조바심한다. 하지만 아이들은 이미 넓은 세상을 향해 힘찬 날갯짓을 할 준비가 되어 있다. 지금도 그것을 갈구하고 있다. 혼자 날기가 부족하다는 생각이 들면 혼자 나는 법을 가르치면 된다. 그리고 과감하게 손을 놓고 스스로 날게 하자. 손을 놓는다는 것은 방치를 의미하는 것이 아니다. 힘들어할 때 돌아와 쉬게 하고 난관에 봉착해 도움을 요청할 때 도와주는 방법이다. 언제냐의 문제일 뿐 어차피 인생은 그렇게 하게 되어 있다. 놓아줄 때 너무 힘들어하지 않기 위해서도 지금부터 서서히 손을 놓는 연습을 해나가자. 손을 놓을 시기를 놓치고 나이가 들어도 계속 붙들고 있는 부모는 평생 아이의 뒷바라지를 해주어야 할지도 모른다.

5. 유대인 자녀교육법의 핵심은 치밀한 관리에 있다

미국의 유대인협회가 조사한 자료에 의하면 세계의 유대인 수는 약 1,300만 명이고, 미국에 사는 유대인의 약 56%가 대학교육을 받았으며, 약 25%가 대학원을 졸업한 것으로 조사되었다.[220] 뉴욕에 살고 있는 유대인의 13%가 연간 수입 약 2,200만 원 이하의 서민층이며, 약 30%가 빈곤층이라고 한다. 즉 '머리가 좋다'는 것이 유대인의 유전이 아니라는 것이다. 그런데도 몇 년 전, 미국의 영향력 있는 주간지 유에스(US) 뉴스 앤드 월드 리포트가 '천재들의 비밀, 20세기를 만든 3대 위인'이라는 내용을 다룬 특집호를 발간했을 때, 3대 위인으로 선정된 사람은 아인슈타인, 프로이트, 마르크스였다. 이들은 모두 유대인이다. 역대 노벨상 수상자의 약 40%도 유대인이라고 한다.

머리가 좋은 것이 유전이 아니라면 그 무엇인가가 있을 것이다. 그런데 그것이 무엇이냐 하는 것이 의문이다. 그동안 유대인들을 연구한 사람들에 의하면 유대인 성공의 열쇠는 독특한 문화에 있다고 한다. 특히 가정교육에 대한 개념이 여느 다른 민족과는 다르다는 점을 강조한다. 그 답은 한 마디로 '자율'이다. 일반적인 교육 개념은 '주입하다. 강요하다. 가르치다'이지만, 유대인식 교육의 개념은 '아이들의 힘을 끄집어낸다'는 점이다.

---

220) 앤드류 서터·유키코 서터 지음, 남상진 옮김(2009), "세계에서 통하는 사람을 만들어라", 북스넛, pp.18~82.

모든 해답은 여기에 있다. 유대인 자녀교육법의 핵심은 공부비결 터득이 아니라 치밀한 관리에 있다.

대부분의 유대인 부모들이 뛰어난 자녀로 키우는 교육방법의 비결은 '자녀에게 좋은 성적을 강요하지 않는다. 집에 많은 책을 갖추어 두고 부모와 자녀가 함께 책을 읽는다. 자녀에게 다양한 사물을 보여주면서 많은 경험을 쌓게 하려고 자주 함께 외출한다'는 세 가지를 '자발적으로' 하게 한다는 것이었다. 또한 많은 유대인 부모들이 '가장 중요한 것은 배움의 즐거움을 가르쳐 주는 일'이라고 말하고 있다. 배움의 즐거움을 가르쳐 주는 것이 바로 가정교육이고 위에서 말한 세 가지만 잘하면 된다는 것이다.

교육은 말로 하기는 쉽지만 행동하기는 어렵다. 부모가 아이에게 강요하지 않는 일은 결코 쉬운 일이 아니다. 아이의 장래에 대하여 기대를 포기하지 않은 한 스스로 감정을 잘 억제하며 인내해야 하는데 아이들이 자율적으로 공부하게 만들고 '부모가 인내하는 것'이 유대인 가정교육의 핵심이라고 할 수 있다. 아이를 천재로 기르는 유대인의 가정교육은 무엇인가를 '강요하거나 쥐어주는' 방식이 아니라 자녀의 능력을 '끄집어내는 방식'이다.

많은 교육 전문가들은 똑똑한 아이로 키우기 위해서는 '독서를 하게 하라'고 말한다. 하지만 유대인 부모들은 독서조차도 강요하지 않는다. 그 대신에 책꽂이에 가득 꽂혀 있는 책들을 '보여주면서' 지적 호기심을 자극할 뿐이다. 호기심만 갖게 한 뒤 자녀가 그것을 어떤 방향으로 키워나가는지 지켜보는 것이다. 이것이 유대인 부모들이 말하는 '배움의 즐거움을 가르치는 일'이다. 전통적으로 유대인은 '배움의 즐거움을 가르치는 것'과 '아이들이 용기를 낼 수 있는 환경을 만드는 것'이 가장 중요한 일이라고 생각해왔다.

그 이유는 오랜 시간 유대인들에게 어디든 갖고 다닐 수 있는 '머리는 유일하고 확실한 자산'이었기 때문이다. 어떤 심한 박해를 당하고 하루아침에 무일푼이 된다 해도 머리만큼은 언제나 아이들과 함께하는 최고의 재산이었던 것이다. 그러나 사람은 살아가면서 항상 경제적으로 풍족할 수는 없다. 따라서 교육은 부모에게 열성이 있어야 뛰어난 아이를 만드는 것이 가능하다. 스스로 열성적인 부모라고 생각한다면 그것은 매우 좋은 징후이다. 어느 시대를 막론하고 반드시 훌륭한 사람 뒤에는 열성적인 부모가 있었다.

아이들 교육방법의 기본적인 주제는 믿음이다. '유대식 열성 부모 교육법'의 중심 주제도 믿음을 바탕으로 하고 있다. 아이를 믿지 않으면 부모는 '아이가 스스로 흥미를 느끼는 것을 찾아내도 그것을 허락하기 어려워진다. 의견을 말해도 받아들이거나 존중해줄 수 없게 된다. 학교에서 일어난 문제에 대해 털어놓아도 그 이야기를 믿어줄 수 없다. 벌을 주지 않고 차근차근 설명하면서 가르치는 애정 어린 방법을 쓰기 어려워진다. 아이가 자립하고자 할 때 그런 결단을 인정할 수 없게 된다'고 한다.

아이를 믿는다는 것은 그렇게 간단하고 쉬운 일이 아니다. 장시간의 행동을 통하여 신뢰가 쌓여야 가능한 일이다. 하지만 부모가 아이를 믿으면, 아이들은 신뢰받고 있으며 부모가 자신을 아끼고 사랑하고 있다는 것을 느낀다. 여기서 비롯되는 자신감은 장차 아이들이 성공하는 데 있어 큰 도움을 준다. 또한 가족 사이에 믿음을 바탕으로 한 강한 유대감이 형성된다. 유대인 자녀 교육의 정수라고 할 수 있는 '유대식 열성 부모의 7가지 교육방법'을 소개하면 다음과 같다.

유대식 열성 부모의 7가지 교육방법

① '책을 주어라! 책장에 책을 가득 채워라!' 강요하지 않고 아이들이 독서를 좋아하게 만드는 방법이다. 독서(讀書)는 책을 읽음이라는 뜻이다. 책으로 빽빽하게 채워진 책장을 보여준다. '칭찬을 받는다→책을 선물로 받는다→기쁘다'는 공식을 새겨준다. 배움터는 학교만이 아니다. 모든 것의 기초인 국어 능력을 키운다. '독서하라'고 강요하지 않아도 저절로 책을 읽는 것을 좋아하는 아이가 된다. 독서로 말미암아 전체적인 학습능력이 좋아진다. 모르는 것을 스스로 찾아 해결하는 습관이 생긴다. 상상력과 인내심이 길러진다. '학습＝즐거운 것'이라는 인식이 완전히 몸에 배어서, 앞으로의 인생이 풍요로워진다.

② '조건 없이 지켜보라!' 강요하거나 단정 짓지 말고 위험할 때만 도와준다. 강요하지 말고 아이가 무엇에 흥미를 느끼는지 먼저 관찰한다. 무언가에 흥미를 느끼기 시작하면 그것에 관련된 책을 사주고, 박물관 같은 질이 좋은 정보가 있는 곳으로 데리고 간다. 아이가 가고자 하는 곳이 위험한 곳이라면, 아이가 눈치를 채지 못하게 방향을 수정해준다. 마음에 드는 직업이나 학문을 정하지 않으면 성공할 수 없다. 좋아하는 것을 하지 못하면 행복해질 수 없다. 스스로 자기 길을 결정하면 후회 없는 알찬 인생이 만들어진다. 아이들의 모험을 응원한다. 모험에 참고될 만한 것을 준다. 아이들 앞에 놓인 장애물을 치워 준다. 아이가 어떤 방향으로 가고자 하는지를 파악한 뒤, 안전한 여행이 될 수 있도록 조금만 길을 만들어 준다.

③ '보여주고, 체험하게 하고, 감동을 주라!' 많은 정보를 제공하여 선택의 폭을 넓혀준다. 박물관·미술관·서점·공연장·유적지 등 좋은 질의 정보를 많이 접하게 한다. 아이들이 '바로 이거다!'라고 생각하는 것이 무엇인지 찾아낸다. 인터넷 등의 가상공간이 아닌 실물을 접하게 한다. 아이가 관심을 둘 때까지 다양한 곳을 데리고 간다. 더 많은 것을 체험하게 하면 된다. 아이가 자라는 동안 가능한 많은 것을 접하게 한다. 아이의 인생에서 무엇이 가장 중요한 것인지는 아무도 모르기 때문이다.

④ '아이를 뛰어나게 만드는 말을 하라!' 지속적인 대화는 아이의 머리를 좋게 만든다. 아이가 의견을 말하면 우선 "좋은 생각이야!"라고 긍정해준다. 여러분의 의견을 아이에게 말한 뒤에는 꼭 "어떻게 생각해?"라고 물어본다. 아이가 질문했는데 부모가 그 답을 잘 모르면 "함께 답을 찾아보자!"고 제안한다. 반복적인 대화가 아이를 뛰어나게 만든다(부모가 질문하고→아이가 이야기 하고→부모가 칭찬하고→다시 묻고→아이가 이야

기하고→부모가 칭찬하고→아이가 다시 질문하기).

⑤ '믿고 있다는 것을 행동으로 표현하라!' 인간관계에서 믿음은 신뢰관계 조성을 위해 아주 중요하다. 아이가 학교에서 문제를 일으켰을 때나 교사로부터 꾸중을 들었을 때 무턱대고 나무라서는 안 된다. 먼저 아이의 의견을 존중하고, 아이 입장에서도 자초지종을 들어준다. 교사는 언제나 옳고 아이는 언제나 잘못된 것이라고 마음대로 판단해서는 안 된다. 아이를 위해 교사와 대화를 나눌 필요가 있으면 기꺼이 그렇게 해야 한다. 아이를 학교에 보낼 때는 꼭 "선생님께 질문하고 오라"고 말한다. 다른 아이와 비교하기 때문에 믿을 수가 없다. 비교하지 않으면 전면적으로 믿을 수 있을 것이다. 다른 아이와 자신의 아이를 비교하지 않도록 한다. 여러분이 아이를 믿으면, 그 아이도 자신의 아이를 믿는다. 이것이 바로 대대로 '머리가 뛰어난 인재'를 배출하는 비결이다. 아이는 교사가 이야기하는 것에 흥미를 느껴야 한다. 이해하려고 노력해야 한다. 이해한 것을 분석해야 한다. 상상력을 발휘해야 한다. 논리적으로 발언할 수 있어야 한다. "선생님께 질문 많이 하고 오렴." 이렇게 말하고 아이들을 학교에 보내야 한다. 똑같은 일의 반복이 되겠지만, 이것이 훗날 큰 차이를 가져온다. 가장 먼저 아이의 변명을 들어준다. 필요가 있다고 생각될 때는 학교로 가서 학교 측의 해명을 듣는다. 무조건 사과해서는 안 된다. 아이에게 잘못이 있다고 판단되면 사죄한다. 그러나 만약 학교 측에 잘못이 있다고 판단되면 해당 교사의 성품을 파악한 뒤에 의견을 내놓는다. 아이에게 상처를 주게 되지 않는 범위 내에서 학교 측에 단호하게 '잘못이 있는 것은 학교 측'이라고 말한다. 교사는 항상 옳은 것이라고 단정 짓는 것은 바람직하지 않다. 아이가 학교에서 자신감 있게 활동할 수 있도록 응원해주어야 한다.

⑥ '부모가 우두머리라는 것을 잊지 마라!' 열성 부모라고 해도 부모는 언제나 보스(Boss), 즉 우두머리다. 아이를 혼낼 때는 우선 혼내는 이유를 설명한다. 아이의 눈높이에 서는 것은 중요하지만, 아이와 동등해지면 안 된다. 유대식 열성 교육법은 '방임'과는 다르다. 항상 부모인 여러분이 아이의 '우두머리'다. 아이가 잘못을 저질렀다는 사실을 말해준다. 왜 그것이 잘못된 일인지 논리적으로 설명한다. 비록 잘못을 저질렀지만 '그래도 나는 너를 사랑하고 있다'고 말해준다.

⑦ '때가 되면 독립시켜라!' 아이를 무직자로 만들지 않는 방법이다. 독립시키는 것도 부모의 책임이다. 열성 부모가 되는 것은 일생의 가장 크고 중요한 일이다. 적절한 때가 오면 아이가 사회로 나가는 것을 허락해야 한다. 필요하다면 등을 떠밀어주어야 한다. 요리하는 데 있어 중요한 일 중 하나는 불을 끄는 시기를 가늠하는 것이다. 언제 오븐에서 요리를 꺼내는가, 언제 가스레인지의 불을 꺼야 하는가이다.[221]

-『세계에서 통하는 사람을 만들어라』 중에서 발췌 정리-

위에서 살펴본 바와 같이 유대인 자녀 교육법의 핵심은 관리이다. 관리를 통하여 공부 환경조성, 호기심과 공부에 대한 필요성 자극, 실행과 체험 유도, 문제가 발생했을 때 적극적인 개입과 합리적인 처리, 자율적인 공부를 통해 문제해결능력 향상으로 이어진다. 공부방법이나 공부 기술에 대한 이야기는 거의 없다. 우리가 아이들이 어떻게 하면 성적을 올리고 공부를 잘하게 할 비결을 찾는 것과 지극히 대조적이다. 이것은 교육방식의 차

---

221) 앤드류 서터 · 유키코 서터 지음, 남상진 옮김(2009), "세계에서 통하는 사람을 만들어라", 북스넛, pp.18~82.

이 때문이다. 유대인식 공부는 아이들이 하는 것이고 환경을 조성해 호기심을 자극하는 등 공부를 하도록 만드는 것이 핵심이다. 그러므로 공부기술이나 방법은 아이 스스로 터득해야 하고, 부모는 아이를 믿고 장시간 인내하며 지켜보고 힘들어하는 것을 도와주는 방식이다.

우리나라에서도 관리에 초점을 맞추어 성공적인 교육을 한 사람들이 있기는 하지만 그 수가 상대적으로 많지 않다. 아무래도 부모 중심적 교육으로 공부는 가르치는 것이고 아이들은 만들면 된다는 생각이 지배적이어서 부모의 기대와 현실적인 요구가 많이 반영됐다. 부모가 일방적으로 아이를 이끌어가는 교육이기에 관리보다는 공부방법과 기술에 초점을 맞추는 성향이 강하다. 그렇다고 아이를 선도해나가는 한국식 교육이 잘못된 것이라고 단정적으로 말하기는 어렵다. 아이가 스스로 자기관리와 공부를 주도하는데 어려움이 따를 때는 부모가 선도하는 교육이 더 효율적이다. 그러므로 자율을 중시하는 유대식 교육과 강제성이 상당 부분 반영되는 우리의 통제형 교육 방식은 일장일단이 있다. 두 가지 중에서 자신이 효율적이라고 생각하는 것을 선택할 몫은 각자에게 달렸다.

중요한 점은 주입식 교육에서는 부모의 선도와 공부기술이 비교적 잘 통하지만, 창의성 교육에서는 부모의 선도와 공부기술이 효력을 발휘하기가 쉽지 않다는 점이다. 그런데 상위과정으로 올라갈수록 주입식보다는 창의성 교육이 중심이 된다. 이것은 유대인들이 노벨상을 많이 받는 것과 맥이 통한다. 또한 현재 선진국 교육의 대세도 창의성 교육이라는 점을 염두에 둘 필요가 있다. 창의성 교육을 하려면 관리방법에 관심을 둬야 한다. 그런데 우리나라 학부모들은 이 창의성 교육도 기술적인 방법으로 해결하려는 경향을 보인다. 소위 말하는, 창의성 전문학원에 보내 훈련하면 된다는 한국적 해결방식으로 접근하는 것이 그것이다. 이 방법이 어느 정도까지 도움이 될지 아직은 가늠하기 어렵다.

이제까지 우리의 교육방식은 주입식 교육이 바탕이 되어 왔고 고등학교과정까지는 부모에 의해 선도되는 교육이 효력을 발휘할 수 있다는 것은 확실하다. 문제는 장기간의 주입식 교육 결과 이 방식이 습관화되면 대학 이후 요구되는 창의성 교육에 적응하기가 쉽지 않다는 점이다. 모든 일은 처음이 어렵다. 만일 앞으로 우리나라 교육에서 창의성 교육방법이 체계적으로 개발된다면 세계 최강의 교육 강국이 될 날이 올 것이다. 창의성 교육은 우리 시대가 해결해나가야 할 중요한 교육과제 중 하나이다. 이 부분만 성공한다면 오늘날 세계 여자골프계를 한국 여성들이 석권하는 것처럼 노벨상도 한국인이 석권하는 날이 올 것이 틀림없다.

6. 고승덕 변호사의 공부법과 ABCD 성공법

고승덕(高承德: 법조인, 방송인, 정치인) 변호사의 공부비법은 철저한 자기관리와 시간 관리, 스스로에 의한 꿈과 목표 설정, 자율적이고 자발적 학습을 통한 문제해결능력 제고, 자기 주도 학습과 반복 학습, 장기간에 걸쳐 인내하며 자기 학대에 가까울 정도의 치열한 노력과 끊임없는 도전을 통한 성취로 요약할 수 있다.

공신이라는 신조어는 원래는 '공부를 신 나게 하자'는 뜻으로 학습법 전수 사이트인 '공신 닷컴'(http://www.gongsin.com/)에서 유래 되었다. 학생들 사이에서 공부 잘하는 사람을 '공신'이라고 부른다.[222] 대한민국 대표 공신에 고승덕 변호사가 들어가는데 중·고등학생들이 주로 찾는 공신 사이트에서조차 고승덕 의원의 공부 방법이 최고(best) 인기 글이 될 정도라고 한다. 홈페이지에 게시된 이력을 보면 그럴 만도 하겠다는 생각이 든다. 세계 최고수준의 대학으로 남들은 한 곳도 가기 어려운 미국의 예일대학과 하버드대학 로스쿨(법학전문대학원)을 졸업하고 컬럼비아대학교 로스쿨에서 박사 학위를 받아 학벌 좋고 공부 잘한 것으로 유명하다. 여기에 2011년 현재 국회의원에 펀드 매니저(fund manager, 자산운용책임자)로 활동 중이다.

고승덕 의원 홈페이지 살아온 길 '성장배경과 학창시절 그리고 고시 3관왕!'이라는 글에서 "알려진 바와 같이 서울대 법대 3학년에 올라가던 때에 사법시험 20회에 최연소 합격하고, 4학년이 되어 13회 외무고등고시 차석, 23회 행정고시 수석을 했다. 남들이 들으면 머리가 좋아서 쉽게 한 것으로 생각할지 모르지만 정말 육체적, 정신적으로 힘들었던 시간이었다. 집중이 잘되는 밤에 일어나 공부를 하느라 밤낮이 바뀌었고, 목욕도 제대로 하지 못했다. 밥 먹는 시간이 아까워 모든 반찬을 넣고 비볐다. 한 손으로 비빔밥을 떠먹고 다른 손으로 책장을 넘기며 공부를 했다. 하지만 무엇보다 힘들었던 것은 이렇게 하면 될까 하는 생각이었다. 고시공부가 심적으로 너무 힘든 일이었기 때문에 절대자에게 의지하고 싶은 마음이 절로 들었다[223]"고 기술(記述)하고 있다.

그러면 공부 잘하기로 소문난 고승덕 의원 공부 방법의 비결은 무엇일까? 그동안 공개된 내용을 정리해보면 네 가지 정도의 특징이 보인다. 첫째는 철저한 자기관리와 시간 관리이다. 학생일 때는 공부에 최우선을 두고 공부하는 데만 초점을 두었기 때문에 24시간

---

222) 중앙일보 2009. 4. 20.
223) 고승덕 의원 홈페이지.

동안 어떻게 공부하는 시간을 확보하느냐가 가장 큰 과제였다고 한다. 조그마한 수첩이나 메모장을 준비해서 기상 시간, 화장실 갔다 오는 시간, 밥상에 앉았다가 일어나는 시간 등 등 동작이 변할 때마다 시간을 낱낱이 기록한 것으로 알려졌다. 이를테면, 시간 가계부를 적은 것이라고 할 수 있다. 그렇게 기록한 내용을 자기 전에 들여다보고 '어떤 시간은 의미가 있었다거나 없었다'고 분석한다. 이렇게 하면 시간을 얼마만큼 단축할 수 있겠다. 내일은 밥 먹는 시간은 10분 줄이고, 텔레비전 보는 시간은 30분 줄인다. 밥 먹은 후 휴식 시간을 30분은 더 줄일 수 있겠다. 등등. 그리고 다음 날 이를 생활에 반영하고 또 기록했다고 말한다. 보통 사람은 시간 단위의 관리를 하기도 쉽지 않은데 고승덕 의원은 시간을 낭비하지 않기 위해 분 단위까지 관리하며 공부했다. 고시공부를 예로 들면, 1년 단위로 공부할 분량을 미리 생각해 보고 무슨 책이 몇 권 있는데 시험 볼 때까지 몇 번을 보겠다. 그럼 한 달에 어떤 책을 몇 쪽씩 봐야 한다는 세부계획이 구상된다. 그 내용을 종이로 크게 달력같이 만들어 매달 계획과 하루 계획을 세우고, 자기 전까지 공부할 분량을 정해 놓는 것이다. 하루 동안 책 500쪽짜리 공부를 하겠다는 식이다. 점심때쯤 되면 여기까지 덜 나갔네, 무조건 잘 때까지는 봐야 한다는 생각에 마음이 급해지게 된다. 그러면 오후 시간에는 그날의 진도를 따라잡으려고 기를 쓰고 공부할 수밖에 없다. 둘째는 꿈과 목표 설정으로 '무엇'보다 '어떻게'가 더 중요하다. 꿈과 목표를 설정하는 일은 누구에게나 쉽지 않다. 특히 중·고등학생 입장에서는 직업이라든가, 장래 할 일에 대한 정보가 제한될 수밖에 없다. 그런데 지나고 보니까 사람이 성공하고 못하는 것이 'what(무엇)'이 아니라 'how(어떻게)', 즉 방법론의 차이 같다고 말한다. A와 B란 직업이 있고 둘 중 무엇을 고를까 생각할 때, 무엇이 아니라 '어떻게'가 중요하다. 특히 방법론이 무엇이냐가 중요하다는 설명이다. 고승덕 변호사 역시 다양한 직업 중에서 특별한 이유가 있어서 법을 선택한 것은 아니었다. 사회에 나가봤더니 막연히 좋아 보여서 고시를 준비한 것이라고 한다. 변호사를 하면서도 다른 일을 많이 했다. 결론은 무엇을 하느냐 하는 것도 중요하지만, 그보다는 '어떻게'가 더 중요하다는 것이다. 셋째는 자신에 의한 진로선택과 자발적 학습을 통한 문제해결능력 제고이다. 고승덕 의원의 ABCD 성공법이란 무엇인가? 어떤 일이든 '무엇'이 아니라 '어떻게'를 놓고 봤을 때, 그 정도에 따라 ABCD가 확연히 갈린다. 먼저 D급 마음의 소유자(mind)는 누가 나에게 시킨 일을 할 수 없어서 한다는 사람이다. 예를 들면, 할 수 없이 직장에 가고 출근 후에는 지시를 받아야만 일을 하는 사람이다. 이 경우 실력은 늘지 않고 꾀만 는다. 학생이라면 엄마 눈을 피해서 공부를 덜 하는 방법만 생각한다.

이렇게 사는 학생들은 하루하루가 편할 수는 있어도 1년 후에는 결과가 좋지 않게 된다. 요즘도 이런 학생이 많은 것 같다. 열심히 공부해야 하는 상황인데도 교사가 안 오면 만세를 부른다. 다른 학교 아이들과 학원에 다니는 아이들은 공부하고 있다는 생각을 안 한다. 할 수 없이 공부하고 있기 때문이다. C급 마음의 소유자는 시키는 일만 꼬박꼬박 하는 사람이다. 나한테 시키면 나는 한다. 고로 나는 성실하다. 그러면서 남들은 시키는 것도 안 하는데 나는 다르다며 자긍심을 가진다. 때때로 불평도 한다. 만일 이런 학생이라면 성적이 중간 이상 못 올라간다. 가르치는 것만 하는 사람은 성실하지만, 성공을 못 하고 인정도 받지 못한다. 편하게 살려는 사람은 시키는 것만 한다. C급은 시키는 사람 입장에서 봤을 때 너무 답답하다. 설명을 안 해주면 자꾸 물어보니까 '너한테 시키느니 내가 하겠다'는 말이 나온다. C급이 의외로 많은데 사회에서 성공할 수 없다. B급 마음의 소유자는 한 단계가 높다. 헤아려서 하는 사람이다. 공부는 선생이 시키는 것만 하는 것이 아니라, 1점이라도 더 받는 방법은 무엇일까를 생각하는 경우이다. 시키는 것만 하는 것이 아니라 시키는 것을 조금 더 잘하려고 하므로 B급은 확실히 우등생이 될 수 있다. A급 마음의 소유자는 시키지 않아도 알아서 하는 사람이다. 지능이 높다고 성공하는 것이 아니다. 나중에 뭐가 될래? 했을 때, 부모가 강요하는 집안이 있다. 고승덕 변호사의 집은 "아버지가 뭐가 되라고 말씀을 안 했어요. 무엇을 하라고 했을 때 저는 반대로 했어요. 의대 가라고 하면 법대를 갔죠. 저는 인생의 목표를 스스로 정하고 제가 하고 싶은 것을 했습니다. 내 꿈을 이루려면 어떤 학교에 가야 하지? 거기에 가려면 어떻게 공부해야 하지? 계속 혼자 생각했어요. 혼자 알아서 공부하고 노력하는 습관이 몸에 밴 것이죠." 그래서 어떤 상황에서도 적응할 수 있었던 것 같다고 설명한다. 넷째는 가장 중요한 학습의 방법은 자기 주도 학습과 반복 학습이다. 고승덕 변호사는 기본적으로 혼자 공부했다고 한다. 공부는 제 속도대로 해야 하는데, 다른 사람이랑 똑같은 속도로 하면 다를 게 없다. 그래서 혼자 공부하는 것이 좋다. 다만 혼자 공부할 때 도저히 어려워 안 되겠다는 생각이 들면 물꼬를 트기 위해, 즉 입문이나 진입을 위해 학원에 다녀보기도 한다. 그러다가 발동이 걸리면 다시 혼자 속도를 내서 공부한다. 처음부터 맨바닥에서 시작하려면 힘들 테니까 사교육은 시작할 때 방향을 잡는 정도는 유용하다. 공부라는 것이 계속하다 보면 처음 볼 때는 몰랐던 내용이 머릿속에 들어오게 되어 있다. 물론 이해라는 것도 상당히 중요하다. 단순 반복을 하라는 것은 아니고 생각을 하면서 반복하라는 뜻이다. 보통 고승덕 변호사는 한 교재를 7번 정도 반복해서 본다. 가장 많이 반복하며 공부한 것은 펀드 투자 자격증 시험이었는데 전 과정을 20번 반복해서 공부했다고 한다. 이 정도 보면 자연히 뜻을 이해하고 알게 되는 것 같다고 말했다.

그러면 고승덕 변호사는 시험에서 실패한 경험이 없을까? 아니다. 실패한 적이 많다고 한다. 그중에 대표적인 것이 무역사 시험에서 떨어진 일을 꼽는다. 그때 주변에서 다들 쉬운 시험이라 말해 방심했었다. 보통은 쉬운 시험이라도 7번 정도 반복해 공부하는데 이땐 사실 3~4번 정도 보고 시험을 치렀다. 보기 좋게 떨어졌다. 7번 이상 봐야 하는 것이 징크스[224](jinx)인 것 같다고 말한다. 대개 실패하는 때는 방심할 때 혹은 운이 나빴을 때라고 생각한단다. 교통사고 나서 죽을 위기를 넘기기도 하고, 인생이 무상하고 허탈해서 맥이 빠지기도 하고, 대인 관계라든가 가족관계가 안 풀릴 때도 그렇다. 지나고 나면 운이 나쁜 것은 어떻게 할 수 없지만, 그것 때문에 위축되면 사람이 무너지는 것이고 굴하지 않고 지내면 다 극복이 되더란다. 요즘엔 어떤 어려움이 와도 담담하다고 한다. 20~30대에는 힘든 일이 생길 때는 죽고 싶다는 생각도 들었지만, 50살 넘게 살고 보니까 지나간 일들을 돌이켜 보면 별것이 아니고 시간이 다 해결해주기 때문에 어떤 어려움도 10년이 지나면 해결이 된다. 누구나 공부할 때는 힘들고 괴로운 점도 많다. 어떤 사람은 너무 '자학'하는 것이 아니냐는 말도 하지만 새로운 것을 하는 것이 너무 즐겁다. 가급적이면 열심히 해서 잘될 만한 일을 하는 편이다. 새로운 일은 항상 두려움도 있지만 즐거움도 있다.

만약 누구를 만나기로 했다가 약속이 취소되면 보통사람들은 붕 뜬 시간을 멍하게 보내기 일쑤다. 하지만 고승덕 변호사는 그 시간에 할 수 있는 다른 일을 생각한단다. 점심 약속이 있을 때도 상대가 늦을 경우를 대비해 늘 책을 가지고 다닌다. 자동차를 타고 이동하면서도 위성 디엠비(DMB)[225]를 보거나 CNN[226]을 통해 영어 공부를 한다. 언제 어디서든 영어를 항상 듣고 있다. 방송을 보기 피곤할 때는 아버지나 아는 분께 전화를 드리는 등 시간을 짜임새 있게 배분하는 것이 원칙이다. 텔레비전은 많이 보지 않고, 신문은 일주일 치를 30분이면 본다. 제목 위주로 보고 내용은 전체를 모두 보지는 않는다. 제목만 봐도 아는 것은 그냥 넘어간다. 그러다 모르는 내용, 전에 없던 내용은 자세히 살핀다. 또한 세상이 달라진 기사는 보고, 일상사는 굳이 들여다보지 않는 방법으로 시간을 절약하고 있다[227]고 한다.

---

224) 징크스(jinx): 재수 없는 일 또는 불길한 징조의 사람이나 물건.

225) 디지털 멀티미디어 방송(DMB, Digital Multimedia Broadcasting)은 음성·영상 등을 디지털 방식으로 변조하여 고정 또는 휴대용 수신기에 제공하는 방송서비스.

226) CNN(Cable News Network): 미국 방송사로 24시간 내내 뉴스만을 생방송 하는 뉴스 전문 방송망.

7. 달인이 공개한 '수학 잘하는 비결'은 정석

『수학의 정석』은 대입 수험생이라면 누구나 한 번쯤 들춰봤을 수학 참고서다. 1966년 8월에 첫선을 보인 이 책이 발간된 지 어느덧 45년이 됐다. 그동안 4,000만 권이 넘게 팔렸고, 지금도 매년 100만 권 이상 판매되고 있는 것으로 알려진 국내에서 가장 많이 팔린 교육교재이다. 이 책의 저자는 자립형 사립고인 전주 상산고 설립자 홍성대[228](洪性大) 씨다.

그분이 한 월간지와 가진 대담에서 '수학 잘하는 비결'을 공개해 눈길을 끈다. 그 내용을 보면 이렇다. "첫째는 눈으로만 읽지 말고 노트에 직접 써가며 풀어라. 그래야 계산 속도가 빨라지고 정확해지며 이해력도 길러진다. 둘째는 자기 힘으로 풀어라. 어렵다고 곧바로 참고서 풀이를 본다든지 주변 사람에게 의존하면 실력이 향상되지 않는다. 셋째는 복습보다 예습 중심의 학습을 해라. 예습하고 나서 강의를 들으면 수학이 훨씬 흥미로워지고 기억에 오래 남는다[229]"는 것이다. '수학의 달인'이라고 할 수 있는 홍성대 씨가 말하는 비결이라는 게 너무 뻔해서 다소 실망하는 사람이 많을 것 같다. 하지만 가장 기본적인 것이 문제를 해결하는 '정석'이라는 게 그분의 주장이다. 그 '정석'을 고집해 왔기 때문에 자신의 저서가 세대를 뛰어넘어 인기도서가 되고 있는 것 아니겠느냐는 얘기로 들린다.

여기서 우리는 정석(定石)은 무엇일까? 하는 의문을 갖게 된다. 사전적 의미의 정석은 어떤 일을 처리할 때 정해진 일정한 방식을 말한다. 공부에서 정석은 올바른 길을 통해 목표에 접근하는 방법이라고 할 수 있다. 그럼 올바른 길과 접근 방법은 어디서 나오는 것일까? 결국 우리는 아이들 관리의 근본적인 의문으로 다시 돌아왔다. 사람이 살아가는 데는 유형적인 것과 무형적인 것이 있다. 백두산을 가려면 비행기를 타고 차를 타고 정상 부근에서는 걸어가면 된다. 이미 길이 나 있다. 이것이 유형의 길이다. 그러나 인생길은 무형의 길이다. 내가 살고 지나가야 그 형태가 만들어진다. 많은 책에 나와 있는 성공담이나 성공한 사람들이 이 길과 방법으로 가면 된다고 한다. 그러나 그것은 그들이 경험을

---

227) 중앙일보 2009. 4. 20.

228) 홍성대(洪性大, 1937년 7월 25일 ~)는 ≪수학의 정석≫의 저자로 잘 알려진 교육인으로, 현 상산고등학교 이사장이다. 1937년 전라북도 정읍시 태인면에서 태어나 어려서 모친을 여읜 후, 가세가 기울었다. 익산 남성고에 다닐 때 거처를 15번이나 옮겼다. 1957년 서울대학교 수학과에 입학한 후 과외 아르바이트를 하다가 졸업 후 학원 강사로 진출했다. 자신의 교재를 갖기 위해 26세부터 3년간 수학의 정석을 집필하였다(1966년에 ≪수학의 정석≫을 출판). 1981년 상산고등학교를 설립했다. 2002년 상산고등학교를 자립형 사립고로 전환시켰다. 2006년 수학의 정석 발간 40주년을 맞았다. 2008년 현재 도서출판 성지사 회장, 상산고등학교 이사장, 한국사립중고등학교법인협의회 명예회장이다.

229) 조선일보 2009. 6. 24.

통해 터득하고 만든 길이다. 내가 가는 길은 내가 만들어가는 나의 길이고, 길이 있어도 가지 않으면 소용이 없다.

다른 사람들이 살아온 길과 방법을 참고로 할 수는 있다. 하지만 근본적으로 많은 노력과 시도, 경험을 통해 내가 가장 편안하고 합리적이고 효율적이라고 느끼는 것 중에서 다른 사람들도 그것을 인정하는 것이 올바른 길이고 접근방법이다. '나는 할 수 있다', '하면 된다'는 말은 긍정적인 사고의 정석이다. 그러나 그것이 항상 나의 정석은 아니다. 인정하고 활용하지 않을 때는 더욱 그렇다. 내가 노력하고 경험을 통해 그것이 긍정적인 사고의 정석이라고 인정하고 내 인생에 접목할 때 긍정적인 사고의 정석이 된다. 결국 아이들 관리의 정석은 멀리 있는 것이 아니라 내 마음속에 있는 것, 내가 이미 알고 있는 것일 수도 있다.

아무리 나에게 좋은 것이 있어도 그것을 끄집어내어 활용하지 못하면 소용이 없다. 번뜩이는 아이디어도 마찬가지이다. 잡아두어야 내 것이 될 수 있다. 그것을 잡아두는 가장 좋은 방법은 생각날 때마다 정리해두는 일이다. 평상시에 생각을 정리하는 편리한 방법 중 한 가지는 글을 쓰는 것이다. 정석을 찾고 못 찾는 것은 나에게 달렸다. 내가 정석을 찾아내 아이를 훌륭하게 키우면 그것은 다른 사람들에게 새로운 정석이라는 말로 포장되어 알려질 것이 틀림없다.

8. 성공과 완전함을 만드는 것은 연습이다

자극과 반응을 되풀이하면 할수록 어떤 대상의 행동을 모방하기 위해 그 모형 활동을 정신적으로 재현하는 것을 의미하는 파지(retention)가 견고해진다는 것이 반복성의 원리(principles of repetition)이다. 교육장면에서 반복을 통해 습득해야 하는 지식과 기능은 대단히 많고 중요하다.

예컨대, 외국어 단어의 발음을 학습하려고 할 때 되풀이해서 연습하는 가운데 완벽한 수준에 이르게 된다. 또한 컴퓨터 자판 익히기와 같은 기능도 부단히 반복연습을 해야 자동적 수준에 이른다. 그러나 새로운 학습이론은 단순히 반복만 한다고 해서 학습된 개념을 오래 파지하는 것이 아니라는 주장도 제기되었다. 따라서 반복은 학습을 위한 외적 조건이라기보다는 실제적인 학습절차로 인식되고 있다. 망각을 방지하고 전이를 촉진하기 위해 숙달수준을 능가하는 과제를 연습하는 것을 과잉학습(over learning)이라고 하는데 우리는 암기과목의 공부에서 숙련의 방법으로 과잉학습을 많이 활용하고 있다. 전통적으로 초등학교에서 배우는 구구단이나 공식 등의 기초적인 사실들은 과잉학습된다. 이러한 과잉학습은 학생들이 정보가 필요할 때에 편리하고 신속하게 찾을 수 있도록 도움을 주는 역할을 한다.

예프게니 키신(Evgeny Kissin: 피아노 연주가, 1971년 10월 10일~)은 이미 두 살 때 귀로 듣기만 한 것을 그대로 피아노로 연주할 정도의 천재성을 타고났지만 지금도 자신의 천재성으로 승부를 겨루지 않고 연주여행 중에도 예외 없이 하루 6~7시간을 꼬박 피아노에 몰입하는 지독한 연습을 하는 것으로 알려졌다. 김연아는 '잠자는 시간을 빼놓고는 연습'이라 할 만큼 지독한 연습벌레다. 그 덕분에 열아홉 살 어린 나이에 은반의 여제가 됐다. 프로골퍼 최경주는 하루 8시간씩 4,000번 이상 공을 쳐내는 피나는 연습 끝에 세계무대에 우뚝 섰다. '슈투트가르트의 강철 나비'라 불리는 발레리나 강수진은 2009년 마흔두 살이라는 나이에도 아랑곳하지 않고 한 시즌에 토슈즈230)(toeshoes)를 십여 켤레씩 버릴 만큼 연습에 연습을 거듭하며 무대에 오른다. 그녀는 말한다. "더 못한다고, 이 정도면 됐다고 생각할 때 그 사람의 예술 인생은 거기서 끝나는 것"이라고.

최초의 흑인 홈런왕 행크 에런(Hank Aaron)은 이렇게 말했다. "매일 정신이 아득할 정도로 많은 시간을 연습에 쏟고 나면 이상한 능력이 생긴다. 다른 선수들에게는 없는 능력이 생기는 것이다. 예를 들면, 투수가 공을 던지기 전부터 그 공이 커브231)냐, 직구냐를 알 수 있게 된다. 그리고 날아오는 공이 수박 덩어리처럼 크게 보인다." 결국 연습의 힘은 마법을 만든다. 아니 세상의 모든 기적과 마법의 진짜 비밀은 연습에 있다. 영화 '바람의 파이터232)'의 실재 인물이자 '극진(極眞) 가라데(당수)'의 창시자인 최배달은 생전에 이렇게 말했다. "일천일의 연습을 '단(鍛)'이라 하고, 일만 일의 연습을 '연(鍊)'이라 한다. 그런 혹독한 단련이 있고 나서야 비로소 승리를 기대할 수 있다." 그렇다. 승리는 끊임없는 연습과 단련의 결과일 뿐이다.233)

동기화란 환상적이고, 목표는 위대한 것이지만, 힘들게 노력하지 않으면 이 모두가 소용이 없다. 만약 성취할 만한 가치가 있는 일이 있다면, 전력을 다해 노력해야 한다. 인생

---

230) 토슈즈(toeshoes): 발레에서 여성 무용수가 신는 신발.

231) 커브(Curve)는 곡구(曲球). 커브 볼(curve ball)이란 뜻이다.

232) 파이터(Fighter)는 기교보다도 체력이나 기력(氣力)으로 상대를 제압하는 투사형(鬪士型)의 선수.

233) 중앙일보 2009. 4. 4.

에서 좋은 일이란 시간과 에너지를 적절하게 투입하고, 희생과 실패를 감수해야 이룰 수 있다. 그래서 성공하려면 어느 정도 강인함이 필요하다. 이는 도전을 두려워하지 않고, 뜻이 있으면서 열심히 일하는 사람에게나 가능하다. 힘들여 열심히 일하는 이유는 우리가 꿈을 실현하기 위해서만은 아니다.

분명히 또 다른 보상과 이득이 있다. 힘들게 하는 일은 우리의 기분을 좋게 한다. 할 일을 다 해놓은 후 얻는 성취나 우리가 최선을 다했다는 것을 아는 것보다 더한 만족감은 없다. 힘든 일을 해내면 무엇보다도 자기 자신을 존경하게 된다. 우리가 성공하든 못하든 열심히 노력할 때 우리는 더 좋은 느낌이 든다. 성공에 이르는 데에는 지름길이나 눈속임, 계교(計較)나 비밀이 있을 수 없다. 성공을 위해서는 노력만이 필요할 뿐이다. 노력을 대신할 만한 것은 없다.[234]

세상에는 타고난 천재성에도 고군분투 대신 나태와 오만함에 몸을 맡겨 버리는 사람들도 많다. 그들은 한때 번쩍임과 예리함으로 세인들의 이목을 집중시키기도 하지만 타고난 재능만 믿고 게으른 자는 결국 번쩍임과 예리함을 잃어버린 채 아무 의미도 소용도 없는 존재로 살다가 간다. 하지만 평범한 사람으로 타고났지만, 끊임없이 우직하게 연습하고 단련해 번쩍임과 예리함을 만든 사람도 적지 않다. 연습은 수많은 땀과 인내의 시간이 필요하지만 성공과 완전함을 만드는 것은 연습이다. 우리 아이가 번쩍이는 보석 같은 존재가 되도록 할 것인가, 별 볼 일 없는 존재로 살도록 내버려둘 것인가? 지금 그 선택과 결단 앞에 우리는 예외 없이 서 있다.

9. 이런 학생이 공부 잘한다

교육문제에서 학부모들의 주된 관심사 중 하나가 '공부 잘하는 아이들은 도대체 어떤 아이들일까?' 하는 궁금증이다. 그 실체를 알면 현실적 당면 과제인 우리 아이의 공부 문제, 즉 '어떻게 하면 우리 아이도 공부를 잘하게 할 수 있을까?' 하는 의문에 대한 해법을 찾는데 모범이나 표본이 될 것이 틀림없다.

국가 학업성취도 평가에 응시한 학생 가운데 초등학교 6학년 1,192명, 중학교 3학년

---

234) 할 어반 저, 김문주 옮김(2006), "인생의 목적", 더난출판, pp.221~227.

977명, 고등학교 1학년 학생 1,003명을 대상으로 학업성취도에 영향을 미치는 요인을 분석한 한국교육과정평가원 자료가 그 답을 제시하고 있다. 한국교육과정평가원 분석 결과 자녀가 부모와 학교공부나 진학, 사회문제, 일상생활 등에 대해 대화를 많이 나눌수록 성적도 올라가는 것으로 나타났다. 또 자녀가 공부를 잘하기를 원하는 부모보다 올바른 품성을 갖기를 원하는 부모 밑에서 자라는 학생이 공부를 잘하고, 예상과는 달리 독서, 취미생활, 학원수강 등에 지나치게 많은 시간을 투자하는 학생의 학업성취도는 오히려 낮아지는 것으로 조사됐다.

학년이나 과목에 상관없이 부모와 학교공부 및 진학에 대해 대화를 거의 매일 하는 학생과 전혀 하지 않는 학생 간 과목별 평균점수 차이가 매우 컸다. 즉, 초등학생은 부모와 학교공부를 주제로 대화를 '전혀 하지 않는다'는 학생의 영어 평균 점수는 52.5점이었으나 '거의 매일 하는 편'이라는 학생은 78.9점으로 차이가 26.4점이었다. 수학은 21.8점, 국어 17.7점, 사회 16.6점, 과학 15.5점으로 대화가 많을수록 성적이 좋았다. 사회문제에 대한 대화도 거의 매일 하는 학생이 전혀 하지 않는 학생에 비해 국어 13.4점, 사회 13.6점, 수학 15.2점, 과학 11.9점, 영어 18.7점으로 높았다. 진학, 직업선택이나 일상생활을 주제로 한 대화 빈도와 학업성취도 간 상관관계도 비슷했다.

중학생과 고등학교 학생을 대상으로 한 조사에서도 역시 같은 결과가 나왔다. 부모가 가치 있다고 생각하는 활동이 평균 점수에 미치는 영향은 예컨대, 초등생 국어는 '올바른 성품을 가진다'가 69.8점으로 '공부를 잘한다'는 62.3점, '좋은 친구를 사귄다'는 61.8점, '운동을 잘한다'는 51.3점 순이었다. 공부를 잘하기를 바라는 부모보다 올바른 성품을 갖기를 원하는 부모가 자녀 성적에 긍정적인 영향을 준다는 사실을 뒷받침하는 것이다. 부모의 학력이 높아질수록 거의 모든 학년, 모든 과목에서 평균 점수가 높아졌으나 어머니 학력이 대학에서 대학원으로 넘어가면 오히려 낮아지는 경향도 보였다.

가정별로 보유한 장서가 0~10권인 초등학생의 국어 평균 점수는 54.9점인데 비해 200권 이상인 학생은 71.8점으로 장서 보유량과 학업성취도도 정비례했다. 집안일도 초등학생은 '자주 하는 편', 중학생은 '가끔 하는 편', 고등학생은 '전혀 하지 않는 편'인 학생의 학업성취도가 각각 가장 높았다. 학교숙제 방식과 관련해서는 '혼자 한다'는 학생이 가장 평균점수가 높았고 '하지 않는다'는 학생이 제일 낮았다. 친구나 형제, 자매, 부모, 학원, 과외교사가 도와줄 때는 평균점수가 들쭉날쭉했지만 엇비슷했다.

텔레비전이나 비디오 시청, 취미활동, 인터넷 통신, 부모 돕기 시간이 성적에 미치는 영향은 초등학생은 '하루 1~2시간'이 '전혀 하지 않는다'보다 약간 높았을 뿐 나머지 학년 등은 시간이 많을수록 성적은 반비례해 떨어졌다. 컴퓨터 게임 및 친구와 놀기 등은 '전혀 하지 않는다'는 학생의 성적이 가장 높았다. 독서는 초등학생은 하루 3~4시간, 중·고생은 1~3시간일 때, 숙제는 1주일에 2~10시간일 때가 그 이상이거나 그 이하에 비해 학업성취도가 상대적으로 높았다. 과외나 학원수강은 영어, 수학은 투입하는 시간만큼 학업성취도가 높아졌다. 다른 과목은 할애하는 시간과 성적에 일관성이 없었고 오히려 반비례하는 예도 많았다. 이밖에 일반계 고등학교는 평준화 지역 학생의 과목별 평균이 비평준화 지역보다 5~10점[235] 높은 것으로 나타났다.

이를 요약하면 부모와 대화, 장서가 많고 부모의 학력은 높을수록 좋으며, 독서, 취미생활, 과외, 텔레비전 시청, 숙제의 양은 너무 많으면 공부에 도움이 안 되는 것으로 나타났다. 이는 아이들의 행동에 대한 적절한 관리와 통제가 필요하다는 것을 의미한다. 부모와 아이, 가정환경에 저마다 개인차이가 나고 사람들의 가치와 지향하는 바도 세월 따라 변하지만, 위에 제시된 내용을 참고로 하여 한 번쯤 우리의 현실적인 상황을 반추해보는 것도 의미가 있을 것 같다.

10. 칭찬 많이 받는 학생이 학업성취도 높다

반응이 발생할 때만 결과가 제시되는 반응과 결과 간의 관계를 유관이라고 하며, 강화는 행동을 촉진하거나 미래에 더 많이 일어나게 한다. 어떤 행동에 대해 결과가 뒤따르면 그 결과는 행동을 더 잘 강화한다. 행동이 결과를 낳고 그 결과는 행동으로 나타날 때 그 행동의 결과 간에 유관성이 존재한다고 말한다. 유관성이 존재할 때 결과는 행동을 더 잘 강화한다. 좀 쉽게 설명하면 높은 시험성적의 시현으로 칭찬을 들은 아이는 다음 시험에서도 칭찬을 받기 위해 공부를 더욱 열심히 해야 하겠다는 생각을 하고 실제로 더 좋은 성적을 올리기 위해 더 많이 공부한다. 따라서 학업성취도도 당연히 높아진다는 말이다.

이러한 경향성은 교육과학기술부 기초학력진단평가 결과에서도 잘 나타나고 있다. 칭찬 많이 받는 학생의 학업 성취도가 높은 것으로 입증되었다.[236] 교육과학기술부는 2008

---

235) 연합뉴스 2004. 4. 12.
236) 자치안성신문 2008. 7. 25.

년 7월 초등학교 3학년 국가 수준 기초학력 진단평가 결과를 발표했다. 이 진단평가는 2007년 10월 전국의 636개(전체 중 10%) 학교 2만 540명(전체 중 약 3%)을 대상으로 읽기, 쓰기, 기초 수학 영역에서 기초학력의 도달 여부에 대한 진단을 통해 수준에 미도달한 학생을 위한 지원 프로그램을 강화하여 국민 기초교육 보장을 목적으로 실시되었다.

교육과학기술부가 발표한 2007년 초등학교 3학년 기초학력 진단평가 결과 기초학력 미도달 학생 비율은 읽기 2.2%, 쓰기 1.3%, 기초 수학 2.6%로, 2006년 결과와 비교하면 읽기 0.2%, 쓰기 0.7%, 기초 수학 1.8%가 감소하였다. 2002년과 비교해보면 읽기 1.2%, 쓰기 1.7%, 기초 수학 4.2%가 감소한 것이다. 2007년 중소도시와 읍·면 지역 간 미도달 비율 차이는 읽기 2%, 쓰기 1%, 기초 수학 1.2%로 나타나, 2002년도에 비해 읽기, 쓰기, 기초 수학 모두 감소했다. 2006년에 비해서는 읍·면 지역 학생의 기초학력 미도달 비율은 쓰기 0.5%, 기초 수학 2.8%가 감소하였으나, 읽기는 0.8% 증가한 것으로 나타났다.

기초학력에 영향을 미치는 배경 변인을 분석한 결과 교사에게 칭찬을 많이 받는 학생, 학교생활에 흥미가 많은 학생, 부모와 대화를 자주 나누는 학생, 학습 준비물을 잘 챙기는 학생의 기초학력점수가 높은 것으로 나타났다. 또 교사의 칭찬, 학교생활에 대한 흥미, 학생에 대한 학부모의 관심, 자기 주도적 생활이 학생의 기초학력을 높인다는 결과가 나왔다.

우리는 칭찬의 중요성을 강조할 때 '칭찬은 고래도 춤추게 한다'는 말을 자주 인용한다. 이 말은 켄 블랜차드[237](Kenneth Hartley Blanchard) 교수가 저술한 책 제목이다. 그 내용은 '웨스 킹슬리는 회사의 중역으로 회사와 가정에서의 인간관계로 많은 고민을 하는 사람이다. 그는 플로리다에 출장을 가 있는 동안 우연한 기회에 씨 월드 해양관에서 범고래의 멋진 쇼(show, 구경거리)를 보게 되었다. 크게 기대하지 않았던 그 쇼에서 무게 3톤이 넘는 범고래들의 멋진 쇼를 보고 어떻게 범고래로 하여금 그렇게 멋진 쇼를 하게 만들었는지 알고 싶어진다. 범고래 조련사인 데이브는 웨스에게 범고래와의 관계는 인간 사이의 관계와 다르지 않다. 멋진 쇼를 하게 만드는 비결은 상대방에 대한 긍정적인 관심과 칭찬 그리고 격려라고 말해준다'는 것이 핵심이다. 따라서 '칭찬은 고래도 춤추게 한다'는 말은 책에서 강조하고 있는 인간관계에서 긍정적 관심과 칭찬 그리고 격려의 중요성을 언급하는 인용에 널리 사용되고 있다.

칭찬은 말하는 사람과 듣는 사람의 긍정적인 에너지를 끌어내고, 분위기와 기분을 상

---

237) 켄 블랜차드(Kenneth Hartley Blanchard): 켄블랜차드사(社)의 회장으로 세계적인 경영컨설턴트로 활동하고 있으며 일정 기간 동일 종류의 책 가운데 가장 잘 팔리는 책(best-seller) 작가.

승시키며 능력을 극대화해준다. 에너지가 떨어져 활력이 필요할 때 적절한 시기에 전달되면 완전한 피로회복제이고 보약이다. 하지만 칭찬이 제대로 된 효과를 발휘하기 위해서는 반드시 때와 장소를 구분하고 진정성이 수반되어야 한다.

11. 부모의 신뢰가 성적에 좋은 영향을 미친다

로젠탈 효과(Rosenthal effect)는 사회 상황에서 발생하는 실험자 편파나 자기 충족적인 예언의 한 형태로 로버트 로젠탈(Robert Rosenthal)이 제안했다. 로젠탈은 교사 집단들에 그들의 학급에 있는 특정 아이들에게 지능지수가 높으므로 앞으로 1년 동안 공부를 잘할 것이라는 믿음을 주었다. 이 아이들은 사실 보통의 지능지수를 가지고 있었음에도 실제로 공부를 잘했다.

이것은 타인이나 자신의 성취에 대해 갖는 기대가 성취에 미치는 효과를 말하는 것으로 주로 긍정적인 효과를 의미한다. 자신은 능력이 좋아서 좋은 성취를 할 수 있다는 믿음을 지니면 좋은 성취를 이룬다는 기대효과(expectancy effects)도 로젠탈 효과와 비슷한 것이다. 이 두 가지는 아이들이 기대에 부응하기 위해 스스로 행동하도록 하는 동인을 부여하고 있다는 점이다. 이렇게 아이들이 공부를 잘하게 하는 것은 기술적인 공부방법도 중요하지만, 심리적인 작용만으로도 좋은 효과를 낼 수 있다는 것을 의미한다. 실제 연구결과에서도 믿음이 아이들 공부에 얼마나 도움이 되는지 이미 잘 입증되었다.

서울대 교육학과 신종호(申宗昊) 교수가 서울대 재학생 120명을 대상으로 '공부를 잘하게 된 원인'에 대해 심층 조사한 결과 '부모의 신뢰'가 공부 잘하는 아이를 만드는 것으로 나타났다.[238] 이 같은 경향은 남학생보다 여학생에게서 더욱 두드러졌다. 경쟁의식 및 비평준화 지역의 학교 분위기도 성적향상에 큰 영향을 미치는 것으로 분석됐다. 조사 대상은 어문계열 22명, 인문사회계열 17명, 자연계열 61명, 기타 20명이며 이 중 남학생과 여학생은 각각 50명, 68명으로 2명은 성별을 밝히지 않았다.

이 논문에 따르면 조사 대상 학생들이 좋은 성적을 받을 수 있었던 것은 △가족 요인(부모의 신뢰, 형제관계), △학교 요인(교사, 친구, 학교 분위기), △목표의식 및 경쟁의식,

---

238) 동아일보 2004. 7. 8.

△노력, 계획 및 실천의지 등이 작용했다. 중복응답이 허용된 조사결과 가족요인은 조사 대상의 절반이 넘는 70명(58%)이 '부모의 신뢰'를 꼽아 부모의 긍정적인 기대가 자녀의 학습에 절대적인 영향을 미친 것으로 나타났다.

학생들은 부모가 자신을 믿고 격려해준다는 것을 느꼈던 구체적 사례로 주위 사람들에게 자신에 대해 자랑스럽게 이야기하고, 자녀를 이해하려 노력하고, 강요하기보다는 스스로 판단해 행동하도록 했다. 수십 권의 책 목록을 내밀었을 때 집안 형편이 어려운 상황에서도 모두 구입해 줬던 점 등을 꼽았다. 특히 여학생은 '부모의 신뢰'를 꼽은 응답자가 48명으로 전체 여학생의 70.6%를 차지했다. 남학생은 42%인 21명이 부모의 영향을 받았다고 답해 여학생이 부모의 기대에 더욱 민감하게 반응하는 것으로 나타났다. 이와 함께 '장손 혹은 외아들로 주변의 관심을 많이 받는 가족 분위기 덕분'(19명)이라거나 공부 잘하는 형과 언니를 따라 학업에 흥미를 느꼈다(19명)는 답변도 많았다.

경쟁, 목표의식 등은 '비평준화 지역 특유의 열정적인 학교 분위기가 도움이 됐다'는 답변도 27명(23%)이나 됐다. 이들은 학교 간 경쟁이나 학교에 대한 자부심 등이 학습효과를 높이는 데 영향을 미쳤다고 밝혔다. '강한 경쟁의식이 공부에 영향을 미쳤다'고 답한 학생이 40명으로 전체의 33%를 차지했다. '원하는 삶이나 자신의 즐거움을 위해 공부했다'는 답변 27명(23%)보다 훨씬 큰 수치였다. 신 교수는 "선의의 경쟁을 위한 자극이 주어지면 학습효과가 높아진다는 사실을 확인할 수 있다. 비평준화 지역에서 학교 분위기가 도움이 됐다는 학생이 많은 것은 동질적인 집단에서 학습 효율이 더 높다는 것을 보여준다"고 분석했다.

이 밖에 '나는 무엇이든 할 수 있고, 다른 사람이 생각하는 것보다 능력 있는 사람'이라고 믿는 자아 효능의식(35명·29%)도 중요한 요인이 됐다. 또한 신 교수는 "부모가 자녀의 생각을 이해해주고 자녀의 능력을 바탕으로 현실적이고 합리적으로 기대할 때 학습에 긍정적 영향을 미친다는 것을 알 수 있다. 부모는 자녀가 학습의 의미를 인식하도록 하고 공부하는 과정에서 스스로 결정하고 노력하는 분위기를 만들어 주는 것이 중요하다"고 말했다.

12. 성적이 떨어지는 아이들에 대한 분석

누구나 성적이 오르면 기분이 좋고 또한 지속적으로 성적이 오르길 바란다. 그러나 인간은 완전하지 않기 때문에 그 누구도 항상 성적을 올리기만 할 수는 없는 일이다. 이 사실을 잘 알면서도 실제 상황에서 막상 성적이 떨어지면 아이와 학부모 모두 당연한 것으로 받아들이는 사람은 거의 없다.

성적이 떨어진다는 것에 대해 기분이 좋지 않게 되는 이유는 여러 가지가 있다. 가장 대표적인 것은 경쟁에서의 패배, 자신의 능력에 대한 한계 확인 등이 부정적인 정서를 자극하여 의욕이나 자신감을 떨어뜨리고, 미래에 자신이 하고자 하는 일에 장애요소로 작용할 가능성이 크다는 우려를 만들어내기 때문이다. 이유가 어찌 됐던, 성적이 떨어지는 것은 유쾌한 일이 아닌 것만은 확실하다. 그 원인을 알면 그나마 대책을 세울 수 있어 다행이지만, 원인을 모를 때는 답답할 뿐이다. 폭이 좁은 등락은 일정한 수준이 유지되는 것이므로 용인할 수 있다. 그러나 그 폭이 지나치게 크거나 지속적으로 성적이 떨어지는 것은 문제다. 이에 유연하게 대처하기 위해서는 어떤 아이들이 성적이 떨어지고 원인과 대책은 어떤 것들이 있는지, 언제쯤 개입해야 하는지 알아 두는 것이 바람직하다.

1) 성적이 떨어진 아이에게서 나타나는 행동 경향

학교에서 성적이 떨어졌을 때 학생 자신이나 가정에서 부모들은 실망과 좌절감을 맛보게 되고, 심한 경우 부모와 자녀 간의 불화와 갈등의 원인이 되기도 한다. 어떤 청소년은 성적하락으로 불안이나 우울과 같은 정신적인 장애를 나타내기도 하며, 극단적일 때는 자살 충동을 느끼거나 생각할 수도 있다.[239]

2) 학업성취에 영향을 주는 가정 및 부모 관련 요인

성적이 떨어지는 아이를 돕기 위해서는 성적하락과 관련된 선행요인들을 검토해보는 것이 중요하다. 학업성취에 영향을 주는 변인으로 가정 및 부모 관련 요인, 학교 관련 요

---

239) 장재홍 · 양미진(2002), "청소년의 세계와 상담", 한국청소년상담원, p.14.

인, 개인의 성격과 관련된 요인이 있는데 가정 및 부모와 관련된 요인을 살펴보면 다음과
같다.

① 부모의 비현실적 기대: 부모가 청소년에 대해 지나치게 높은 기대를 하는 것은 도리
어 학업성취를 떨어뜨릴 수 있다. 이것은 우리나라의 많은 부모가 빠지기 쉬운 함정
중 하나다. 부모의 기대가 지나치게 높으면, 아이는 자신이 부모의 기대를 결코 만
족하게 할 수 없으므로 부모의 요구에 맞추려고 노력하는 것이 소용없는 일이라고
생각할 뿐만 아니라, 극단적일 때는 심리적으로 자신을 지탱할 힘을 잃고 붕괴하기
도 한다.

② 부모의 과도한 압력: 부모가 아이에게 "실패라는 것은 반드시 피해야 하며, 있을 수
없는 일이다"라는 태도를 보일 경우 실패는 위협과 공포의 대상이 된다. 실패가 공
포감을 일으킬 정도로 무서운 것이 되어버리면 아이는 실패에 대한 공포를 내면화
한다. 그러면 아이들은 너무 쉬운 과제를 선택하게 된다. 이러한 행동이 계속되면
적절하게 어려운 수준의 학습을 경험하는 데 방해가 되고 결국 성적이 떨어진다.

③ 과제 자체로부터 얻는 보상경험의 결핍: 자녀가 스스로 배우려고 하는 태도를 격려
하거나 보상해주지 못한 부모들은, 대체로 아이가 충분히 자신의 노력을 다하고 그
결과로 느낄 수 있는 성취감과 자신감을 느끼기도 전에 부모가 과제를 해주기 때문
에 자녀를 미숙하고 의존적인 사람으로 만든다. 이렇게 과제해결 자체가 주는 심리
적 보상을 경험할 수 없을 때 성적이 떨어질 수 있다.

④ 동일시할 수 있는 모범의 결핍: 아이들이 공부하는 것을 본받을 수 있는 대상이 없
을 때 공부하려는 태도를 기르기는 어렵다. 갑자기 성적이 떨어지는 아이들은 때때
로 '우리 부모는 공부 안 해도 잘 사는데……'라고 생각한다.

⑤ 부모의 교육에 대한 가치: 부모들은 공부와 그밖의 성취 지향적인 행동들에 대해 여
러 가지 메시지로 그러한 행동의 중요성을 알리고 그 행동을 완수한 자녀의 능력을
평가한다. 그러나 성취에 대한 부모의 태도가 일관적이지 않을 때, 또는 너무 여러
가지를 한꺼번에 바랄 때 아이들은 성취 지향적인 가치와 행동을 하지 않게 된다.
부모의 교육에 대한 가치가 너무 편향되어 있어서 아이로 하여금 다른 가능성을 전
혀 생각해보지 못하게 하고 한쪽으로만 밀어붙인다면, 아이의 세상을 보는 눈도 좁
아진다. 자기가 나아갈 길로부터 조금만 어긋나면 실패라고 생각하여 불안해한다.

⑥ 가정의 분위기와 조력: 안정되고 정서적으로 편안한 가정은 자녀의 인지 및 정서발

달에 가장 중요한 요인이다. 부부 사이가 나쁘다거나 부모와 자녀 사이가 좋지 않아 자녀가 충분히 가정의 조력을 받지 못했을 때 자녀는 그들의 성취욕구, 인정욕구들을 충족시킬 수 없다.[240]

3) 성적이 떨어지는 아이들의 세계

청소년 대화의 광장이 분석한 성적하락 경험이 있는 청소년에 대한 실태조사 결과를 요약하면 다음과 같다.

① 80% 이상의 학생이 성적하락을 중요하게 생각: 청소년기에 성적에 대한 관심과 염려는 학교에 다니는 청소년들에게는 중요하고 심각한 것으로 드러났다. 전체 80%가량의 학생들이 성적하락을 본인에게 꽤 중요한 일로 지각하고 있었으며 성적이 떨어질 때 많은 걱정을 한다.

② 성적이 가장 많이 떨어지는 시기: 초등학교 4학년, 중학교 1학년, 고등학교 1학년이었다. 초등학교 4학년은 저학년에서 고학년으로 올라가는 과도기적 시기인 동시에 교과목이 어려워지는 시기이다. 중학교와 고등학교 1학년은 상급학교로 진학하면서 여러 가지로 학교생활에 적응이 필요한 시기이고 공부의 비중이 크게 달라지는 시기이다.

③ 성적이 떨어지는 양상: 성적이 떨어지는 양상은 대체로 급격히 떨어지는 경우가 많은데 이는, 특히 인문계 고등학교에서 뚜렷하게 나타났다. 중학생은 중1 때 성적이 많이 내려가지만 상승 가능성이 있고, 인문계 고등학생은 고1 때 급격히 하락한다. 실업계(전문계) 고등학생은 중3 때 성적이 많이 내려가고, 이후 고등학교에 와서는 대체로 성적을 유지한다.

④ 걱정되는 성적하락 폭 3~5등: 성적하락을 걱정하기 시작하는 하락폭은 대체로 본인과 부모가 3~5등으로 비슷했다. 본인보다도 부모가 더 작은 정도의 하락폭(1~2등)에도 걱정을 많이 하는 것으로 나타났다. 성적이 떨어졌을 때 드는 느낌으로는 성적이 상위권인 학생들은 자신을 무능하게 여기고 실망한다. 하위권 학생들은 포기하고 싶고 도피하고 싶어지며 심지어 죽고 싶다는 생각이 들었다는 아이도 있었다.

---

240) 장재홍 · 양미진(2002), "청소년의 세계와 상담", 한국청소년상담원, pp14~16.

⑤ 60%의 학생은 성적하락을 제대로 예측하지 못한다: 성적하락을 얼마나 예측할 수 있는지를 물어본 결과, 6.1%는 전혀 예측하지 못했고, 55.8%는 조금 예측했으며, 24.7%는 꽤 예측했고, 11.4%는 매우 잘 예측했다고 응답하고 있다.

⑥ 성적이 떨어지면 부모가 실망하는 것에 대해 제일 걱정: 많은 학생이 성적이 떨어지면 부모가 자기에 대해 실망하는 것을 가장 크게 우려하고, 본인 스스로 자기의 꿈이 좌절되고 진학하는 데도 어려움이 있을 것이라고 걱정하는 것으로 나타났다.

⑦ 성적이 떨어지는 이유: 많은 학생들이 성적이 떨어지는 가장 큰 이유로 계획적이지 못한 생활을 꼽았다. 상위권 학생들은 중하위권 학생들과 비교하면 실수해서 성적이 떨어졌다고 한 경우가 많았고, 하위권으로 내려갈수록 실력부족이나 외부원인을 이유로 들었다.

⑧ 성적이 떨어졌을 때의 행동: 성적이 떨어진 이유를 분석해 본다는 응답이 가장 많았다. 이와 함께 주위 사람들한테 신경질과 짜증을 낸다는 학생들도 상당수 있었다. 성별로는 남학생은 성적하락으로 인한 스트레스를 친구들과 어울려 놀든지 술이나 담배를 하거나 주변 사람들에게 신경질을 내는 등 외부로 풀어버리는 성향이 강했다. 반면 여학생들은 성적하락으로 말미암아 스트레스로 혼자 심하게 고민하거나 죽고 싶어 자살을 시도하는 등 내적인 갈등을 심하게 겪는 것으로 나타났다.[241] 성적이 떨어지는 양상은 [표 3-1]과 같다.

[표 3-1] 성적이 떨어지는 양상

문항내용	학교별		
	중학교	인문계 고등학교	실업계(전문계) 고등학교
조금씩 하락	16.0%	12.2%	17.6%
서서히 하락 후 급락	10.0%	10.6%	12.3%
하락 후 유지	21.5%	15.0%	26.8%
급격한 하락	19.7%	38.3%	21.9%
하락 후 상승	32.7%	23.9%	21.4%
계	100.0	100.0	100.0

출처: 장재홍 · 양미진 엮음(2002), "청소년의 세계와 상담", 한국청소년상담원, p.17

---

241) 장재홍 · 양미진(2002), "청소년의 세계와 상담", 한국청소년상담원, pp.16~19.

4) 성적이 떨어지는 아이들에 대한 개입

개입은 너무 늦어도 제대로 효과를 보기 어렵지만, 너무 빠르면 아이들을 자극할 수도 있기 때문에 그 시기는 신중하게 결정할 필요가 있다. 성적이 떨어진 이후에 대책을 세우기보다는, 성적이 떨어지기 전에 성적이 유지되도록 하는 것이 더 효과적이고 경제적이다. 그러나 만약 성적이 갑자기 떨어진다면 다음과 같은 전략을 활용해보라.[242]

① 지적 측면의 잠재력을 평가한다.

지적 잠재력을 평가하는 가장 큰 이유는 실제로 높은 학업 성취를 할 수 있는 지적능력을 갖추고 있는 아이인데 잘못하는 것인지, 또는 지적인 측면에 잠재력이 없어서 성적이 떨어지는 것인지를 구별하여 이에 따른 개입을 하기 위해서이다. 지적 잠재력을 평가하는 방법의 하나는 과거 최고 성적을 알아보는 것이다. 이것은 아이가 어느 정도의 학업성취를 할 수 있는지를 알려주는 잠정적인 지표가 될 수 있다. 또 다른 한 방법은 지능수준을 평가하는 방법이다. 지능은 인간의 능력 중 극히 일부분이기는 하지만, 학업성취와 높은 상관관계가 있어 아이가 도달할 수 있는 학업성취의 잠재력 수준을 보여줄 수 있다. 이러한 지적 잠재력의 평가는 아이가 앞으로 학업성취의 선행요건이 만족할 때 도달할 수 있는 학업성취의 수준을 알려준다. 또한 현재의 성적하락 이유를 어디로 돌릴 것인가 잠정적으로나마 알려주고 어떻게 아이를 도울 것인지 그 방향도 알려준다.

② 지적 측면 이외의 잠재력을 평가한다.

인간능력의 극히 일부인 지적인 측면을 기준으로 평가하는 데 익숙해져서 다른 영역의 잠재력에 대해서는 관심을 덜 두게 되었지만, 아이의 능력에 대해 올바로 이해하기 위해서는 아이를 여러모로 평가하는 것이 필요하다. 인지 외적인 측면의 잠재력을 탐색하는 것은 부모나 아이로 하여금 자신에 대한 개념을 새롭게 가지고 자신의 가치를 높이며, 좀 더 넓은 눈으로 자신을 이해할 수 있도록 한다. 또한 성적이 떨어져 아이가 불안이나 공포를 느낄 때 자신의 능력을 새로운 측면에서 발견하게 함으로써 그러한 불안과 공포를 다소 줄이고 자아개념을 높이는 데 도움이 될 수도 있다.

③ 성적이 떨어진 시기, 공부해 온 방법, 주변의 중요한 사람과의 관계를 점검한다.

· 성적이 떨어진 시기의 탐색: 초등학교 4학년, 중학교 1학년, 고등학교 1학년 때 성적이

---

242) 장재홍 · 양미진(2002), "청소년의 세계와 상담", 한국청소년상담원, pp.22~26.

떨어지는 이유는 공통으로 교육과정의 급격한 변화, 새로운 환경 때문인 경우가 많다. 한편, 다른 학년에서 성적이 떨어지는 경우는 개인에게 독특한 이유(예: 주위의 중요한 사람들과의 관계 악화, 공부나 자긍심 등에 영향을 줄 수 있는 특별한 사건)에서 비롯되었을 가능성이 크다.

· 공부해온 방법의 탐색: 스스로 자신의 흥미, 필요 및 자신의 성취 욕구에 의해서 공부해온 아이와 부모의 필요와 억압에 의해서 공부해온 경우를 비교해볼 필요가 있다. 후자는 부모의 필요가 더는 아이의 필요로 받아들여지지 않는다. 부모의 억압이 통하지 않는 청소년 시기가 되어 외적인 억압과 필요가 없어지면 학업 성취를 위한 동기가 없어 공부에 의미를 느끼지 못하게 된다. 이제까지 공부해온 방법을 검토함으로써 아이의 학업에 대한 내적 동기가 어느 정도인지 평가하고 갑작스럽게 공부를 무의미하다고 느끼는 이유를 발견하는 단서를 찾을 수 있다.

· 주변의 중요한 사람들과의 관계 탐색: 성적하락은 아이가 선택할 수밖에 없는 자기표현 방식의 하나일 수도 있다. 그동안 아이가 부모에게 하고 싶은 이야기들(예, 제발 부모님 좀 다투지 마세요. 등)이 받아들여지지 않았을 때, 성적 하락을 통해 자신을 표현할 수도 있다. 또한 그동안 공부하는 것이 자신의 길이 아니라고 누차 부모님께 표현했음에도 그때마다 부모들이 무시하고 아이의 이야기를 들으려 하지 않았다면 비록 어릴 때는 꼭 참고 공부할 수도 있지만, 시간이 지남에 따라 갈등이 심해져서 실제로 공부를 안 해버리는 식으로 표현할 수도 있다.

④ 학업성취를 잠재력 수준으로 높이기 위한 선행조건들: 현재의 학업수준이 잠재력 수준으로 유지되는 데 필요한 조건들이 만족하여야 한다. 이러한 선행조건들이 만족하고 있는지 검토하기 위해 부모는 다음 점검표(check list)를 평가해보는 것이 좋다.

· (부모의 입장에서) 아이와 나의 관계가 신뢰하는 관계인가?
· 내가 혹시 내 아이가 어릴 때 그가 어떤 것을 성취하려고 하기 전에 내가 먼저 해주곤 하지 않았는가?
· 내가 아이에게 공부하기에 좋은 본보기가 되는가?
· 아이가 공부하는 것 이외에 다른 영역에 재능이 있는지 알고 있는가?
· 내가 아이에게 가중한 압력을 주지는 않는가? 아이에게 지나친 압력을 주게 하는 나 자신의 어릴 때 해결하지 못한 무의식적 갈등은 없었는가?
· 내가 아이의 능력에 대해 일관적인 지각을 하고 있으며, 그것을 일관성 있게 전하는가?

· '너는 잘할 수 있는 아이야'라는 이야기를 확신 없이 하거나, 입에 바른 소리로 하지는 않는가?

· 우리의 가정은 편안한가?

· 아이가 공부에 실패해서 돌아왔을 때, 지나친 공포감 없이 '그래도 우리 부모님은 내 편'이라는 느낌이 들 수 있도록 하는가?

· 나는 우리 아이에게 실패해도 돌아갈 곳이 되어 주는가?

· 나는 우리 아이에게 공부 외에 그의 미래를 탐색할 기회를 주었는가?

⑤ 학습전략: 능력의 평가와 선행조건이 만족하지 않은 상태에서 학습전략, 시간관리, 소위 '능률적인 학습방법'을 가르치려고 하면, 이것은 또 다른 짐이 될 뿐이다. 잠재력을 평가하고 잠재력이 있는 부분과 없는 부분이 구분되면, 각 개인의 능력과 개성이 개별화되고 학업성취를 위한 선행조건이 만족한 후에야 학습전략을 검토하는 일이 의미가 있다.

13. 학원에 보내 효과 보는 방법 따로 있다

학원은 우선 성적 올리는 데 한몫을 할 수는 있지만, 내 입에 딱 맞는 학원은 드물다. 과잉의존해서 생기는 학원중독은 학원을 그만두었을 때 다른 사람의 도움 없이 혼자서는 공부하지 못하는 멈추어선 아이를 만들 수 있다. 그러므로 자기 주도 학습을 하면서 부족한 부분이나 학교에서 배우지 않는 것을 보충하는 방향으로 활용하는 것이 바람직하다고 교육 전문가들은 말한다.

전국 초·중·고 1,012개 학교 약 44,000명의 학부모를 대상으로 2009년 6월과 10월 두 차례에 걸쳐 사교육비 규모 및 사교육 참여율 등을 조사한 통계청 자료에 따르면 [표 3-2]에서 보는 바와 같이 우리나라의 2010년 초·중·고등학교 학생 사교육비 총액은 약 20조 9천억 원으로, 1인당 사교육비와 전체 학생 수 감소에 기인하여 전년대비 3.5% 감소했으며, 학생 1인당 월평균 사교육비는 24만 원으로 전년대비 0.8% 감소한 것으로 나타났다.[243]

---

243) 통계청, 2010년 사교육비조사 결과.

[표 3-2] 사교육비 규모

구 분	2007년	2008년		2009년		2010년	
			증감률(차)		증감률(차)		증감률(차)
1인당 월평균 사교육비(만 원, %)	22.2	23.3	5.0	24.2	3.9	24.0	-0.8
사교육 참여율(%, %p)	77.0	75.1	-1.9	75.0	-0.1	73.6	-1.4
방과 후 학교 참여율(%, %p)	-	45.1	-	51.3	6.2	55.6	4.3
EBS 교재구입 학생비율(%, %p)	15.6	16.0	0.4	17.2	1.2	20.8	3.6
사교육비 총액(억 원, %)	200,400	209,095	4.3	216,259	3.4	208,718	-3.5

출처: 통계청, 2010년 사교육비조사 결과

　공개적인 자리에서는 자녀를 학원에 보내지 않는다고 하는 사람들도 있지만, 학원이 없는 지역이나 특별한 사정이 있는 가정을 제외하고 사실상 전국의 거의 모든 아이가 학원에 다닌다고 볼 수 있다. 그런데 현재 아이를 학원에 보내고 있는 부모와 학원에 보내 본 경험이 있는 사람들의 인식은 대개 '성적 향상과 공부에 도움이 많이 되었다. 잘 모르겠다. 별로 효과가 없었다'는 것이고, 아이들은 '알기 쉽게 이해가 잘 가도록 가르쳐 주고 성적향상에 도움이 된다. 잘 모르겠다. 엄마가 가라고 하니까 간다. 별로 도움이 안 된다'는 것으로 요약할 수 있다.

　학원에 다니는 목적은 공부나 성적향상에 도움을 받기 위한 것이다. 그러면 당연히 학원에 다니면 공부나 성적향상에 도움이 되어야 한다. 학원은 소위 말하는 가장 짧은 시간에 성적을 올릴 수 있는 효율적인 지식 전달과 공부기술을 가르치는 대표적인 기관이다. 당연히 교수 방법도 뛰어나다. 그렇지 않으면 학원에 다닐 이유가 없다. 학원에 수강하고도 성적이 오르지 않거나 다니고 싶지 않다고 하면 그것은 분명히 문제가 있다고 보아야 한다. 그런데 아이들이 성적이 오르지 않는데도 문제의 원인이 무엇인지 제대로 파악하지 못하는 사람들도 적지 않다. 원인을 파악하지 못하면 당연히 해결도 못 한다. 원인을 파악하는 일은 자세하게 관찰하고 분석해보면 그렇게 어려운 일만도 아니다.

　아이들을 매일같이 학원에 보내고도 효과를 제대로 못 보는 이유는 7가지 정도로 요약할 수 있다. 첫째는 아이의 실력에 맞는 학원 선택의 문제다. 대부분의 사람은 대형 유명학원이나 전문분야의 학원, 유명강사가 있는 학원에 아이들을 많이 보낸다. 당연히 이들 학원은 나름대로 명성에 맞는 실적이나 교수 방법을 축적하고 있다. 그런데 여기서 가장 중요한 것이 빠졌다. 우리 아이가 좋아하고 잘 적응하고 가르쳐주는 내용을 잘 이해하는

가 하는 점이다. 아이의 선호, 적응, 수용성이 제대로 발휘되지 않는 학원은 다른 아이들에게는 좋은 학원일지 몰라도 우리 아이에게는 좋은 학원이 아니다. 아이와 같이 방문해 실력 평가를 받아보고 일단 다녀본 후 아이의 반응과 결과를 고려하여 계속 여기에 다닐 것인가 아니면 다른 학원으로 교체할 것인가를 결정해야 한다. 일반적인 부모들은 대개 아이의 실력에 대해 잘 안다고 생각한다. 학원에 관한 자료는 학원 스스로 비교적 많이 공개하고 있으므로 자료 수집이 어렵지 않다. 그러나 실제로는 양쪽 모두 또는 특히 우리 아이의 실력을 정확하게 평가하지 못하면서 서둘러 학원의 명성만 듣고 수강을 결정하는 일이 많다. 크게 잘못된 것이다. 우리 아이에게 맞지 않으면 아무리 높은 명성이나 우수한 강사진, 좋은 시설 모두 소용이 없다. 학원의 선택은 학원의 명성이 아니라 우리 아이와 맞는 학원이어야 한다. 둘째는 강사와 아이와의 관계이다. 대인관계는 항상 상대적이다. 다른 아이들이 아무리 잘 가르쳐준다고 해도 소용이 없다. 우리 아이가 잘 이해할 수 있는 강사, 인간적으로 다가설 수 있는 강사, 공부에 대한 어려움을 해결하고 성적을 올리도록 가르쳐주는 강사가 최고의 명강사이다. 가르침을 받고 성적이 올라가기 위해서는 아이와 강사가 맞아야 한다. 셋째는 교재 선택의 문제이다. 교재는 아이의 실력과 직결되어 있다. 공부해야 할 것은 너무 많다. 이미 배운 것을 중복해 배우는 것도 문제지만 이해할 수 없는 너무 위에 단계의 교재를 선택하면 공부에 대한 흥미를 떨어뜨릴 수 있다. 수강 전에 교재를 꼼꼼히 살펴보고 우리 아이의 실력에 맞는 교재, 지금 공부해야 할 단계의 교재를 선택해야 한다. 선택이 어려우면 학원에서 아이의 실력을 평가받고 자문을 구하는 것도 괜찮다. 넷째는 아이의 수강에 대한 필요와 의욕의 문제이다. 공부는 아이가 하는 것이다. 많은 부모가 집에서 가르칠 상황이 못 되니까 아이를 학원으로 내쫓듯이 보내는 경향이 있다. 공부는 구체적인 목표 설정과 공부하는 사람의 의지가 있어야 기대하는 바의 실적을 달성할 수 있다. 아이가 원하지도 않는 과목을 억지로 시킨다고 될 일이 아니다. 잘 모르면 아이에게 수강해야 할 과목을 물어보고 아이가 선택하도록 해야 한다. 다섯째는 같이 수강하는 아이들과의 관계이다. 학원은 따돌림이나 폭력문제 등이 비교적 덜 발생하지만, 사람은 누구나 원만한 인간관계가 되어야 공부나 일을 할 의욕을 느낀다. 주위에 있는 아이들과 화합하지 못하면 잘 다니던 학원도 다니고 싶지 않게 된다. 다니고 싶지 않은 곳에 억지로 다니는 것은 다니고 싶은 학원에 다닐 때와 그 효율이 크게 차이가 날 수밖에 없다. 공부는 힘 드는 일이다. 힘 드는 일을 할 때는 옆에 누군가가 같은 일을 하고 있다는 것만으로도 훨씬 힘을 덜 들이고 즐겁게 일을 하게 해준다. 여섯째는 체계적인 공부를 위해 한번 선정한 학원은 적어도 3년 이상 다니겠다는 자세가 중요하다. 여기 저기 옮기면 공부의 맥이 끊어지고 체계적인 공부가 어렵다. 학원 측에서도 장기적으로 다니는 아이들에게는 관심을 좀 더 둬준다. 하다못해 말이라도 따뜻하게 해주는 등 뭔가 반드시 배려해준다. 인간관계가 형성되고 고객으로 인정하면 사람들은 절대 막 대하지 않는다. 일곱째는 아이가 능력 한계에 도달했을 때이다. 이런 때는 학원에 가면 성적이 유지되고 가지 않으면 성적이 떨어진다. 처음에 학원에 다닐 때는 반짝 효과가 나고 그 후에는 비슷한 성적을 올리거나 유지하는 아이에게 많이 나타나는 현상이다.

학원에 보내 원하는 바의 효과를 보려면 우리 아이에 대한 정확한 실력평가, 학원, 강사, 교재에 대한 선택, 아이의 의지, 다른 아이들과의 관계가 고려되어야 한다. 학원에 다니는데도 아이들이 기대하는 수준의 성적을 향상하지 못하거나 다니는 것을 탐탁지 않게 생각한다면 위에 제시된 문제점들을 하나씩 점검해 원인을 찾아 제거해야 한다. 의도하는 바의 효과를 거두기 위해서는 비슷한 종류의 학원이 많으니까 최소한 3곳 정도는 아이와 같이 방문해 상담하고 평가를 받아보면서 비교 평가를 통해 적합한 학원을 선정하는 노력이 필요하다. 이런 노력을 해두면 아이가 학원을 중도에 그만두거나 학년이 올라가 학원을 바꾸어야 할 필요가 생길 때 기존에 보아 두었던 학원에 대한 정보가 도움이 된다. 그러나 실력의 한계에 도달한 아이들은 더 이상의 성적향상보다는 학원에 다니는 것이 현재의 성적을 유지하는 역할을 할 수 있다는 점도 염두에 두어야 한다.

학원 공부에 지나치게 의존하여 혼자서는 제대로 공부할 수 없는 상태를 학원중독(學院中毒)이라고 한다. 학원 공부에 의존하는 것은 일종의 '중독'이다. 일단 학원에 의존하면 자기 주도적 학습 능력이 상실돼 혼자서는 공부를 못한다. 그래서 다시 학원을 찾는 '학원중독' 현상이 나타난다. 학원중독이 되게 하는 것은 공부에서 실패를 의미한다. 홀로 설 수 없는 인생은 실패한 인생이다. 그러므로 학원을 1~2개월 중단하고 아이가 스스로 공부를 할 수 있는가 하는 점을 살펴보는 것도 한 가지 방법이 될 수 있다. 학원 수강과 같은 사교육은 누가 뭐래도 자기 주도 학습의 바탕 위에 부족한 것을 보충하는 방식이어야 한다. 학원만 과신하는 것은 위험한 발상이다. 공부에 너무 집착해 아이에게 학원을 새벽 시간까지 보내면 간혹 아이가 이유도 없이 무조건 학원수강이나 공부를 거부하는 일도 생긴다. 그런 때는 공부의 필요성에 대한 회의나 힘든 공부를 하고 싶지 않다는 근본적인 문제다. 아이를 몰아세우기보다는 대화로 원인을 찾고 쌓인 것을 풀어내며 스스로 마음을 추슬러 제자리를 찾을 때까지 숨 쉴 공간과 시간을 주어야 한다. 인간에는 누구에게나 방황의 시기도 있고 휴식의 시간이 필요하다.

14. 적절한 선행학습의 시기와 방법

공부를 잘하는 가장 일반적인 방법은 예습과 복습을 철저하게 하는 것이다. 과거에는 당일 배울 것을 미리 집에서 예습한 후 학교에서 공부하고 집에 돌아와 복습하는 정도의 예습복습도 좋은 공부 방법으로 인식되어 널리 활용되었다. 하지만 이제는 시대가 바뀌어 선행학습을 하는 아이들이 증가하면서 현재의 교과 과정을 예습복습하는 공부 방법은 낡은 것으로 여겨지는 상황이 되었다.

말머리나 참선하는 이에게 도를 깨치게 하기 위한 문제를 화두(話頭)라고 한다. 선행학습이 아이들 교육에서 중요한 화두가 된 지도 오래다. 예습복습은 여전히 가장 기본적이고 좋은 공부방법이다. 그러나 단순한 예습복습만으로는 선행학습을 하면서 반복 공부한 아이들과 경쟁해 앞서기는 어렵다. 선행학습(先行學習)은 말 그대로 풀이하면 남보다 앞서 배우고 익히는 것을 말하는데 넓은 의미의 예습 범위에 포함된다. 즉, 예습의 범위와 공부 시점이 좀 더 앞서 가는 것으로 계속 진화 확장하다 보니 선행학습이 되었다.

이제 웬만한 아이들은 거의 선행학습을 한다. 이미 보편적인 공부 방법으로 자리 잡았으며 선행학습의 시기와 방법, 정도가 명문학교 합격 여부를 좌우하는 요소로 작용하는 단계에 이르렀다. 이렇게 학부모와 아이들이 선행학습의 중요성을 공부와 시험의 결정적인 요소로 재인식하면서 누구 할 것 없이 그 시기와 방법, 수준에 대한 관심을 두고 각자 나름대로 선행학습을 진행하고 있다. 하지만 한편으로는 선행학습은 우리에게 있어 여전히 논란거리이다. 현재 상태에서 선행학습을 하는 것이 좋은 것인지 하지 않는 것이 좋은 것인지, 선행학습을 해야 한다면 언제 시작해야 하고 얼마만큼 하는 것이 좋은지, 어느 수준이나 언제까지 해야 하는지, 그 방법은 무엇인지에 대한 구체적이고 명쾌한 답은 없다.

긍정론과 부정론이 팽팽하게 맞서고 있다. 어떤 사람은 초등학교 입학 전에는 선행학습을 시킬 필요가 없다고 하고 다른 사람은 글자와 숫자를 깨치고 입학해야 다른 아이들이 하는 공부 수준에 맞추어 따라갈 수가 있다고 한다. 또 어떤 사람은 방학 동안 '다음 학기에 어떤 내용을 배울까 미리 살펴보는 정도로 충분하다. 아이가 학교에서 자신감을 잃지 않을 정도의 적당한 선행학습이 좋다. 같은 지역이나 동네 아이들이 선행학습을 하는 것에 맞추어 하는 것이 바람직하다'고 말한다. 또 다른 사람들은 '지나친 선행은 금물이다. 지나친 선행은 한창 공부에 재미를 붙여야 할 아이들이 학교공부에 흥미를 잃게 할 수도 있다'고 주장한다.

우리는 여기쯤에서 생각하고 판단을 해야 한다. 선행학습을 긍정적으로 생각하는 사람들과 부정적으로 생각하는 사람들의 사례를 통해 왜 그렇게 받아들이는지 그 이유를 밝혀내면 우리의 방향성을 잡는 데 큰 도움이 된다. 먼저 선행학습을 찬성하는 사람들이 선행학습이 학교공부와 아이들이 가고자 하는 명문학교 진학에 도움이 되었다고 하면 그 말이 사실인지 확인해 보는 일이 중요하다. 이 작업은 어렵지 않다. 여러 가지 경험담이 공개적인 방법이나 비공개적인 방법으로 이미 많이 이야기되고 있다. 그런데 선행학습을 긍정적으로 받아들이고 실행하는 사람들도 왜 그렇게 해야 하는지는 구체적으로 잘 설명하지 못한다. 직접적인 경험이나 간접적인 경험에 의존해 필요한 것으로 인식해 자기 아이에게 맞추어 실행에 옮기기 때문이다.

이와는 반대로 선행학습이 아이의 공부에 대한 흥미를 잃게 한 사례는 찾기가 쉽지 않다. 실패는 좌절감을 가져다주므로 그것을 되새기며 마음 아파하고 싶어 하지 않는다. 하지만 선행학습으로 공부에 흥미를 잃은 아이도 분명히 있다. 부정론과 긍정론이 맞설 때는 판단이 쉽지 않다. 중요한 것은 그들의 문제가 아니라 우리의 관점에서 선행학습의 문제이다. 이것은 아직 내가 판단을 내릴 수 있는 자료와 정보, 지식이 부족하다는 것을 의미한다.

무엇이든 세상의 이치는 아무것도 모를 때는 휩쓸려가면서도 나와 상관이 없는 일로 느끼기 십상이지만 무엇을 조금 알면 궁금증도 생긴다. 한 가지씩 알아 가면 재미가 나고 아는 것이 많지 않을 때는 어렵고 헷갈리기도 한다. 스무고개를 하듯이 문제를 풀어나가다 보면 어느 순간 가장 본질적인 문제로 다가간다. 선행학습은 누가 무엇 때문에 왜 실시하게 되었을까 하는 것이다. 왜 선행학습을 시작하게 되었을까? 이 의문에 대한 답은 타인이 아니라 이미 나 자신의 안에 있다. 단지 내가 지향하는 바를 제대로 의식하지 못하고 있을 뿐이다. 남보다 먼저 준비해 앞서고 싶다는 마음, 내 아이를 훌륭한 사람으로 키우고 싶다는 본능적인 마음에서 시작된 것이다. 그 마음의 바람을 실현하기 위해 좋은 방법으로 선택된 것이 오늘날 선행학습의 발단이었다.

시작은 나에게서 비롯되었다고 하더라도 선행학습이 왜 필요하고 그 효과는 무엇일까? 그것은 미국 심리학자인 손다이크의 학습의 법칙[244]으로 설명할 수 있다. 즉, 공부하면

할수록 알고 싶은 것이 늘어난다. 공부를 많이 하면 실력이 향상되고 공부의 효율이 증가하며, 미리 준비되어 있으면 반드시 그만한 대가가 돌아온다. 마음도 든든해진다. 그리고 공부를 한 결과가 성적 향상이나 시험합격이라는 효과로 이어지면 더욱 공부하고 싶은 마음이 증가한다는 것을 경험적으로 알기 때문에 선행학습을 한다. 자신감을 느끼고 남보다 앞서 가고 최고가 되기 위해 더욱 치열하게 연습하고 노력하게 된다.

실제 제반분야에서 세계적인 실력을 인정받고 있는 사람들은 보통 사람으로서는 감내하기 어려운 정도의 연습과 훈련을 한다. 이 훈련과 연습에는 선행학습이 포함된다. 고난도의 훈련을 받아본 사람들의 역량은 일반인들의 역량과는 차이가 난다. 어려운 일이 발생했을 때 그 일 자체를 바라보는 마음과 대응하는 행동양식도 다르다. 선행학습을 한 아이들과 하지 않은 아이들도 근본적으로 예습의 반복횟수나 심화의 정도, 다양한 문제의 취급, 훈련 등의 영향으로 실력에 현저한 차이가 난다.

선행되는 공부의 범위와 내용이 그만큼 넓어지고 앞서 간다는 것은 아이들에게는 감내하기 힘든 인내를 요구한다. 힘이 드는 것과 비례하여 반복 학습 횟수와 공부 기회는 상대적으로 그만큼 증가하기 때문에 시험에서 이것이 좋은 성적으로 이어진다. 비슷한 또래 간의 경쟁에서 선행학습의 차이는 바로 실력의 차이로 나타난다. 이것은 특히 심화문제를 다루는 시험의 성적에서는 현저하다. 학교공부에도 강한 영향을 미친다. 세상에 완벽한 것이나 100% 좋은 것은 없다. 선행학습도 부작용이 있을 수 있다는 말이다. 그런데도 선행학습이 아이들 성적이나 시험, 실력에 영향을 미친다는 것을 체험한 부모들은 옆에서 누가 뭐라고 해도 선행학습을 그만두려고 하지 않는다. 선행학습을 하는 아이들이 계속 증가하는 이유이다.

그럼 선행학습의 시작 시기와 어느 정도 선행을 시키는 것이 좋을까? 이미 유아 단계부터 외국어 유치원에 보낸다든지 말과 글 가르치기를 시키기 때문에 실질적인 선행학습은 아이들의 말을 가르치는 단계에서부터 시작되고 있다. 하지만 우리가 일반적인 측면에서 볼 때, 선행학습의 구분 기준은 정규교육과정이다. 따라서 재능 발굴이나 영재교육, 언어

---

244) 손다이크의 학습의 법칙(Thorndike's laws of learning).
　① 연습의 법칙: 결합의 강도는 그 결합을 얼마만큼 자주 사용하느냐에 따라서 결정된다고 말하는 법칙. 연습의 법칙은 사용의 법칙과 불사용의 법칙으로 이루어져 있다. 사용의 법칙: 사용하면 할수록 결합의 강도가 증가한다는 법칙, 불사용의 법칙: 사용하지 않으면 결합의 강도가 감소한다는 법칙이라고 한다.
　② 준비성의 법칙: 유기체가 행동할 준비가 되어 있을 때는 그렇게 하는 것이 보상적이고, 그렇게 하지 않는 것이 혐오적이라고 말하는 법칙. 또한 유기체가 행동할 준비가 되어 있지 아니할 때 행동하도록 강요받는 것은 혐오적이다.
　③ 효과의 법칙: 결합의 강도는 반응의 결과에 의하여 영향을 받는다고 말하는 법칙. 1930년 이전에는 손다이크는 유쾌한 결과는 결합을 강화시키고 혐오적인 결과는 결합을 약화시킨다고 믿었다. 그러나 1930년 이후에는 유쾌한 결과만이 결합의 강도에 효과를 미친다고 믿었다.

에 대한 기본적인 것들을 가르치는 유치원 단계의 교육에서는 선행학습에 큰 의미를 두지 않는다. 선행학습을 빨리 시작하는 경우 초등학교 입학과 동시에 선행공부를 시작하는 부모도 상당수 있는 것으로 알려졌다. 그러나 현재 통용되는 선행학습은 초등학교 3학년부터 공부를 시작하여 초등학교 5학년이나 6학년쯤 되었을 때 중학교 과정의 공부까지 끝내고, 중학교 2학년 단계에서는 고등학교 과정까지의 공부를 마친다고 한다. 전 과목을 이렇게 하는 것은 아니지만 영어, 수학, 과학 또는 자신이 특히 좋아하거나 전공하는 과목에서 이러한 현상이 강하게 나타난다.

선행학습은 반복 학습과 심화학습을 할 수 있는 바탕이 된다. 그러므로 올림피아드 같은 경시대회 수상, 명문학교 반열에 들어가는 일부 특수목적고등학교에 진학하려면 이 정도는 해야 한다는 것이 앞서 가는 학부모들의 공통된 생각이다. 특수목적고등학교를 초중등교육법시행령 제90조에서는 '특수 분야의 전문적인 교육을 목적으로 하는 고등학교'로 정의한다. 특수목적고 현황은 [표 3-3]에서 보는 바와 같이 교육과학기술부 통계에 따르면 2008년 7월 말 현재 9개 계열 132교, 80,863명이 재학 중이다. 그러나 선행학습은 단순한 명문학교 합격이나 올림피아드 입상의 문제만은 아니다.

게임이나 컴퓨터 프로그램, 예체능분야, 과학 분야를 비롯한 일반 학문분야도 10대에 탄탄한 기본실력을 갖추지 못하면 자신이 전공하는 분야에서 최고가 되기 어렵다는 인식이 기본 바탕이 되고 있다. 즉 종합예술, 체육, 음악 등의 분야에서 20대에 세계 최고의 기량을 발휘하기 위해서는 10대에 충분한 선행학습을 해야 세계 최고의 실력을 갖출 수 있다. 노벨상도 비슷하다. 일반적으로 30세 이전에 세계 최고의 논문을 낼 수 있어야 노벨상을 탈 가능성이 크다. 즉, 노벨상을 기대하려면 30살이 되기 이전에 철저한 노력과 연구를 통해 세계 최고의 실력을 갖추어야 한다는 것이 일반론이다. 이를 위해서는 대학 진학 이후 본격적인 연구에 돌입해야 한다. 그런데 공교육이 요구하는 단계와 수준으로는 이러한 체계를 갖추기 어렵다.

[표 3-3] 특수목적고등학교 현황(2008년 7월 기준)

	공업	농업	수산	해양	과학	외국어	예술	체육	국제	계
학교 수	22	10	5	2	20	30	24	15	4	132
학생 수	24,901	2,815	2,478	1,234	3,451	25,510	15,988	3,441	1,045	80,863

출처: 교육과학기술부

　　현재 학교에서 배우고 있는 과목에 대한 단순한 예습이 아닌 선행학습은 아이들에게
공부에 대한 별도의 부담이 되는데도 어느 정도 수준에 도달해야 하는지 그 기준이 명확
하지 않기 때문에 많은 스트레스를 안겨준다. 아이가 공부를 제대로 못 하면 아예 선행공
부 자체가 곤란하고, 선행하더라도 항상 좋은 결과를 장담할 수 있는 것은 아니다. 공부에
대한 부담감과 어려운 공부에 대한 강요로 조기에 공부에 대한 흥미를 잃게 하거나 자신
의 능력 한계를 실감해 포기하게 할 수도 있다. 선행학습은 자기 주도 학습으로 실시되기
어렵다. 그러므로 대부분 학원에 의해 설정된 과정을 이수하는 방식으로 진행되므로 주입
식 공부에 의존, 아이들의 창의성을 왜곡시키거나 훼손시킬 우려마저 없지 않다.

　　정신과 전문의에 의하면 17세까지 인간의 지능발달을 100으로 볼 때 출생에서 4세까지
약 50%, 8세까지 80%, 17세까지 100%가 발달한다는 사실 그리고 모든 학습은 쉽게 배울
수 있는 결정적 시기가 있다. 그 시기가 주로 영유아기라는 연구결과를 고려한다면 당연
히 교육은 빨리 시키면 시킬수록 좋다고 한다.[245] 그러나 조기교육으로 교육을 빨리 시키
는 것과 선행학습을 빨리 시키는 것은 그 개념이 다르다. 선행학습을 안 한다고 공부를
안 하는 것이 아니다. 어느 가정이든 선행학습을 성공하기 위해서는 아이가 가중되는 부
담을 감내하며 치고 나갈 수 있어야 한다.

　　경험상 아이에게 선행공부를 시작시켜야 할 시기를 말하라고 한다면, 자녀가 초등학교
에서 상당히 좋은 성적을 낸다는 것을 전제로 할 때, 중학교과정에서 올림피아드 시험 입
상을 목표로 정하고 응시하고자 한다면 응시분야에 대한 대학 교재까지의 공부가 필요하
다. 여기에 명문고등학교 진학을 위한 실력 배양도 동시에 이루어져야 하는 점을 고려하
면 아무리 늦어도 초등학교 5학년부터는 본격적인 선행학습이 시작되어야 한다. 그래야
주어진 과정을 웬만큼 소화해낼 수 있다. 이는 전체적인 공부의 양과 시간을 고려할 때
그렇다는 이야기다. 이렇게 한다고 반드시 유명고등학교에 진학하거나 경시대회에서 동
상 이상 수상한다고 장담할 수도 없다.

　　시험의 결과는 여러 가지 요소가 복합적으로 작용한다. 단지 이 시기에 시작하면 중학
교 2학년까지 4년간은 선행학습을 집중적으로 할 수 있다는 말이다. 그러나 초등학교 5학
년에 선행학습을 시작하는 것도 시간이 부족하고 불안하게 느껴진다면 초등학교 3학년으
로 당겨야 한다. 그런데 이때는 아이가 감내할 수 있느냐 하는 문제가 발생하기 때문에

---

245) 전남대학교 의과대학 정신과학교실/전남대학교병원 정신과 소아청소년 정신건강클리닉.

신중한 고려와 접근이 필요하다. 아이에게 공부에 대한 부담감을 너무 많이 주고 좌절감을 너무 일찍 느끼게 하면 반드시 후회하게 된다. 선행학습을 언제 시작하든 중학교 3학년에 도달하면 곧바로 고등학교 입학 전형이 시작되므로 그동안 공부해온 것을 다시 점검하는 복습을 해야 한다. 누구나 입시의 문턱에 서면 마음이 급해지고 불안해진다. 뚜렷한 근거나 이유도 없이 다른 아이들은 반복 학습과 심화학습을 원활하게 진행해 좋은 성적을 내고 있는 것 같은데 우리 아이는 공부를 힘들어하며 이렇다 할 성적도 내지 못하고 있다는 느낌을 받는다.

만일 초등학교에서 선행학습을 시작하지 않았는데 중학교 입학 후 다른 아이의 공부하는 모습을 보며 심화학습의 필요를 느낀다면 이미 선행학습의 출발시점이 늦었을 가능성이 크다. 그러나 초등학교는 그동안 아이의 공부 상태에 따라 반드시 늦은 것은 아니다. 일반적으로 초등학교 5학년에 선행학습을 시작하려고 마음을 먹으면 시작 시점이 조금 늦었다는 생각이 들 가능성이 크다. 하지만 약간 늦었다는 생각이 드는 시기는 그만큼 필요성을 절감하는 측면이 있으므로 고등학교 이후의 단계로 활력소를 이어가는 에너지원으로 작용해 아이를 더욱 분발하고 열심히 공부하게 하는 요소가 될 수 있으므로 이때가 가장 적당하다. 사람은 한 번에 최고가 되거나 잘하기는 어렵다. 고등학교가 인생행로를 결정하는 일차적인 방향성을 결정하는 중요한 요소이다. 그러므로 중학교 단계에서 반복학습과 심화공부를 어느 정도 시켜 기본실력을 다져두면 다음 공부에 반드시 도움이 된다. 10대에 치열한 훈련을 거치지 못하면 어떤 분야든 정상의 반열에 진입시키기 어렵다.

그렇다고 무리한 선행학습을 진행하면 역효과가 나타난다. 선행공부의 성공을 위해서는 반드시 아이의 수용 상태를 중간마다 점검하고 제대로 이해를 못 하면 반복해서 공부하는 단계를 거쳐 실력을 다진 후 상위 단계로 나아가는 과정을 밟아야 한다. 아이가 현재 단계의 공부도 이해하지 못하고 있는데 그냥 들어두면 다음에 도움이 된다는 생각, 경시대회나 명문학교 합격을 위해 그렇게 해야 한다는 생각, 다른 아이들의 선행공부 단계에 따라가도록 하려고 인위적으로 비슷한 수준까지 선행시켜나가야 한다는 생각은 지극히 위험한 발상이다.

사람이 하는 일은 너무 부족하거나 과잉되면 좋은 결과를 볼 수 없다. 선행학습도 마찬가지이다. 좋은 부분도 있지만 좋지 않은 부분도 있다. 아이가 공부내용을 제대로 이해하지 못하고 수업을 못 따라가는데 무리하게 어려운 상위과정으로 나아가 억지 공부를 시키는 것, 아이가 공부를 잘하고 공부의 깊이를 심화시켜야 할 필요가 있을 때 그것을 방치해도 공부에 흥미를 잃을 수 있다. 선행학습은 예습의 일종이며, 예습이 수업에 많은 도움이 된다는 것은 모두가 아는 사실이다. 그러나 예습이라고 모두 좋은 것은 아니다.

선행학습에서 나타날 수 있는 부작용은 아이들에게 학습 부담을 안겨주어 공부에 대한 의욕을 감퇴시키고 아이들이 공부 내용이 어려운 것으로 느끼면 자신감을 저하할 우려가 있다. 따라서 선행학습은 필요한 것이기는 하지만 효율적인 학습이 이루어지고 성적을 향상하는데 도움이 되기 위해서는 반드시 과목, 시기, 진도 등 아이에 따라 적절한 조정이 필요하다. 아이가 현재 배우는 공부도 제대로 못 해낼 때는 예습보다는 기초를 다지는 복습을 강화하는 것이 효과적일 수도 있다. 선행학습을 시작하려는 학생 중 기초를 다지지 못한 학생은 선행학습을 피해야 한다. 특히 하위권 학생은 절대 금물이다. 하위권 학생은 지난 학기 복습이 더욱 필요하고, 중위권 학생도 선행학습을 시작하기에 앞서 지난 학년에 배운 내용 중 부족한 부분이 없는지 확인하는 것이 급선무다.

학업 결손 부분을 보충하는 것은 빠를수록 좋다. 중학교 3학년 1학기에 2학년 과정 결손을 메우기는 쉬워도, 고등학교 1학년에 올라가서 중학교 2학년 과정의 부족한 것을 찾아내 채우기는 어렵기 때문이다. 기초학력이 부족한 상태라면, 현재 학교수업 진도를 따라가는 데 필요한 내용을 중심으로 복습하고 다음날 배울 단원의 제목, 학습 목표를 읽어보는 정도로만 예습하는 것이 좋다. 선행학습을 처음 시작한다면, 가장 좋아하는 한두 과목만 골라 학습해두면 학습 부담이 훨씬 줄어든다. 선행학습 효과를 높이려면 개념서적을 꼼꼼히 보면서 자신이 배운 개념이 어디에서 나온 것인지를 잘 이해하고, 다음 단원으로 넘어가야 한다. 기초가 잘 잡혀 있고 과목에 대한 흥미가 높으면 선행학습을 통해 자신의 특기 과목으로 키우는 것도 좋다.

어느 정도 선행학습을 하는 것이 옳은가에 대해 고민하는 학부모가 많다. 정답은 바로 '아이가 원하는 만큼'이다. 상당수 부모는 "우리 아이는 공부할 마음이 없다"고 한탄하지만, 그것은 오해다. 아이에게도 반드시 잘하고 싶은 욕구가 있다. 그러므로 아이가 공부를 얼마만큼 받아들일 수 있는지, 어떤 공부를 하길 원하는지 먼저 파악해야 한다.[246]

선행한다고 반드시 공부를 잘한다는 보장은 없지만, 예습을 통한 개념파악과 이해가 공부에 도움이 된다는 것은 부정하기 어렵다. 아이에게 공부에 대한 흥미를 갖게 하면 아이는 부모의 도움 없이도 스스로 공부를 해나갈 수 있다. 그러나 아이가 공부에 대해 싫

---

246) 조선일보 2010. 3. 2.

증을 느끼게 하면 그다음에는 어떤 대가를 치러야 할지 가늠하기 어렵다. 세상은 너무 뒤처져서 가는 것도 좋지 않지만, 지나치게 앞서 가는 것도 항상 바람직한 일은 아니다. 제때에 가는 것이 중요할 때가 많다. 너무 앞서 가려다가 망가져 정작 제때도 못 가고 뒤처져 가게 하면 그것은 결코 현명한 일이 못 된다. 정상 수준의 유지는 할 수 있어도, 최상에 도달하면 그다음은 급하게 내려올 일밖에 없다. 이것은 타인과의 경쟁이나 개인의 능력에도 동시에 적용된다.

아이의 공부 능력이 부족하고 선행학습이 제대로 되지 않을 때는 폭을 작게 하고 진도 나가는 속도를 늦추어 기초를 다지는 것이 순리이다. 억지로 앞서 가는 아이에게 공부의 속도나 진도를 맞추려고 하면 안 된다. 뱁새가 황새를 따라가면 다리가 찢어진다는 속담은 욕심이 가져올 수 있는 폐해를 경계시키는 말이다. 미국 심리학자인 스키너(Skinner)가 제창한 스몰 스텝(small step)의 원리는 하나의 학습 과정을 잘 학습하려면 쉬운 것에서부터 비약하지 않고 점차 어려운 것으로 밟아 가는 것이 중요하며, 단계가 좁을수록 학습은 더욱 쉽게 된다는 것이다.

교육과정 교재 범위의 폭이 너무 넓고 심화하여 어려우면 아이가 이에 따라가지 못해 공부를 싫어하게 되는 경우가 많다. 일반적으로 계획학습은 교육과정의 범위 폭을 세분하는 것이 효과적인 방법이라는 인정을 받고 있다. 범위 폭을 좁게 나누었기 때문에 각 틀 안에 들어 있는 문항의 정답률을 높이고 많은 아이가 높은 점수를 받게 할 수 있다. 바람직한 과정에서 벗어나는 것을 방지하여, 될 수 있는 대로 빨리 제반 '과정'을 바로 잡아 주는 데 효과가 있을 뿐 아니라 강화의 횟수도 많게 하여 학습의 정착을 확실하게 하는 데 큰 효과가 있다. 아무리 복잡한 학습 내용이라도 작은 자극과 반응을 집적시킨 것에 불과한 것이므로 누구에게나 이를 쉽게 정착시킬 수 있다는 데 특징이 있다.

남의 떡이 커 보인다는 속담은 내가 가지지 못한 것에 대한 부러움을 솔직하게 반영한 말이다.[247] 인간의 불행이 거기서부터 생긴다는 말도 일리가 있다. 나는 가지지 못했는데 다른 사람은 지니고 있는 것들에 대한 집착으로 내가 가진 소중한 것을 놓쳐버리고 급급해하는 마음을 갖는다는 것은 참으로 불행한 일이다. 많은 것들을 가졌음에도 '아. 나는 불행하다!' 하고 생각하면 인생은 진짜 불행해질 수도 있다. 아이들은 모두 나름대로 가치를 가지고 있다. 나의 어리석음으로 우리의 보배인 아이들을 더욱 힘들게 하는 잘못을 범

---

247) 안은수(2008), "행복한 인생", 도서출판 문사철, p.110.

하는 것은 안타까운 일이다. 내가 자신이 없거나 조급함에 쫓길 때에는 바로 눈앞의 것 이외에는 도무지 보이질 않는다.[248]

꼬리에 불이 붙은 강아지가 바로 옆에 있는 물동이를 쳐다보지 않은 채 뱅글뱅글 돌고 있는 답답한 지경과 다름이 없다. 한 발만 떨어져서 보면 해법이 있는데 목전의 문제에 급급하여지면 그것 이외의 아무것도 받아들이지 못하는 어리석음, 맞장을 뜨거나 자신의 문제를 골몰할 때 염두에 두어야 할 진리는 급급하면 이미 진 게임이라는 것이다. 그런데 그게 어디 말만큼 쉬운 일인가. 당장 급해서 골몰하고 있는데 이것저것 따져 볼 여유를 어디서 찾겠는가. 그러니 내공이 필요한 것이다. 어떤 분야든 최고인 달인이나 고수가 되기 위해서는 각고의 노력과 숱한 시련의 과정을 거쳐야 누구도 쉽게 넘볼 수 없는 실력의 소유자로 우뚝 설 수 있다.

문제의 해결 능력은 시행착오를 통해 한 단계 나아간 지점으로 전진하는 과정에서 성숙한다. 나 자신의 문제도 그렇고 상대와 연결된 것도 마찬가지이다. 노력 없는 보상은 우주 어디에도 존재하지 않는다. 사태를 제대로 파악하고 내가 원하는 것을 얻기 위해서는 어렵고 급한 문제일수록 한 박자 쉬면서 앞뒤를 살피는 전략이 필요하다. 중요한 것은 타인이 아니라 나다. 무엇이든 우리 아이에게 맞아야 좋은 것이다. 인생은 남들만큼 되지 않고, 생각대로 되지도 않고, 마음대로 되지도 않으며, 쉽지도 않다. 지금은 우리에게 특별한 묘안이 없고 가시적인 효과가 잘 나타나지 않을 수도 있다. 이런 때는 그저 현재 맡은 소임에 온 힘을 다하는 것이 최고의 방법이다.

지금 앞서 가는 것처럼 보이는 것이 진정 앞서 가고 좋은 것인지, 잘 산 것인지 아닌지는 세상을 모두 살아보아야 알 수 있는 일이다. 공부하는 과정이 중요하고 인생에 큰 영향을 미치지만, 전체 인생이라는 관점에서 보면 더 중요한 가치도 얼마든지 있다. 아이가 공부를 잘하고 좋은 성적을 내는 것은 하루아침에 이루어질 수 있는 것이 아니다. 공부가 힘들고 어려운 일이라고 느낀다면, 몰아세우기만 할 것이 아니라 함께 고민하고 인내하며 도전의 끈을 놓지 않도록 응원해주어야 한다. 세상에 헛된 노력은 없다. 현재의 힘겨움을 참고 견디는 아이는 언젠가 반드시 저력을 발휘할 날이 온다.

---

248) 안은수(2008), "행복한 인생", 도서출판 문사철, pp.155~156.

15. 집에서 공부하는 내신 성적관리 전략

　재능과는 상관없이 자녀가 학교에 다니는 동안 모든 학부모와 아이들은 공부 잘하는 것을 원한다. 평소에 성적이 공개되면 '학생들 사이에 위화감이 생길 수 있고 인간성이 중요하다'고 말하는 학부모와 교사들도 있다. 하지만 그들 역시 아이들이 공부 잘하는 것은 중요한 관심사이고 실제 공부를 잘하면 자부심을 느낀다.

　학교 교육에서 평가의 핵심은 성적이다. 많은 아이가 좋은 성적을 내기 위해 선행학습과 심화학습은 물론 현재 배우고 있는 교과목의 이해를 높이기 위해 학원에 다니고 과외공부를 한다. 좋은 성적은 명문학교 진학을 위한 가장 현실적인 방안이라는 것을 잘 안다. 그러므로 '사교육비 부담에 허리가 휜다'고 아우성을 치고 사교육 열풍을 우려하는 사람들도 우리 아이가 좋은 학교에 진학하기 위해서는 사회적 지탄의 대상이 되는 고액과외와 고액 학원수강도 마다하지 않는다. 아이들을 학원에 보내고 과외공부를 시키는 이유는 성적을 올리는데 그만큼 도움이 된다는 학부모들의 경험에 의한 현실적인 판단과 선택이 바탕이 되고 있다.

　학원비와 과외공부 비용이 가정경제의 상당한 부담으로 작용하는 현실적인 여건을 고려할 때 학원에 다니지 않고 과외수업도 받지 않으면서 공부를 잘할 방법이 있다면 많은 학부모가 그 방법을 선택할 것이다. 그런데 그러한 방법이 전혀 없지는 않다. 아이가 집에서 혼자 공부해 내신 1등급을 받을 수 있다고 장담을 하기는 어렵지만, 아이의 지능과 노력에 따라 1~2등급을 획득하는 것은 어느 정도 가능하다. 그 구체적인 방법은 나란히 KAIST(Korea Advanced Institute of Science and Technology, 한국과학기술원)를 졸업하고 '쌍둥이 형제의 3Step(단계) 학습법'이라는 책을 내기도 한 것으로 알려진 쌍둥이 형제인 박현준, 박현성 씨의 공부 방법이 좋은 표본이 될 수 있다.

　두 사람의 시험공부 방법의 핵심은 시험 3주 전, 3권의 문제집을, 3번 푸는 '3Step 학습법'이다. 그들은 평상시 철저한 예습복습을 바탕으로 공부를 진행한 후 시험을 앞두고 문제집을 활용하는 방법으로 다음 3단계를 거쳤다. ① 1단계는 문제집의 '차례'를 살펴보면서 전체적인 흐름을 파악한다. 이후 문제집 내에 이론이 정리된 부분을 정독한다. 이때 중요한 부분을 노란색 연필로 표시한다. 그 뒤 문제를 푼다. 문제를 풀 때는 각 페이지(page) 하단 여백에 답을 적고 채점을 한다. ② 2단계는 다시 문제집 내 이론정리를 살펴본다. 이때도 여전히 중요하다고 판단되는 부분에는 한층 눈에 잘 띄는 연두색 연필로 표시한다.

이후 동일한 문제집을 두 번째로 푼다. 이때는 문제집이 아닌 연습장에 답을 적고 문제집의 각 쪽 하단에 이미 적어두었던 정답과 비교하며 채점한다. 채점결과 '실수'로 틀린 문제에는 '△'표시를, '몰라서' 틀린 문제에는 '☆'표시를 한다. ③ 3단계는 또다시 문제집내 이론정리를 본다. 선생님께서 '시험에 꼭 나올 것'이라고 수업시간에 언급한 내용을 떠올리면서 해당 단어·문장·문제에 형광펜이나 빨간색 펜으로 표시한다. 빨간 표시 부분은 시험 당일 해당 과목 시험을 10분 앞둔 쉬는 시간에 최종적으로 다시 읽는다. 이후 마지막 세 번째로 문제집을 풀어본다. 이때는 '△'표시, '☆'표시를 한 문제에 특히 집중해서 푼다. 이렇게 하면 문제집 자체가 훌륭한 '오답 노트'가 된다.

여기서 우리는 생각을 해보아야 한다. 시험 문제를 풀기 위해서는 사전에 어느 정도 공부가 되어 있어야 하느냐 하는 점이다. 박현준, 박현성 씨 형제는「어머니로부터 '공부하라'는 잔소리를 들어본 기억이 별로 없다고 했다. 대신 어머니는 '학교에서 돌아오면 곧바로 손발을 씻고 그날 배운 것을 복습하라'는 숙제를 내줬다고 한다. 복습은 한 시간 남짓 그날 배운 교과서 내용을 읽고, 월간 문제집인 '이달학습'을 어머니가 그날그날 정해준 분량만큼 푸는 것이었다. 숙제만 끝내면 어머니는 형제가 자유롭게 놀도록 했기 때문에 학교에 다녀오면 곧바로 복습하는 습관이 형제에게 생겼다. '초등학교 1학년 때 잡힌 습관이 대학 때까지 이어졌다'는 것이다. 그리고 두 사람은 중·고등학교에 가서도 매일 국어, 영어, 수학, 사회, 과학 등 주요과목을 복습했다. 여전히 복습은 그날 배운 범위만큼 교과서를 읽고 문제집을 풀어보는 것이었다. 문제집은 교과서를 낸 출판사에서 나온 것으로 사되, 교과서의 내용이 서로 비슷한 수학은 자기 마음에 드는 문제집으로 골랐다. 동생 현성 씨는 "공부를 할 때는 '공부시간'이 아니라 '분량'이 중요하다. 복습할 때는 '오늘 배운데'를 한다는 원칙이 늘 서 있었기 때문에 정해진 양을 끝낼 때까지 몰입해 공부할 수 있었다"고 말했다. 국어, 영어 등 언어 과목은 학교에서 배운 내용을 복습하는 내신공부 외에도 별도의 공부가 필요했다. 영어는 독해 문제집(리딩튜터), 문법책(맨투맨), 어휘 책(우선순위영단어) 등 영역별로 문제집을 산 뒤 '지문 서너 개', '한 단원'(chapter), '단어 20～30개'처럼 매일 목표치를 정확하게 정해두고 이를 하루도 빠짐없이 지켰다. 이렇게 공부하다 보니 교과서에 나오는 내용이 오히려 쉽다는 생각이 들었다[249]」고 한다.

　유심히 관찰하면 박현준, 박현성 씨 형제가 공부한 방법 속에 공부를 잘하는 방법이 거

---

249) 동아일보 2009. 8. 25.

의 망라되어 있다고 할 수 있다. 초등학교 1학년 때부터 예습복습, 매일 일정량의 학습지를 푸는 등 공부하는 습관이 들여져 있었다. 뚜렷하게 공부 목표를 설정하고 매일 영어단어 20~30개를 암기하는 방법으로 기초공부가 되어 있으면 웬만한 문제집도 거뜬히 혼자서 풀 수 있을 것으로 생각된다. 여기에 오답 노트까지 하고 있었으므로 당연히 내신 성적 1등급을 유지하는 수준으로 공부를 잘 할 수 있었을 것으로 보인다.

박씨 형제와는 달리 우리는 아이들에게 중간고사와 기말고사 전에 평균적으로 보면 문제집 2권 정도를 스스로 풀게 하고 풀고 난 다음 채점을 통해 틀린 것은 다시 풀게 하고 오답 노트를 하도록 하는 방법으로 공부를 시켰다. 공부는 문제를 푸는 것보다는 개념이해와 정리가 더 중요하다. 하지만 시험은 개념을 이해하는 것과는 또 다른 측면이 있고 현실적으로 성적은 시험을 통한 평가방법에 의해 획득되므로 어떤 문제가 출제될 수 있을지 미리 보아 두는 것이 반드시 필요하다. 문제집에 따라 난이도와 출제 경향이 다를 수 있으므로 2권 정도는 풀어 보는 것이 필요하다. 그리고 부족한 부분이나 이해를 잘하지 못하는 부분은 교과서를 보고 다시 정리하고 이해하거나 외우도록 하였다. 박씨 형제처럼 단어를 정해놓고 매일 몇 개씩 암기하게 시키지는 않았지만, 초등학교와 중학교에서 1~2등급의 내신 성적이 유지되었다. 그런데 대부분의 아이들은 집에서 시험 전에 문제집 2권이나 3권씩을 풀기 어렵다.

과목수가 많기도 하지만 자기관리가 어렵고 사전에 충분한 예습이 되어 있지 않기 때문이다. 혼자서 문제를 풀어나가기 위해서는 적어도 공부할 내용을 3~5회 읽는 정도의 공부를 하고 핵심내용을 꿰뚫어 볼 수 있어야 한다. 그렇지 않으면 이미 상위과정의 심화 문제에 대한 선행공부가 완료되어 있어야 가능하다. 당일 공부하는 것에 대한 예습복습으로 혼자서 문제를 풀 수는 있지만 스스로 오답 노트를 하고 제대로 못 푼 문제에 대해 이해를 하기는 어렵다. 못 푸는 문제나 이해가 잘 안 되는 문제에 대해 물어볼 곳이 없기 때문이다. 결국 그만큼의 선행공부와 심화공부가 되어 있어야 가능하다는 말이 된다. 자기 학년의 문제를 풀고 혼자 공부를 무리 없이 진행해나가기 위해서는 수학과 과학 과목은 2학년 정도의 상위과정을 선행하는 공부를 하고 있거나 방학 때 미리 다음 학기에 배울 것을 전체적으로 공부를 한번 모두 진행한 다음 학기 중에 또다시 예습복습을 하고 있어야 가능하다.

박씨 형제가 매일 영어 단어 20~30개씩을 외웠다고 했다는 말을 그대로 받아들이면 중학교와 고등학교 과정에서 6년 동안 년 중 300일을 매일 20단어를 공부했다고 가정할 때

1년에 6천 단어 6년이면 3만 6천 단어를 외운 셈이 된다. 그러나 실제 실행을 했다면 아마 6천 단어를 6회 반복해서 외웠을 가능성이 크다. 중고등학교 과정에 그렇게 많은 단어가 나오지도 않지만 보통 아이들은 절대 그렇게 외울 수 없다. 대단한 결심을 하고 공부를 시작했다고 하더라도 2~3일만 지나면 그전에 외운 단어들을 잊어버리기 때문에 감히 흉내 내기 어려운 일이다.

영어 공부에 자신을 갖는 사람들은 대개 필수적으로 사용되는 2천~3천 단어를 확실하게 외우거나 기억하고 그다음부터는 공부해 가면서 그 폭을 넓혀간다는 말을 많이 한다. 그러므로 3만 단어를 일부러 외울 필요도 없고 박씨 형제도 실제 얼마만큼의 단어를 계획적으로 하루에 20~30개씩 외웠는지는 모르겠지만, 한 가지 확실한 점은 보통의 지능을 가진 평범한 사람이 아니라는 점이다. 오히려 우수한 지능을 갖고 공부의 습관화와 철저한 노력을 통해 자기관리와 성적관리를 장기간에 걸쳐 진행한 결과가 오늘날의 그들을 만들었을 것이 틀림없다.

일반적으로 학원에서는 핵심과 요점, 출제 예상문제까지 뽑아주지만 혼자 공부하는 것은 자기가 모두 파악해야 하므로 학원을 통해 1시간 공부할 것을 혼자서 하면 최소 3~5시간은 해야 한다. 그렇게 공부해도 핵심적인 내용과 예상문제를 제대로 뽑을 수 없다. 간단하게 말하면 혼자 공부를 하려면 그만큼 많은 양의 노력과 선행공부가 되어 있어야 한다는 것이다. 현재 배우는 것도 좋은 성적을 받기가 쉽지 않은 데 배우지도 않은 과정을 혼자 공부하는 것은 더욱 쉽지 않다. 이러한 현실적인 문제 해결을 위해 대부분의 아이가 학원을 이용한다. 학원에 보내면 도움이 된다는 것은 알지만, 비용이 많이 든다. 그러면 비용을 줄이고 공부 효율도 달성할 수 있는 좋은 방법이 없을까 하는 점에 대해 자연이 관심이 쏠린다. 좋은 방법이 있다. 그것은 강남구청 인터넷 수능방송과 EBS(Educational Broadcasting System, 한국교육방송공사) 등 교육방송을 청취하도록 하는 것이다.

적절하게 선택하면 비교적 저렴한 비용으로 아이의 공부 내용과 속도에 맞추어 선행공부와 심화학습, 다음 학기에 배울 과목에 대한 공부까지 웬만큼 진행할 수 있다. 혼자 하는 공부는 우선은 많은 시간과 더 굳은 의지가 필요하다. 처음에는 속도가 늦지만, 어느 정도 탄력을 받으면 그때부터는 혼자 공부하는 방법을 터득한 아이들이 좋은 결과를 만들어낼 가능성이 크다. 자기 주도 학습은 언제 어디서든 스스로 실력을 발휘하게 하지만 학원이나 과외를 통한 공부는 그것이 중단되거나 통용되기 어려운 공부를 진행할 때는 문제가 발생할 수 있다는 점을 염두에 둘 필요가 있다.

집에서 공부하는 내신 성적관리를 위해서는 중요과목에 대해 매일 일정 시간 공부 습관화, 개념 이해와 정리, 적절한 선행학습, 시험 전 문제집 2권 공부와 오답 노트, 강남구청 인터넷 수능방송과 EBS를 활용하는 방안을 권장하고 싶다. 많은 학부모가 유명학교나 대학을 졸업한 아이를 발전모형으로 삼지만 한 가지 확실한 점은 유명학교에 진학했거나 졸업한 아이들은 대부분 지능지수(IQ)도 높고 그들 스스로 최선을 다하는 치열한 노력을 했으며, 그들이 공부한 시기와 우리 아이가 공부하는 현재의 환경요소가 다르다는 점이다. 우리 아이가 발전 모형인 그들과 같이 유명학교에 가기 위해서는 그들만큼의 지능지수를 갖고 그들만큼 치열하게 노력하고 있는지 반드시 살펴보고, 우리 환경을 고려하여 적절한 대응전략을 마련해야 한다. 지능지수도 낮고 노력도 부족하며 대응전략까지 적절하지 못하면 그들과 같이 된다는 것은 이상에 불과하다.

16. 부모가 아이들 교육에서 해야 할 일 9가지

후회가 없는 인생이란 존재하지 않는다. 사람이기에 늘 실수하기 마련이고 이는 후회로 이어진다. 어떤 일이나 사건이 발생했을 때 당시로써는 나름대로 전력을 기울이고 합리적인 판단을 내렸다고 생각한다. 그래도 지나고 나면 '그때 좀 더 잘했더라면, 좀 더 강력히 밀어붙였으면, 좀 더 인내심을 갖고 끈질긴 노력을 했으면 좋았을 것'이라며 때늦은 후회를 한다. 이것이 인간이다. 누구나 해야 하는 후회라도 그 내용은 사람마다 제각기 다르다. 아이들 교육에서 후회를 줄이기 위해 부모가 반드시 해보아야 할 일 9가지를 소개한다.

① 무슨 일이든지 한번 시작한 것은 반드시 끝까지 하도록 훈련한다.

공부에 흥미를 갖지 못하는 아이들은 대부분 공부를 중도에 포기한다. 여기서 말하는 포기는 단기적이고 순간적 충동에 의한 포기와 아예 학업을 중단하는 장기적인 포기까지 모두 포함된다. 공부를 잘하는 아이들도 공부 자체가 재미있어서 하는 경우는 많지 않다. 순간적으로 문제를 풀거나 이해를 통하여 깨우침의 기쁨을 맛볼 수는 있다. 하지만 매일 장시간 앉아서 인내해야 하는 공부에서 이러한 기쁨은 극히 제한적으로 나타나는 것일 뿐이다. 대부분은 성적을 유지하거나 올리고, 원하는 학교에 진학하거나 자신의 장래를 위하여 현재 힘겨움을 참고 공부를 하는 것이다. 그러한 과정을 거치며 책 한 권을 모두 보거나 주어진 교육과정을 이수하면 반드시 그만한 실력 향상이 이루어진다.

어떤 책이든 반드시 몇 가지는 배울 것이 있다. 책을 중간까지 보다가 마는 것과 전체를 보는 것은 큰 차이가 난다. 책은 전체적인 측면에서 볼 때 처음부터 끝까지 같은 내용을 중복해 기술하지 않는다. 어떤 책들은 부분적인 내용도 중요하지만, 전체를 모두 읽어야 저자가 전달하고자 하는 중요한 내용을 알 수 있도록 엮어지는 것도 있다. 그런데 공부를 중도에 포기하는 아이들은 항상 수학 30쪽에 머무는 경우가 많다. 수업 진도는 훨씬 멀리까지 나갔지만, 그 부분을 공부하려니 기초가 부족하고 이해가 어려워 공부가 제대로 안 된다. 앞쪽으로 돌아와 처음부터 기초를 쌓으려고 보면 시시한 것 같은 마음이 든다. 공부를 좀 해야 하겠다는 마음을 먹어도 처음부터 시작해 한 30쪽까지 나가면 모르는 것이 증가하는 데다 재미가 없으므로 실증을 느낀다. 공부를 순간적으로 포기하는 것이다. 다음에 또 공부해야 하겠다는 생각이 들어도 마찬가지의 행동이 반복된다. 결국 항상 수학 30쪽에 머물게 된다.

아주 공부를 잘하는 아이가 아니면 현재 공부하는 책의 85% 이상을 이해하기는 어렵다. 시험에서 90점 이상을 받는 아이들도 예습과 복습뿐만 아니라 시험 직전에 모두 별도의 시험공부를 한다. 다시 정리를 하므로 그렇게 높은 점수를 받는 것이지 학교에서 한번 배우고 이해하는 것으로 끝나면 시험에서 85점 이상 받기는 거의 어렵다. 그리고 시험을 보기 위해 높은 점수를 받고 이해의 정도를 높였다고 하더라도 학년이 올라가면 잊어버리기 때문에 이미 배운 것이라도 다 알지는 못한다. 만일 학년이 올라가도 배운 과정을 거의 다 아는 사람이 있다면 지능지수가 아주 높거나 지속적으로 연관된 공부를 통하여 직간접적으로 반복·심화학습을 하고 있기 때문이다.

모든 분야에서 기초 다지기의 중요성을 강조하는 것은 그 과정이나 내용에 대한 이해와 공부가 상위과정의 문제 해결과 연관된다는 데 있다. 그러므로 한번 마음먹은 것을 끝까지 하도록 하는 자세는 아주 중요하다. 재미없고 힘들고 어려울 때마다 거기서 포기하면 인생은 이룰 것이 아무것도 없다. 인내는 쓰지만 그 열매는 달다. 자녀교육 용도의 책도 그렇지만 공부를 목적으로 하는 책은 기본적으로 3번 이상은 보아야 한다. 대부분 책은 읽을 때마다 새로움을 느끼게 하고 배울 것이 있다. 이것은 책 내용이 새로 만들어지는 것이 아니라 인간의 이해능력과 기억의 한계가 그렇게 만든다.

② 중학교 3년간은 아이들이 잠을 6시간 정도만 자게 하면서 공부에 매진하게 하는 통제 또는 관리교육을 한다.

초등학교 5학년에서 고등학교 3학년까지의 어느 기간 중 3년이라도 괜찮다. 시기 결정에서 가장 중요한 요소는 아이가 관리와 통제를 수용하고 따를 수 있겠다는 판단이 서는 때면 된다. 인간 두뇌는 17살 이전에 대부분 급격한 발달이 완성된다고 한다. 관리 교육의 핵심은 공부의 습관화, 반복 학습을 통한 기초 실력 다지기와 심화공부의 준비, 자기관리 강화, 도전정신의 함양 등에 있다. 아이 스스로 자신을 통제하기 어렵고 좋은 공부습관이나 자기관리가 쉽지 않으므로 그러한 것들을 길러주는 데 있다. 또한 인생의 향방을 결정하는 고등학교나 대학교 입학시험에서 일차적으로 자신의 능력을 확인하고 시험해보게 하는 것도 포함된다.

최소 6개월에서 1년의 공부 습관화 과정을 거치고 나면 일정한 시점을 잡아 공부방법이 효율적인지에 대해 반드시 점검해야 한다. 공부에서 습관은 아주 중요하다. 성적을 올리기 위해 습관을 들이지 않고 공부 방법에 먼저 접근했을 때는 공부시간이 부족해 제대로 좋은 성적이 안 나올 가능성이 크다. 특정한 시기에 한번 확실하게 실력을 다지고 공부의 틀을 잡아 습관화시키면 그 에너지를 유지하고 고양해 가는 것은 어렵지 않다. 집을 짓기 위해서는 반드시 거치는 과정 중의 하나가 터를 고르고 다지는 일이다. 스스로 훈련 수준의 치열한 노력을 해본 후 자신의 공부에 대한 재능을 확인한다면 평생을 두고 청소년기에 열심히 공부하지 않아 내 인생이 이 모양이 되었다는 때늦은 후회는 하지 않을 것이다. 경험적으로 볼 때 초등학교 5학년에서 중학교 3학년 사이의 공부 자세와 성적은 아주 중요하다.

③ 삶의 목표를 세울 수 있도록 도와주라.

사람의 마음은 목표를 정하기 전까지는 작은 풍랑에도 이리저리 흔들리는 거룻배와 같다. 모든 일에는 장단점이 있게 마련이어서 이리저리 재보게 된다. 그러나 일단 목표가 정해지면 어지간한 풍랑에는 꿈쩍도 하지 않는 함선이 되며, 마음이 정한 대로 따르기 위해 단점을 외면한 채 장점만을 바라본다.[250] 미국 예일대 교수들의 말을 빌리자면, 아이들에게 뚜렷한 목적의식을 가지고 열정을 쏟을 수 있는 삶의 목표를 세워주는 것이 가장 중요하다고 한다. 뚜렷한 목적의식과 열정은 원하는 바를 이루게 해주고, 기대 이상의 성과를 가져다주는 가장 큰 원동력이 된다.[251]

아이들이 공부를 제대로 하도록 하기 위해서는 목표를 세우도록 도와주어야 한다. 그 시기가 빠를수록 좋지만, 고등학교부터 공부가 차츰 분화되고 전문화되므로 중학교 3학

---

250) 한창욱(2008), "설득의 달인", 눈과 마음, p.63.
251) 전혜성(2006), "섬기는 부모가 자녀를 큰사람으로 키운다", 랜덤하우스중앙, p.67.

년까지는 목표가 결정되는 것이 바람직하다. 목표 설정을 도와주는 기본바탕은 아이의 재능이 무엇인지 끊임없이 관심을 두고 관찰하는 일이다. 부모가 아이에게 해줄 수 있는 최대의 선물은 공부를 강요하는 것이 아니라 아이의 재능을 발굴하고 그 재능을 육성해나갈 수 있도록 인생목표를 세우는 것을 도와주는 일이다. 그러나 결정은 반드시 아이가 하는 것이라야 한다. 그래야 아이가 그 목표의 주인이 될 수 있다.

④ 아이들이 하겠다고 하면 막지 말고 호기심을 탐구하는 공부를 시켜야 한다.

인간에게 있어 자유는 가장 위대한 힘의 원천이다. 스스로 행동하게 하는 자율은 자유가 바탕이 될 때 가능하다. 교육이 근본적으로 지향하는 바는 아이들이 자율적인 삶을 살아가는 데 필요한 역량을 키우는 것이다. 부모는 아이를 키우면서 선악이나 위험한 것과 위험하지 않은 것에 대한 변별력을 갖게 하려고 습관적으로 아이의 행동을 통제한다. 이러한 행동은 안전에는 도움이 되지만, 아이의 호기심을 억압하거나 도전을 억제하게 하면서 한편으로는 부모가 허용하는 것만 받아들이고 수행하도록 교육된다. 사회화 교육의 일환이다. 아이들이 입학 후에도 이러한 경향은 계속 이어진다. 그런데 성장 과정에서 부모 자신이 선도하는 공부와 교육에 한계를 느끼고 아이가 자발적으로 하는 것이 필요하다고 느낄 때는 이미 지시하고 명령받은 것만 하는 것으로 길든 이후인 때가 많다.

이러한 잘못을 범하지 않으려면 아이들이 학교에 입학한 이후부터는 재능이 돌출될 수 있도록 가급적이면 아이가 하겠다고 하는 것에 도전하게 해주어야 한다. 아이가 도전을 통해 성취하는 방법과 문제 해결 능력을 키우는 일은, 창의성 향상은 물론 문득문득 나타나는 삶의 고비에서 좌초하지 않고 헤쳐나가도록 하는 원동력으로 독자적인 삶을 개척해 나가는 중요한 요소이다. 이 길은 반드시 열어 주어야 한다. 하려고 할 때는 못하게 하고, 안 하려고 하는데 하라고 하면서, 싫다는 것을 등을 떠밀며 억지로 시키는 것은 지나친 독선이다. 그리고 재능을 인위적으로 발견하고 억지로 동기를 부여하기는 쉽지 않다. 평상시 생활 속에서 스스로 호기심을 탐구하는 공부를 시키면 아이는 그 호기심을 해결해 가는 과정에서 문제 해결 능력을 키우고 동기를 찾을 가능성이 크다.

좋은 성곽을 물려주는 것보다는 성을 쌓는 기술과 성을 쌓는 데 필요한 자재와 재원을 구할 방법을 제공해주는 쪽이 훨씬 현명하다. 자기가 쌓는 성은 잘 허물어지지도 않지만 허물어지더라도 금방 다시 쌓을 수 있다. 결국 인생길은 아이 스스로 헤치고 걸어 나가야 할 길이고 기회는 엄청난 발전과 변화를 일으킬 수 있는 원동력이다. 아이들에게 자신의 재능과 믿음에 도전할 기회를 부여해야 한다. 세상이 뜻대로 되지 않기 때문에 우리는 실패할 수 있지만, 자신에게 또 타인에게 도전의 기회를 부여하는 인생은 아름답고 풍요롭다.

⑤ 책과 학습교재에 대한 투자, 후회하더라도 일단은 하고 보자.

살다 보면 돈 들어갈 곳이 너무 많고 여유가 있는 때는 많지 않다. 그러나 이제까지 우리는 잘 살아왔고 오늘도 용감하게 살고 있다. 특별한 부자가 아니라면 교육은 돈에 맞추어 진행하면 좋은 성과를 기대하기 어렵다. 우선은 다소 무리가 따르더라도 일단은 투자하고 보아야 한다. 사람의 마음에는 욕심이 있어 무엇을 충족시키는 데 재원은 언제나 최소한 2% 이상 부족하다. 지금은 흡족해하고 최선이라고 생각한 것도 지나고 나서 돌아보면 아쉬움이 남는 경우가 많다. 교육에서 환경이 중요한 비중을 차지한다는 것은 주지의 사실이다. 우리가 살아가면서 성공을 이루고, 삶의 토대를 튼튼하게 하고, 자부심을 품게 하는 가장 좋은 방법이 교육에 있다. 부모가 학문을 숭상하면 후대는 반드시 빛을 본다. 아이가 집안 어디서든 책을 펼 수 있고 학습도구를 가지고 놀 수 있는 환경이 조성되도록 하는 투자가 가장 값지다.

경험적으로 볼 때 가장 좋은 투자의 시기는 아이가 5~7살, 다음은 초등학교 4~6학년, 중학교 2학년에서 고등학교 1학년 사이이다. 이 시기가 공부환경과 습관화, 결과에 가장 큰 영향을 미친다. 교육에 대한 투자가 기대에 못 미칠 수 있지만, 결코 헛된 일은 없다. 반드시 그만한 가치를 발휘한다. 지금 우리 사회에서 지도자 위치에 있는 사람들은 모두 각 가정의 교육 투자에 대한 수혜자들이라 해도 과언이 아니다. 환경은 인간에게 적응을 요구하고 적응은 습관을 만들며 습관은 인간을 변화시킨다. 학원 1년 보낼 돈이면 웬만한 책이나 교재는 거의 사줄 수 있다. 아이가 스스로 책을 사달라는 단계까지 이르면 일차적으로 공부를 위한 환경 조성은 성공한 것이다.

⑥ 초등학교 5학년에서 중학교 1학년 사이에 선진국에 반드시 1달 정도 여행이나 어학 연수를 보내는 것이 좋다.

전혜성 박사가 내 아이에게 꼭 가르쳐야 할 것으로 지적한 '진정한 지도자가 되려면 갖추어야 할 7가지 요건[252]' 중 여섯 번째 요건은 세계적인 안목이라고 하였다. 지구촌 시대를 맞아 여러 문화에 접촉할 기회가 많아졌다. 그런 만큼 다른 문화에 대한 빠른 이해력이 지도자의 필수요소가 되었다. 그러려면 어릴 때부터 다른 문화를 공부하거나 경험할

---

252) 내 아이에게 꼭 가르쳐야 할 진정한 지도자가 되려면 갖추어야 할 7가지 요건: 첫째, 뚜렷한 목적과 열정이다. 둘째, 역할의 완수와 자아실현이다. 셋째, 자아 정체성과 자기 문화를 이해하는 역량이다. 넷째, '덕승재(德勝才)' 할 것, 즉 재주보다는 덕을 중시하는 태도를 갖추는 것이다. 다섯째, 창의적 통합력이다. 여섯째, 역사적이고 세계적인 안목이다. 일곱째, 대인관계 능력이라고 하였다.

기회가 많아야 한다. 단지 접촉 횟수만 늘릴 것이 아니라 아이 스스로 여러 문화를 비교해 가며 제대로 이해할 기회를 부여해주어야 한다.[253]

그 기간은 1달에서 3달간, 여행하는 국가의 현지 가정에서 유숙하면서(home stay) 어학연수와 견학을 하는 방식이 좋다. 대상은 선진국, 역사와 전통이 있는 발전도상국 2개국에 걸쳐 실시하면 독립심과 자신감을 기르는데 도움이 된다. 자신이 무엇을 해야 하는지 어떻게 살아야 할지 인생을 설계하고 안목을 넓히며 우리의 현실을 직시하게 하는 등 여러 가지 효과를 볼 수 있다. 국가와 장소를 선택해야 한다면 현재 세계를 선도하는 미국의 뉴욕과 워싱턴 일원, 중국의 북경이 좋을 것 같다. 아이들에게 나와 우리의 현실을 알고 국제적인 안목을 가질 수 있도록 하는 문화적 충격이 교육에 상당한 도움이 된다. 어차피 세계화는 우리 자신만을 생각하며 살 수 없게 만들어 놓았다. 이제는 국제적인 시각과 안목을 가진 아이로 육성해야 한다.

⑦ 자기 주도 학습 2·3 공부 습관화시켜야 한다.

자기 주도 학습은 초등학교 과정은 학교의 수업진행 시간을 고려할 때 최소한 집에서는 한번 공부를 시작하면 하루 2시간씩, 중요한 2과목을 매일 공부하고 시험 보기 전 문제집 1권 풀이, 중학교는 하루 3시간씩 중요한 3과목을 매일 공부하고 시험 보기 전 문제집 1권은 반드시 풀이하는 방법으로 중간에 휴식하더라도 연속된 시간 동안 공부하는 것을 습관화시키는 것이 좋다. 과목 수나 시간은 아이의 상황에 따라 얼마든지 조정할 수 있고 중요한 것은 습관화시키는 일이다. 고등학교는 중학교까지 습관화된 것을 필요한 만큼 늘려 조정하면 된다.

유명대학 진학을 목표로 공부를 많이 하는 아이는 시험 전에 문제집 3권을 푼다고 하지만 그렇게 하기 위해서는 사전에 예습복습과 선행학습이 되어 있지 않으면 실행하기 어렵다. 공부는 개념파악과 정리가 가장 중요하고 우선되어야 하므로 우선은 개념 파악에 주력하고 문제집 1권은 시간관리, 난이도와 출제경향 등을 파악하기 위해 반드시 풀어보는 것이 필요하다. 시간이 남는 아이들은 3권까지 풀어보아도 좋다. 하지만 우선은 문제를 많이 풀어보는 것이 성적에 조금 도움이 될지 몰라도 장기적인 공부는 개념이해에 주력해야 한다. 그래야 시간이 지나도 잊어버리지 않고 응용할 수 있다.

습관[254]이란 어떤 행동이 자기 몸에 체화된 것이다. 습관이 되면 의식적이건 무의식적

---

253) 전혜성(2006), "섬기는 부모가 자녀를 큰사람으로 키운다", 랜덤하우스중앙, p.69.

254) 윤은기(2001), "귀인", 무한, pp.286~287.

이건 행동이 일어나게 된다. 성공하는 사람들은 마음가짐도 다르지만 좋은 습관을 지니고 있다. 혼자서 자기 주도 학습을 진행하는데 이해하기 어려운 과목이나 학교에서 가르쳐 주지 않은 심화공부를 해야 할 때는 학원수강을 병행하는 것도 한 방법이다. 그러나 학원에 치중하는 것은 곤란하다. 공부는 반드시 자기가 주도하는 것이어야 한다. 그래야 몸에 밴 공부를 할 수가 있다. 몸에 밴 일은 대부분 좋은 방법이 숙련된 것으로 불필요한 행동은 거의 없다. 힘도 많이 들지 않고 부담도 적으며 무엇보다 능률적이다. 달인이나 숙련공들이 일하는 모습을 보면 바로 알 수 있다.

인간은 습관의 동물이다. 일부 심리학자들은 인간의 행동 중 95%는 습관에 의해 형성된다고까지 말한다. 95%라는 숫자에 대해 반박할 수는 있겠지만, 습관이 우리를 강하게 지배하고 있다는 사실에 대해 이의를 제기할 사람은 아마 없을 것이다. 습관은 대부분 부지불식간에 시작된다. 처음에는 마치 보이지 않는 줄에 의해 움직여지는 것처럼 조용히 시작되지만, 자꾸 반복하다 보면 이 줄은 모여서 끈이 되고, 나중에는 튼실한 밧줄이 되게 마련이다. 어떤 행동이 반복되어 그것이 일정한 틀이나 양식을 갖추면 나중에는 우리의 습관이 되는 것이다.[255] 좋은 학습습관은 공부를 잘하는 가장 좋은 비방(秘方)이고 아이들이 필요할 때 언제든지 꺼내 쓸 수 있는 부모가 줄 수 있는 최고의 선물이다. 모두 우리 아이를 훌륭하게 교육하고 공부 잘하게 하는 좋은 방법을 이미 많이 알고 있는데 습관을 만들어주는 실행을 너무 소홀히 하는 것이 아닌가 하는 생각이 든다.

⑧ 오답 정리와 기록 반드시 실시한다.

같은 실수를 되풀이하는 것은 어리석은 행동이다. 무슨 일이든지 실수가 있을 때는 원인을 분석하고 그 근원을 제거하면 그만큼 발전하지만, 그대로 두면 다음에 같은 실수를 되풀이한다. 한번 풀어본 문제에서 다시 틀리는 것을 막는 방법은 오답 정리와 같은 기록을 하면서 이해하고 숙지하는 것이다.

⑨ 자원봉사활동에 참여시킨다.

초등학교 단계에서는 너무 어리고 중학교 단계에서 부모와 같이 자원봉사를 시작하는 것이 좋다. 형식적인 봉사가 아닌 내 마음에서 우러나오는 봉사여야 한다. 봉사는 결코 쉬운 일이 아니다. 인내와 노력, 자기희생을 통해 행복을 구하는 일이다. 어려운 사람들에게 내가 가진 것을 나누어주고 배려하는 따뜻한 마음을 가진 사람이 증가하면 세상은 살기

---

255) 할 어반 저, 김문주 옮김(2006), "인생의 목적", 더난출판, pp.105~106.

좋은 사회가 된다. 억지로 인성교육을 하는 것보다 자원봉사를 통해 스스로 더불어 살아
가는 사람이 되도록 하는 것은 타인을 위한 일이기도 하지만 나를 위한 일이다. 남을 돕
는 과정에서 아이들은 스스로 성장한다. 누군가 배려하고 베푸는 사람이 있어야 세상은
살기가 좋아진다.

참고문헌

〈서적 및 정책자료〉

구광현 외(2005), "학교상담의 이론과 실제", 학지사, pp.84~89.

권석만(2003), "젊은이를 위한 인간관계 심리학", 학지사, pp.81~339.

김경훈 외(1999), "너희가 대학을 아느냐", 새로운사람들, p.91.

김상균(2005), "폭력의 심리학", 한국학술정보, pp.41~60.

김준호 외(2003), "청소년비행론", 청목출판사, pp.22~174.

김춘경 외(2006), "청소년상담", 학지사, pp.34~309.

랜디 롤프 저, 조한중 옮김(1999), "성공적인 부모의 7가지 비결", 하서, pp.110~143.

마스지마 도시유키·고바야시 히데노리 저, 이종수 옮김(2002), "일본의 행정개혁", 한울아카데미, p.207.

마이클 J. 마쿼트·피터 론 지음, 원은주 옮김(2006), "멘토, 지식경영시대의 새로운 리더", 이른아침,
        pp.15~205.

마틴 A. 레빈·메리 B. 생거 저, 삼성경제연구소 옮김(1996), "선진행정의 길", 삼성경제연구소,
        pp.104~139.

박병량(2003), "학급경영", 학지사, pp.161~553.

박재목(2004), "정부혁신 컨버전스의 12가지 Fact", 뿌리출판사, p.26.

박천식(1999), "재미있는 심리학", 원출판사, pp.39~192.

사카이야 다이치 저, 김수필 옮김(1998), "다음 시대는 이렇게 열린다", 동아일보사, pp.190~194.

손무 저, 남만성 역(1982), "손자병법", 현암사, pp.3~118.

신중식 외(2003), "교육지도성 및 인간관계론", 한국교육행정학회, pp.302~415.

안은수(2008), "행복한 인생", 도서출판 문사철, pp.24~322.

앤드류 서터·유키코 서터 지음, 남상진 옮김(2009), "세계에서 통하는 사람을 만들어라", 북스넛,
        pp.18~82.

엄명종(2009), "공부가 재밌어지는 진로의 정석", 웰북, pp.8~41.

윤은기(2001), "귀인", 무한, pp.239~350.

이성혜·최승욱(2000), "신조직행동론", 청목출판사, pp.139~188.

이재규(1988), "최신 경영학원론", 박영사, p.16.

이종수(2006), "정부혁신과 인사행정", 다산출판사, pp.11~578.

장재홍·양미진(2002), "청소년의 세계와 상담", 한국청소년상담원, pp.14~26.

전대양(2007), "현대사회와 범죄", 형설출판사, pp.38~39..

전혜성(2006), "섬기는 부모가 자녀를 큰사람으로 키운다", 랜덤하우스중앙, pp.8~98

정순우(2007), "공부의 발견", 현암사, pp.18~36.

정영근(2000), "삶과 인격형성을 위한 인간이해와 교육학", 문음사, pp.91~106.

정태원(2005), "부모 생각이 아이의 운명을 만든다", 세손출판사, pp.35~77.

최창호·하미승(2006), "새 행정학", 삼영사, p.259.

최효찬(2008), “세계명문학교 1% 인재들의 공부법”, 예담, pp.5~73.
하워드 가드너 저, 문용린 · 유경재 옮김(2007), “다중지능”, 웅진지식하우스, pp.11~12.
한상철 외(2003), “청소년 문제행동”, 학지사, pp.18~277
한준상(2001), “학습법: $L=MS^2$ 학문의 기원”, 학지사, pp.164~333
한창욱(2008), “설득의 달인”, 눈과마음, p.63.
할 어반 저, 김문주 옮김(2006), “인생의 목적”, 더난출판, pp.13~233.
허명환(1999), “관료가 바뀌어야 나라가 바로 선다”, 한국세정신문사, p.34.
홍경자(2004), “청소년의 인성교육 나는 누구인가”, 학지사, pp.21~87.
홍성렬(2004), “사회심리학”, 시그마프레스, pp.100~354.

Anita Woolfolk 저, 김아영 외 옮김(2007), “교육심리학”, 박학사, pp.141~671.
David R. Shaffer 저, 송길연 외 역(2001), “발달심리학”, 시그마프레스, pp.355~585.
Elliot Aronson 저, 구자숙 외 역(2002), “사회심리학”, 탐구당, p.1.
Raymond G. Miltenberger 저, 안병환 외 옮김(2009), “최신 행동수정”, 시그마프레스, p.72.
Rudolf Dreikurs · Pearl Cassel · Eva Dreikurs Ferguson 저, 최창섭 역(2007), “눈물 없는 훈육”, 원미사,
    pp.113~175.
William Glasser 저, 김인자 역(2005), “좋은 학교”, 한국심리상담연구소, pp.41~61.

교육인적자원부(2004), “창의적 인재 양성을 위한 「수월성 교육 종합대책」”
교육과학기술부(2007), “제2차 영재교육진흥종합계획”
한국청소년개발원(2004), “청소년심리학”, 교육과학사, pp.311~312.

〈신문 및 방송〉

뉴데일리	중앙일보
동아일보	아시아경제
마이데일리	연합뉴스
자치안성신문	오마이뉴스
재경일보	한국정책방송(KTV)
조선일보	KBS

〈사전〉

과학용어사전	두산백과사전
교육심리학 용어사전	심리학 용어사전
네이버 용어사전	위키백과
다음 국어사전	증권용어사전
다음 백과사전	체육학대사전
다음 용어백과	

<기타 자료참고 기관>

고승덕 의원 홈페이지
교육과학기술부
대학알리미
전남대학교 의과대학 정신과학교실/
전남대학교병원 정신과 소아청소년 정신건강클리닉
정경숙산부인과

지식경제부
최영 정신과/학습증진센터
통계청
온라인비

색인

이진호

대구대학교 불어불문학과 졸업
한국방송광고공사 광고교육원 매체과정 수료
부산대학교 지방자치 및 NGO과정 수료
부산대학교 환경대학원(환경공학 전공) 졸업
전) 한국가스신문사 근무
　　　한중씨아이티 품질보증팀장 역임
현) 교육, 부정부패, 행정개혁, 리더십, 정치, 사회갈등문제 연구·저술가

『부정부패의 원인과 대책』
『한국사회 대립과 갈등 진단』
『한국 공교육 위기 실체와 해법』
『독도 영유권 분쟁 과거 현재 그리고 미래』
「X지향 설계를 통해 청정생산 달성을 위한 초저온저장탱크에 대한 LCA 적용」(환경공학석사학위 논문)

귀뚜라미그룹 기술아이디어 경진대회 동상 수상
(가정용 가스보일러 연도 폐가스 누출방지용 이음장치)

초판인쇄 | 2011년 7월 29일
초판발행 | 2011년 7월 29일

지 은 이 | 이진호
펴 낸 이 | 채종준
펴 낸 곳 | 한국학술정보㈜
주　　소 | 경기도 파주시 교하읍 문발리 파주출판문화정보산업단지 513-5
전　　화 | 031) 908-3181(대표)
팩　　스 | 031) 908-3189
홈페이지 | http://ebook.kstudy.com
E-mail | 출판사업부　publish@kstudy.com
등　　록 | 제일산-115호(2000. 6. 19)

ISBN　　978-89-268-2433-7 03370 (Paper Book)

이담 Books 는 한국학술정보(주)의 지식실용서 브랜드입니다.